高等院校经济管理类专业应用型系列教材

会 计 学

Accounting

段洪成　武　文　主编

中国财经出版传媒集团

经济科学出版社

Economic Science Press

·北京·

图书在版编目（CIP）数据

会计学 / 段洪成，武文主编． -- 北京：经济科学出版社，2024.6． -- （高等院校经济管理类专业应用型系列教材）． -- ISBN 978-7-5218-5955-3

Ⅰ．F230

中国国家版本馆 CIP 数据核字第 2024C56Z39 号

责任编辑：杜　鹏　武献杰　常家凤
责任校对：齐　杰
责任印制：邱　天

会计学

KUAIJIXUE

段洪成　武　文　主编

经济科学出版社出版、发行　新华书店经销
社址：北京市海淀区阜成路甲 28 号　邮编：100142
编辑部电话：010-88191441　　发行部电话：010-88191522
网址：www.esp.com.cn
电子邮箱：esp_bj@163.com
天猫网店：经济科学出版社旗舰店
网址：http://jjkxcbs.tmall.com
固安华明印业有限公司印装
787×1092　16 开　22.75 印张　480000 字
2024 年 6 月第 1 版　2024 年 6 月第 1 次印刷
ISBN 978-7-5218-5955-3　定价：55.00 元
（图书出现印装问题，本社负责调换。电话：010-88191545）
（版权所有　侵权必究　打击盗版　举报热线：010-88191661）
QQ：2242791300　营销中心电话：010-88191537
电子邮箱：dbts@esp.com.cn）

前　言

随着我国经济的高速发展，会计作为企业经营管理的重要组成部分，以其独特的管理方法和核算手段为企业的发展提供内在支撑力，也为社会经济的宏观调控提供不可或缺的指导、控制依据，是我国社会主义市场经济建设中不可替代的关键管理环节，有着重要的地位。在企业中，无论是管理工作还是各项经济业务的开展，都与会计有紧密的关系。会计不仅监督企业经济活动，还通过核算来反映企业各种资产和财产的使用和保管情况，为企业管理者提供可靠的会计信息，充分保障企业财产的安全，而且通过强化企业会计工作，能够使企业管理工作及各项经济活动在国家法律法规及企业规章制度下进行。不懂会计知识，不理解、看不懂和不会运用会计信息的人很难做好企业的经营管理工作。因此，经济管理类非会计专业的学生，对会计知识的掌握尤为重要。

本教材根据非会计专业学生的培养目标，依据会计学最新发展成果和准则，专门为高等院校非会计专业的学生编写，是非会计专业学生学习会计课程的入门教材，也可以作为从事经济管理工作的非会计人员的培训教材，它涵盖"基础会计"和"中级财务会计"的大部分内容，前四章以及最后一章是基础会计的内容，第五章到第十五章是中级财务会计的内容。

本教材主要阐述会计基本原理、基本方法和会计信息的生成过程，重点研究财务报告要素的具体内容、经济含义、会计信息的阅读和分析方法。本教材以会计信息的解读、分析和利用为主线，紧密结合我国会计改革中出现的若干新举措进行内容更新和知识拓展，严格遵循最新颁布的相关会计准则，以具体会计准则的主要精神进行阐释，让学员掌握会计的基本原理和基本方法，了解会计信息的加工生成过程，理解各项会计指标的经济含义，并能熟练地运用各项会计政策，阅读和分析财务报表，以便更好地理解和利用会计信息，从事管理工作，使学员具备阅读、分析和使用会计信息的能力，具备分析主要经济业务产生财务后果的能力，拓宽提高企业经济效益的会计视野，培养诚信守法、求真审慎的职业价值观。

本教材在编写过程中参阅了大量的国内外会计方面的资料，在博采众长的基础上，力求体现以下特色：第一，与《会计学》慕课完美配合，让学员达到线上线下混合学习模式；第二，引入恰当的思政案例，引导学员爱国主义精神、责任感、使命感以及爱岗敬业、诚实守信的职业道德；第三，内容设计科学完整、脉络清晰，体例新颖，重点突出。

本教材由哈尔滨金融学院的老师负责编写，段洪成教授担任第一主编，负责撰写第十一章和第十三章，并负责全书总撰、定稿；武文副教授担任第二主编，负责撰写第五章、第六章和第七章；王思宇负责撰写第八章和第九章；徐楠楠负责撰写第十章和第十四章；刘姿含负责撰写第十五章和第十六章；王晶负责撰写第二章和第四章；王芷负责撰写第一章、第三章和第十二章。本教材由国家级一流课程会计学课程负责人林秀琴教授负责主审。

在写作过程中，我们借鉴和参阅了大量会计学的研究成果与相关文献，在此对文献的作者表示衷心感谢。随着经济的发展会计学也在不断变化，加之编者本身水平和经验有限，本教材中难免存在疏漏之处，敬请专家、同行以及广大读者提出宝贵意见，以便修正和提高，谢谢。

编者
2024 年 4 月

目 录

第一章 总论 ··· 1
 第一节 会计的产生与发展 ·· 1
 第二节 会计的含义与特征 ·· 3
 第三节 会计的职能与目标 ·· 5
 第四节 企业与会计 ·· 6

第二章 会计信息 ·· 11
 第一节 会计信息使用者 ·· 11
 第二节 会计信息质量要求 ·· 13
 第三节 财务报告要素确认、计量的原则 ························ 16
 第四节 会计要素与会计等式 ·· 17
 第五节 会计核算基础 ·· 27

第三章 会计核算方法 ·· 30
 第一节 会计核算的基本前提 ·· 30
 第二节 账户与复式记账 ·· 32
 第三节 借贷记账法 ·· 43

第四章 会计循环 ·· 58
 第一节 会计循环概述 ·· 58
 第二节 会计凭证 ·· 60
 第三节 会计账簿 ·· 71

第五章 货币资金 ·· 87
 第一节 货币资金概述 ·· 87
 第二节 库存现金 ·· 88
 第三节 银行存款 ·· 91
 第四节 其他货币资金 ·· 93

第六章 应收项目 ·· 96
 第一节 应收项目概述 ·· 96
 第二节 应收票据 ·· 97
 第三节 应收账款 ·· 98
 第四节 预付账款 ·· 102
 第五节 其他应收款 ·· 103

第七章 存货 ... 105
- 第一节 存货概述 ... 105
- 第二节 存货的购进 ... 107
- 第三节 存货的发出 ... 110
- 第四节 存货的清查 ... 114

第八章 投资 ... 117
- 第一节 投资概述 ... 117
- 第二节 交易性金融资产 ... 120
- 第三节 长期股权投资 ... 125

第九章 固定资产 ... 136
- 第一节 固定资产概述 ... 136
- 第二节 固定资产的初始计量 ... 144
- 第三节 固定资产的折旧 ... 150
- 第四节 固定资产后续支出 ... 158
- 第五节 固定资产处置 ... 162
- 第六节 固定资产清查和期末计量 ... 165

第十章 无形资产 ... 170
- 第一节 无形资产概述 ... 170
- 第二节 无形资产初始计量 ... 175
- 第三节 无形资产的后续计量 ... 180
- 第四节 无形资产的减值与处置 ... 184
- 第五节 其他资产 ... 187

第十一章 负债 ... 189
- 第一节 负债概述 ... 189
- 第二节 流动负债 ... 190
- 第三节 非流动负债 ... 223

第十二章 所有者权益 ... 233
- 第一节 所有者权益概述 ... 233
- 第二节 实收资本 ... 236
- 第三节 资本公积 ... 240
- 第四节 留存收益 ... 242

第十三章 收入、费用和利润 ... 247
- 第一节 收入 ... 247
- 第二节 费用 ... 269
- 第三节 利润 ... 285

第十四章 财务会计报告 ... 294
- 第一节 财务会计报告概述 ... 294
- 第二节 资产负债表 ... 296

第三节　利润表 …………………………………………………… 306
　　第四节　现金流量表 ………………………………………………… 313
　　第五节　所有者权益变动表 ………………………………………… 316
　　第六节　会计报表附注 ……………………………………………… 318
第十五章　财务报告分析 ………………………………………………… 320
　　第一节　财务报告分析概述 ………………………………………… 320
　　第二节　偿债能力分析 ……………………………………………… 326
　　第三节　营运能力分析 ……………………………………………… 333
　　第四节　盈利能力分析 ……………………………………………… 338
　　第五节　发展能力分析 ……………………………………………… 341
第十六章　会计法律制度 ………………………………………………… 345
　　第一节　会计规范 …………………………………………………… 345
　　第二节　会计机构和会计人员 ……………………………………… 348

第一章 总 论

> **学习目标**

本章阐述了会计的基本理论。通过本章的学习,要求了解会计的产生与发展,理解会计的含义和特点,明确会计的职能与目标,熟悉企业与会计的基本内容。

第一节 会计的产生与发展

一、会计的产生

会计是随人类社会生产实践和经济管理的客观需要而产生和发展的,物质资料的生产是人类社会赖以生存和发展的基础。人类的生存和社会的发展都需要生产活动。生产活动一方面创造物质财富,取得一定的劳动成果;另一方面耗费劳动,包括人力、物力的耗费。人们一方面关心生产活动的劳动成果的多少;另一方面也关心劳动耗费的高低。在任何社会形态下,人们进行生产的目的都是力求以尽可能少的劳动耗费取得尽可能多的劳动成果,以提高经济效益。为了达到这一目的,人们就必须采用一定的方式、方法对生产活动进行管理。这种管理,一方面对生产过程中人力、物力、财力的耗费数量和劳动产品的数量进行记录和计算;另一方面将其劳动耗费与劳动成果进行比较,考核其经济成果。这种借以取得有关生产活动方面的信息(数据资料)就属于会计的内容。会计是社会发展到一定历史阶段的产物。当时人类只能靠大脑记忆,无法满足需要,于是就采用一些简单的方法进行计量与记录,如我国古代的"结绳记事""刻契计数"等。这些简单的计量与记录的行为就是会计的萌芽。

二、会计发展的主要阶段

(一)会计起源阶段

会计的起源阶段可以追溯到人类的史前时期。根据史学家的考证,在原始社会末期，为了适应社会生产的需要，就出现了管理生产活动的原始计量和记录行为。我国商代创造了从1~10的数字和数目的位值制，并有"结绳记事""刻契计数"之说；古巴比伦有"泥板记日"；古埃及有"刻石记事"的行为等。这些极为简单的原始计量和记录行为不仅与会计有关，而且与统计有关，在人类会计发展史上，将原始计量和记录行为称为会计的起源阶段。

（二）古代会计阶段

从奴隶社会到封建社会末期，在会计史上称为古代会计发展阶段。据文献记载，在中国，"会计"一词最早出现于西周。中国古代的官厅会计（即政府会计）所采用的记账方法是单式记账法。唐朝时出现了"四柱结算法"，使中国的会计技术提高到一个新水平。其中，四柱指旧管、新收、开除、实在，相当于当代会计中的期初结存、本期收入、本期支出、期末结存。四柱之间存在数量上的平衡关系，即遵循"旧管+新收=开除+实在"这一会计恒等式，按此会计恒等式编制的报告称为"四柱清册"。为适应当时生产管理的需要，会计工作者又在"四柱结算法"原理的启发下，设计出了"龙门账"和"四脚账"，这两种记账方法已经具备了复式簿记的雏形，说明中国的会计技术取得了较大的发展。在欧洲，古罗马帝国设有财务官员负责监督当地政府的财政收支状况，财务官员要亲自提交财务报表，并由一名检查人员听取这些记录，进而判断会计记录是否属实。中世纪，会计从意大利宗教战争期间又开始复兴。

（三）近代会计阶段

总的来看，近代会计发源于意大利，发展于英国，完善、提高于美国。近代会计阶段大致从1494年意大利数学家卢卡·帕乔利的著作《算术、几何、比及比例概要》一书的出版开始至20世纪40年代末。中世纪（公元11~15世纪）地中海沿岸一些城市（如威尼斯、热那亚、佛罗伦萨等）是资本主义的发源地，商业和金融业比较繁荣。发达的经济要求不断改进和提高会计记账方法，而意大利数学家卢卡·帕乔利的《算术、几何、比及比例概要》系统地介绍了借贷复式记账法。它是会计发展史上一个重要的里程碑，标志着近代会计的开始。由于股份公司的所有权与经营权相分离，公司的广大股东以及与公司有利益关系的其他方面迫切要求准确了解公司的真实财务信息。同时，各国经济法律法规不断完善，也促进了会计技术的规范和发展。19世纪末20世纪初，世界经济中心从西欧移至美国。为了进一步规范会计工作，提高会计报告的真实性和可比性，美国等国家的会计师协会开始制定"公认会计原则"。"公认会计原则"的建立，标志着近代会计进入了现代会计阶段。

（四）现代会计阶段

此阶段大致从20世纪50年代至今。这一时期，一方面，由于科技日新月异，生产力得到巨大发展，企业规模不断扩大，出现了众多的跨国公司，公司的会计处理难度加大;另一方面,由于市场竞争更趋激烈,为了在市场竞争中生存,企业强烈要求增收节支、提高经济效益,这就对会计技术提出了新的、更高的要求。在此背景下,政府相关部门设计并制定了更加严密的会计法规,实现会计对企业经营过程的全面控制。会计分成两个领域,即财务会计和管理会计。而且,随着电子计算机技术的出现及迅速进步,将该技术运用于会计工作,便出现了电算化会计,最近还出现了人力资源会计等诸多会计分支。

第二节 会计的含义与特征

一、会计的基本含义

1.1 会计的意义

什么是会计?尽管会计从产生到现在已经有几千年的历史,但是对于这一基本问题,古今中外却一直没有一个明确、统一的说法。究其原因在于人们对会计本质的认识存在着不同的看法,而不同的会计本质观对应着不同的会计含义。在我国,关于会计本质理论的两大学术流派是"信息系统论"和"管理活动论"。其中,"信息系统论"基本上秉承了英美会计学界的观点,"管理活动论"则植根于中国的土壤。

（一）信息系统论

1966年,美国会计学会（American Accounting Association）发表的文件公告《会计基本理论说明书》指出:"实质地说,会计是一个信息系统。"由于此观点符合当时社会的观点,并能较好地解释相关的会计理论和方法,因此,到20世纪七八十年代,成为美国会计理论中的主流派观点。他们认为,会计是经济管理的重要组成部分,是以货币为主要计量尺度,对经济活动进行连续、系统和综合的核算,提供以财务信息为主的经济信息,既为外部有关各方的投资、信贷决策服务,也为内部强化管理和提高经济效益服务,是一个生成和提供财务信息并用于管理的系统。具体来说,会计具有以下含义:

(1) 会计作为信息系统,并不直接参与管理,而是通过提供会计信息为管理提供咨询服务。

(2) 以提供信息为主反映的是最主要的职能,且将整个会计程序分为确认、计量、报告环节,将会计目标定位于"受托责任观"和"决策有用观"。

(3) 会计信息系统是由会计、信息、系统三个概念组成的。所谓会计是财务会计和管理会计,是企业主要的信息来源。

（二）管理活动论

1980年,在中国会计学会成立大会上,杨纪琬和阎达五两位教授首次提出了"会计的本质是一种管理活动"的观点。1983年，成圣树教授等撰文指出，会计是经营管理的核心，是反映和控制经济活动并使之达到一定目的的一种能动行为，是有组织、具有管理职能的一种管理活动。这种观点既否定了会计是一种应用技术的看法，又否定了会计是一种管理经济工具的看法，转而强调会计具有反映和监督的双重职能。具体表现如下。

（1）会计是一种社会关系，是人们自觉运用经济规律并通过特定的技术程序管理实际经济活动的一个社会环节。

（2）现代会计是经济管理的重要组成部分，本身具有经济管理的职能，明确了它在国家经济管理与企业经营管理中的地位和作用。

（3）会计应当而且必须提供相关人士所需要的信息，但更重要的是信息生成前的预测和决策以及信息反馈过程中的控制。因此，提供信息是手段，而控制管理才是真正的目的。

综上所述，会计概念的内涵和外延是随着社会经济的发展而不断丰富的，人们对会计的认识也是在逐步发展和加深的，基于以上的认识，对会计的概念作了如下界定：会计是以货币为主要计量单位，以凭证为依据，借助专门的技术方法对一定主体的经济活动进行全面、综合、连续、系统的核算与监督，并向有关方提供会计信息的一种经济管理活动。

二、会计的特征

（一）会计是以货币为主要计量单位

对企业生产经营活动的计算、记录，可以使用多种形式的计量单位，即实物计量单位、劳动计量单位和货币计量单位。由于实物计量单位存在着较大的差异性，而劳动计量单位存在着复杂性，所以这两种计量单位都不能对企业的生产活动进行综合计量。货币作为商品的一般等价物，能综合反映企业的生产耗费和生产成果，全面、系统地反映企业的生产经营过程。

（二）会计核算与监督的对象是一定主体的经济活动

会计核算与监督的对象是一定主体的经济活动。会计核算与监督的对象有一个空间范围和业务范围。会计核算与监督的空间范围，可以是企业、事业、机关等单位，也可以是一个部门。

（三）会计具有连续性、系统性、全面性和综合性的特点

会计对经济活动过程进行核算和监督，是按照经济活动发生的时间顺序不间断地连续记录，并且对现在或将来可能影响企业效益且能够用货币表现的经济业务，都必须全面、准确地加以确认、计量和记录，并按照国家的方针、政策、法规、准则、制度及管理要求提供系统的会计信息。

（四）会计有一整套科学、严密的专门方法

为了对经济活动进行核算和监督，保证提供会计信息的科学性和严密性，会计要运用各种专门的方法，包括会计核算方法、会计分析方法和会计检查方法。

第三节　会计的职能与目标

一、会计的基本职能

会计的职能是指会计作为一种经济管理活动客观上所固有的功能，会计基本职能包括对社会再生产过程的核算和监督。核算是指"客观写照"，会计的核算职能是会计通过确认、计量和报告的方式与方法，对社会再生产过程中所包括的、能用货币表现的、已经发生或完成的经济活动。监督是指"察看和督促"。会计的监督职能，是指会计具有按照一定的目的和监督标准，利用会计反映所提供的会计信息对社会再生产过程进行察看和督促，使之达到预期目标的功能。

（一）会计的核算职能

会计核算是会计的传统职能和首要职能，也是全部会计工作的基础环节。会计核算是指以货币为主要计量单位，通过确认、计量、记录、报告等环节，对特定主体的经济活动进行记账、算账、报账，为相关会计信息使用者提供决策所需要的会计信息。会计核算贯穿于经济活动的整个过程，是会计最基本和最重要的职能，又被称为反映职能。记账是指对特定主体的经济活动采用一定的记账方法，在账簿中进行登记，以反映在账面上；算账是指在日常记账的基础上，对特定主体一定时期内的收入、费用、利润和某一特定日期的资产、负债、所有者权益进行计算，以计算该时期的经营成果和该日期的财务状况；报账就是在算账的基础上，将特定会计主体的财务状况、经营成果和现金流量情况，以会计报表的形式向有关各方报告。

（二）会计的监督职能

会计监督职能也称控制职能，是指会计人员在进行会计核算的同时，对特定对象经济业务的合法性、合理性进行审查。合法性审查是指保证各项经济业务符合国家的有关法律法规，遵守财经纪律，执行国家的各项方针、政策，杜绝违法乱纪行为；合理性审查是指检查各项财务收支是否符合特定对象的财务收支计划，是否有利于预算目标的实现，是否有奢侈浪费行为，是否有违背内部控制制度要求等现象，为增收节支、提高经济效益严格把关。

会计的反映职能和监督职能是不可分割的。如实反映是监督的必备条件和基础，而严格监督则又是反映的前提和继续。没有会计监督，会计反映就失去存在的意义；没有会计反映，会计监督就失去存在的基础。随着会计领域派生出许多新的会计职能，如利用各种预测数据，参与制定经济决策的"决策职能"；再如利用责任会计，对经济活动进行控制的"控制职能"等，都在进一步探讨中，但"反映"和"监督"职能是会计学界对会计基本职能的共识。

二、会计的目标

会计目标是指会计工作应该达到的目标，是会计工作的指南和方向。具体而言，会计目标是指会计工作必须以向本经济主体的会计信息使用者提供他们经济决策所需要的合格会计信息为自身的目标。而承担这些信息载体和功能的则是企业编制的财务报告。财务报告的目标是向财务报告使用者提供与企业财务状况、经营成果和现金流量等有关的会计信息，反映企业管理层受托责任履行情况，有助于财务会计报告使用者作出经济决策。

第四节 企业与会计

1.2 企业与会计

在市场经济中，企业是主体和基础。企业会计是应用最广，也是最有代表性的专业会计。因此，本教材主要介绍企业会计的基本原理和方法。要学好企业会计，必须对企业的性质和企业的组织形式有所了解。

一、企业的性质

企业是指从事生产、运输、贸易等经济活动，以营利为目的，进行自主经营、独立核算的经济组织，如工厂、商店、农场、矿山和运输公司等。企业首先是一种经济组织，它区别于行政组织和其他社会组织。它不像政府行政部门经费开支主要靠财政拨款，也不像一些社团组织活动经费主要来自会员的会费和社会的赞助。企业要自负盈亏，用自己的收入弥补自己的支出。企业是一种营利性的经济组织，它以营利为目的，讲求经济效益。营利性是企业区别于非企业的一个最根本的标志，凡是不具备这一根本标志的经济组织就不是企业。企业作为独立的商品生产者和经营者，要有自己的资金，要进行独立的经济核算，它是一个独立的会计主体。

二、企业的组织形式

企业有不同的组织形式，一般可以分为独资型企业、合伙型企业和公司型企业三种。

(一) 独资型企业

独资型企业也称私人独资企业。它是企业的最简单、最原始的组织形式。企业的全部资产归出资者一人所有，企业的经营也由出资者个人承担，因此，企业的所有权与经营权是统一的。独资型企业不具有法人资格，企业的所有者对企业的债务负有无限的清偿责任。这种类型的企业一般规模比较小，资金来源有限，适用于生产条件和生产过程比较简单、财产经营规模比较小的生产经营活动，具有较大的局限性。

(二) 合伙型企业

合伙型企业是两个或两个以上的合伙人按照协议共同出资，共同承担企业经营风险，并且对企业债务承担连带责任的企业。其最大的特点是，合伙人对债务承担连带无限责任。一旦发生债务，债权人可以向任何一个合伙人请求清偿全部债务。企业的事务通常由合伙人共同决定，然后再委托一个或部分合伙人去执行。合伙型企业由于吸收了其他私人的投资，为扩大企业生产经营规模提供了一定的条件，因而是一种比私人独资企业先进的企业组织形式，但是，合伙型企业也有很大的局限性，主要是权力分散，决策缓慢，筹资也比较困难，并且由于合伙型企业不具有法人资格，合伙人对企业的债务要负无限责任，风险也比较大。

(三) 公司型企业

公司是依据一定的法律程序申请登记设立，并以营利为目的的具有法人资格的经济组织。它有自己独立的财产，独立地承担经济责任，同时享有相应的民事权利。公司具有法人资格，这是区别于非法人企业如独资型企业和合伙型企业的一个重要标志。法人是具有民事权利能力和民事行为能力，依法独立享有民事权利和承担民事义务的组织，因此，它必须具有独立的法人财产，自主经营、自负盈亏。公司是随着资本主义制度的发展，伴随着资本集中的过程而兴起的。这种企业组织形式比较适合规模比较大的生产经营企业。公司按照不同的标准可以分为不同的类型，通常将公司分为无限责任公司、有限责任公司、股份有限公司和两合公司。

1. 无限责任公司

无限责任公司是由两人以上对公司的债务承担连带无限责任的股东所组成的公司企业。无限责任公司的股东必须是自然人，一般情况下，公司的股东都有权管理公司的事务。公司的股东不得随意转让股份，如需转让，必须征得其他全体股东的同意。这种公司的股东人数较少，但责任重大，股东个人的风险较大。相应地，其筹资规模十分有限，不适于从事大规模的生产经营活动。

2. 有限责任公司

有限责任公司是由一定数量的股东共同出资组成，股东仅就自己的出资额对公司的债务承担有限责任的公司。有限责任公司的股东不限于自然人，也可以是法人和政府。但其股东的数量既有最低下限，也有最高上限。大部分国家规定，有限责任公司的股东应在 2 人以上、50 人以下。有限责任公司对公司的资本不分为等额股份，不对外公开募集股份，不能发行股票。股东以其出资比例享受公司权利，承担公司义务。公司股东以其出资额为限承担有限责任，并享受相应的权益。公司股份的转让有严格的限制，如需转让，应在其他股东同意的条件下方可进行。

3. 股份有限公司

股份有限公司是由一定人数出资设立，全部资本由等额股份构成，并通过发行股票筹集资本的公司。股份有限公司的股东人数不能少于法律规定人数，大多数国家规定不能少于 7 人。它与有限责任公司的重要区别就是，公司的资本总额平分为金额相等的股份，并通过公开发行股票向社会筹集资金。同时，公司的股份可以自由转让，股票可以在社会上公开交易、转让，但不能退股。股份有限公司彻底实现了所有权与经营权的分离。因此，股份有限公司具有筹资便利、风险分散、资本具有充分的流动性等优点。由于股份有限公司资本雄厚，实力强大，所以在发达国家整个国民经济中占统治地位。它适合从事较大规模的生产经营活动。

4. 两合公司

两合公司是指既有有限责任股东，又有无限责任股东，有限责任股东对公司的债务仅就自己对公司的出资额承担有限责任，无限责任股东则要对公司的债务承担无限连带责任的法人企业。两合公司一般由一个以上的无限责任股东和一个以上有限责任公司股东组成。公司的资本不划分为等额的股份。无限责任股东代表公司主持业务，有限责任股东仅仅提供资本，分享红利，对于公司的业务一般不加过问。两合公司是介于有限责任公司和无限责任公司之间的公司组织形式。实质上是无限责任公司的变种，是一种较早的公司形式，其历史比股份有限公司和有限责任公司都要久远得多。但现代以来，这种公司在世界上已经很少存在了。

在我国，法定的公司形式只有两种，即有限责任公司和股份有限公司。无限责任公司和两合公司实际上已经不存在了。

三、会计的作用

会计具有核算和监督两大基本职能。会计的作用是运用会计的职能在会计实践中所产生的客观效果，它是会计职能的外在表现。会计在经济管理工作中发挥着重要作用，归纳起来有如下方面。

（一）帮助投资者和债权人作出合理的决策

财务会计的最主要目标就是帮助投资者和债权人作出合理的投资与信贷决策。一般认为，最为关注企业会计信息的莫过于投资者和债权人，而这类使用者的决策对于资源的分配具有重大影响。此外，满足投资者和债权人需要的信息，一般对其他使用者也是有用的。因此,财务会计把服务于投资者和债权人作为其主要目标。

投资者和债权人所需要的会计信息包括企业某一时日的财务状况、某一期间的经营绩效和财务状况的变动;但从决策有用性的观点看,无论是投资者还是债权人甚至企业职工,其经济利益都同企业未来的现金流动密切相关,例如,投资者应分得的股利、债权人应得到的贷款本金及利息、职工应得的工资和奖金等,都需要预期现金流量的信息。

(二) 考评企业管理当局管理资源的责任和绩效

企业的经济资源均为投资者及债权人所提供,委托企业经营者保管和经营,投资者与经营者之间存在着一种委托和代理关系。投资者和债权人要随时了解与掌握企业经营者管理及运用其资源的情况,以便考评经营者的经营绩效,适时改变投资方向或更换经营者。这就要求企业财务报告提供这方面的信息,说明企业的经营者怎样管理和使用资源,向所有者报告其经营情况,以便明确其经营责任。

(三) 为国家提供宏观调控所需要的特殊信息

国家是国民经济的组织者与管理者,为达到这一目标,国家还要求从一切企业编报的会计报表中,获取进行宏观调控所需要的特殊信息。国家不仅是通用报表的使用者,而且是特殊报表的使用者,尤其是在社会主义国家更是如此。

(四) 为企业经营者提供经营管理所需要的各种信息

企业管理人员也要利用企业的会计信息对企业的生产经营进行管理。通过对企业财务状况、收入与成本费用的分析,可以发现企业在生产经营上存在的问题,以便采取措施,改善经营状况。会计信息系统应怎样处理数据和加工信息,最后将提供什么样的财务报表,在很大程度上取决于会计目标,目标指引着财务会计信息系统的运行方向。

思政课堂

会计人员应遵循"坚持诚信,守法奉公""坚持准则,守则敬业""坚持学习,守正创新"的职业道德,三条要求逻辑清晰、层层递进:"坚持诚信,守法奉公"是对会计人员的自律要求,"坚持准则,守责敬业"是对会计人员的履职要求,"坚持学习,守正创新"是对会计人员的发展要求。加强会计人员职业道德建设,对长期以来会计职业活动实践中形成的职业道德要求进行总结提炼和大力宣传,引导会计人员形成正确的价值追求和行为规范,对于提高会计工作水平和会计信息质量、加强社会信用体系建设、推动经济社会高质量发展具有重要意义。

思考题

1. 什么是会计？有什么特点？
2. 会计的基本职能是什么？它们之间的关系如何？
3. 会计的目标是什么？
4. 哪些人要使用会计信息，对他们有何用途？
5. 为什么说经济越发展，会计越重要？

第二章 会计信息

> **学习目标**

通过本章的学习,要求了解会计信息质量要求,理解会计要素的定义和内容,掌握会计等式的相关内容。

第一节 会计信息使用者

一个企业必须发布各种各样的会计信息,以满足信息使用者的需要。有些信息的需求可能是由法律规定的,例如,所得税法规要求每一个公司的会计系统能够计量该公司的应税收入,并对企业所得税申报单中每个项目的性质和来源进行解释。总的来说,会计信息需求来自企业外部和内部两个方面,它们分别是会计信息的外部使用者和内部使用者。

一、会计信息的外部使用者

会计是为了向外部会计信息使用者提供有用的信息,帮助其作出相关决策,而承担这些信息载体和功能的则是企业编制的财务报告。财务报告的目标是向财务报告使用者提供与企业财务状况、经营成果和现金流量等有关的会计信息,反映企业管理层受托责任履行情况,有助于财务会计报告使用者作出经济决策。财务报告外部使用者包括投资者、债权人、政府及有关部门和社会公众等。

(一)投资者

投资者包括现在的和潜在的投资者。在经营权和所有权相分离的情况下,作为企业或企业的所有者即投资者并不直接参与企业的经营,其投入资金的运作情况如何?企业的经营活动、财务状况以及经营成果等情况如何?掌握这些方面的情况一般要通过公司会计所提供的信息;同时,作为投资者还需要利用会计信息进行有关的决策,如根据企业的财务状况和经营成果来决定是否应该对公司投入更多的资金(购入股份)、是否应该转让其在企业中的投资(出售股份)等,与企业投资者的决策关系比较密切的是该企业的经营成果、财务状况、获利能力、偿付能力等方面的信息。这些信息主要由企业的财务会计来提供。

（二）债权人

债权人包括银行、非银行金融机构、公司债券购买人及其他提供贷款的单位和个人。他们主要通过公司的财务报表掌握其贷款的安全性，企业能否如期偿还贷款本金并支付利息，决定是否贷给公司更多的资金，或作出是否给企业贷款的决策。

（三）政府及有关部门

政府及有关部门要通过财务会计信息了解企业所承担的义务。例如，税务部门需要利用财务会计信息了解企业是否依法纳税、依法应纳多少税、未来的纳税前景如何；证券交易监督管理部门需要了解企业公开的财务信息是否充分；是否会误导投资者的决策；投资者是否理解企业公开的财务信息；等等。

（四）社会公众等其他外部使用者

企业是社会经济的细胞，它可以通过多种方式为国民经济作出贡献，而企业财务报告通过提供企业发展前景和活动范围的信息，可以对公众有所帮助。例如，社会公众是上市公司财务报告的主要使用者，因为上市公司通常也被称为社会公众公司，而社会公众往往是某些上市公司的投资者、潜在投资者或其他利益相关者，上市公司的状况直接影响着一部分社会公众的切身利益。

二、会计信息的内部使用者

一个企业组织的各级管理部门为了完成任务都需要信息，不论是负责完成全企业目标的最高级管理部门还是负责完成一项具体目标的某一个经营管理部门，都是如此。目前，会计是为大多数企业和组织提供会计信息的主要信息系统。所谓主要信息系统是因为其对指定信息的生成和报告负有明确的职责。会计信息系统根据收集的全部数据进行加工，将信息报送给公司管理部门，管理部门收到并利用这些信息作出决策，管理部门的决策又反过来影响组织内部的经营，包括对会计信息系统的影响，同时也影响着企业组织与其外部环境的关系。企业的内部员工也要使用会计信息。会计信息内部使用者包括董事长、首席执行官（CEO）、首席财务官（CFO）、副董事长（主管信息系统、人力资源、财务等）、经营部门经理、分厂经理、分部经理、生产线主管等。每位员工使用会计信息的具体目标不同，但这些目标的宗旨是一样的，都是旨在帮助公司实现其总体的战略和任务。所有企业都遵循与它们的会计信息系统设计有关的规则，以确保会计信息的规范性并保护企业的资产。但是关于报告的类型或能产生的会计信息种类并没有什么规则，只要快速地审视一个企业的内部，就会看到在员工决策过程中产生和使用的会计信息的多样性。与外部信息需要相比，向内部报送的会计信息显然具有较多的"自由性"。因此，设计满足企业经营管理需要的会计信息系统，比设计外部报表面临着更大的困难。

第二节　会计信息质量要求

为了规范企业会计确认、计量和报告行为，保证会计信息质量，我国《企业会计准则》根据几十年来的企业会计实践，同时借鉴国际会计惯例，确立了我国企业会计信息的质量要求。这些会计信息质量要求可归纳如下。

一、可靠性

这是指企业应当以实际发生的交易或者事项为依据进行会计核算，如实反映符合确认和计量要求的各项会计要素及其他相关信息，保证会计信息真实可靠、内容完整。

会计核算的可靠性要求会计核算的结果应当与企业实际的财务状况、经营成果和现金流量相一致，对于经济业务的记录和报告，应当做到不偏不倚，以客观事实为依据，不受会计人员主观意志所左右，以避免错误并减少偏差。企业提供会计信息的目的是满足会计信息使用者的决策需要，因此，必须做到内容真实、数字准确和资料可靠。

二、相关性

这是指企业提供的会计信息应当与财务报告使用者的经济决策需要相关，有助于财务报告使用者对企业过去、现在或者未来的情况作出评价或者预测。这一要求也称为有用性要求。

会计信息与使用者的决策密切相关，表现在提供的会计信息能帮助决策者预测未来，把握可能的结果，从而改善当前的决策；同时，提供的会计信息也能为决策者证实过去的决策所产生的结果，从而修正或坚持原来的决策。因此，会计在核算中应坚持上述基本原则，在收集、加工、处理和提供会计信息的过程中，充分考虑会计信息使用者的信息需求。

三、可理解性

这是指企业提供的会计信息应当清晰明了，便于财务报告使用者理解和使用。

对会计信息使用者来说，要能弄懂财务报告反映的信息内容，才能加以利用,并作为决策的依据,因此,可理解性是会计信息质量的首要要求。可理解性原则就是要求会计核算提供的信息简明、易懂,能简单地反映公司的财务状况、经营成果和现金流量,能为大多数使用者所理解。在会计核算中,只有坚持可理解性原则,才能有利于会计信息使用者准确、完整地把握会计信息的内容,从而更好地利用。

四、可比性

这是指企业提供的会计信息应当具有可比性。同一公司不同时期发生的相同或者相似的交易或者事项,应当采用一致的会计政策,不得随意变更。确需变更的,应当在附注中说明。不同公司发生的相同或者相似的交易或者事项,应当采用规定的会计政策,确保会计信息口径一致、相互可比。

这一原则不仅要求不同企业之间的会计信息要具有横向的可比性,而且要求同一企业的不同时期的会计信息要具有纵向的可比性。

不同的企业可能处于不同行业、不同地区,经济业务发生于不同时点,为了保证会计信息能够满足会计信息使用者决策的需要,便于比较不同企业的财务状况、经营成果和现金流量,只要是相同的交易或事项,就应当采用相同的会计处理方法。

在同一企业的会计核算中,经常会出现相同的经济业务的会计处理有多种方法可供选择,如存货的计价方法等,企业可以在会计准则或制度允许的范围内选择使用。但是,在一般情况下,企业一旦选定某一种方法,就不得随意变动。如果企业在不同的会计期间采用不同的会计核算方法,将不利于会计信息使用者对会计信息的理解,不利于会计信息作用的发挥。当然也不是说企业所选择的会计核算方法不能做任何变更,在符合一定条件的情况下,企业也可以变更会计核算方法,并在企业财务报告中作相应披露。在会计核算中遵循可比性要求,有利于提高会计信息的使用价值,可以防止某些企业和个人利用会计方法的变动在会计核算上弄虚作假、粉饰财务报表。

五、实质重于形式

这是指企业应当按照交易或者事项的经济实质进行会计确认、计量和报告,不应仅以交易或者事项的法律形式为依据。

在实际工作中,交易或事项的外在法律形式并不能真实反映其实质内容。为了使会计信息真实反映公司财务状况和经营成果,不能仅仅依据交易或事项的外在表现形式来进行核算,而要反映交易或事项的经济实质。违背这一原则,就可能会出现误导会计信息使用者的决策。例如,会计核算上将以融资租赁方式租入的资产视为企业的资产就是这个原则的具体体现。

六、重要性

这是指企业提供的会计信息应当反映与企业财务状况、经营成果和现金流量等有关的所有重要交易或者事项。

这一原则要求企业在会计核算过程中，对发生的交易或事项要区别其重要程度，对资产、负债、损益等有较大影响，进而影响财务报告使用者据以作出合理判断的重要事项，必须按照规定的会计方法和程序进行处理，并在财务报告中予以充分、准确地披露；对于次要的会计事项，在不影响会计信息真实性和不至于误导财务报告使用者作出正确判断的前提下，可适当简化处理。

会计核算中遵循重要性原则的同时要考虑提供会计信息的成本与效益问题，使得提供会计信息的收益大于成本，避免出现提供会计信息的成本大于收益的情况，在全面反映企业财务状况和经营成果的基础上，能够突出重点，简化核算，节约人力、物力和财力，提高会计核算的工作效率。会计核算中，评价某些项目的重要性时，很大程度上取决于会计人员的职业判断。一般来说，应当从质和量两个方面进行分析。从性质上说，当某一事项有可能对决策产生一定的影响时，就属于重要项目；从数量方面来说，当某一项目的数量达到一定的规模时，就可能对决策产生影响。

七、谨慎性

这一原则也称稳健性原则，或称保守主义，是指企业对交易或者事项进行会计确认、计量和报告应当保持应有的谨慎，不应高估资产或者收益、低估负债或者费用。

遵循这一原则，要求企业在面临经济活动中不确定因素的情况下作出职业判断并处理会计事项时，应当保持必要的谨慎，充分估计风险和损失，不高估资产或收益，也不低估负债或费用。对于预计会发生的损失应计算入账，对于可能发生的收益则不预计入账。谨慎性原则在会计核算中有多种表现，例如，对可能发生的各项资产损失计提减值准备等，是这一原则的具体体现。当然，遵循这一原则并不意味着企业可以任意设置各种秘密准备，否则，就属于滥用本原则，需要按照重大会计差错更正的要求进行相应的会计处理。

八、及时性

这是指企业对于已经发生的交易或者事项，应当及时进行会计确认、计量和报告，不得提前或者延后。

对会计信息使用者来说，会计信息与决策的相关性不仅表现为会计信息的真实可靠，而且表现在会计信息的时效性上，过时的会计信息对决策者的使用价值就会大大降低，甚至无效。在企业之间竞争日趋激烈的市场经济条件下，对会计信息的及时性要求越来越高，这一原则越发显得重要。在会计核算中，坚持这一原则就是要求及时收集会计信息，及时对会计信息进行加工处理，及时传递会计信息，以满足各方面会计信息使用者的需要。

第三节 财务报告要素确认、计量的原则

2.2 财务报告要素确认、计量（一）

会计计量是为了将符合确认条件的会计要素登记入账并列报于财务报表而确定其金额的过程。会计计量属性主要包括历史成本、重置成本、可变现净值、现值和公允价值等。

一、历史成本

历史成本又称实际成本，是指取得或制造某项财产物资时所实际支付的现金或者现金等价物。采用历史成本计量时，资产按照其购置时支付的现金或现金等价物的金额，或者按照购置时所付出对价的公允价值计量。负债按照其因承担现时义务而实际收到的款项或者资产的金额，或者承担现时义务的合同金额，或者按照日常活动中为偿还负债预期需要支付的现金或者现金等价物的金额计量。

二、重置成本

重置成本又称现行成本，是指按照当前市场条件，重新取得同样一项资产所需支付的现金或现金等价物金额。采用重置成本计量时，资产按照现在购买相同或者相似资产所需支付的现金或者现金等价物的金额计量。负债按照现在偿付该项债务所需支付的现金或者现金等价物的金额计量。

三、可变现净值

可变现净值，是指在生产经营过程中，以预计售价减去进一步加工成本和销售所必需的预计税金、费用后的净值。采用可变现净值计量时，资产按照其正常对外销售所能收到现金或者现金等价物的金额，扣减该资产至完工时估计将要发生的成本、估计的销售费用以及相关税费后的金额计量。

四、现值

现值，是指对未来现金流量以恰当的折现率进行折现后的价值，是考虑货币时间价值因素等的一种计量属性。采用现值计量时，资产按照预计从其持续使用

和最终处置中所产生的未来净现金流入量的折现金额计量。负债按照预计期限内需要偿还的未来净现金流出量的折现金额计量。

五、公允价值

公允价值，是指市场参与者在计量日发生的有序交易中，出售一项资产所能收到或者转移一项负债所需支付的价格。

第四节 会计要素与会计等式

2.3 会计要素和会计等式

一、会计对象

会计对象就是会计核算和监督的内容，即会计所要反映和监督的客体。在社会主义制度下，就是社会再生产过程中的资金运动。

任何一个企业单位要从事经营活动，必须拥有一定的物质基础。物质基础是进行生产经营的前提。而在市场经济条件下，这些物资又属于商品，有商品就要有衡量商品价值的尺度，即商品价值的一般等价物——货币。当各种财产物资用货币来计量其价值时，我们就取得一个会计概念，即资金。资金是社会再生产过程中各项财产物资的货币表现形式。也就是说，进行生产经营活动的前提是拥有资金。

企业拥有的资金不是闲置不动的，而是随着物资流的变化而不断运动变化的。资金的形态也在发生变化，用货币购买材料物资时，货币资金转化为储备资金（材料物资等所占用的资金）；车间生产产品领用材料物资时，储备资金又转化为生产资金（生产过程中各种在产品所占用的资金）；将车间加工完毕的产品验收入库到成品库后，生产资金又转化为成品资金（待售产品或自制半成品所占用的资金）；将产成品出售后又收回货币资金时，成品资金又转化为货币资金。我们把资金从货币形态开始，依次经过储备资金、生产资金、成品资金，最后又回到货币资金的这一运动过程叫作资金循环。企业的资金是不断循环和周转的。

上述资金循环和周转过程也可以划分为三个具体阶段，即供应过程、生产过程和销售过程。企业的资金在供、产、销三个阶段不断循环和周转，这些资金在空间序列上同时存在，在时间序列上依次继起。上述只是资金在企业内部的循环和周转，就整个资金的运动过程而言，还应包括资金的投入和资金的退出。

资金的投入包括所有者的资金投入和债权人的资金投入。前者构成了企业的所有者权益，后者形成了债权人的权益，即负债。投入企业的资金一部分形成流动资产，另一部分形成固定资产等非流动资产。资金的退出包括按法定程序返回给投资者的投资、偿还各种债务以及向所有者分配利润等内容，这使一部分资金离开企业，游离于企业资金运动之外。

综上所述，会计所要反映和监督的对象是资金及其运动，正因如此，可以把会计对象概括为社会再生产过程中的资金运动。

二、会计要素

会计对象就是能用货币表现的各种资金运动。会计要素是对会计对象进行的基本分类，是设定会计报表结构和内容的依据，也是进行确认和计量的依据。对会计要素加以严格的定义，就能为会计核算奠定坚实的基础。会计要素主要包括资产、负债、所有者权益、收入、费用和利润。其中，资产、负债和所有者权益是反映企业财务状况的会计要素，收入、费用和利润是反映企业经营成果的会计要素。

（一）资产

资产是指企业过去的交易或者事项形成的、拥有或者控制的、预期会给企业带来经济利益的资源。资产的基本特征有：

首先，是由企业过去的交易或者事项形成的资源。企业过去的交易或者事项包括购买、生产、建造行为或其他交易或者事项。预期在未来发生的交易或者事项不形成资产。比如，已经发生的固定资产购买交易才形成资产，而计划中的固定资产购买则不形成企业的资产。

其次，是由企业拥有或控制的资源。所谓拥有或者控制，是指企业享有某项资源的所有权，或者虽然不享有某项资源的所有权，但该资源能被企业所控制。这种资源，可以是以货币形式存在的，也可以是以实物形式存在的；可以是有形的，也可以是无形的。判断某项资源是否属于企业的资产，主要依据企业对该资源是否拥有所有权或控制权。如果企业不能拥有或控制能创造经济利益的某种资源，则企业不能将该资产视作其资产。比如某项专利权，如果企业不能通过自创并申请成功、购入等方式拥有或控制它，那么企业就不能将该专利权视作其资产。又比如经营租入的固定资产，由于企业对其既无所有权又无控制权，因而不能将其作为企业的资产；对于某些特殊方式形成的资产，如融资租入的固定资产，虽然企业不拥有其所有权，但能够控制它，按照实质重于形式的原则，也应当将其作为企业的资产。

最后，是预期会给企业带来经济利益的资源。所谓预期会给企业带来经济利益，是指直接或者间接导致现金和现金等价物流入公司的潜力。如果某项目不能给企业带来经济利益，那么该项目不能作为企业的资产。资产导致经济利益流入企业的方式有多种，例如，单独或与其他资产结合起来为企业创造经济利益、换取其他资产、用于偿付债务。

符合上述资产定义的资源，在同时满足以下条件时，应确认为资产：

（1）与该资源有关的经济利益很可能流入企业。

(2) 该资源的成本或者价值能够可靠地计量。

符合资产定义和资产确认条件的项目，应当列入资产负债表；符合资产定义，但不符合资产确认条件的项目，不应列入资产负债表。

在资产负债表上，企业的资产按流动性可分为流动资产和非流动资产。资产满足下列条件之一的，应当归为流动资产：

(1) 预计在一个正常营业周期中变现、出售或耗用。
(2) 主要为交易目的而持有。
(3) 预计在资产负债表日起一年内（含一年，下同）变现。
(4) 自资产负债表日起一年内，交换其他资产或清偿负债的能力不受限制的现金或现金等价物。

流动资产主要包括货币资金、应收及预付款项、交易性金融资产和存货等。

流动资产以外的资产应当归为非流动资产，包括持有至到期投资、长期股权投资、投资性房地产、固定资产、生产性生物资产、递延所得税资产、无形资产等。

（二）负债

负债是指企业过去的交易或者事项形成的、预期会导致经济利益流出的现时义务。负债的基本特征有：

首先，负债是企业过去的交易或者事项形成的现时义务。现时义务是指企业在现行条件下已承担的义务。比如，银行借款是因为企业接受了银行贷款形成的负债，如果没有接受贷款，就不会发生银行借款这项负债。应付账款是因为采用信用购买商品或接受劳务形成的，在这种购买未发生之前，相应的应付账款并不存在。企业未来发生的交易或者事项形成的义务，不属于现时义务，不应当确认为负债，如企业与供货单位签订在将来可能形成负债的供货合同，在当前就不能将其作为一项负债。

其次，负债是预期会导致经济利益流出企业的现时义务。无论负债对应的现时义务是法定义务还是推定义务，通常需要由企业在未来某个时日加以清偿，其清偿义务的履行预期均会导致企业经济利益流出，具体表现为交付资产、提供劳务、将一部分股权转给债权人等。对此，企业不能或很少可以回避。从这个意义上讲，如果企业能够回避义务，则不能相应地确认为一项负债。

符合上述负债定义的义务，在同时满足以下条件时确认为负债：

(1) 与该义务有关的经济利益很可能流出企业。
(2) 未来流出的经济利益的金额能够可靠地计量。

符合负债定义和负债确认条件的项目，应当列入资产负债表；符合负债定义，但不符合负债确认条件的项目，不应当列入资产负债表。

在资产负债表中，企业的负债按其流动性可分为流动负债和非流动负债。

负债满足下列条件之一的，应当归为流动负债：

(1) 预计在一个正常营业周期内清偿。

（2）主要为交易目的而持有。

（3）自资产负债表日起1年内到期应予以清偿。

（4）企业无权自主地将清偿推迟至资产负债表日后1年以上。

流动负债主要包括短期借款、应付及预收款项、应付职工薪酬、应交税费等。

流动负债以外的负债应当归为非流动负债，包括长期借款、应付债券、长期应付款、预计负债等。

注意，判断流动资产、流动负债时所称的一个正常营业周期，是指企业从购买用于加工的资产起至实现现金或现金等价物的期间。正常营业周期通常短于1年，在1年内有几个营业周期。但是，也存在正常营业周期长于1年的情况，例如，房地产开发公司开发用于出售的房地产产品，造船公司制造的用于对外出售的大型船只等，往往超过1年才变现、出售或耗用，但仍应划分为流动资产；应付账款等经营性项目，属于企业正常经营周期中使用的营运资金的一部分，有时在资产负债表日后超过1年才到期清偿，也应划分为流动负债。正常营业周期不能确定时，应当以1年（12个月）作为划分流动资产或流动负债的标准。不符合流动资产或流动负债标准的，被划分为非流动资产或非流动负债。

（三）所有者权益

所有者权益是指企业资产扣除负债后由所有者享有的剩余权益。企业的所有者权益又称为股东权益。

所有者权益的来源包括所有者投入的资本、直接计入所有者权益的利得和损失、留存收益等。所有者投入的资本是指所有者投入企业的资本部分，包括构成企业注册资本或股本部分的金额以及超过注册资本或股本部分的金额，前者在资产负债表中的"实收资本"或"股本"项目下反映，后者即为资本溢价或股本溢价，在资产负债表中的"资本公积"项目下反映。直接计入所有者权益的利得和损失，是指不应计入当期损益、会导致所有者权益发生增减变动的、与所有者投入资本或者向所有者分配利润无关的利得或者损失。利得是指由企业非日常活动所形成的、会导致所有者权益增加的、与所有者投入资本无关的经济利益的流入。损失是指在企业的非日常活动中所发生的、会导致所有者权益减少的、与向所有者分配利润无关的经济利益的流出。留存收益是企业历年实现的净利润留存于企业的部分，主要包括累计计提的盈余公积和未分配利润。

所有者权益金额取决于资产和负债的计量，所有者权益项目应当列入资产负债表。

所有者权益和负债都具有对企业资产的要求权，企业的资产总额等于负债总额加上所有者权益总额，可见，两者都能对企业的资产提出要求权。但是，所有者权益和负债之间仍然存在明显的区别，概括为以下三个方面：

1. 性质上的区别

负债是公司债权人对企业资产的要求权即债权，也是公司对债权人承担的经济责任；所有者权益是企业的投资者对企业净资产的要求权即所有权，也是企业对投资人承担的经济责任。同时，企业对债权和所有权满足的先后次序不同，一般规定债权优先于所有权，债权是第一要求权，表现为当企业清算时，债权人对企业的剩余资产的要求权优先于所有权。

2. 权利上的区别

作为企业负债对象的债权人与企业只有债权债务关系，无权参与企业的经营管理，也不参与企业的利润分配；而作为所有者权益对象的投资人则有法定参与管理企业或委托他人管理企业的权利，同时也有参与企业利润分配的权利。

3. 偿还责任上的区别

负债有规定的偿还期限，一般要求企业按规定的利率计算并支付利息，到期偿还本金。对债权人来说，预期收入的金额和时间较为固定，与企业的经营成果并无多大关系，承担的风险相对较小。所有者权益在企业正常经营期间只要不发生清算、破产或其他终止经营情况，无须偿还，投资人也不得要求返还投资。除非在发生减资、清算的情况下，企业不存在所有者权益向其所有者偿还的问题，而负债是企业必须加以偿还的债务。对投资人来说，其投资报酬与企业的经营成果有密切的关系，投资人对企业的经营活动承担着比债权人更大的风险，同时也享受着分配企业利润的权利。在企业清算时，负债通常要优先于所有者权益进行偿还。

（四）收入

收入是指企业在日常活动中形成的、会导致所有者权益增加的、与所有者投入资本无关的经济利益的总流入。收入具有如下基本特征：

首先，收入是从企业的日常活动中产生的，而不是从偶发的交易或事项中产生的。这里所谓的"日常活动"，是指企业为完成其经营目标所从事的经常性活动以及与之相关的其他活动。例如，工业企业制造并销售产品、商业企业销售商品、保险企业签发保单、咨询企业提供咨询服务、软件企业为客户开发软件、安装企业提供安装服务、商业银行对外贷款、租赁企业出租资产等，均属于企业为完成其经营目标所从事的经常性活动，由此产生的经济利益的总流入构成收入；工业企业转让无形资产使用权、出售原材料、对外投资（收取的股利收入）等，属于与经常性活动相关的其他活动，由此产生的经济利益的总流入也构成收入。但是，企业处置固定资产、无形资产等活动，不是企业为完成其经营目标所从事的经营性活动，也不属于与经常性活动相关的其他活动，由此产生的经济利益的总流入不构成收入，应当确认为营业外收入。

其次，收入的取得可能表现为资产的增加或负债的减少，或者资产增加和负债减少两者兼而有之，最终将导致公司所有者权益的增加。

最后，收入是与所有者投入资本无关的经济利益的总流入，由所有者投入资本产生的经济利益流入不属于收入。

企业收入的来源渠道多种多样，不同收入来源的特征有所不同，其收入确认条件也往往存在差别。通常，收入只有在经济利益很可能流入从而导致企业资产增加或者负债减少，且经济利益的流入额能够可靠计量时才能予以确认。符合收入定义和收入确认条件的项目，应当列入利润表。

（五）费用

费用是指企业在日常活动中发生的、会导致所有者权益减少的、与向所有者分配利润无关的经济利益的总流出。与收入相对应，费用具有以下基本特征：

首先，费用是企业在销售商品、提供劳务等日常活动中发生的经济利益的流出，而固定资产清理损失由于不属于日常活动的经济利益流出，因而作为损失。

其次，费用最终会减少企业的所有者权益，具体表现为企业资金的支出。

最后，费用是与向所有者分配利润无关的经济利益的总流出，与向所有者分配利润相关的经济利益流出不属于费用。

费用只有在经济利益很可能流出从而导致企业资产减少或者负债增加，且经济利益的流出额能够可靠计量时才能予以确认。

企业为生产产品、提供劳务等发生的可归属于产品成本、劳务成本等的费用，应当在确认产品销售收入、劳务收入等时，将已销售产品、已提供劳务的成本等计入当期损益。

企业发生的支出不产生经济利益的，或者即使能够产生经济利益但不符合或者不再符合资产确认条件的，应当在发生时确认为费用，计入当期损益。企业发生的交易或者事项导致其承担了一项负债而又不确认为一项资产的，应当在发生时确认为费用，计入当期损益。

符合费用定义和费用确认条件的项目，应当列入利润表。

（六）利润

利润是指企业在一定会计期间的经营成果，利润包括收入减去费用后的净额、直接计入当期利润的利得和损失等。

直接计入当期利润的利得和损失，是指应当计入当期损益、会导致所有者权益发生增减变动的、与所有者投入资本或者向所有者分配利润无关的利得或者损失。

利润金额取决于收入和费用、直接计入当期利润的利得和损失金额的计量，项目应当列入利润表。

三、会计等式

会计恒等式也称会计平衡公式，它是反映会计对象各要素之间数量关系的表达式，也是会计核算采用复式记账的理论基础。因此，正确理解和运用会计恒等式，对进行日常的会计核算，检验账务处理是否正确都有着重要的意义。

（一）会计等式的内容

任何企业要进行生产经营活动，都必须拥有一定数量和质量的、能给企业带来经济利益的经济资源，如房屋、设备、现金等，这些经济资源在会计上称为"资产"。企业的这些资产必须有其提供者。企业最初资产的提供者不外乎两个方面：一是由企业债权人提供，即借入；二是由企业所有者提供，即投资人投入。债权人和所有者将其拥有的资金提供给公司使用，就应该相应地对公司的资产享有一种要求权，这种对资产的要求权在会计上称为"权益"。资产表明企业拥有什么经济资源和拥有多少经济资源，权益表明经济资源的来源渠道，即谁提供了这些经济资源。可见，资产与权益是同一事物的两个不同侧面，两者相互依存、不可分割，没有无资产的权益，也没有无权益的资产。因此，资产和权益两者在数量上必然相等，资产和权益这种在数量上的相等关系，用数学表达式可表示如下：

$$资产 = 权益$$

企业的资产主要来源于企业的债权人和所有者，所以，权益又分为债权人权益和所有者权益，在会计上称债权人权益为负债，这样，上述等式就可变换为：

$$资产 = 债权人权益 + 所有者权益$$
$$= 负债 + 所有者权益$$

这一等式是反映某个会计期间开始时（即某一时日）公司的财务状况，该等式也被称为静态会计等式。

随着企业经济活动的进行，在会计期间内，企业一方面取得了收入，另一方面要发生各种各样的费用。凡是收入，都能使资产增加或负债减少，同时也使所有者权益相应增加。比如，东方公司销售产品取得一张10万元的支票，如果将这10万元存入自己的开户银行，那么东方公司的资产就增加了10万元，投资者相应增加了10万元的权益；如果东方公司将这10万元支票转付东方公司的债务，那么东方公司的负债就减少了10万元，资产总额不变而负债减少，所以，投资者也等额增加了10万元的权益。凡是费用，都能使资产减少或负债增加，同时也使所有者权益相应减少。比如租入厂房一栋，每年租金10万元，如果东方公司支付这10万元的租金，那么东方公司的资产就减少了10万元，投资者相应减少10万元的权益；如果东方公司暂时不支付这10万元的租金，那么东方公司的负债就增加10万元，资产总额不变而负债增加，所以，投资者也等额减少了10万元的权益。

所以，收入和费用的发生，导致所有者权益发生变化，这个增减变化的量在会计期间内的任一时刻，即未结账之前，企业的会计等式就转化为下面的形式：

$$资产 = 负债 + 所有者权益 + （收入 - 费用）$$

或者
$$资产 + 费用 = 负债 + 所有者权益 + 收入$$

到了会计期末，企业将收入与费用相配比，计算出利润（或亏损），并按规定的程序进行分配，剩余的部分又全部归入所有者权益项目。这样在会计期末结

账之后,会计等式又恢复为会计期初的形式,即:

$$资产=负债+所有者权益$$

由此可见,会计等式揭示了会计要素之间的联系。它是设置账户、复式记账、试算平衡和编制会计报表的理论依据。

(二) 经济业务的发生对会计恒等式的影响

经济业务,通常是指企业在进行生产经营活动过程中发生的、能够用货币计量的、能引起会计要素发生增减变化的事项,也称会计事项或交易事项。经济业务是会计处理的具体对象。因此,不是经济业务,不必进行会计处理,例如,公司编制财务计划、公司与外单位签订购销合同等。而凡是经济业务,必须进行会计记录、处理并编制财务报告。

企业在生产经营过程中发生的经济业务是纷繁复杂、多种多样的,但是资产和权益的平衡关系是客观存在的,它不受经济业务变化的影响,即在企业生产经营活动中无论资产和权益如何变化,都不能破坏资产与权益之间的平衡关系。

第一,无论经济业务多么复杂,从会计等式的左右两方来观察,都可归纳为以下四种类型。

(1) 经济业务发生,只引起等式左方内部要素各项目之间发生增减变化,即资产类要素内部项目此增彼减的变化,增减金额相等,会计等式保持平衡。

(2) 经济业务发生,只引起等式右方内部要素各项目之间发生增减变化,即负债类要素内部项目之间、所有者权益类要素项目之间或负债类要素项目和所有者权益类要素项目之间此增彼减的变化,增减金额相等,会计等式保持平衡。

(3) 经济业务发生,引起等式两方要素项目同时等额增加,即资产项目增加,负债或所有者权益项目同时也增加,增加金额相等,会计等式保持平衡。

(4) 经济业务发生,引起等式两方要素项目同时等额减少,即资产项目减少,负债或所有者权益项目也同时减少,减少金额相等,会计等式保持平衡。

将上述四种类型的业务具体化,可表现为以下九种情况。

(1) 资产项目此增彼减,增减金额相等,会计等式保持平衡;
(2) 负债项目此增彼减,增减金额相等,会计等式保持平衡;
(3) 所有者权益项目此增彼减,增减金额相等,会计等式保持平衡;
(4) 负债项目增加,所有者权益项目减少,增减金额相等,会计等式保持平衡;
(5) 所有者权益项目增加,负债项目减少,增减金额相等,会计等式保持平衡;
(6) 资产增加,负债增加,增加金额相等,会计等式保持平衡;
(7) 资产增加,所有者权益增加,增加金额相等,会计等式保持平衡;
(8) 资产减少,负债减少,减少金额相等,会计等式保持平衡;
(9) 资产减少,所有者权益减少,减少金额相等,会计等式保持平衡。

第二,无论发生什么样的经济业务,都不会影响会计等式的平衡关系,会计等式恒等。

第三,经济业务发生,凡是涉及会计等式一方要素项目发生增减变动的,不但不会影响双方总额的平衡关系,而且原来的总额也不会发生改变。

第四,经济业务发生,凡是涉及会计等式两方要素发生变动的,会使双方总额发生增加或减少的变动,但变动后的双方总额仍然相等。

【例2-1】东方公司月初资产、负债和所有者权益的状况如表2-1所示,举例说明以上四大类经济业务的发生,都不会改变会计恒等式所表示的数量平衡关系。

表2-1　　　　　　　　　　　资产负债表　　　　　　　　　　单元:元

资产	金额	负债和所有者权益	金额
银行存款	250 000	短期借款	100 000
原材料	150 000	应付账款	150 000
固定资产	600 000	所有者权益	750 000
合计	1 000 000	合计	1 000 000

假定本月发生下列经济业务:

(1) 5日,以银行存款购进原材料20 000元。

这项经济业务的发生,使东方公司的银行存款减少了20 000元,即由原来的250 000元减少到230 000元,同时使东方公司的原材料增加了20 000元,即由原来的150 000元增加到170 000元。这项经济业务使东方公司的一项资产(原材料)增加,另一项资产(银行存款)减少,增减金额相等,因此东方公司总资产金额不会发生变化。另外,这项经济业务没有涉及负债和所有者权益项目,不会引起权益总额发生变化。所以,这项经济业务的发生不会改变会计恒等式的平衡关系,如表2-2所示。

表2-2　　　　　　　　　　　资产负债表　　　　　　　　　　单位:元

资产	金额	负债和所有者权益	金额
银行存款	230 000	短期借款	100 000
原材料	170 000	应付账款	150 000
固定资产	600 000	所有者权益	750 000
合计	1 000 000	合计	1 000 000

(2) 10日,东方公司向银行取得短期借款100 000元归还应付账款。

这项经济业务的发生,使东方公司短期借款增加了100 000元,即由原来的100 000元增加到200 000元,同时使东方公司的应付账款减少了100 000元,即由原来的150 000元减少到50 000元。这项经济业务使东方公司的负债(短期借款)增加和负债(应付账款)减少,双方增减的金额相等。因此,会计恒等式的平衡关系不会改变,如表2-3所示。

表 2-3　　　　　　　　　　　　　资产负债表　　　　　　　　　　　　单位：元

资产	金额	负债和所有者权益	金额
银行存款	230 000	短期借款	200 000
原材料	170 000	应付账款	50 000
固定资产	600 000	所有者权益	750 000
合计	1 000 000	合计	1 000 000

（3）15 日，东方公司再向商店赊购原材料一批 50 000 元。

这项经济业务的发生，使东方公司原材料增加了 50 000 元，即由原来的 170 000 元增加到 220 000 元，同时使东方公司的应付账款增加了 50 000 元，即由原来的 50 000 元增加到 100 000 元。这项经济业务使东方公司的资产（原材料）和权益（应付账款）同时增加，双方增加的金额相等。因此，会计恒等式的平衡关系不会改变，如表 2-4 所示。

表 2-4　　　　　　　　　　　　　资产负债表　　　　　　　　　　　　单位：元

资产	金额	负债和所有者权益	金额
银行存款	230 000	短期借款	200 000
原材料	220 000	应付账款	100 000
固定资产	600 000	所有者权益	750 000
合计	1 050 000	合计	1 050 000

（4）20 日，以银行存款归还银行借款 80 000 元。

这项经济业务的发生，使东方公司的银行存款减少了 80 000 元，即由原来的 230 000 元减少到 150 000 元，同时使东方公司的短期借款减少了 80 000 元，即由原来的 200 000 元减少到 120 000 元。这项经济业务使东方公司的资产（银行存款）和权益（短期借款）同时减少，双方减少的金额相等。因此，会计恒等式的平衡关系不会改变，如表 2-5 所示。

表 2-5　　　　　　　　　　　　　资产负债表　　　　　　　　　　　　单位：元

资产	金额	负债和所有者权益	金额
银行存款	150 000	短期借款	120 000
原材料	220 000	应付账款	100 000
固定资产	600 000	所有者权益	750 000
合计	970 000	合计	970 000

以上四大类经济业务的举例，说明企业每发生一项经济业务都会使某一具体的会计要素发生增减变动，并会同时引起相关的会计要素发生等量的增减变动。经济业务的发生对会计恒等式的影响不外乎两种情况：一是引起会计恒等式一边内部项目有增有减，增减金额相等，相互抵销后，其总额保持不变（如第一大类和第二大类经济业务）。二是引起会计恒等式两边对应的项目同增同减，增减金

额相等，双方变动后的总额相等。因此，任何一项经济业务的发生，无论引起各项会计要素发生什么样的增减变动，都不会改变会计恒等式的平衡关系。

第五节 会计核算基础

2.4 财务报告要素确认、计量（二）

会计核算基础主要是用来确定收入与费用归属期的标准。企业生产经营活动在时间上是持续不断地取得收入，并发生各种成本、费用，将收入与成本、费用相配比，就可以计算和确定企业在生产经营过程中的利润（或亏损）。由于企业生产经营活动是连续不断的，而会计期间是人为划分的，所以有一部分收入和费用出现收支期间和归属期间不一致的情况。比如，某期间东方公司销售一批产品，可能会遇到以下两种情况：一是在售出产品的当期取得了收入；二是尚未取得收入，但随着产品的出售，已取得向购货方收取货款的权利。由于会计核算是分期进行的，那么该批售出的产品是否应作为当期的收入呢？同样，对于费用的发生，有实际支出款项和暂未支付待以后支付两种情况。此时，也有一个是否在当期确认费用的问题。如何确认收入或费用，一般有两种标准：一种是以是否收到或支付款项为标准，这就是所谓的收付实现制；另一种是收入或费用以应归属期为标准，我们称之为权责发生制。

一、收付实现制

收付实现制又称实收实付制，它以款项是否实际收到或付出作为确定本期收入和费用的标准。凡是在本期收到的收入和支付的费用，无论是否属于本期，都应作为本期的收入和费用处理；反之，即使收入取得或费用发生，没有实际款项的收付，不作为当期的收入和费用。即只要收到或支付了款项，就作为当期的收入或费用，而只要没有实际收到或支付了款项，则一律不作为本期的收入或费用。现举例说明如下：

（1）东方公司于202×年8月10日销售一批产品，8月25日收到货款，存入银行，应作为8月的收入记账。

（2）东方公司于202×年8月10日销售一批产品，9月10日收到货款，存入银行，应作为9月的收入记账。

（3）东方公司于202×年8月10日收到对方购货单位的一笔货款，存入银行，但合同规定10月交付产品，应作为8月的收入记账。

（4）东方公司于202×年12月30日预付第二年全年的保险费，应作为12月的费用。

（5）东方公司于202×年12月30日购买办公用品一批，但款项在第二年1月支付，应作为1月的费用。

（6）东方公司于202×年12月30日用银行存款支付本月水电费，应作为12

月的费用。

从上面的举例可以看出,无论收入的权利与支付的义务归属于哪一期,只要款项的收付在本期,就应确认为本期的收入和费用,不考虑预收收入和预付费用以及应计收入与应计费用。到会计期末根据账簿记录确定本期的收入和费用,因为实际收到和支付的款项已经登记入账,所以不存在对账簿记录于期末进行调整的问题。这种方法核算手续简单,强调财务状况的切实性,但对各期损益的确定不够合理,所以一般适用于行政、事业单位。

二、权责发生制

权责发生制又称应收应付制,它以款项的应收应付作为确定本期收入和费用的标准。具体地讲,凡是本期已经实现的收入和已经发生或应当负担的费用,无论款项是否收付,都应作为本期的收入或费用处理;反之,凡是不属于本期的收入和费用,即使款项已经在本期收付,都不作为本期的收入和费用进行处理。以前面所举例子说明如下:

在权责发生制下,第一种情况和第六种情况中收入和费用的归属期和款项的实际收付属于相同的会计期间,确认的收入与费用与收付实现制相同。

第二种情况应作为8月的收入。因为收入的权利是在8月实现的,尽管货款在9月收到,但仍然作为8月的收入。

第三种情况应作为10月的收入。因为8月只是收到货款,并没有实现收入的权利。

第四种情况应作为第二年的费用。因为支出的义务应该在第二年。

第五种情况应作为12月的费用。因为12月已经发生支出的义务。

与收付实现制相反,在权责发生制下必须考虑预收、预付和应收、应付款项。由于公司日常的账簿记录不能完全地反映本期的收入和费用,因而需要在会计期末对账簿记录进行调整,使未收到款项的应计收入和未支付款项的应付费用,以及收到款项而不完全属于本期的收入和支付款项而不完全属于本期的费用,归属于相应的会计期间,以便正确计算本期的经营成果。采用权责发生制核算比较复杂,但反映本期的收入和费用比较合理、真实,能正确划分并确定各个会计期间的财务成果。《企业会计准则——基本准则》规定,公司应当以权责发生制为基础进行会计确认、计量和报告。

思政课堂

财务人员违纪违法典型案例中,还有一些人自以为有财会知识背景、具备经济头脑,企图"借鸡生蛋",将挪用、贪污的公款用于炒股、购买理财产品、投资实业等,结果却"鸡飞蛋打"得不偿失。某省某某市某农贸综合市场开发服务部原出纳胡某以发工资、退押金、退摊位费等名义,先后12次挪用单位资金2 074万余元用于投资,亏损高达1 800多万元,直到案发时账户中只剩下200多万元。为了炒股,某省某市委统战部原部务会议成员兼会计戚某采取"蚂蚁搬家"的方式,先后83次作案,单笔金额从千余元到十万元不等。她将128万余元公款放进了自己的口袋,甚至为了骗取1 000元的慰问金,不惜编造同事亲人去世、生病住院的谎言。

所以,在今后的学习中,更要注重培养学生客观公正、坚持准则的会计职业判断能力。要求会计专业的学生更应当提高信息素养,加强对信息的辨别、筛选、分析与利用等,做到不信谣,不传谣。

思考题

1. 会计信息使用者有哪些?他们对会计信息的需求有什么不同?
2. 会计信息的质量要求是什么?如何理解?
3. 阐述会计对象、会计要素及会计内容之间的区别与联系。
4. 如何理解经济业务对会计等式的影响?
5. 具体说明利得与收入、损失与费用之间的区别。

第三章 会计核算方法

> **学习目标**

本章阐述了会计假设、复式记账、会计核算基础等基本原理。通过本章的学习,要求了解会计科目、账户、复式记账的含义和作用,重点掌握借贷记账法。

第一节 会计核算的基本前提

会计核算的基本前提又称会计假设,是对会计核算所处的时间、空间环境所作的合理假定。会计核算对象的确定、会计政策的选择、会计数据的收集都要以这一系列的基本前提为依据。会计核算的基本前提包括会计主体、持续经营、会计分期、货币计量。

一、会计主体

会计主体也称会计实体、会计个体,它是指会计核算和监督的特定单位或组织。一般来说,凡拥有独立的资金、自主经营、独立核算收支和盈亏并编制会计报表的单位或组织就构成了一个会计主体。

会计主体这一基本前提要求会计人员只能核算和监督所在主体的经济活动(就公司类主体而言,其经济活动就是所发生的交易或事项,下同)。其主要意义在于:一是将特定主体的交易与该主体所有者及职工个人的经济活动区分开;二是将该主体的经济活动与其他单位的经济活动区分开,从而界定了从事会计工作和提供会计信息的空间范围,同时说明某会计主体的会计信息仅与该会计主体的整体活动和成果相关。

会计主体不同于法律主体。一般来说,法律主体往往是一个会计主体。例如,一个企业作为一个法律主体,应当建立会计核算体系,独立地反映其财务状况、经营成果和现金流量。但是,会计主体不一定是法律主体。例如,在企业集团中,一个母企业拥有若干个子企业,企业集团在母公司的统一领导下开展生产经营活动。母子企业虽然是不同的法律主体,但是,为了全面反映企业集团的财务状况、经营成果和现金流量,就有必要将这个企业集团作为一个会计主体,编制合并会计报表。企业集团是会计主体，但通常不是一个独立的法人。

二、持续经营

持续经营，是指在可以预见的将来，企业将会按当前的规模和状态继续经营下去，不会停业，也不会大规模地削减业务。在持续经营前提下，会计核算应当以企业持续、正常的生产经营活动为前提。

企业是否持续经营，在会计原理、会计方法的选择上有很大差别。一般情况下，应当假定企业将会按当前的规模和状态继续经营下去，不会停业，也不会大规模地削减业务。明确这个基本前提，就意味着会计主体将按照既定用途使用资产，按照既定的合约条件清偿债务，会计人员就可以在此基础上选择会计原则和会计方法。例如，一般情况下，企业的固定资产可以在一个较长的时期内发挥作用，如果可以判断企业会持续经营，就可以假定企业的固定资产会在持续经营的生产经营过程中长期发挥作用，并服务于生产经营过程，固定资产就可以根据历史成本进行记录，并采用折旧的方法，将历史成本分摊到各个会计期间或相关产品的成本中。如果判断企业不会持续经营，固定资产就不应采用历史成本进行记录并按期计提折旧。

由于持续经营是根据企业发展的一般情况所作的设定，而任何企业都存在破产、清算的风险，也就是说，企业不能持续经营的可能性总是存在的。为此，需要企业定期对其持续经营基本前提作出分析和判断。如果可以判断企业不会持续经营，就应当改变会计核算的原则和方法，并在企业财务会计报告中作相应披露。

如上所述，会计主体假设规定了会计核算的空间范围，而持续经营假设为会计核算作出了时间规定。

三、会计分期

会计分期又称会计期间，是指将一个企业持续经营的生产经营活动划分为一个个连续的、长短相同的期间。

根据持续经营基本前提，一个企业将要按当前的规模和状态持续经营下去，最终确定企业的生产经营成果，只能等到一个企业在若干年后歇业的时候核算一次盈亏。但是，企业的生产经营活动和投资决策要求及时了解企业的财务状况和经营成果，不能等到歇业时一次性地核算盈亏。这就要求会计人员将持续经营的生产经营活动划分为一个个连续的、长短相同的期间，这种人为的分期就是会计分期。

最常见的会计期间是一年，以一年确定的会计期间称为会计年度，即每年的1月1日起至12月31日为一个会计年度，每一个会计年度又具体划分半年度、季度和月度。年度、半年度、季度和月度均按公历起讫日期确定。半年度、季度和月度均称为会计中期。按年度编制的财务会计报告称为年报。为满足人们对会计信息的需要,也要求公司按短于一个完整的会计年度的期间编制财务报告,如要求上市公司每个季度提供一次财务会计报告。

由于会计分期,才产生了当期与其他期间的差别,从而出现权责发生制和收付实现制的区别,才使不同类型的会计主体有了记账的基准,进而出现了应收、应付、预提、待摊等会计处理方法。

四、货币计量

货币计量,是指会计主体在会计核算过程中采用货币作为计量单位,计量、记录和报告会计主体的生产经营活动。在货币计量前提下,企业的会计核算以人民币为记账本位币。业务收支以人民币以外货币为主的公司,可以选定其中一种货币作为记账本位币,但是编制财务会计报告时应当折算为人民币。在境外设立的中国企业向国内报送的财务会计报告,编制时应当折算为人民币。

在会计核算过程中之所以选择货币作为计量单位,是由货币的本身属性决定的。货币是商品的一般等价物,是衡量一般商品价值的共同尺度,具有价值尺度、流通手段、贮藏手段和支付手段等特点。其他的计量单位,如重量、长度、体积、台、件等,只能从一个侧面反映企业的生产经营情况,无法在量上进行汇总和比较,不便于管理和会计计量。所以,为全面反映企业的生产经营、业务收支等情况,会计核算时选择了货币作为计量单位。当然,统一采用货币尺度;也有不利之处,影响财务状况和经营战略、在消费者中的信誉度、企业的地理位置、企业的技术开发能力;等等。为了弥补货币计量的局限性,要求企业采用一些非货币指标作为会计报表的补充。

第二节　账户与复式记账

一、会计科目

企业在进行生产经营活动的过程中,不断发生各种各样的经济业务,而各种经济业务的发生,必然会引起会计要素在金额上的变动。例如,从银行提取现金,现金增加导致银行存款减少,从而使资产要素的具体组成发生了变化;用银行存款归还前欠货款,则银行存款与应付账款同时减少,又使得资产和负债两要素同时发生变化。借助于会计恒等式,可以反映企业经济活动对会计要素的影响。但是,一方面,会计恒等式所涉及的会计要素较少,不能全面反映各种不同类型经济活动的影响;另一方面,对一个中等或大规模的公司来说,每个月所发生的经济活动数量多且种类繁杂,仅仅借助于会计等式来反映很不方便。因此,为了分门别类地反映和监督会计要素的增减变动情况，就必须对会计对象进行科学的分类。

（一）会计科目设置的意义

会计科目是对会计对象的具体内容进行分类核算的项目，也就是按照经济内容对各个会计要素所做的进一步分类。为了全面、系统地反映和监督各项会计要素的增减变动情况，分门别类地为经济管理者提供会计核算资料，就需要设置会计科目。例如，为了反映和监督各项资产的增减变动，设置了"库存现金""原材料""交易性金融资产""固定资产"等科目；为了反映和监督负债和所有者权益的增减变动，设置了"短期借款""应付账款""长期借款""实收资本""资本公积""盈余公积"等科目；为了反映和监督收入、费用和利润的增减变动，设置了"主营业务收入""生产成本""本年利润""利润分配"等科目。

在实际工作中，会计科目是通过会计制度预先制定的，它是设置账户、处理账务所必须遵守的规则和依据，是正确组织会计核算的一个重要条件。

通过设置会计科目，可以对纷繁复杂、性质不同的经济业务进行科学的分类；可以将复杂的经济活动变为有规律的、容易识别的经济信息，并为其转换为会计信息准备条件；通过设置会计科目，为编制会计凭证、设置账户和登记账簿提供了依据，为编制会计报表奠定了基础；通过设置会计科目，还可以为企业的管理者、投资者、债权人以及各有关方提供全面、系统的会计信息。

（二）会计科目设置的原则

任何一个作为会计主体的单位都必须设置一套适合自身特点的会计科目体系。无论国家有关部门统一制定会计科目，还是公司单位自行设计会计科目，均应按照一定的原则进行。设置会计科目时应该遵循以下几项原则。

1. 设置会计科目必须适应会计对象的特点

适应会计对象的特点是指必须根据各行业会计的特点，本着全面核算其经济业务的全过程及结果的目的来确定应设置的会计科目。例如，某公司是从事生产制造的企业，根据这一点，公司必须设置反映生产全过程的会计科目，如"生产成本""制造费用"等科目；而商品流通企业不生产产品，而是以商品买卖作为主要经营业务，故其会计设置应反映商品的买卖过程，如"库存商品""销售费用""主营业务收入"等科目。

2. 设置会计科目必须符合经济管理的特点

设置科目既要符合国家宏观经济管理的要求，又要符合企业自身经济管理的要求，还要符合包括投资者在内的有关方了解企业生产经营情况的要求。例如，企业单位为进行经济核算，就必须设置"本年利润""利润分配"等科目。

3. 设置会计科目必须将统一性和灵活性相结合

统一性就是在设置会计科目时，要使用统一的会计核算指标口径。而灵活性是指会计科目的设置不但要服从统一的会计核算指标，而且要根据本企业自己的经营特点和规模、增减变化情况及投资者的要求，对统一规定的会计科目作必要的增补或兼并。如在材料按实际成本核算收发的东方公司，可以不设置"材料采购"和"材料成本差异"科目，而增设"在途物资"科目。但各个单位在贯彻统一性与灵活性原则时，应防止两种倾向：一是防止会计科目过于简单化，造成经济管理的困难；二是要防止会计科目过于烦琐，增加会计核算的工作量。

4. 设置会计科目的名称要含义明确、字义相符、通俗易懂，并要保持相对的稳定性

含义明确是指会计科目要尽可能明确、简洁地反映经济业务的特点；字义相符是指按照中文习惯，能够望文生义，不致产生误解；通俗易懂是指要避免使用晦涩难懂、歧义的文字，便于大多数人正确理解，从而避免了误解和混乱。同时，为了便于不同时期的会计资料进行对比和分析，会计科目应保持相对稳定，以便在一定范围内综合汇总以及在不同时期对比和分析其提供的核算指标。

（三）会计科目的内容

会计科目的内容是指在制定会计制度时，要规定会计科目反映的经济内容和登记方法，并要适应宏观和微观经济管理的需要。会计科目的内容反映各科目之间的横向联系。

为了便于掌握和运用会计科目，使记账工作正常进行，对会计科目进行了分类和编码，并编成会计科目表。会计科目表为每一个会计科目编制了一个固定的号码，这些号码称为会计科目编码。对会计科目进行编码会给会计科目的使用、会计数据的分类与查找带来方便，特别是计算机会计信息系统出现以后，更加引起了人们对会计科目编码的重视与研究。

会计科目编码一般采用四位数，每个编码的第一位表示该会计科目隶属的大类，第二位表示其隶属的小类，第三位和第四位表示其在相应类别中的具体位置。如"库存现金"的编码为"1001"，第一位数"1"表示"库存现金"，隶属的大类是资产类，第二位数"0"表示"库存现金"，隶属的小类是货币资金类，第三和第四位数"01"表示现金的具体位置。值得注意的是，会计科目编码要有一定的可扩展性，即在科目编码中应预留一定的空号，目的是在出现新业务时增加新的会计科目。

（四）会计科目的分类

为了正确使用会计科目，应按一定的标准对会计科目进行分类。会计科目的分类方法一般有下列几种。

1. 按经济内容分类

所谓会计科目的经济内容，就是会计科目核算和监督的会计对象的具体内容，也就是会计要素的具体项目。会计科目是对会计对象进行分类反映的重要工具，它的主要作用就是为经济管理和会计监督提供各种科学归类的数量指标。每

一个会计科目都必须反映某项具体的经济内容。因此，按经济内容对会计科目进行分类，最本质地表现了设置会计科目的科学性原则，是对会计科目最直接的、最基本的分类标志。会计科目的经济内容是设置账户的依据，而会计科目按经济内容分类又是账户分类的基础，通过对会计科目按经济内容分类的研究，可以确切了解各个会计单位应该设置和如何动用哪些账户，从而正确区分账户的经济性质，建立适应各单位经济管理特点并能满足各单位管理需要的账户体系。

每个会计科目的经济内容是不同的，会计科目按其反映的经济内容，可以分为六大类：资产类、负债类、共同类、所有者权益类、成本类和损益类。每一大类会计科目可按一定的标准再分为各小类。

（1）资产类科目，按资产的流动性分为反映流动资产的科目和反映非流动资产的科目。反映流动资产的科目有"库存现金""原材料""库存商品""应收账款"等，反映非流动资产的科目有"长期股权投资""固定资产""无形资产"等。

（2）负债类科目，按负债的偿还期限分为反映流动负债的科目和反映长期负债的科目。反映流动负债的科目有"短期借款""应付账款""应交税费"等；反映长期负债的科目有"长期借款""应付债券""长期应付款"等。

（3）共同类科目，主要设置了"衍生工具""套期工具""被套期项目"等科目。

（4）所有者权益类科目，按权益的形成和性质可分为反映资本的科目和反映留存收益的科目。反映资本的科目有"实收资本"和"资本公积"，反映留存的科目有"盈余公积""本年利润""利润分配"等。

（5）成本类科目，主要反映企业在生产产品和提供劳务过程中发生的成本的科目，如"生产成本""制造费用""劳务成本"等。

（6）损益类科目，反映企业在生产经营过程中取得的各项收入和发生的各项费用的科目。收入类科目，如"主营业务收入""其他业务收入"等，费用类科目，如"管理费用""财务费用""销售费用""所得税费用"等。

2. 按其提供核算指标的详细程度分类

会计科目按其提供核算指标的详细程度，可分为总分类科目和明细分类科目。

总分类科目，也称总账科目或一级科目，它是对会计对象的具体内容进行总括分类的项目，它提供总括核算指标。总分类科目是由财政部统一颁布制定的。明细分类科目也称明细科目或细目，是对总分类科目进一步分类的项目，它提供明细核算指标。企业可以在总分类科目下，根据本单位的实际情况和经济管理的需要自行设置明细科目。

如果某一总分类科目所属的明细类科目较多，可以增设二级科目（也称子目），二级科目是介于总分类科目和明细分类科目（也称细目）之间的科目，子目提供的核算指标要比总分类科目提供的指标详细，但又比细目提供的指标概括。子目和细目统称为明细分类科目。下面以原材料为例说明总分类科目与各级明细科目之间的关系,如表 3-1 所示。

表 3-1　　　　　总分类科目与各级明细科目（以原材料为例）

总分类科目（一级科目）	明细分类科目	
	二级科目（子目）	明细分类科目（细目）
原材料	原料及主要材料	甲材料 乙材料
	辅助材料	润滑油 油漆
	燃料	焦炭 汽油

综上所述,会计科目按提供核算指标的详细程度一般分为总分类科目和明细分类科目,它们之间的关系是前者统驭后者,后者从属于前者。例如,通过设置"原材料"这一总分类科目,可以提供有关原材料增减变动及结存情况的总括资料,通过设置材料明细科目,可以提供每一类材料的数据资料及收发结存材料。

二、账户

3.2 账户及其结构与复式记账

会计科目只是对会计对象的具体内容进行分类的项目,但公司发生的各种经济业务是十分复杂的。为了正确地记录、反映和监督日常经济活动中各会计要素的变化情况,必须根据会计科目开设相应的账户,以便对经济业务进行分类、系统和连续的记录。

(一) 账户的意义

账户是根据会计科目开设的,它是分类、系统、连续地记录各项经济业务,反映各个会计要素增减变动情况及其结果的一种记账实体。账户应该以会计科目作为名称,并具有一定的格式。

(1) 设置会计科目只是规定了对会计对象的具体内容进行分类核算的项目。而为了序时、连续、系统地记录由于经济业务的发生而引起的会计要素的增减变动,提供各种会计信息,还必须根据规定的会计科目在账簿中开设账户。

(2) 通过账户的设置,可以将会计信息系统所接纳的原始数据转化为初级的会计信息。企业的客观经济活动是详尽而具体的,它可以形成定量化与定性化的数据,在未经确认并按账户分类和正式记录之前,这些数据仅仅是数据而已。而把数据区分为会计信息与非会计信息的第一道屏障就是账户。数据一旦进入了账户,就转化为以账户为标志的会计信息,而与原来的数据产生了本质的区别。

(3) 账户设置的另一个重要意义在于可以压缩信息数量、确保质量。人们从经济活动中捕捉到的数据往往是零散、单个、缺乏有机联系的。单个数据必然会割裂价值运动的内在联系。况且,会计信息使用者要求会计提供的是系统、全面的信息,而绝不是零碎、重复的数据。为此,需要对这些数据根据类别形成在本质上既有联系又有区别的信息群,使会计信息系统具有有序性与层次性。

(二) 账户的结构

所谓账户的结构是指账户由哪几部分组成,以及如何在账户中登记经济业务等。由于经济业务的发生必然引起会计要素发生变动,而这种变动从数量上看不外乎增加和减少两种情况。因此,为了清晰反映经济业务引起会计要素的增减变动情况,通常把账户划分为左右两方,分别登记增加数和减少数。无论何种情况,左右两方的增减意义都是相反的。也就是说,如果左方登记增加,则右方登记减少;如果左方登记减少,则右方登记增加。

作为账户的结构,一般应包括以下内容:

(1) 账户的名称;
(2) 日期和摘要,即经济业务发生的时间和内容;
(3) 凭证号数,即账户记录的来源和依据;
(4) 增加和减少的金额;
(5) 余额。

账户的一般格式如表3-2所示。

表3-2   总账

会计科目:

年 月 日	凭证册号	摘要	借方	贷方	核对号	借或贷	余额

为了便于讲课及做练习,教科书中经常采用被简化的格式,即T形账户来说明账户结构。这种T形账户仅仅用来说明实际账户所用的轮廓。有些资料,如日期和其他资料一般被省略了,如图3-1所示。

左方(借方)   账户名称(会计科目)   右方(贷方)

图3-1 T形账户

账户左右两方的内容是记录期初余额、本期增加额、本期减少额及期末余额。"期"指会计报告期。一般的会计报告期分为月、季、年。本期增加额和减少额是在本期间内,记入账户的直接对象,是记入账户的初始信息,又可称为本期增加发生额和本期减少发生额。而对于期初余额与期末余额是为了反映每一个账户一定期间的结果,期初余额指本期原来的数据,在此基础上把本期增加额和本期减少额加以比较,其比较结果构成期末余额。如果将本期期末余额转入下一期就是下一期的期初余额。这四项金额的关系可以用下列公式表示：

本期期末余额 = 本期期初余额 + 本期增加额 - 本期减少额

例如，东方公司某一会计期间"银行存款"账户的记录如图3-2所示。

左方（借方）	银行存款	右方（贷方）	
期初余额	100 000		
本期增加额	60 000	本期减少额	40 000
本期发生额	60 000	本期发生额	40 000
期末余额	120 000		

图3-2 "银行存款"账户的记录

根据账户记录可知，该东方公司期初在银行的存款为100 000元，本期增加了60 000元，本期又减少了40 000元，到期末东方公司还有银行存款120 000元。

由于账户所记录的经济内容不同，其左右两方记录的内容也不同。但是其左右两方都是按相反的方向来记录增加额和减少额，究竟账户的哪一方用来登记增加额，哪一方用来登记减少额，要看账户反映的经济内容和账户的性质。但账户余额一般与增加额在同一个方向。

在会计实务中，账户的左方为借方，右方为贷方。

（三）会计科目与账户的关系

会计账户与会计科目是两个既有区别又相互联系的概念。

它们的共同点是：两者都要对经济业务进行分类，所反映的经济内容是一致的；两者在账页中相结合，构成了会计账簿体系。会计科目是设置账户的依据，是账户的名称；账户是会计科目的具体运用，会计科目所反映的经济内容，就是账户所反映的经济内容。

它们的区别是：会计科目只是对会计对象的具体内容所做的分类，是对账户核算内容高度概括的名称，它不存在结构问题；而账户则是在会计科目分类的基础上，提供具体的数据资料，它必须有一定的结构，才能具体反映会计要素增减变化的情况。目前会计科目由会计制度统一规定，账户除了制度规定的以外，各单位还可以根据自己的实际情况灵活设置。

会计科目为开设账户、编制凭证所运用，而账户则为开设账簿、编制会计报表所运用。由于账户按照会计科目命名，两者完全一致，所以在实际工作中，会计科目与会计账户常被作为同义词来理解，互相通用，不加区别。

（四）账户的分类

账户是根据会计科目在账簿中开设的记账单元。每个账户只能记录特定的某项经济业务的某一方面，而公司全部资金运动的增减变动情况，必须通过在账簿中设置许多账户来综合反映，但是账户之间不是相互孤立的，它们之间必然存在着互为条件、相互依存的关系，也就是账户之间存在着某种共性。账户的整体集合，构成了一个完整的有机整体。账户的分类就是在了解账户特性的基础上，研究账户体系中各账户之间存在的共性，进一步探明各个账户在整个账户体系中的地位和作用，以便加深对账户的认识，更好地运用账户，正确对公司的经济业务进行反映。

按不同的标准对账户分类，可以从不同的角度认识账户。会计账户分类标准一般有按提供信息详细程度分类、按经济内容分类、按用途和结构分类。

1. 按提供信息详细程度分类

企业经营管理所需要的会计核算资料是多方面的，不仅要求会计核算能够提供一些总括的指标，而且要求会计核算能够提供一些详细的指标。为了满足各方面的需要，就要对会计账户做进一步的划分，形成不同层次的账户，提供各类经济活动的详细资料。会计账户按其提供信息的详细程度不同，可以分为总分类账户和明细分类账户两大类。

（1）总分类账户。总分类账户也称总账账户或一级账户，它是对会计要素的具体内容进行总括分类的会计账户，是进行总分类核算的依据，所提供的是总括指标或信息，因而一般只用货币计量。如"银行存款""原材料""应付账款""固定资产"等都是总分类账户。在我国，为了保证会计核算指标口径规范一致，并具有可比性，总分类账户的名称、核算内容及使用方法通常由财政部统一制定，以会计制度的形式颁布实施，每个公司都要根据本公司的特点和统一制定的账户名称，设置若干个总分类账户。

（2）明细分类账户。明细分类账户也称明细账，是对总分类账户核算内容再作进一步详细分类的会计账户，它提供详细的信息。因此，明细分类账户除用货币度量外，有的还用实物度量（吨、千克、件、台等）。例如，"应付账款"总分类账户下，再按具体单位分设明细账户，具体反映应付给哪个单位的货款；"原材料"总分类账户下，再按材料名称分设明细账户，具体反映库存的是哪种材料等。在实际工作中，除少数总分类账户，如"累计折旧""所得税费用"账户，不必设置明细账户外，大多数总分类账户都需要设置明细分类账户。明细分类账户所提供的明细核算资料主要是满足公司内部经营管理的需要，如果各个公司的经济业务具体内容不同，经营管理水平不一致，明细分类账户的名称、核算内容及使用方法也就不能统一规定。在我国，除少数国家会计制度统一规定设置的以外，如"应交税费"总分类账户下设的明细账户"应交增值税""应交消费税""应交所得税"等，大多数明细分类账户都由各单位根据实际情况和需要自行设置。

如果总分类账户反映的内容较多，一般来讲，会计账户可分为二级、三级等级次，即总分类账户统辖下属数个明细账户，或者是统辖下属数个二级账户，再在每个二级账户下设置明细账户。如"原材料"总分类账户，可按材料的类别设置二级账户"原料及主要材料""辅助材料""燃料"等，再在"原料及主要材料"二级账户下设置"钢材""生铁""木材"等三级账户。

研究账户按提供信息详细程度分类的目的在于，把握不同层次账户提供核算指标的规律性，以便于准确地运用各级账户，提供全方位的核算指标，满足不同的信息需要。

2. 按经济内容分类

会计账户的经济内容是指会计账户所核算和监督的会计对象的具体内容。会计账户之间本质的差别在于反映经济内容的不同。按会计账户的经济内容进行分类，便于准确区分每个账户的经济性质和从账户中取得需要的核算指标，因而账户的经济内容是账户分类的基础。

账户按经济内容可分为：

(1) 资产类账户。资产类账户是核算企业各种资产增减变动及其余额的账户。按照资产流动性和经营管理核算的需要，资产类账户又分为流动性资产账户和非流动性资产账户两类。反映流动资产的账户有"库存现金""银行存款""应收账款""应收票据""其他应收款""原材料""库存商品"等；反映非流动性资产类的账户有"长期股权投资""固定资产""无形资产""长期待摊费用"等。资产类账户的特点是：一般都有期末余额且期末余额在账户的借方。

(2) 负债类账户。负债类账户是核算企业各种负债增减变动及其余额的账户。按照负债的流动性，负债类账户可分为流动负债账户和长期负债账户两类。反映流动负债的账户有"短期借款""应付账款""预收账款""应付票据""其他应付款""应付职工薪酬""应交税费""应付股利"等；反映长期负债的账户有"长期借款""应付债券""长期应付款"等。负债类账户的特点是：一般都有期末余额且期末余额在账户的贷方。

(3) 所有者权益类账户。所有者权益类账户是核算企业所有者权益增减变动及其余额的账户。按照所有者权益的来源和构成，所有者权益类账户又可分为反映所有者投入资本的账户、反映经营积累的账户和反映所有者权益类其他来源类的账户。反映所有者投入资本的账户有"实收资本"等；反映经营积累的账户有"本年利润""利润分配""盈余公积"等；所有者权益类其他来源类的账户有"资本公积"等。所有者权益类账户的特点是：一般都有期末余额且期末余额在账户的贷方。

(4) 收益类账户。收益类账户是核算企业在一定时期内的经营活动和非经营活动所取得的各种经济利益的账户。按照收益与公司经营活动是否有关，收益类账户可分为经营收益账户和非经营收益账户。反映经营收益的账户有"主营业务收入"和"其他业务收入"等；反映非经营收益的账户有"营业外收入""投资收益"等。收益类账户的特点是：期末无余额。

(5) 成本类账户。成本类账户是归集企业成本计算对象在一定时期内所发生的各项耗费，并计算该对象成本的账户。按照成本计算对象不同，可分为计算材料采购成本的账户，如"材料采购"；计算产品生产成本的账户，如"生产成本""制造费用"；计算工程成本的账户，如"在建工程"。成本类账户的特点是：借方归集成本项目，期末一般无余额，若有余额，表示本过程尚未结束累计发生的费用数额，此时，该类账户也具有资产的性质。

（6）费用损失类账户。费用损失类账户是核算企业在一定时期内发生不计入成本的各项费用及损失的账户。反映经营费用的账户有"销售费用""管理费用""财务费用""税金及附加""主营业务成本""其他业务成本""所得税费用"等；反映损失的账户有"营业外支出"等。费用损失类账户的特点是：期末无余额。

3. 按用途和结构分类

账户的用途是指设置和运用账户的目的，据以明确账户所记录的经济内容和提供的经济指标。账户的结构是指账户的记账方向。在借贷记账法下，账户按用途和结构还可以分为盘存类账户、结算类账户、跨期摊提类账户、成本计算类账户、集合分配类账户、资本类账户、调整类账户、损益类账户和财务成果类账户等。

三、复式记账

为了全面、连续、系统地对会计对象进行核算和监督，在设置账户和账户的基本结构的同时，需要确立一定的方法，将发生的经济业务引起资金运动的增减变化登记在账户中，这种方法就是记账方法。从发展过程看，记账方法经过了从单式记账法到复式记账法的过程。

（一）单式记账法

单式记账法是对每笔经济业务只在一个账户中进行登记，反映经济业务的一个方面，而对发生相互联系的另一方面不予反映的记账方法。一般只登记现金和银行存款的收、付款业务以及应收和应付等债权与债务业务的增减变动情况，而对其他的实物资产、成本、费用、经营成果则不予登记。

【例3-1】假设东方公司以现金1 000元购入原材料。

这项经济业务的发生，一方面使东方公司的库存现金减少了1 000元，另一方面使东方公司的原材料增加了1 000元。按照单式记账法的原理，只记录库存现金减少1 000元，而对原材料增加1 000元不进行记录。

【例3-2】假设东方公司销售产品取得10 000元的银行存款。

这项经济业务的发生，一方面使东方公司的主营业务收入增加10 000元，另一方面使东方公司的银行存款增加了10 000元。按照单式记账法的原理，只记录银行存款增加10 000元，而对主营业务收入增加10 000元，不进行记录。

【例3-3】假设东方公司生产产品领用材料3 000元。

这项经济业务的发生，一方面使东方公司的原材料减少了3 000元，另一方面使东方公司生产成本增加了3 000元。按照单式记账法的原理，不进行记录。

由此可以看出，单式记账法用一个账户记录经济业务，虽然简化了会计核算的工作量，但也存在着明显的缺陷，主要表现在：

（1）单式记账法只记录经济业务的一个方面，不能全面反映经济业务的来龙去脉，也不利于考核与分析相关业务数据。

（2）在单式记账法下"只记钱，不记物"，各个记录的数据之间没有牵制关系，一旦发生记录差错，很难查找。

（3）由于单式记账法的账户体系不完整，其记录的数据也不完整，因而难以满足会计核算的需要。

（二）复式记账法

复式记账法是相对单式记账法而言的，它是对每笔经济业务，都以相等的金额在两个或两个以上相互联系的账户中进行登记，以系统、全面地反映某一项经济业务的方法。

【例3-4】 沿用〖例3-1〗。

这项经济业务的发生，一方面使东方公司的库存现金减少了1 000元，另一方面使东方公司的原材料增加了1 000元。按照复式记账法的原理，这项经济业务应以相等的金额在"库存现金"和"原材料"这两个相互联系的账户中进行登记，即一方面在"库存现金"账户登记减少1 000元，另一方面在"原材料"账户登记增加1 000元。

【例3-5】 沿用〖例3-2〗。

这项经济业务的发生，一方面使东方公司的主营业务收入增加了10 000元，另一方面使东方公司银行存款增加了10 000元。按照复式记账法的原理，这项经济业务应以相等的金额在"银行存款"和"主营业务收入"这两个相互联系的账户中进行登记，即一方面在"银行存款"账户中登记增加了10 000元，另一方面在"主营业务收入"账户中登记增加了10 000元。

【例3-6】 沿用〖例3-3〗。

这项经济业务的发生，一方面使东方公司的原材料减少了3 000元，另一方面使东方公司的生产成本增加了3 000元。按照复式记账法的原理，这项经济业务应以相等的金额在"原材料"和"生产成本"这两个相互联系的账户上进行登记，即一方面在"原材料"账户登记减少3 000元，另一方面在"生产成本"账户登记增加3 000元。

由此可以看出，复式记账法是一种比较科学、完善的记账方法。

公元1494年，意大利数学家、传教士卢卡·帕乔利在威尼斯出版的《算术、几何、比及比例概要》一书中，针对当时流行的威尼斯商业账簿，结合数学原理，第一次系统地、概括地论述了复式簿记，从此，复式记账法就逐渐成为国际上通行的一种记账方法。

复式记账法按照记账符号、记账规则、试算平衡方法的不同可分为借贷记账法、增减记账法和收付记账法。它们的特点是：第一，记账符号不同。借贷记账法是以"借""贷"二字为记账符号；增减记账法是以"增""减"二字为记账符号；收付记账法是以"收""付"二字为记账符号。第二，账户的结构不同。

借贷记账法的账户结构分为借方和贷方，而"借""贷"已失去它本身的含义。增减记账法的"增""减"和收付记账法的"收""付"具有实际意义。

我国《企业会计准则——基本准则》规定，中国境内的所有企业应采用借贷记账法记账。首先，借贷记账法经过数百年的实践，已被世界各国普遍接受，是一种比较成熟、完善的记账方法。其次，从实务角度来看，企业间记账方法不统一，给企业间横向经济联系与国际经济交流带来诸多不便。最后，不同行业、企业的记账方法不统一，加大了企业集团、跨行业公司的管理难度，使经济活动信息和经营成果不能及时、准确地反映。因此有必要统一全国不同行业和行政事业单位的记账方法，即全部使用借贷记账法。

（三）复式记账法的基本原理

复式记账法是指对每笔经济业务都以相等的金额，在两个或两个以上相互联系的账户中系统、全面地反映。复式记账法是以一个公司的资产总额和权益总额必然相等的平衡关系为理论依据。每项经济业务发生以后，都会引起两个会计要素或同一个会计要素的两个项目发生增减变动，其规律是：资产要素与权益要素同增同减，增减金额相等；资产要素内部或权益要素内部有增有减，增减金额相等。这样，要在会计上全面、完整地反映一项经济业务，至少要运用两个相互联系的账户进行记录，使记账有一个完整的计算和反映体系，这就形成了复式记账。其构成要素主要涉及以下五个方面：(1) 记录经济业务的方式；(2) 记账原理；(3) 记账符号；(4) 记账规则；(5) 平衡关系。

复式记账的经济内容是会计要素，它们是相互联系、相互依存的，各自具有独立的含义，并以不同的具体形式存在，公司发生的经济业务都会引起每一个具体形式的价值数量变化，因而设置相应的账户进行登记，就使复式记账组成一个完整的、系统的记账组织体系。有了这样一个记账组织体系，不仅反映了资产、负债和所有者权益的增减变化和结存情况，而且还能准确地知道收入、费用和利润的数额及其形成原因，这是复式记账能够全面地核算和监督公司经济活动的根本原因。

第三节 借贷记账法

一、借贷记账法的概念

借贷记账法是根据复式记账法的原理，以"资产 = 负债 + 所有者权益"平衡关系为理论依据，以"借""贷"二字为记账符号，以"有借必有贷，借贷必相等"为记账规则，反映会计对象的具体内容增减变化及其结果的一种复式记账方法。

3.3 借贷记账法（一）

借贷记账法大约产生于 12~13 世纪意大利的沿海城市佛罗伦萨,它原是适应当时日益活跃的借贷资本和商业资本的需要而产生的,后来发展为热那亚式的商业账簿。在此基础上,至 15 世纪逐步形成较为完善的威尼斯商人的商业账簿,并流行于意大利沿海地区,后来由于其科学性和严密性为世界各国所普遍接受,成为一种通用的商业语言。

二、借贷记账法的记账符号

"借"和"贷"两个字的含义,最早是从借贷资本家的角度解释的。随着商品经济的发展,同时为了使记账方法一致,对于非货币性资金的借贷业务,也利用"借"和"贷"二字来描述经济业务的增减变化,从此,"借"和"贷"二字就失去了原来的字面含义,而转化成一种记账符号,成为会计上的专门术语。

理解借贷记账法的记账符号应特别注意两点:第一,"借""贷"只表示记入账户的方向,即记入左方为借方,记入右方为贷方,不具有"借款"和"贷款"的意思。第二,"借""贷"两个记账符号的含义具有双重性。对于不同会计要素,这两个记账符号具有不同的含义,借方有时表示增加,有时表示减少;同样,贷方有时表示减少,有时表示增加。具体来说:"借"表示资产、费用要素的增加,以及负债、所有者权益、收入、利润要素的减少。"贷"表示资产、费用要素的减少,以及负债、所有者权益、收入要素的增加。借贷记账法的记账符号对于不同会计要素的含义如表 3-3 所示。

表 3-3　　　　　　　　记账符号对于不同会计要素的含义

要素符号	资产	负债	所有者权益	收入	费用	利润
借	增加	减少	减少	减少	增加	减少
贷	减少	增加	增加	增加	减少	增加

三、借贷记账法的账户结构

借贷记账法的账户结构是:每一账户的左方称为"借方",账户右方称为"贷方",账户的"借方""贷方"必然反映相反的增减变化。也就是说,对一个账户而言,若账户的借方反映业务的增加额,则账户的贷方必然反映业务的减少额;若账户的贷方反映业务的增加额,则账户的借方必然反映业务的减少额。至于哪一方登记增加额或减少额,取决于账户所记录的经济内容。账户按其反映会计对象的具体内容主要分为资产类账户、负债类账户、所有者权益类账户、成本类账户、损益类账户。账户的具体结构及登记如下。

(一) 资产类账户结构

资产类账户是用来核算和监督企业过去的交易事项所形成并由企业拥有或控

制、预期会给企业带来经济利益的经济资源增减变化情况的账户。在资产类账户中，借方登记增加额，贷方登记减少额，其余额一般在借方，反映资产的结余数。资产类账户的结构如图 3-3 所示。

借方	资产类账户	贷方
期初余额		
本期增加额	本期减少额	
本期发生额	本期发生额	
期末余额		

图 3-3　资产类账户的结构

资产类账户的期末余额计算公式为：

期末借方余额 = 期初借方余额 + 本期借方发生额 - 本期贷方发生额

【例 3-7】东方公司月初"库存现金"账户期初余额为 1 000 元，本月借方累计发生额为 35 000 元，贷方累计发生额为 33 000 元，则：

"库存现金"账户的期末余额 = 1 000 + 35 000 - 33 000 = 3 000（元）

（二）负债类账户结构

负债类账户是用来核算和监督企业过去的交易事项所形成的，导致企业经济利益流出的现时义务增减变化情况的账户。在负债类账户中，贷方登记增加额，借方登记减少额，其余额一般在贷方，反映负债的期末实有数。负债类账户的结构如图 3-4 所示。

借方	负债类账户	贷方
		期初余额
本期减少额		本期增加额
本期发生额		本期发生额
		期末余额

图 3-4　负债类账户的结构

负债类账户的期末余额计算公式为：

期末贷方余额 = 期初贷方余额 + 本期贷方发生额 - 本期借方发生额

【例 3-8】东方公司月初"应付账款"账户的期初余额为 12 000 元，本月借方累计发生额为 25 000 元，贷方累计发生额为 16 000 元，则：

"应付账款"账户的期末余额 = 12 000 + 16 000 - 25 000 = 3 000（元）

（三）所有者权益类账户结构

所有者权益类账户是用来核算和监督所有者在企业享有的经济利益增减变化情况的账户。在所有者权益类账户中，贷方登记增加额，借方登记减少额，其余额一般在贷方，反映所有者权益的期末实有数。所有者权益类账户的结构如图 3-5

所示。

借方	所有者权益类账户	贷方
		期初余额
本期减少额		本期增加额
本期发生额		本期发生额
		期末余额

图 3-5 所有者权益类账户的结构

所有者权益类账户的期末余额计算公式为：

期末贷方余额 = 期初贷方余额 + 本期贷方发生额 - 本期借方发生额

【例 3-9】东方公司月初"资本公积"账户的期初余额为 500 000 元，本期借方发生额为 100 000 元，贷方发生额为 200 000 元，则：

"资本公积"账户的期末余额 = 500 000 + 200 000 - 100 000 = 600 000（元）

为了完整地核算企业在一定时期内所实现的利润或发生的亏损，需设置"本年利润"账户进行反映。由于企业实现的利润归企业的所有者，因此，可以将"本年利润"账户视为所有者权益账户中的一个，其账户的结构与所有者权益账户相同。账户的贷方登记期末各收入类账户的结转数，借方登记期末各费用类账户的结转数。期末余额如在贷方，表示当期实现的利润；期末余额如在借方，表示当期发生的亏损。

（四）成本类账户结构

成本类账户是用来归集费用、计算成本的账户。在成本类账户中，借方登记增加额，贷方登记减少额，如果有余额，一般在借方，表示期末在产品余额。成本类账户的结构如图 3-6 所示。

借方	成本类账户	贷方
本期增加额		本期减少额
本期发生额合计		本期发生额合计

图 3-6 成本类账户的结构

（五）损益类账户结构

损益类账户是反映与损益的计算确定直接相关的账户，该类账户按其与损益组成内容的关系，可具体分为收入利得类账户和费用损失类账户。

（1）由于收入利得与费用损失正好相反，因此，收入利得类账户结构与负债及所有者权益类账户的结构基本相同，即贷方登记增加额，借方登记减少额或结转额，通常情况下，这类账户一般没有期末余额。收入类账户的结构如图 3-7 所示。

借方	收入类账户	贷方
本期减少额		本期增加额
本期减少发生额合计		本期增加发生额合计

图 3-7　收入类账户的结构

（2）费用损失类账户的结构与资产类账户的结构基本相同，即借方记录费用支出的增加额，贷方记录费用支出的减少额或转出额，费用支出账户期末一般无余额。费用类账户的结构如图 3-8 所示。

借方	费用类账户	贷方
本期增加额		本期减少额
本期增加发生额合计		本期减少发生额合计

图 3-8　费用类账户的结构

根据以上对各类账户结构的说明，可将账户的借方和贷方所记录的经济内容加以归纳，如表 3-4 所示。

表 3-4　　　　　　　　借贷记账法下各类账户结构

账户类别	借方	贷方	余额
资产类	增加	减少	余额在借方
负债类	减少	增加	余额在贷方
所有者权益类	减少	增加	余额在贷方
成本类	增加	减少	一般在借方
收入利得类	减少	增加	一般无余额
费用损失类	增加	减少	一般无余额

四、借贷记账法的记账规则

记账规则，是指运用记账方法正确记录会计事项时必须遵守的规定。记账规则是记账的依据，也是对账的依据。借贷记账法的记账规则是"有借必有贷，借贷必相等"。采用借贷记账法，对于每一项经济业务，都要在记入一个账户借方的同时，记入另一个账户或几个账户的贷方；或者在记入一个账户贷方的同时，记入另一个账户或几个账户的借方，而且记入借方的金额必须等于记入贷方的金额。

五、借贷记账法的账户登记

上述借贷记账法下账户结构的规定,满足了"资产=负债+所有者权益"平衡关系的要求,体现了借贷记账法的记账规则。对于发生的每一笔经济业务都要以相等的金额、相反的方向在两个或两个以上相互联系的账户中进行登记。这样,记入账户借方的金额同记入贷方账户的金额必然相等,体现了"有借必有贷,借贷必相等"的记账规则。

(一) 记账的应用程序

(1) 分析经济业务的性质,根据经济业务的内容,确定所涉及的账户;
(2) 确定账户的增减变动情况;
(3) 确定账户的类别;
(4) 根据所涉及账户的结构,确定记账方向。

(二) 举例

东方公司在经营活动中发生的各项经济业务都可用上述记账规则来记录。

【例3-10】将现金1 000元存入银行。

这笔经济业务的发生,一方面使东方公司的银行存款增加1 000元,另一方面使东方公司的库存现金减少1 000元。因此,这笔经济业务涉及资产的一增一减,账户分别是"银行存款"和"库存现金"。资产增加应记入"银行存款"账户的借方,资产减少应记入"库存现金"账户的贷方,记入借方与贷方的金额相等。该项经济业务记入有关账户的结果如图3-9所示。

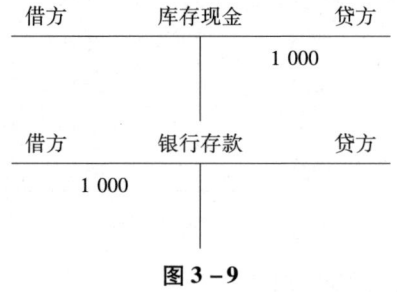

图3-9

【例3-11】开出商业汇票一张,面值为5 000元,抵付前欠货款。

这笔经济业务的发生,一方面使东方公司的应付票据增加5 000元,另一方面使东方公司的应付账款减少5 000元。因此,这笔经济业务涉及负债的一增一减,账户分别是"应付票据"和"应付账款"。负债增加应记入"应付票据"账户的贷方,负债减少应记入"应付账款"账户的借方,记入借方与贷方的金额相等。该项经济业务记入有关账户的结果如图3-10所示。

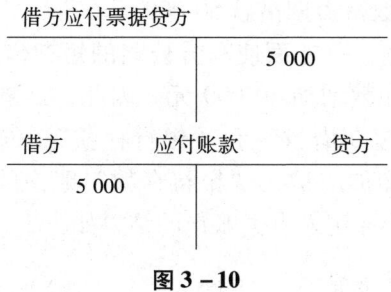

图 3 - 10

【例 3 - 12】按规定，将盈余公积 300 000 元转增资本金。

这笔经济业务的发生，一方面使东方公司的实收资本增加 300 000 元，另一方面使东方公司的盈余公积减少 300 000 元。因此，这笔经济业务涉及所有者权益的一增一减，账户分别是"实收资本"和"盈余公积"。所有者权益增加应记入"实收资本"账户的贷方，所有者权益减少应记入"盈余公积"账户的借方，记入借方与贷方的金额相等。该项经济业务记入有关账户的结果如图 3 - 11 所示。

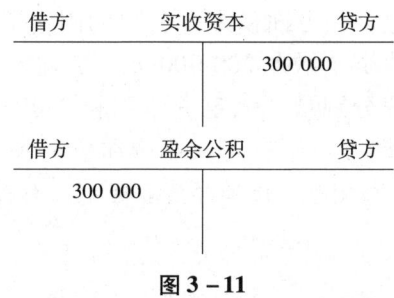

图 3 - 11

【例 3 - 13】按规定，应分配投资者利润 26 000 元。

这笔经济业务的发生，一方面使东方公司的应付股利增加 26 000 元，另一方面使东方公司的利润分配减少 26 000 元。因此，这笔经济业务涉及负债和所有者权益的一增一减，账户分别是"应付股利"和"利润分配"。负债增加应记入"应付股利"账户的贷方，所有者权益减少应记入"利润分配"账户的借方，记入借方与贷方的金额相等。该项经济业务记入有关账户的结果如图 3 - 12 所示。

图 3 - 12

【例3-14】 从银行取得短期借款50 000元。

这笔经济业务的发生，一方面使东方公司的短期借款增加50 000元，另一方面使东方公司的银行存款增加50 000元。因此，这笔经济业务涉及资产和负债同增，账户分别是"短期借款"和"银行存款"。负债增加应记入"短期借款"账户的贷方，资产增加应记入"银行存款"账户的借方，记入借方与贷方的金额相等。该项经济业务记入有关账户的结果如图3-13所示。

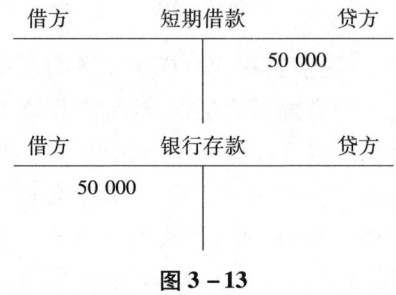

图 3-13

【例3-15】 接受A公司投资的设备一台，价值为200 000元。

这笔经济业务的发生，一方面使东方公司的固定资产增加200 000元，另一方面使东方公司的实收资本增加200 000元。因此，这笔经济业务涉及资产和所有者权益同增，账户分别是"固定资产"和"实收资本"。资产增加应记入"固定资产"账户的借方，所有者权益增加应记入"实收资本"账户的贷方，记入借方与贷方的金额相等。该项经济业务记入有关账户的结果如图3-14所示。

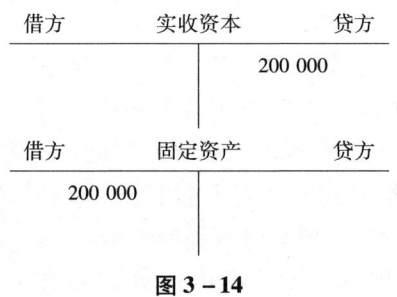

图 3-14

【例3-16】 用银行存款6 000元偿还前欠货款5 000元和其他应付款1 000元。

这笔经济业务的发生，一方面使东方公司的应付账款减少5 000元、其他应付款减少1 000元，另一方面使东方公司的银行存款也减少6 000元。因此，这笔经济业务涉及资产和负债同减，账户分别是"应付账款""其他应付款""银行存款"。负债减少应记入"应付账款""其他应付款"账户的借方，资产减少应记入"银行存款"账户的贷方，记入借方与贷方的金额相等。该项经济业务记入有关账户的结果如图3-15所示。

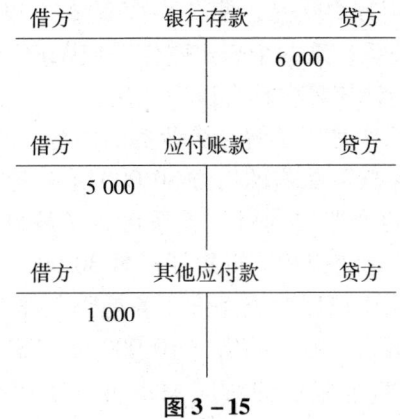

图 3 – 15

【例 3 – 17】东方公司用银行存款退还投资人投入资金 200 000 元。

这笔经济业务的发生,一方面使东方公司的实收资本减少 200 000 元,另一方面使东方公司的银行存款减少 200 000 元。因此,这笔经济业务涉及资产和所有者权益的同减,账户分别是"实收资本"和"银行存款"。所有者权益减少应记入"实收资本"账户的借方,资产减少应记入"银行存款"账户的贷方,记入借方与贷方的金额相等。该项经济业务记入有关账户的结果如图 3 – 16 所示。

图 3 – 16

以上列举的八项经济业务,虽然性质不一、类型不同,但根据借贷记账法的原理分析,每项经济业务的发生引起了至少两个账户发生增减变动,总是有借有贷,借贷金额相等。因此,借贷记账法的记账规则为"有借必有贷,借贷必相等"。

六、对应账户和会计分录

(一) 对应账户

采用借贷记账法记录每笔经济业务时,要求对每一项经济业务都要在两个或两个以上的账户中进行登记,这样在有关账户之间就形成了应借、应贷的关系,在会计上称为账户的对应关系,具有对应关系的账户叫作对应账户。例如,从银行提取现金 500 元。对于这项经济业务,应记入"库存现金"账户的借方 500 元和"银行存款"账户的贷方 500 元,使"库存现金"和"银行存款"这两个账户发生了应借、应贷的关系,这两个账户叫作对应账户。

账户的对应关系在会计核算中具有以下作用:

1. 从账户的对应关系中可以了解经济业务的内容

例如,记入"银行存款"账户的借方 30 000 元和记入"短期借款"账户的贷方 30 000 元。通过这两个账户的对应关系可以了解到,银行存款的增加是由于短期借款的增加,也就是向银行取得短期借款 30 000 元。

2. 从账户的对应关系中可以检查经济业务是否合理、合法

例如,记入"应付账款"账户的借方 10 000 元和记入"库存现金"账户的贷方 10 000 元。通过这两个账户的对应关系可以了解到,该项业务是以现金 10 000 元偿还前欠的货款。此业务所作的会计处理并无错误,但却违反了我国现金管理制度的规定,凡是结算起点在 1 000 元以上的购销业务必须通过银行办理,不得用库存现金支付。

在会计核算上,在对经济业务记账前,为保证这种账户的对应关系正确无误,就需要编制会计分录。

(二) 会计分录

所谓会计分录,是按复式记账法的要求,标明每项经济业务的应借、应贷的名称及金额的记录,简称分录。会计分录应包括三个方面的内容,即账户的名称(会计科目)、记账符号、金额。会计分录的编制方法可以按照以下步骤进行:

(1) 分析会计要素;
(2) 确定登记账户的名称;
(3) 分析要素的增减变化;
(4) 确定账户的登记方向;
(5) 确定应予登记的金额;
(6) 检查分录中应借、应贷的科目是否正确;借贷金额是否相等,有无差错。

从会计分录的编制过程可以看出,要正确编制会计分录,必须熟悉会计主体的会计要素内容,熟悉资金运动的变化规律,熟悉账户的名称、核算内容及其基本结构,同时必须熟悉借贷记账法符号的含义,熟悉并掌握借贷记账法的记账规则。

1. 会计分录的书写格式

会计分录的书写应讲究一定的格式,特别需要注意以下四点:

(1) 借行写在上面,贷行写在下面,不可先贷后借;
(2) 贷行缩进一个字格,不要与借行平行写;
(3) 分录中的金额应分借、贷,排成两列,以便于汇总;
(4) 金额后面不必写"元"字。

在实际工作中,会计分录是根据原始凭证编制、通过记账凭证进行记载的。

2. 会计分录的分类

会计分录按其反映经济业务的复杂程度可分为简单分录和复合分录。

（1）简单分录是指一项经济业务发生后只涉及两个账户的变化，即"一借一贷"的分录。

（2）复合分录是指一项经济业务的发生引起两个以上的账户发生变化，包括"一借多贷""一贷多借""多借多贷"三种形式。复合分录是由几个简单分录组成的。使用复合分录，可以简化会计核算工作，提高工作效率。

下面以前述业务为例，说明会计分录编制的方法。

【例3–18】将现金1 000元存入银行。

编制会计分录如下：

借：银行存款　　　　　　　　　　　　　　　　　　　　1 000
　　贷：库存现金　　　　　　　　　　　　　　　　　　　1 000

【例3–19】开出商业汇票一张，面值为5 000元，抵付前欠货款。

编制会计分录如下：

借：应付账款　　　　　　　　　　　　　　　　　　　　5 000
　　贷：应付票据　　　　　　　　　　　　　　　　　　　5 000

【例3–20】按规定，将盈余公积300 000元转增资本金。

编制会计分录如下：

借：盈余公积　　　　　　　　　　　　　　　　　　　300 000
　　贷：实收资本　　　　　　　　　　　　　　　　　　300 000

【例3–21】按规定，应分配给投资者利润26 000元。

编制会计分录如下：

借：利润分配　　　　　　　　　　　　　　　　　　　 26 000
　　贷：应付股利　　　　　　　　　　　　　　　　　　 26 000

【例3–22】从银行取得短期借款50 000元。

编制会计分录如下：

借：银行存款　　　　　　　　　　　　　　　　　　　 50 000
　　贷：短期借款　　　　　　　　　　　　　　　　　　 50 000

【例3–23】接受东方公司投资的设备一台，价值200 000元。

编制会计分录如下：

借：固定资产　　　　　　　　　　　　　　　　　　　200 000
　　贷：实收资本　　　　　　　　　　　　　　　　　　200 000

【例3–24】用银行存款6 000元偿还前欠货款5 000元和其他应付款1 000元。

编制会计分录如下：

借：应付账款　　　　　　　　　　　　　　　　　　　　5 000
　　其他应付款　　　　　　　　　　　　　　　　　　　1 000
　　贷：银行存款　　　　　　　　　　　　　　　　　　 6 000

【例3-25】 东方公司用银行存款退还投资人投入资金200 000元。

编制会计分录如下：

借：实收资本　　　　　　　　　　　　　　　　　　200 000
　　贷：银行存款　　　　　　　　　　　　　　　　　　200 000

上述会计分录中，〖例3-24〗经济业务为复合分录，它是由两笔简单的分录组成的，可以将其书写成如下的简单分录形式：

借：应付账款　　　　　　　　　　　　　　　　　　　5 000
　　贷：银行存款　　　　　　　　　　　　　　　　　　　5 000
借：其他应付款　　　　　　　　　　　　　　　　　　1 000
　　贷：银行存款　　　　　　　　　　　　　　　　　　　1 000

各项经济业务编制会计分录后，即记入有关账户，这个记账步骤通常称为"过账"。过账以后，一般要在月度终了进行结账，即结出各账户的本期发生额合计和期末余额。

七、借贷记账法的试算平衡

（一）试算平衡的概念

实际工作中，在大量的经济业务记入账户的过程中，可能会发生用错账户、记错账户方向、错记金额等问题，这样会出现借方与贷方不相等。为了保证一定时期内所发生的经济业务在账户记录中正确，就必须在一定时期进行检查。

试算平衡是检查账户记录正确性的一种方法。借贷记账法下的试算平衡是以会计等式和"有借必有贷，借贷必相等"的记账规则为理论，利用借贷平衡关系来检查全部账户记录的正确性和完整性的会计检查方法。

（二）试算平衡的方法

按照借贷记账法"有借必有贷，借贷必相等"的记账规则，任何一笔会计分录的借方发生额和贷方发生额总是相等的，从而使一定会计期间的全部经济业务的借方发生额合计与贷方发生额的合计也一定相等。另外，从某一时点的相对静止状态来观察，资产与负债及所有者权益的平衡关系表现为全部账户的借方余额合计等于全部账户的贷方余额合计。以上的平衡关系可用下列公式表示：

全部账户的借方期初余额合计 = 全部账户的贷方期初余额合计
全部账户的借方本期发生额合计 = 全部账户的贷方本期发生额合计
全部账户的借方期末余额合计 = 全部账户的贷方期末余额合计

利用上述平衡关系，既可以检查每一项经济业务的会计分录是否正确，又可以检查全部账户的借、贷方发生额和借、贷方余额是否正确。

一定时期（每日、五日、十日，或每周、旬、半月、一个月），根据会计分录所做的账户记录，所涉及有关账户的借方发生额的合计应等于贷方发生额的合

3.4 借贷记账法
（二）

计,若借、贷方的合计数不相等,则说明账户记录有错误。实际工作中,对于全部账户的借、贷方余额及借、贷方发生额的试算平衡,通常是通过定期编制"试算平衡表"来进行的。

【例3-26】假设东方公司2×23年8月全部账户的期初余额如表3-5所示,本月共发生以下几笔业务,编制会计分录(略)及试算平衡表(见表3-6)。

表3-5　　　　　　　　　　　　期初余额表　　　　　　　　　　　　单位:元

账户	期初余额	账户	期初余额
库存现金	3 800	短期借款	2 300
银行存款	7 000	应付票据	4 000
交易性金融资产	20 000	应付账款	32 000
应收账款	29 300	应交税费	1 000
其他应收款	900	长期借款	1 000
原材料	5 800	实收资本	36 000
库存商品	4 100	资本公积	14 000
固定资产	17 600	盈余公积	700
无形资产	2 500		
合计	91 000	合计	91 000

(1) 5日,东方公司购入一台设备,用银行存款30 000元支付价款。
(2) 8日,向银行借款50 000元存入本东方公司账户。
(3) 16日,以银行存款20 000元偿还前欠货款。
(4) 21日,东方公司收到投资者投入设备一台,价值为80 000元。
(5) 26日,东方公司从银行提取现金5 000元。
(6) 28日,东方公司所欠大华工厂的货款10 000元转作对东方公司的投资。

表3-6　　　　　　　　本期发生额及余额试算平衡表　　　　　　　　单位:元

账户名称	期初余额		本期发生额		期末余额	
	借方	贷方	借方	贷方	借方	贷方
库存现金	3 800		5 000		8 800	
银行存款	7 000		50 000	55 000	2 000	
交易性金融资产	20 000				20 000	
应收账款	29 300				29 300	
其他应收款	900				900	
原材料	5 800				5 800	
库存商品	4 100				4 100	
固定资产	17 600		110 000		127 600	
无形资产	2 500				2 500	
短期借款		2 300		50 000		52 300

续表

账户名称	期初余额		本期发生额		期末余额	
	借方	贷方	借方	贷方	借方	贷方
应付票据		4 000				4 000
应付账款		32 000	30 000			2 000
应交税费		1 000				1 000
长期借款		1 000				1 000
实收资本		36 000		90 000		126 000
资本公积		14 000				14 000
盈余公积		700				700
合计	91 000	91 000	195 000	195 000	201 000	201 000

需要注意的是,"试算平衡表"保持平衡并不能说明记账过程完全正确。因为有些业务记录错误并不影响上述平衡关系。例如,一笔经济业务的记录全部被漏记或重复登记;一笔经济业务的借贷双方金额均出现错误,即金额同时记大或记小;一笔经济业务的应借应贷的账户颠倒或误用了账户的名称,这些都不会影响等式的试算平衡。因此在实际工作中,不能仅靠这一种方法检查账簿记录的正确性,还需要对全部会计记录进行日常或定期的复核,以保证账簿记录的正确性。

思政课堂

某知名药业公司2016年至2018年连续3年,有预谋、有组织、系统性实施财务造假约300亿元,涉案金额巨大,持续时间长,性质特别严重,社会影响恶劣,严重损害了投资者的合法权益,严重破坏资本市场健康生态。为落实"零容忍"要求,投资者保护机构响应市场呼声,依法接受投资者委托,作为代表人参与某知名药业公司虚假陈述民事赔偿诉讼案。2020年5月,证监会对其董事长马某等22人进行行政处罚,并对6人采取证券市场禁入措施。去年7月,马某等被公安机关采取强制措施。

2020年的最后一天,11名投资者就某知名药业公司虚假陈述案向广州中院提起普通代表人诉讼。2021年4月16日,广州中院发布案件转为特别代表人诉讼的公告。某知名药业公司案成为中国证券集体诉讼首案。案件涉案投资者人数超过5万人,且绝大多数为中小投资者。

2020年以来,国务院金融委先后多次召开会议,研究推进打击证券违法犯罪、维护资本市场健康稳定发展工作。会议指出,上市公司财务造假是证券市场的"毒瘤",严重损害了广大投资者的合法权益,造成了恶劣的社会影响,危及市场秩序和金融稳定发展,必须从严从快从重打击。

无视法律,不遵守会计法律法规,以虚假的经济业务事项或者资料进行会计核算,最终不仅要自食市场失信的恶果,而且最终要受到法律的制裁。

思考题

1. 什么是会计假设？为什么要确定会计假设？
2. 什么是账户的结构？账户与会计科目的关系是什么？
3. 什么是复式记账法？其理论依据是什么？
4. 借贷记账法下各类账户的结构如何？

第四章 会计循环

> 🠪 **学习目标**

通过本章的学习,要求了解会计循环体系、会计凭证的概念和作用,原始凭证与记账凭证的种类及应具备的内容,原始凭证与记账凭证的填制方法、审核的内容以及审核结果的处理,了解会计凭证在会计部门中的传递线路设计,并了解会计账簿的含义、种类,具体介绍了日记账、分类账的种类以及登记方法,总账与明细账的平行登记及相互核对,账簿的设置与登记规则,错账更正的三种方法。

第一节 会计循环概述

4.1 会计循环
与原始凭证

一、会计循环的含义

会计循环是指企业会计人员根据日常经济业务,按照会计准则要求,采取专门的会计方法,将零散、复杂的会计资料加工成满足会计信息使用者需要的信息处理过程。从填制和审核会计凭证开始,到登记账簿,直至编制财务会计报告,即完成一个会计期间会计核算工作的过程。之所以称为循环,是因为在会计期间假设的前提下,会计人员在某一会计期间内处理会计事项均是按照这几个步骤完成的,下一个会计期间又是按照第一个会计期间的步骤来处理会计事项和提供会计信息的。在会计实务中,每个企业在某一个会计期间内必须完成编审凭证、编制分录、登记账簿、试算平衡、账项调整、结账对账和编制会计报表等一系列会计核算工作,这些会计核算工作相互联系地构成一个程序,该程序始于期初、终于期末,并循环往复、周而复始地进行,形成会计循环。

科学地组织会计循环,对于有效地保证会计信息质量,连续、系统地记录和反映各项经济业务的发生和完成情况,提供连续、全面的会计信息具有重要意义。

二、会计循环的步骤

一个完整的会计循环过程包括以下基本步骤。

（一）会计事项分析

对企业发生的每一笔会计事项，都要及时取得原始凭证，并对原始凭证进行初步的分析和审核，以确定凭证的有效性，并分析会计事项对资产、负债、所有者权益、收入、费用等会计要素产生的影响。

（二）根据原始凭证编制记账凭证

按照复式记账法的原理，根据原始凭证所反映的内容对每一笔会计事项编制记账凭证（或汇总记账凭证或科目汇总表）。

（三）根据记账凭证登记有关账簿

会计账簿是由具有规定格式的账页所组成，用以全面、系统、连续地记录经济业务事项的簿籍。登记账簿，是根据审核无误的会计凭证，分门别类地记入有关簿籍的专门方法。账簿是将会计凭证中分散的经济业务事项进行分类、汇总、系统记录的信息载体。账簿记录的资料是编制财务会计报告的重要依据。

（四）编制调整前试算平衡表

试算平衡表的编制，主要是检查账户登记有无差错，并为结账和编制会计报表做准备，如发现错误要及时更正。由于该试算平衡表是在账项调整前进行的，故称为调整前试算平衡表。

（五）编制调整分录并予以登账

为了正确反映本期的经营成果和期末财务状况，期末需要按权责发生制和配比原则编制调整分录，将属于本期但尚未计入本期的收入、费用调整入账。

（六）编制调整后试算平衡表

为了保证调整分录过账后会计记录的正确性，还需再次进行试算平衡。该试算平衡表是在账项调整后编制的，故又称为调整后试算平衡表。

（七）对账和结账

为检验和确定会计期末结账分录及分类账登记的正确性，需要进行对账和结账。

（八）编制会计报表

编制财务会计报告是根据账簿记录的数据资料，概括、综合地反映各单位在一定时期经济活动情况及其结果的一种书面报告。财务会计报告有会计报表、会计报表附注。编制财务会计报告是对日常核算的总结，是在账簿记录基础上对会计核算资料的进一步加工整理,也是进行会计分析、会计检查、会计预测和会计决算的重要依据。经过账项调整和试算平衡后,影响经济单位当期经营成果和期末财务状况的所有会计事项都已完整、正确地记入有关账簿中,就可以据以编制会计报表,总括反映经济单位的财务状况、经营成果和现金流量。

第二节 会计凭证

一、会计凭证概述

(一) 会计凭证的概念及作用

1. 会计凭证的概念

会计凭证是记录经济业务、明确经济责任的书面证明,也是据以登记账簿的依据。填制和审核会计凭证是会计核算的一种专门方法,也是进行会计核算工作的第一步。进行会计核算必须要有会计凭证,即对于发生的一切经济业务和账务处理,都必须取得书面证明;一切会计凭证只有经审核无误后,才能据此登记账簿。会计凭证对于完成会计核算任务、发挥会计在经济管理中的职能作用,具有十分重要的意义。

2. 会计凭证的作用

(1) 记录经济业务,提供记账依据。会计凭证是登记账簿的依据,会计凭证所记录的有关信息是否真实、可靠、及时,对于能否保证会计信息质量具有至关重要的影响。

(2) 明确经济责任,强化内部控制。任何会计凭证除记录有关经济业务的基本内容外,还必须由有关部门和人员签章,对会计凭证所记录经济业务的真实性、完整性、合法性负责,以防止出现舞弊行为,强化内部控制。

(3) 监督经济活动,控制经济运行。通过会计凭证的审核,可以查明每一项经济业务是否符合国家有关法律、法规和制度的规定,是否符合计划、预算进度,是否有违法乱纪、铺张浪费的行为等。对于查出的问题,应积极采取措施予以纠正,实现对经济活动的事中控制,保证经济活动健康运行。

(二) 会计凭证的种类

会计凭证种类繁多,按其填制程序和用途不同,可以分为原始凭证和记账凭证。

1. 原始凭证

原始凭证又称单据,是在经济业务发生或完成时所取得或填制的、载明经济业务的具体内容和完成情况的书面证明,它是进行会计核算的原始资料和重要依据。原始凭证同记账凭证相比,有较强的法律效力,是经济业务发生的第一手资料,是一种很重要的凭证。原始凭证的种类、格式多种多样,可以按照不同的标准进行分类。

(1) 原始凭证按其来源不同,可分为自制原始凭证和外来原始凭证。

①自制原始凭证。自制原始凭证是指在经济业务发生或完成后,本单位内部经办业务的机构和人员根据经济业务的内容自行填制的凭证。例如,由仓库保管人员在验收入库材料时填制的收料单、职工在领用材料时填制的领料单、产品验收入库时的入库单等。领料单的格式如表4-1所示。

表4-1　　　　　　　　　　　领料单

领料单位：　　　　　　　　　　　　　　　　　　　　　　编号：
用途：　　　　　　　　　　　年　月　日　　　　　　　　仓库

材料类别	材料编号	材料名称	规格	计量单位	数量		单价	金额
					请领	实发		

备注：

仓库保管员：　　　　发料：　　　　领料主管：　　　　领料：

②外来原始凭证。外来原始凭证是指企业、单位同外部企业、单位或者个人发生经济业务往来时,从外部企业、单位或者个人那里取得的原始凭证,例如,购进原材料时从购货单位取得的发票,在向外单位付款时取得的收据等。发票的一般格式如表4-2所示。

表4-2　　　　　　　　　　增值税专用发票

开票日期：　　　　　　　　　　　年　月　日　　　　　　　　No.

购货单位	名称				纳税人登记号			
	地址、电话				开户银行及账号			
货物或应税劳务名称	计量单位	数量	单价	金额 千百十万千百十元角分	税率（%）	税额 千百十万千百十元角分
合计						
价税合计（大写）		仟　佰　拾　万　仟　佰　拾　元　角　分　¥_____				
销货单位	名称				纳税人登记号			
	地址、电话				开户银行及账号			

备注：

收款人：　　　　　　　　　　　　　　开票单位（未盖章无效）：

第二联：发票联　购货方记账

(2) 原始凭证按照填制手续及内容不同,分为一次凭证、累计凭证和汇总凭证。

①一次凭证。它是指一次填制完成、只记录一笔经济业务的原始凭证,如收

据、领料单、收料单、发货票、借款单、银行结算凭证等。一次凭证是一次有效的凭证。领料单如表4-1所示。

②累计凭证。累计凭证是指在规定期限内为了减少凭证数量和简化凭证填制手续，将不断重复发生且性质相同的经济业务登记在一起，进行连续反映的一种自制原始凭证。累计凭证的填制手续不是一次完成的，而是把经常发生的同类经济业务登记在一张凭证上，直到期末求出总数以后才完成凭证的填制手续，此时才可以作为记账的原始依据。如企业为了控制材料领料而采用的"限额领料单"，如表4-3所示。

表4-3　　　　　　　　　　　限额领料单　　　　　　　　　　仓库：
领料部门：　　　　　　　　　　年　月　日　　　　　　　　　计划产量：
用途：　　　　　　　　　　　　　　　　　　　　　　　　　　单位消耗定额：

材料类别	材料编号	材料名称	规格	计量单位	单价	领料限额	全月实领	
							数量	金额

日期	请领		实发		退料		限额结余
	数量	领料单位负责人	领料人	数量	发料人	数量	退料人	收料人	

仓库负责人：　　　　　　　　　　　　　　　　　　　　　　　车间生产计划员：

③汇总凭证。汇总凭证也称原始凭证汇总表，是根据一定时期内若干张反映同类经济业务的原始凭证汇总编制而成的凭证。"发出材料汇总表"如表4-4所示。

表4-4　　　　　　　　　　　发出材料汇总表
　　　　　　　　　　　　　　　年　月　日

会计科目		领料部门	原料及主要材料	辅助材料	燃料	合计
生产成本	基本生产车间	一车间				
		二车间				
		小计				
制造费用						
管理费用						
合计						

制表：　　　　　　　　　　　　　　　　　　　　　　　　　　审核：

（3）原始凭证按照格式不同，分为通用凭证和专用凭证。

①通用凭证。它是指由有关部门统一印制、在一定范围内使用的、具有统一格式和使用方法的原始凭证。通用凭证的使用范围，因制作部门不同而异，可以

是某一地区、某一行业,也可以是全国通用。如某省(市)印制的发货票、收据等在该省(市)通用;由中国人民银行制作的银行转账结算凭证在全国通用等。

②专用凭证。它是指由单位自行印制、仅在本单位内部使用的原始凭证,如领料单、差旅费报销单、折旧计算表、工资费用分配表等。

(4) 原始凭证按照经济业务的类别不同,可分为六类:

①款项收付业务凭证。它是指记录现金和银行存款收付增减等业务的原始凭证。这类凭证既有外来的,也有自制的,但多为一次性凭证,如现金借据、现金收据、领款单、零星购物发票、车船机票、医药费单据、银行支票、付款委托书、托收承付结算凭证等。

②出入库业务凭证。它是指记录材料、产成品出入库等情况的原始凭证。这类凭证可以是一次性凭证,也可以是累计凭证,如入库单、领料单、提货单等。

③成本费用凭证。它是指记录产品生产费用的发生和分配情况的原始凭证。这类凭证大多是内部自制凭证,如工资单、工资费用汇总表、折旧费用分配表、制造费用分配表、产品成本计算单等。制造费用分配表如表4-5所示。

表4-5　　　　　　　　　　　制造费用分配表
年　月　日

分配对象	分配标准	分配率	应分配金额
合计			

制表:　　　　　　　　　　　　　　　　　　　　　　　　　审核:

④购销业务凭证。它是指记录材料物品采购或劳务供应、产成品(商品)或劳务销售情况的原始凭证,前者为外来的凭证,后者为自制的凭证,如提货单、发货单、交款单、运费单据等。

⑤固定资产业务凭证。它是指记录固定资产购置、调拨、报废和盘盈、盘亏业务的原始凭证,如固定资产调拨单、固定资产移交清册、固定资产报废单和盘盈、盘亏报告单等。

⑥转账业务凭证。它是指会计期间终了,为了结平收入和支出等账户,计算并结转成本、利润等,由会计人员根据会计账簿记录整理制作的原始凭证。这类凭证一般无固定格式,但需要注明制证人并由会计主管签章。

2. 记账凭证

记账凭证又称记账凭单,是指会计人员根据审核无误的原始凭证进行归类、整理而编制的,用于确定会计分录的凭证。它是登记账簿的直接依据。

(1) 记账凭证按其用途不同,可以分为专用记账凭证和通用记账凭证。

通用记账凭证是适用于所有经济业务的记账凭证。采用通用记账凭证的单位,无论是款项的收付还是转账业务,都采用统一格式的记账凭证。通用记账凭证通常适用于规模不大,收、付款业务不多的企业,如表4-6所示。

表4-6 记账凭证
年　月　日　　　　　　　　　　　　　　　第　号

摘要	总账科目	明细科目	√	借方金额 千 百 十 万 千 百 十 元 角 分	√	贷方金额 千 百 十 万 千 百 十 元 角 分
合计						

附单据　　张

会计主管：　　　记账：　　　出纳：　　　复核：　　　制单：

(2) 记账凭证按照填制方式可以分为复式记账凭证、单式记账凭证和汇总记账凭证。

①复式记账凭证。复式记账凭证是将一项经济业务涉及的借方和贷方的各个会计科目都集中填列在一张记账凭证上。如前面列举的都是复式记账凭证。复式记账凭证可以集中反映账户的对应关系,便于了解经济业务的全貌,但不便于汇总每一个会计科目的发生额。在实际工作中,会计核算一般都采用复式记账凭证。

②单式记账凭证。单式记账凭证是指每一张凭证只填列一个会计科目的记账凭证,即把每一项经济业务所涉及的会计科目分别填列在两张或两张以上的借项记账凭证和贷项记账凭证上。单式记账凭证便于分别汇总每一个会计科目的发生额,但不能反映账户的对应关系,在经济业务量相同的条件下,记账凭证的数量也较多,因而一般只在经济业务较多、会计人员分工较细的情况下有选择地采用。单式记账凭证的格式如表4-7、表4-8所示。

表4-7 借项记账凭证
年　月　日　　　　　　　　　　　　　　　凭证编号：

摘要	一级科目	明细科目	账页	金额
合计				

会计主管：　　　记账：　　　复核：　　　出纳：　　　制单：

表4-8 贷项记账凭证
年　月　日　　　　　　　　　　　　　　　凭证编号：

摘要	一级科目	明细科目	账页	金额
合计				

会计主管：　　　记账：　　　复核：　　　出纳：　　　制单：

二、会计凭证的填制与审核

（一）原始凭证的填制与审核

1. 原始凭证的基本内容

由于经济业务的复杂性和经营管理的要求不同，原始凭证的名称、格式和具体内容千差万别。但无论何种原始凭证，都必须做到所载明的经济业务清晰、经济责任明确。原始凭证一般应具备的基本要素有：

（1）原始凭证的名称；
（2）填制原始凭证的日期和编号；
（3）接收原始凭证单位的名称；
（4）经济业务的内容（如发票上填列商品的品种、规格、数量、单价、总计金额等）；
（5）填制单位及有关人员签章；
（6）凭证附件。

在实际工作中，根据经营管理和特殊业务的需要，除上述基本内容外，可以增加必要的内容。对于不同单位经常发生的共同性经济业务，有关部门可以制定统一的凭证格式。如中国人民银行统一制定的银行转账结算凭证，标明了结算双方的单位名称、账号等内容；铁路部门统一制定的铁路运单，标明了发货单位、收货单位、提货方式等内容。

2. 原始凭证的填制要求

（1）记录真实。就是要实事求是地填写经济业务，原始凭证上填制的日期、业务内容、数量、金额等必须与实际情况完全相符，确保凭证内容真实可靠。

（2）内容完整。每张凭证必须按照规定的格式和内容逐项填写齐全，不得省略或者遗漏，而且必须填写手续完备，符合内部牵制制度。

（3）填制及时。按照经济业务的执行和完成情况及时填制原始凭证，对于保证会计资料的时效是非常重要的，同时也可以避免由于原始凭证填制不及时，事后记忆模糊，补办手续时出现差错现象。

（4）书写清楚。原始凭证上的文字和数字都要认真填写，要求字迹清楚、易于辨认。原始凭证上的各项内容均不得涂改；原始凭证有错误的，应当由出具单位重开或者更正，更正处须加盖出具单位印章。原始凭证金额有错误的，应当由出具单位重开，不得在原始凭证上更正。

凡填有大写和小写金额的原始凭证，大写与小写金额必须相符。购买实物的原始凭证，必须有验收证明；支付款项的原始凭证，必须有收款单位和收款人的收款证明。

一式几联的原始凭证应当注明各联的用途，只能以一联作为报销凭证。一式几联的发票和收据，必须用双面复写纸套写，并连续编号，作废时应当加盖"作废"戳记,连同存根一起保存,不得撕毁。

发生销货退回的,除填制退货发票外,还必须有退货验收证明;退款时,必须取得对方的收款收据或者汇款银行的凭证,不得以退货发票代替收据。

职工公出借款凭据,必须附在记账凭证之后。收回借款时,应当另开收据或者退还借据副本,不得退还原借据收据。

经过上级有关部门批准的经济业务,应当将批准文件作为原始凭证附件。如果批准文件需要单独归档的,应当在凭证上注明批准机关的名称、日期和文件号。

3. 原始凭证填制举例

【例4-1】 东方公司材料采购员关华 2×23 年 6 月 17 日拟在诚信公司采购 A 材料,经业务授权人赵海签章同意,预借差旅费现金 1 000 元。关华填制一联借款单,出纳员张兰付给关华现金 1 000 元。经财务复核人员王强复核,将审核后的借款单交会计李平编制记账凭证。财务部门负责人为王勇。

6 月 20 日,关华完成采购业务回来,经审核,实际支出差旅费 950 元,交回剩余现金。

上述业务填制的差旅费借款单如表 4-9 所示,填制的差旅费报销单如表 4-10 所示。

表 4-9　　　　　　　　　　　　　借款单　　　　　　　　　　　　No.0054396

借款部门:供应处　　　　　　　2×23 年 6 月 17 日　　　　　　业务授权人:赵海

人民币（大写）：壹仟元整				¥1 000.00			
用途		差旅费		财务部门		借款部门	
付款方式	现金	票据号码		负责人	王勇	负责人	赵海
收款人	关华	开户银行		审核	王强	借款人	关华
		账号		记账	李平	经办人	关华

表 4-10　　　　　　　　　　差旅费报销单

2×23 年 6 月 20 日

公出者姓名	关华					公出地点	北京					合计
出发				到达		车船费	途中伙食补助		住勤伙食补助		其他	
月	日	时分	地点	月	日	时分	地点		日数	金额	日数	金额	交通费	住宿费	其他	
略							×××	××	××	××	××	××	××	××	950
合计							×××	××	××	××	××	××	××	××	950
报销日期：2×23 年 6 月 20 日						借款 1 000 元,结余 50 元					报销金额（大写）：玖佰伍拾元整　　¥950.00	

会计主管：王勇　　审核：王强　　制单：李平　　部门主管：赵海　　公出：关华

4. 原始凭证的审核

审核会计凭证是正确组织会计核算和进行会计检查的一个重要方面，也是实行会计监督的一个重要手段。为了正确地反映和监督各项经济业务，保证核算资料的真实、准确和合法，会计部门和经办业务的有关部门必须对会计凭证，特别是对原始凭证进行严格、认真的审核。

（1）合法性审核。审查发生的经济业务是否符合国家的政策、法令、制度和计划的规定，有无违反财政纪律等违法乱纪行为。如有违反，要向本单位领导汇报，提出拒绝执行的意见，必要时，可向上级领导机关反映有关情况，对于弄虚作假、营私舞弊、伪造和涂改凭证等违法乱纪行为，必须及时揭露并向领导汇报，严肃处理。

（2）真实性审核。原始凭证作为会计核算的基本信息源，其真实性对会计信息的质量具有至关重要的影响。真实性审核包括凭证日期是否真实、业务内容是否真实、数据是否真实等方面。对于外来原始凭证，必须有填制单位公章和填制人员签章；对于自制原始凭证，必须有经办部门和经办人员的签名或盖章。

（3）合理性审核。如查明凭证所记录的经济业务是否符合企业生产经营活动的需要、是否符合有关计划和预算。

（4）完整性审核。审核原始凭证各项基本要素是否齐全，是否有漏项情况，应填写的项目是否齐全，数字和文字是否正确，书写是否清楚，有关人员是否已签名盖章，凭证联是否正确等。如有手续不完备或数字计算错误的凭证，应由经办人员补办手续或更正错误。

（5）正确性审核。审核原始凭证各项金额的计算及填写是否正确，包括：阿拉伯数字的填写是否连写，小写金额前是否标明了"￥"符号，中间是否留有空位，大写金额前是否有"人民币"字样，大、小写金额是否相符，是否按正确的方法进行了更正等。

（6）及时性审核。原始凭证的及时性是保证会计信息及时性的基础，因此，要求在经济业务发生或完成时及时填写有关原始凭证，及时进行凭证的传递。审核时应当注意审核凭证的填制日期，尤其是支票、银行汇票、银行本票等时效性较强的原始凭证，更应仔细验证其签发日期。

（二）记账凭证的填制与审核

1. 记账凭证的基本内容

记账凭证作为登记账簿的依据，因其所反映经济业务的内容不同，各单位规模大小及其对会计核算繁简程度的要求不同，其格式也有所不同。为了满足记账的基本要求，记账凭证应具备以下基本内容：

（1）记账凭证的名称、编号和填制的日期；
（2）经济业务的简要说明（摘要）；
（3）会计科目的名称及借贷的金额；
（4）记账标记；

4.2 记账凭证

(5)所附原始凭证的张数;

(6)填制、审核、记账等有关人员的签章。

2. 记账凭证的填制要求

填制记账凭证是会计核算工作的重要环节,是对原始凭证的整理和分类,并按照复式记账的要求,运用会计科目确定会计分录,作为登记账簿的依据。填制记账凭证既能使记账更为条理化,保证记账工作的质量,又能简化记账工作、提高核算效率。填制记账凭证的具体要求如下。

(1)内容完整、正确。填制记账凭证时,必须依据审核无误的原始凭证或汇总原始凭证正确填写,不得将不同内容和类别的原始凭证汇总在一张记账凭证上,要求各项内容填写完整。

(2)日期据实填写。收、付款业务要记入当天的日记账,记账凭证的日期应是货币资金收付的实际日期,与原始凭证所记的日期不一定一致。转账凭证以收到原始凭证的日期为准,但在"摘要"栏要注明经济业务发生的实际日期。

(3)编号规范、连续。记账凭证的编号要根据不同的情况采用不同的编号方法。如果企业的各种经济业务的记账凭证采用统一的格式(通用格式),凭证的编号可采用顺序编号法,即按月编顺序号。业务极少的单位可按年编顺序号。如果一笔经济业务需要填制一张以上的记账凭证时,记账凭证的编号可采用分数编号法。例如,某企业有一笔经济业务需要编制四张记账凭证,该记账凭证的顺序号为第8号,则这笔业务可编制第 $8\frac{1}{4}$ 号、第 $8\frac{2}{4}$ 号、第 $8\frac{3}{4}$ 号、第 $8\frac{4}{4}$ 号四张凭证。对凭证编号,便于装订保管和登记账簿,也便于日后检查,以防凭证散失。

(4)摘要简明扼要。摘要应当清晰地揭示经济业务的内容,意思完备、字数简短、字迹清楚,同时应当简明扼要。如现金、银行存款的收付事项,应写明收、付款人和款项的内容,采购商品要写清品名、进货来源和批次,并能区分不同供货单位。

(5)所附凭证规范。记账凭证后必须附有原始凭证并注明所附的原始凭证张数,以便查核。所附原始凭证张数的计算,一般以原始凭证的自然张数为准,与记账凭证中的经济业务事项记录有关的每一张凭证都应当作为原始凭证的附件。如果记账凭证中附有原始凭证汇总表,则应当将所附原始凭证和原始凭证汇总表的张数一起计入附件的张数之内;如果根据同一原始凭证填制数张记账凭证,则应在未附原始凭证的记账凭证上注明"附件××张,见第××号记账凭证";如果原始凭证需要另行保管,则应在"附件"栏目内加以注明。更正错账和结账的记账凭证可以不附原始凭证。

(6)科目分录正确。科目分录必须按照会计制度统一规定的会计科目的全称填写,不得简化,不得用科目编号或外文字母代替。根据经济业务的性质编制会计分录,正确填写会计科目的借、贷方与金额,以保证核算的口径一致,便于综合汇总。应用借贷记账法编制简单分录或复合分录,以便从账户对应关系中反映经济业务的情况。

(7)检查试算平衡。记账凭证填写完毕如有空行,应当在"金额"栏最后一笔金额数字下面空行处至合计数的空行处划斜线注销,并应进行复核与检查,按所使用的记账方法进行试算平衡。有关人员均要签名和盖章。出纳人员根据凭证收、付款时,均要在凭证上加盖"收讫""付讫"的戳记,以免重收重付,出现差错。

3. 记账凭证填制举例

【例4-2】2×23年6月30日,计提本月固定资产折旧,其中,生产车间应提25 000元,厂部应提15 000元。

会计人员据此填制记账凭证,如表4-11所示。

表4-11   记账凭证
                              2×23年6月30日   转字第93号

摘要	总账科目	明细科目	借方金额								贷方金额								记账
			十	万	千	百	十	元	角	分	十	万	千	百	十	元	角	分	
提折旧	制造费用			2	5	0	0	0	0	0									
	管理费用			1	5	0	0	0	0	0									
	累计折旧											4	0	0	0	0	0	0	
合计				4	0	0	0	0	0	0		4	0	0	0	0	0	0	

附单据 张

会计主管:张芳   记账:赵海   出纳:李平   复核:张杰   制单:王强

4. 记账凭证的审核

记账凭证填制以后,必须经过专人认真审核后才能登记账簿。记账凭证的审核主要包括以下内容:

(1) 记账凭证是否附有原始凭证,所附原始凭证的内容和张数是否与记账凭证相符。

(2) 记账凭证所确定的应借、应贷会计科目(包括二级或明细科目)是否正确,对应关系是否清楚,金额是否正确。

(3) 记账凭证中的有关项目是否填列齐全,有无错误,有关人员是否签名或者盖章。

在审核记账凭证的过程中,发现已经入账的记账凭证填写错误时,应区别不同情况,采用规定的方法进行更正。

三、会计凭证的传递和保管

(一) 会计凭证的传递

会计凭证的传递是指会计凭证从取得和填制到归档保管的整个过程中,在本单位内部各有关部门和人员之间的传递程序和传递时间。正确、合理地组织会计凭证的传递,有利于有关部门和人员及时了解经济业务活动的情况,加速对经济业务的处理;同时,有利于明确各有关部门的经济责任,发挥会计的监督作用。由于企业生产经营的组织不同,经济业务的内容不同,因而企业管理的要求也不尽相同。在会计凭证的传递中，也应根据具体情况，确定每一种凭证的传递程序和传递时间，作为业务部门和会计部门处理会计凭证的工作规范。在规定会计凭证的传递程序和传递时间时，需要考虑以下几个方面：

（1）根据不同经济业务的特点、企业内部机构设置和人员的具体情况以及管理上利用凭证资料的要求，具体规定各种凭证的联数和传递程序，使有关部门和人员既能按规定手续处理业务，又能充分利用凭证资料掌握情况，及时提供会计信息。

（2）根据各有关部门和经办人员办理各项经济业务的必要手续，合理确定会计凭证在各个环节的停留时间，以保证凭证质量。

（3）由于原始凭证和记账凭证涉及不同部门和经办人员，会计部门应根据本单位的具体情况，在调查研究的基础上会同有关部门和经办人员协商并制定会计凭证的传递程序和传递时间。制定时应注意流程合理，避免不必要的环节，以减少传递时间。

（4）会计凭证的传递，前后环节要衔接紧密、手续齐备，以保证会计凭证传递安全、完整，不丢失，会计凭证的传递和处理应在会计报告期内完成。

（二）会计凭证的保管

会计凭证的保管，是指会计凭证登账后的整理、装订和归档存查。会计凭证是记账的依据，是重要的经济档案和历史资料，所以对会计凭证必须妥善整理和保管，不得丢失或任意销毁。

会计凭证的保管，既要做到会计凭证的安全和完整无缺，又要便于凭证的事后调阅和查找。会计凭证归档保管的主要方法和要求是：

（1）每月记账完毕，要将本月各种记账凭证加以整理，检查有无缺号和附件是否齐全，然后按顺序号排列，装订成册。为了便于事后查阅，应加具封面。封面上应注明单位的名称、所属的年度和月份、起讫的日期、记账凭证的种类、起讫号数、总计册数等，并由有关人员签章。为了防止任意拆装，在装订线上要加贴封签，并由会计主管人员盖章。会计凭证封面的格式如表4-12所示。

表4-12　　　　　　　　　　　　会计凭证封面

年　月份 第　　册	（企业名称） 　　　年　　　月份　共　　　册第　　　册 　　　凭证　　第　　号至第　　号共　　张 附：原始凭证共　　　张 　　　会计主管：（签章）　　　　　　　保管：（签章）

（2）如果在一个月内凭证数量过多，可分装若干册，在封面上加注"共几册"字样。如果某些记账凭证所附原始凭证数量过多，也可以单独装订保管，但应在其封面及有关记账凭证上加注说明，对重要原始凭证，如合同、契约、押金

收据以及需要随时查阅的收据等在需要单独保管时应编制目录,并在原记账凭证上注明"另行保管",以便核查。

(3) 装订成册的会计凭证应集中保管,并指定专人负责。查阅时,要有一定的手续制度。

(4) 会计凭证的保管期限和销毁手续,必须严格执行会计制度的规定。任何人无权自行随意销毁。

思政课堂

原始凭证的重要性

会计核算应当具有客观性,即必须遵循客观性原则,以实际发生的经济业务事项及证明经济业务事项发生的可靠资料为依据,如实反映财务状况和经营成果,做到内容真实、数据准确、资料可靠。客观性原则是会计核算应遵循的最基本的原则,在法律中规定这一原则,使它成为一种法定规则,对保障这一原则的实行具有重要作用。

《会计法》第九条规定,各单位必须根据实际发生的经济业务事项进行会计核算,填制会计凭证,登记会计账簿,编制财务会计报告。任何单位不得以虚假的经济业务事项或者资料进行会计核算。这一规定具体包括四层含义:一是会计核算应当真实反映单位的财务状况和经营成果,保证会计资料的真实性;二是会计核算应当准确反映单位的财务状况,保证会计信息的准确性;三是会计核算应当具有可验证性,即会计信息应当源于可以被客观证据加以证明的经济活动信息,而不应建立在主观臆断和个人意见的基础上;四是任何单位都不得以虚假的经济业务事项或者资料进行会计核算。

会计核算的基本程序也可以说是主要程序有三个重要环节:一是填制会计凭证;二是登记会计账簿;三是编制财务会计报告。这三个环节相互衔接,基本上覆盖了会计核算的全过程,而填制会计凭证是整个会计循环的逻辑起点。原始凭证是表示经济业务的发生或完成情况,明确经济责任的书面证明,是进行会计核算的原始依据。因此,记账行为必须具备原始凭证。《会计基础工作规范》要求,除结账和更正错误的记账凭证可以不附原始凭证外,其他记账凭证必须附有原始凭证。

第三节 会计账簿

一、会计账簿概述

(一) 会计账簿的概念

会计账簿是指以会计凭证为依据,序时、连续、系统、全面地记录和反映企业、机关和事业等单位经济活动全部过程的簿籍。这种簿籍是由若干具有专门格式又相互连结的账页组成的。

在会计核算中，通过会计凭证的填制和审核，可以反映和监督每项经济业务的完成情况。但会计凭证的数量繁多，对经济业务的反映往往比较零星、分散，且每一张凭证只能就个别的经济业务进行详细的记录和反映，不能把某一时期的全部经济业务活动情况完整地反映出来。设置账簿就可以把会计凭证提供的大量、分散的核算资料加以归类和整理，以全面地、连续地和系统地反映企业的经济活动情况。

利用账簿记录，既可以提供总括的核算资料，又可以提供明细的核算资料，从而可以全面、系统地反映各项资产、负债、所有者权益的增减变动，收入、费用的发生，利润的实现和分配情况。根据账簿记录还可以考核成本、费用和利润计划的执行情况。账簿记录又是编制会计报表的主要依据，账簿记录和设置真实、及时与否，直接影响会计报表的质量。

4.3 分类

（二）会计账簿的种类

1. 账簿按用途不同，可分为序时账簿、分类账簿和备查账簿

（1）序时账簿。序时账簿也称日记账，是按照经济业务发生的时间先后顺序，逐日、逐笔登记经济业务的会计账簿。日记账按照记录的内容不同，可分为普通日记账和特种日记账两种。普通日记账是用来登记全部经济业务发生情况的日记账，通常把每日发生的经济业务按照业务发生的先后顺序编成会计分录，记入账簿中，也称分录簿。普通日记账主要适用于采用计算机数据处理系统的企业。特种日记账是用来记录某一类经济业务发生情况的日记账，通常把某一类比较重要的经济业务，按照经济业务发生的先后顺序记入账簿。目前，在实际工作中应用得比较广泛的是特种日记账，如库存现金日记账和银行存款日记账。

（2）分类账簿。分类账簿是对全部经济业务按照经济性质不同分门别类登记的账簿。分类账按其所记录的会计对象具体内容的详细程度不同，可分为总分类账簿和明细分类账簿。总分类账簿简称总账，是根据总分类账户设置的，总括反映各类经济业务情况的账簿，企业全部的总分类账户（一级科目）都应开设相应的总分类账。明细分类账簿简称明细账，是根据明细分类账户设置的、详细和具体地反映各类经济业务的账簿。在实际工作中，日记账和总分类账也可以结合在一本账簿中进行登记。这种既进行序时登记又进行总分类登记的账簿被称为联合账簿。

（3）备查账簿。备查账簿是对某些在序时账和分类账等主要账簿中不能记载或记载不全的项目进行补充登记的账簿。与序时账和分类账不同，备查账簿不是企业必须设置的账簿，它只是对某些经济业务的内容提供必要的参考资料，可根据企业的实际情况设置。经常设置的备查账簿主要有：租入固定资产登记簿、受托加工材料登记簿、应付票据备查登记簿等。

2. 账簿按其外表形式,可以分为订本式账簿、活页式账簿和卡片式账簿

(1) 订本式账簿。订本式账簿简称订本账,是在使用前就把编有序号的若干账页固定装订成册的账簿。采用这种账簿,可以避免账页散失,防止账页被人为地抽换。但采用订本账也有其缺陷,同一本账簿在同一时间内只能由一人登记,不能分工记账。同时,订本账账页固定,不能根据需要增减,因而必须预先估计每一个账户需要的页数,以保留空白账页。如保留的空白账页不够,就要影响账户登记的连续性;如保留空白账页太多,又会造成不必要的浪费。在实际工作中,总账、现金和银行存款日记账一般都采用订本式账簿。

(2) 活页式账簿。活页式账簿简称活页账,是在启用前由许多分散账页所组成的账簿。使用前可活动地装订在一起,以便随时增页和减页。其优点是:便于分工记账,可以根据记账的需要随时增减账页,因而比较方便、灵活。其缺点是:账页容易散失和被抽换。活页账簿一般适用于明细分类账。

(3) 卡片式账簿。卡片式账簿又称卡片账,是由许多分散的、具有账户格式的卡片存放在卡片箱中所组成的账簿。使用时按类别排列、按顺序编号,并加盖有关人员的印章。卡片式账簿应由专人保管,以保证其安全。卡片式账簿的优缺点与活页式账簿大体相同。

3. 会计账簿按账页格式可分为两栏式、三栏式、数量金额式和多栏式四种

(1) 两栏式账簿。两栏式账簿即只有借方和贷方两个基本金额栏目的账簿。普通日记账和转账日记账一般采用两栏式。

(2) 三栏式账簿。三栏式账簿是指由设置三个金额栏的账页组成的账簿。它适用于总分类账、日记账,也适用于只进行金额核算而不需要数量核算的债权、债务结算账户的明细分类账。

(3) 数量金额式账簿。数量金额式账簿也称三大栏式账簿,是指在每一大栏内又设置由数量、单价、金额等小栏目的账页组成的账簿。这种账簿适用于既进行金额核算,又进行实物数量核算的各种财产物资账簿。

(4) 多栏式账簿。多栏式账簿是指由三个以上金额栏的账页所组成的账簿。这种账簿根据经济业务特点和经营管理的需要,把同一个一级账户所属的明细账户集中在一张账页上设置专栏,反映各有关明细账户的核算资料。它适用于成本、收入、费用和利润等账户。

(三) 会计账簿的内容

各种账簿所记录的经济内容、账簿的格式可以多种多样,但各种账簿都应具备一些基本内容,也称基本要素。这些基本要素主要包括:

1. 封面

封面主要标明单位名称和账簿的名称,如现金日记账、材料明细账等。

2. 扉页

扉页主要列明账户目录(或科目索引)、账簿启用及经管账簿人员一览表,其一般格式如表4-13、表4-14所示。

表 4-13　　　　　　　　　　　账户目录（科目索引）

页数	科目	页数	科目	页数	科目	页数	科目

表 4-14　　　　　　　　　　　经管账簿人员一览表

使用者姓名			印鉴	
账簿名称				
账簿编号				
账簿页数	本账簿共计　页			
启用日期	年　月　日			
责任者	主管	会计	记账	审核
经管人姓名及交接日期				
备注				

3. 账页

账页是构成账簿的主要部分。账页根据其反映经济业务的不同，具有多种格式，但基本内容一般包括：

（1）账户名称或称会计科目（一级、二级或明细科目）；
（2）日期栏；
（3）凭证种类和号数栏；
（4）摘要栏；
（5）金额栏；
（6）总页次和分页次。

二、会计账簿的设置与登记

（一）会计账簿的登记要求

4.4 登账要求

登记账簿是会计核算的基础工作，也是会计核算的一项重要内容。为了保证会计核算质量，会计人员必须认真做好记账工作。

（1）登记账簿必须根据审核无误的记账凭证以及所附的原始凭证或原始凭证汇总表进行登记。没有合法的记账凭证，不得登记账簿。

（2）登记账簿时，应将会计凭证日期、编号、经济业务内容摘要、金额和其他有关记录逐项记入账内，同时在记账凭证上注明所记账簿的页数，或打"√"号，表示已经入账，避免重记、漏记。

(3) 记账必须及时，凡当天应记的账，必须当天记完，不得拖延和积压。

(4) 记账必须用蓝黑墨水书写，不准用铅笔、圆珠笔及其他褪色的墨水书写。但下列情况可使用红色墨水记账：按照红字冲账的记账凭证，冲销错误记录；在不设借、贷栏的多栏式账页中登记减少数；会计制度中规定用红字登记的其他记录。

(5) 账簿中书写的文字和数字上面要留有适当空距，不得写满格。一般应占格宽的1/2或1/3，并应在紧靠底线的部位书写。

(6) 各种账簿按页次顺序连续登记，不得跳行、隔页。如果发生跳行、隔页，应将空行、空页画线注销，并注明"此行空白"或"此页空白"字样，由记账人员签名或盖章，不得任意撕毁和抽换账页。

(7) 账户结出余额后，应在"借或贷"栏内写明"借"或"贷"字样。没有余额的账户，应在"借"或"贷"栏内写"平"字，并在余额栏内用"0"表示。每一账页登记完毕结转下页时，应结出本页合计数及余额，写在本页最后一行和下一页第一行有关栏内，并在"摘要"栏内注明"过次页"和"承前页"字样。

(8) 由于记账凭证错误而导致账簿记录发生错误的，应按已经更正的记账凭证登记账簿，进行更正。

（二）会计账簿的格式和登记方法

1. 日记账的格式和登记方法

我们这里所说的日记账主要是指特种日记账。我国企事业单位通常设置的特种日记账主要有库存现金日记账和银行存款日记账。

(1) 库存现金日记账的格式及登记方法。库存现金日记账的常用格式是三栏式，通常设置收入、支出、结余或借方、贷方、余额三个主要栏目，用来登记现金的增减变动及其结果。其账页格式如表4-15所示。

表4-15　　　　　　　　现金日记账（三栏式）　　　　　　　　单位：元

202×年		凭证号	摘要	收入	支出	结余
月	日					
6	1		月初余额			1 500
	5	1	从银行提取现金备用	2 000		3 500
	13	3	用现金购买办公用品		2 500	1 000
	16	4	支付广告费		200	800
	28	13	出售材料收入	1 000		1 800
	30	17	职工张三预借差旅费		500	1 300
6	30		本月发生额及月末余额	3 000	3 200	1 300

现金日记账由出纳人员根据审核无误的现金收款凭证、现金付款凭证和银行存款付款凭证，按照业务发生的时间先后顺序，逐日逐笔顺序进行登记。其具体登记方法如下。

A. 日期栏：登记现金实际收付日期。

B. 凭证号栏：登记收、付款凭证的种类和编号。其中，种类是指收款或付款凭证。如现金收款凭证，可简写为"现收"，现金付款凭证和银行付款凭证（从银行提取现金），可简写为"现付""银付"等。编号按规定的编号登记。

C. 摘要栏：简要概括登记入账的经济业务的内容。一般根据凭证中的摘要栏填写。

D. 收入栏：登记现金实际收入的金额。根据现金收款凭证和银行付款凭证中（从银行提取现金）所列金额填写。

E. 支出栏：登记现金实际支出的金额。根据现金付款凭证所列金额填写。

F. 结余栏：登记现金的余额。通常每笔现金收入或支出后，都要随时计算一个余额。

（2）银行存款日记账的设置与登记。银行存款日记账是记录和反映银行存款收付业务的一种特种日记账，必须采用订本式账簿，其账页格式如表4-16所示。

表4-16　　　　　　　　银行存款日记账（三栏式）　　　　　　　　单位：元

2×23年		凭证号	摘要	结算凭证		对方科目	收入	支出	余额
月	日			种类	编号				
6	1		期初余额						10 000
	5	3	从银行提取现金	现金支票	略	现金		3 000	7 000
	14	4	支付材料款	转账支票	略	在途物资		1 500	5 500
	17	1	销售产品收入			主营业务收入	8 000		13 500
	25	5	购入固定资产			固定资产		6 000	7 500
6	30		本月发生额及月末余额				8 000	10 500	7 500

银行存款日记账由出纳人员根据审核无误后银行存款收款凭证、银行存款付款凭证及现金付款凭证，按照业务发生的时间先后顺序，逐日逐笔按顺序进行登记。其具体登记方法与现金日记账基本相同。只不过由于银行存款的支付都是根据特定的结算凭证进行的，为了反映结算凭证的种类、编号，特开设"结算凭证"栏。结算凭证栏分为"种类"和"编号"两个专栏，分别登记结算凭证的种类和编号。其中，"种类"栏登记结算凭证的种类，如"现金支票""转账支票""普通支票"等；"编号"栏登记结算凭证的号码，现金支票登记现金支票号码，转账支票登记转账支票号码，普通支票登记普通支票号码。这样做的目的是便于和银行对账。

2. 分类账簿的设置与登记

（1）总分类账簿的设置与登记。为了总括、全面地反映经济活动和财务收支情况，并为编制会计报表提供资料，每个会计主体必须设置总分类账。总分类账是根据总分类账户分类登记全部经济业务的账簿，一般按照一级会计科目的编码顺序分设账户，并为每个账户预留若干账页。为了保证账簿资料的安全、完整，总分类账簿应采用订本式账簿。总分类核算只运用货币度量，所以总分类账只登记各账户金额的增减变化。因此,总分类账簿的账页格式,一般采用借方、贷方、余额三栏式。其三栏式账页格式如表4-17所示。

表4-17　　　　　　　　　　　　总分类账

会计科目:

年		凭证编号	摘要	对方科目	借方	贷方	借或贷	余额
月	日							

总分类账的账页格式也有多栏式的。多栏式总分类账是把所有的总账(一级)科目合并设在一张账页上,但其具体设计又有两种格式:

一种格式是按会计科目分设专栏,所有的经济业务根据记账凭证序时、分类别直接登记入账。这种格式的总分类账兼有序时账和分类账的作用,实际上是序时账和分类账结合的账簿,这种格式的总账称为日记总账。其账页格式如表4-18所示。

表4-18　　　　　　　　　　　　日记总账

年		凭证编号	摘要	发生额	现金		银行存款		应收票据		……
月	日				借方	贷方	借方	贷方	借方	贷方	

另一种格式是按经济业务性质分设专栏,所有经济业务,根据记账凭证定期汇总登记入账,其账页格式如表4-19所示。

表4-19　　　　　　　　　　　　总分类账
年　月

会计科目	期初余额		本月发生额						期末余额	
			借方			贷方				
	借方	贷方	银行存款业务	现金业务	转账业务	银行存款业务	现金业务	转账业务	借方	贷方
固定资产										
原材料										
银行存款										
库存现金										
应收账款										
生产成本										
合计										

总分类账的登记，可以根据各种记账凭证逐笔登记，也可以根据汇总记账凭证（汇总收款凭证、汇总付款凭证和汇总转账凭证）或科目汇总表汇总登记，还可以根据多栏式现金日记账、银行存款日记账逐笔或定期登记。总分类账采用什么方式登记，取决于所采用的账务处理程序。但是不管采用什么形式，月终都要在全部经济业务登记完了之后，结出各账户的本期发生额和期末余额。

（2）明细分类账的设置与登记。明细分类账简称明细账，是根据二级科目或明细科目开设，用以分类、连续记录和反映有关资产、负债、所有者权益、收入、费用、利润各会计要素的详细情况，为编制会计报表提供所需的详细资料。各单位应结合自己的经济业务特点和经营管理的要求，在总分类账基础上设置若干明细分类账，作为总分类账的必要补充。这样既可以根据总分类账了解某一账户的总括情况，又可以根据明细分类账了解该账户更详细的情况。明细分类账一般采用活页式账簿，也有少数采用卡片式账簿。根据管理要求和各种明细分类账记录的经济内容不同，明细分类账的账页格式主要有三栏式、数量金额式、多栏式三种格式。

①三栏式明细分类账。三栏式明细账的账页格式与总分类账的三栏式账页格式相同，即只设有借方、贷方、余额三个金额栏，不设数量栏，用来登记只需反映金额的经济业务。它一般适用于债权、债务等不需进行数量核算的明细分类账户，如"应收账款""应付账款""其他应收款"等业务的明细核算。其账页格式如表4－20所示。

表4－20　　　　　　　　　　　应收账款明细账

明细科目：　　　　　　　　　××单位　　　　　　　　　　　　　第　　页

年		凭证号数	摘要	借方	贷方	借或贷	余额
月	日						

②数量金额式明细账。数量金额式明细账在收入（借方）、发出（贷方）和结存（余额）栏下分设数量、单价和金额三个小栏，用来登记既要反映金额又要反映实物数量的经济业务，如"原材料""库存商品"等的收发结存业务的核算。其账页格式如表4－21所示。

表4－21　　　　　　　　　　　库存商品明细账　　　　　　　　　　　第　　页

产品名称：女装　　　　　　　　　　　　　　　　　　　最低储量：（略）
编号：0617　　　　规格：（略）　　　计量单位：件　　最高储量：（略）

年		凭证号	摘要	收入			发出			结存		
月	日			数量	单价	金额	数量	单价	金额	数量	单价	金额

③多栏式明细账。多栏式明细账是根据经济业务的需求在一张账页上按明细项目分设若干专栏,用于登记明细项目多、借贷方向单一且无须数量核算的收入、费用、利润等业务,如"生产成本""制造费用""管理费用""主营业务收入""本年利润"等明细账。

费用明细账一般按借方设置多个栏目,当发生一笔或少数几笔贷方金额时,可在借方有关栏内用红字登记,表示从借方发生额中冲减。会计期末将借方净发生额从贷方结转到"本年利润"账户或其他账户中,其账页格式如表4-22所示。

表 4-22　　　　　　　　　　制造费用明细账　　　　　　　　　　第　页

年		凭证号	摘要	借方						贷方	余额
月	日			物料消耗	工资	折旧费	办公费	水电费	合计		

收入明细账一般按贷方设置多个栏目,当发生一笔或少数几笔借方金额时,可在贷方有关栏内用红字登记,表示从贷方发生额中冲减。会计期末将贷方净发生额从借方结转到"本年利润"账户。其格式如表4-23所示。

表 4-23　　　　　　　　　　主营业务收入明细账　　　　　　　　　　第　页

年		凭证号	摘要	借方	贷方			余额
月	日				商品销售收入	劳务收入	合计	

利润明细账一般按借方和贷方分设多栏,即按利润构成项目设多个栏目。其格式如表4-24所示。

表 4-24　　　　　　　　　　本年利润明细账　　　　　　　　　　第　页

年		凭证号	摘要	借方(项目)		贷方(项目)		借或贷	余额
月	日				合计		合计		

明细分类账的登记可以直接根据原始凭证、记账凭证逐笔登记,也可以根据汇总原始凭证逐日、定期汇总登记。对于固定资产、低值易耗品、债权债务等明细账应当逐笔登记,便于反映和监督其具体增减变动情况。产品和材料明细分类账,如发生的业务不是很多,可以逐笔登记;如发生的业务较多,为了适当地简

化记账工作，也可以逐日汇总登记。

（3）总分类账和明细分类账的平行登记。①总分类账户和明细分类账户的关系。总分类账户是根据总分类科目开设，以货币为计量单位，提供总括指标的账户；明细分类账户是根据明细分类科目开设，以货币为计量单位或同时以货币和实物为计量单位，提供明细指标的账户。总分类账和明细分类账都是用以提供会计核算指标的，但从其提供指标之间的关系考虑，前者是对后者的综合，后者是对前者的具体化。因此，总分类账对其所属的明细分类账户起着统驭和控制的作用，称为统驭账户；而明细分类账对其总分类账起着辅助、补充和说明的作用，称为从属账户。需要注意的是，并不是任何总分类账户都要分设明细分类账户，因为有些账户没有必要进行明细核算。没有设置明细分类账户的总分类账户不能称为统驭账户。

②平行登记的规则。总分类账户与其所属的明细分类账户所反映的经济内容是相同的，因而保持总分类账和明细分类账记录的一致，是记账工作的一条重要规则。为了便于账户核对，使总分类账户与其所属的明细分类账之间能起到统驭和补充的作用，并确保核算资料的正确、完整，必须采用平行登记的方法，在总分类账及其所属的明细分类账中进行记录。平行登记是指发生经济业务后，根据会计凭证，一方面要登记有关的总分类账户，另一方面要登记该总分类账户所属的各明细分类账户。采用平行登记规则应注意以下要点：

A. 依据相同。对于需要提供其详细指标的每一项经济业务，应根据会计凭证，一方面在有关的总分类账户中进行登记，另一方面在其所属的明细分类账户中进行登记。

B. 期间相同。对发生的经济业务，总分类账户和其所属的明细分类账户必须在同一会计期间（如一个月、一个季度等）全部登记入账。这里所指的同一会计期间并不代表同时间，因为明细账一般根据记账凭证及其所附的原始凭证在平时登记，而总分类账因会计核算组织程序不同，可能在平时登记，也可能定期登记，但登记总分类账和明细分类账必须在同一会计期间内完成。

C. 方向相同。在一般情况下，如果在总分类账户中登记的是借方，在其所属的明细分类账户中也应登记在借方；反之，如果在总分类账户中登记的是贷方，在其所属的明细分类账户中也应登记在贷方。

D. 金额相等。在总分类账户及其所属的明细分类账户中登记的金额是相等的。当总分类账户同时涉及几个明细分类账户时，则在总分类账户中登记的金额应当与其所属的明细分类账户中登记的金额之和相等。具体有：

总分类账户本期发生额 = 所属明细分类账户本期发生额合计

总分类账户期末余额 = 所属明细分类账户期末余额合计

在会计核算工作中，可以利用上述关系，检查账簿记录是否正确。检查时，可以编制明细分类账簿的本期发生额和余额明细表，与相应的总分类账户本期发生额和余额相互核对，以检查总分类账与其所属的明细分类账记录的正确性。明细分类账户本期发生额和余额明细表根据不同的业务内容，可以分别采用不同的格式。

三、错账的更正方法

记账过程中发生的错误不能用刮擦、挖补和涂抹等方法进行更正,而应根据记账错误的性质按规定的方法进行更正。错账的更正方法一般有划线更正法、红字更正法和补充登记法。

4.5 错账更正法

(一) 划线更正法

在结账以前,如果发现账簿记录中数字或文字错误,过账笔误或数字计算错误,可用划线更正法进行更正。更正时,首先,在错误的数字或文字上划一条红线加以注销,但必须保证划去的字迹仍可清晰辨认;然后,在红线上面空白处写上正确的文字或数字,并由记账人员、会计机构负责人在更正处盖章。需要注意的是,对于错误的数字要整笔划掉,不能只划去其中一个或几个记错的数字。例如,根据记账凭证登记账簿时,将数字 8175 误记为 8715,不能只划去其中 "71" 改为 "17",而是要把 "8715" 全部用红线划去,并在其上方写上 "8175"。

(二) 红字更正法

红字更正法适用于以下两种情况:

一是记账以后,如果发现记账凭证中应借、应贷科目发生错误时,应用红字更正法进行更正。更正前提:先用红字金额填制一张与原错误的记账凭证完全相同的记账凭证,并据此用红字记入有关账簿,冲销原来的错误记录;然后用蓝黑字金额填制一张正确的记账凭证,并据此用蓝黑字登记入账。举例说明如下:

【例 4-3】 东方公司以银行存款支付广告费 15 000 元。在填制记账凭证时,误将"销售费用"科目填入"管理费用"科目,并据以登记入账。其错误会计分录为:

借:管理费用　　　　　　　　　　　　　　　　　　15 000
　　贷:银行存款　　　　　　　　　　　　　　　　　　15 000

上述错误更正时,应用红字金额编制如下记账凭证:

借:管理费用　　　　　　　　　　　　　　　　　　15 000①
　　贷:银行存款　　　　　　　　　　　　　　　　　　15 000

根据以上用红字金额记账之后,表明已冲销原错误账簿记录。然后,用蓝黑字填制如下正确的记账凭证。

借:销售费用　　　　　　　　　　　　　　　　　　15 000
　　贷:银行存款　　　　　　　　　　　　　　　　　　15 000

二是记账以后,如果发现记账凭证和账簿记录中会计科目无错误,而金额有

---

① 表示红字,下同。

错误,且错误金额大于应记的正确金额,应采用红字更正法进行更正。更正方法是:编制一张与错误凭证应借、应贷科目相同,但金额是多记数的红字记账凭证,并据以用红字登记入账,以冲销原账簿记录中多记的金额。

【例 4-4】 承〖例 4-3〗,在填制记账凭证时,误将金额 15 000 元填为 150 000 元,并已登记入账。其错误会计分录为:

借:销售费用　　　　　　　　　　　　　　　　　　　　　150 000
　　贷:银行存款　　　　　　　　　　　　　　　　　　　　150 000

更正时,应用红字金额编制如下会计分录,将多记的 135 000 元冲销掉。

借:销售费用　　　　　　　　　　　　　　　　　　　　　135 000
　　贷:银行存款　　　　　　　　　　　　　　　　　　　　135 000

(三) 补充登记法

记账以后,发现记账凭证上应借、应贷的会计科目正确,但所记金额小于应记金额,可采用补充登记法更正。更正时,用蓝黑字填制一张与原记账凭证应借、应贷科目相同的记账凭证,补充少记金额,并据以登记入账。

【例 4-5】 承〖例 4-3〗,在填制记账凭证时,误将金额 15 000 元填为 1 500 元,并已登记入账。其错误会计分录为:

借:销售费用　　　　　　　　　　　　　　　　　　　　　　1 500
　　贷:银行存款　　　　　　　　　　　　　　　　　　　　　1 500

更正时,应用蓝黑字金额编制如下会计分录,将少记的 13 500 元补上。

借:销售费用　　　　　　　　　　　　　　　　　　　　　　13 500
　　贷:银行存款　　　　　　　　　　　　　　　　　　　　　13 500

四、对账和结账

4.6 账簿对账、结账及保管

(一) 对账

为了保证账簿所提供的会计资料正确、真实、可靠,会计人员在登记账簿时,一定要有高度的责任心,切不可马虎。记完账后,还应定期做好对账工作,做到账证相符、账账相符、账实相符。会计对账工作的主要内容包括:

1. 账证核对

它是指账簿记录与记账凭证及其所附原始凭证的核对,主要是对账簿记录与原始凭证、记账凭证的时间、凭证字号、记账内容、记账金额及记账方向等的核对。

2. 账账核对

它是指核对会计账簿之间账簿记录是否相符,包括:

(1) 总分类账户之间的核对,一般通过编制"总分类账户期末余额试算表"进行。检查各总分类账户本期借方发生额是否等于本期贷方发生额之和,期末所有账户借方余额之和是否等于贷方余额之和。

（2）总分类账户与所属明细分类账户之间的核对，一般通过编制"总分类账户与明细分类账户对照表"进行。检查总分类账户本期借、贷发生额及期末余额与所属明细账户本期借、贷发生额及期末余额是否相符。

（3）总分类账户与现金、银行存款日记账之间的核对。检查现金、银行存款账户本期发生额及期末余额与总账是否相符。

（4）财会部门登记的各种财产物资明细分类账同财产物资保管、使用部门之间核对。检查各方期末财产物资结存数是否相等。

3. 账实核对

它是指各项财产物资账面余额与实有数额之间的核对。主要核对：现金日记账账面余额与库存现金数额是否相符；银行存款日记账账面余额与银行对账单的余额是否相符；各项财产物资明细账余额与财产物资的实有数额是否相符；有关债权债务明细账账面余额与对方单位的账面记录是否相符等。

（二）结账

结账是一项将账簿记录定期结算清楚的账务工作。在一定时期终了时，即在月末、季末或年末时，为了编制会计报表，需要进行结账。

1. 结账的内容

结账内容通常包括：结算各种收入、费用账户，并据以计算确定本期利润；结算各资产、负债和所有者权益账户，分别结出本期发生额合计和余额。

2. 结账的程序

将本期发生的经济业务全部登记入账，并保证其正确性。

（1）根据权责发生制的要求，调整有关账项，合理确定本期应计的收入和应计的费用；

（2）将有关收入（收益）、费用（损失）转入"本年利润"账户，结平所有损益类账户；

（3）结算资产、负债和所有者权益账户的本期发生额和余额并结转下期。

3. 结账的方法

结账的目的通常是总结一定时期的财务状况和经营成果，因此结账工作一般是在会计期末进行的，可以分为月结、季结和年结。结账主要采用划线法，即期末结出各账户的本期发生额和期末余额后，加划线标记，并将期末余额结转至下期的方法。划线的具体方法在月结、季结、年结时有所不同。

（1）月结。月底应办理月结。在各账户本月份最后一笔记录下面划一通栏红线，表示本月结束。然后，在红线下结算本月发生额和月末余额。如果没有余额，在"余额"栏内注明"平"字或"0"符号。同时，在"摘要"栏注明"本月合计"或"×月发生额及余额"字样，然后在下面再划一通栏红线，表示完成月结。

（2）季结。季末应办理季结。办理季结，应在各账户本季度最后一个月的月结下面（需按月结出累计发生额的，应在"本季累计"下面）划一通栏红线，表示本季结束；然后，在红线下结算本季发生额和季末余额，并在"摘要"栏内注明"第×季度发生额及余额"或"本季合计"字样；最后，再在本"摘要"栏下面划一通栏红线，表示完成季结工作。

（3）年结。年终应办理年结。首先在12月或第四季度季结下面划一通栏红线，表示年度终了，然后在红线下面结算出全年12个月的月结发生额或4个季度的季结发生额，并在"摘要"栏内注明"年度发生额及余额"或"本年合计"字样，并在"本年发生额及余额"或"本年合计"下面通栏划双红线。年度终了，要把各账户的余额结转到下一会计年度，并在"摘要"栏内注明"结转下年"字样；在下一会计年度新建有关会计账簿的第一行余额栏内填写"上年结转"字样。结账的具体方法举例说明如表4－25所示。

表4－25　　　　　　　　银行存款总分类账　　　　　　　　单位：元

年		凭证号数	摘要	借方	贷方	借或贷	余额
月	日						
1	1		年初余额			借	1 500 000
	5				60 000	借	1 440 000
	10			100 000		借	1 540 000
	21				40 000	借	1 500 000
	31		1月发生额及余额	100 000	100 000	借	1 500 000
2	1		月初余额			借	1 500 000
	5			200 000		借	1 700 000
	10			50 000		借	1 750 000
	25				100 000	借	1 650 000
	28		2月发生额及余额	250 000	100 000	借	1 650 000
3	1		月初余额			借	1 650 000
	5			100 000		借	1 750 000
	10			50 000		借	1 800 000
	15			150 000		借	1 950 000
	20				50 000	借	1 900 000
	31		3月发生额及余额	300 000	50 000	借	1 900 000
	31		第一季度合计	650 000	250 000	借	1 900 000
			⋮	⋮	⋮	⋮	⋮
	⋮		第四季度合计	⋮	⋮	⋮	⋮
12	31		年度发生额及余额	1 000 000	600 000	借	1 900 000
12	31		结转下年		1 900 000	平	0
			合计				

五、会计账簿的更换与保存

(一) 账簿的更换

为了保持会计账簿资料的连续性,在每一会计年度结束、新的会计年度开始时,应按会计制度规定,进行账簿的更换。

(1) 总账、日记账和大部分的明细账,需每年更换一次。年初,将旧账簿中各账户的余额直接记入新账簿中有关账户新账页的第一行"余额"栏内。同时,在"摘要"栏内加盖"上年结转"戳记,将旧账页最后一行数字下的空格,划一条斜红线注销,并在旧账页最后一行"摘要"栏内加盖"结转下年"戳记。在新旧账户之间转记余额,可不必填制凭证。在年度内,订本账记满更换新账时,办理与年初更换新账簿相似的手续。

(2) 部分明细账,如固定资产明细账等,因年度内变动不多,年初可不必更换账簿。但在"摘要"栏内要加盖"结转下年"戳,以划分新旧年度之间的金额。

(二) 账簿的保存

账簿是重要的会计资料,且有些是需要保密的,因此,必须建立严格的账簿保管制度,妥善保管账簿。账簿的管理包括两个方面的内容。

1. 账簿的日常管理

(1) 各种账簿要分工明确,指定专人管理,账簿经管人员既要负责记账、对账、结账等工作,又要保证账簿的安全、完整。

(2) 会计账簿未经领导和会计负责人或者有关人员批准,非经管人员不能随意翻阅查看、摘抄和复制等。

(3) 会计账簿除需要与外单位核对外,一般不能携带外出,对需要携带外出的账簿,通常由经管人负责或会计主管人员指定专人负责。

(4) 会计账簿不能随意交予其他人员管理,以保证账簿安全、完整和防止任意涂改、毁坏账簿等问题的发生。

2. 旧账的归档保管

启用新账后,对更换下来的旧账需要进行整理、装订、造册,并办理交接手续,归档保管。具体内容如下:

(1) 整理。归档前应对更换下来的旧账进行整理。其工作主要包括:首先检查应归档的旧账是否收集齐全,然后检查各种账簿应办的会计手续是否完备,对于手续不完备的应补办手续,如注销空行空页、加盖印章、结转余额等。

(2) 装订成册。账簿经过整理后要装订成册。装订前,首先,应检查账簿的扉页内容是否填写齐全,手续是否完备;其次,检查订本式账页从第一页到最后一页是否按顺序编写页数,有无缺页或跳页,活页账或卡式账是否按账页顺序编号,是否加具封面。装订时,根据实际情况,一个账户可装订一册或数册,也可以将几个账户合并装订成一册。装订后应由经管人员、装订人员和会计主管人员在封口处签名或盖章。

（3）办理交接手续，归档保管。账簿装订成册后，应编制目录，填写移交清单，办理交接手续，归档保管。保管人员应按照《会计档案管理办法》的要求，编制索引、分类储存、妥善保管，以便于日后查阅，要注意防火、防盗，库房通风良好，以防毁损、霉烂等。保管期满后，应按规定的审批程序报经批准后才能销毁，不得任意销毁。

思政课堂

违反会计法律制度的法律责任

《会计法》中的相关规定

《会计法》第四十四条隐匿或者故意销毁依法应当保存的会计凭证、会计账簿、财务会计报告，构成犯罪的，依法追究刑事责任。《会计法》第四十五条，授意、指使、强令会计机构、会计人员及其他人员伪造、变造会计凭证、会计账簿，编制虚假财务会计报告或者隐匿、故意销毁依法应当保存的会计凭证、会计账簿、财务会计报告，构成犯罪的，依法追究刑事责任。

《刑法》中的相关规定

《刑法》第一百六十二条第二款，隐匿或者故意销毁依法应当保存的会计凭证会计账簿、财务会计报告，情节严重的，处五年以下有期徒刑或者拘役并处或者单处二万元以上二十万元以下罚金。单位犯前款罪的，对单位判处罚金，并对其直接负责的主管人员和其他直接人员，依照前款的规定处罚。

《税收征收管理法》中的相关规定

《税收征收管理法》第六十三条，纳税人伪造、变造、隐匿、擅自销毁账簿、记账凭证，不缴或者少缴应纳税款的，是偷税。对纳税人偷税的由税务机关追缴其不缴或者少缴的税款、滞纳金，并处不缴或者少缴的税款百分之五十以上五倍以下的罚款；构成犯罪的，依法追究刑事责任。

优秀的会计工作者不仅要具备精深的专业素质，更要有良好的职业道德与正确的职业价值观，牢固树立诚信理念与守法理念。坚持诚信，守法奉公。树立良好职业形象，维护国家财经纪律和经济秩序。

思考题

1. 什么是会计凭证？有哪些分类？
2. 什么是会计账簿？有哪些分类？
3. 更正错账的方法有哪几种？各在什么情况下使用？
4. 从企业加强内部控制的角度出发，会计账簿的管理中需要采取哪些内部控制措施？

第五章　货币资金

▶ **学习目标**

通过本章的学习，要求熟悉库存现金的管理、掌握库存现金收支与清查的核算；掌握银行存款的核算核对；掌握其他货币资金的核算。

第一节　货币资金概述

任何企业进行生产经营活动，都必须持有货币资金。货币资金是停留在货币形态，可以随时用作购买手段和支付手段的资金。货币资金是企业资产的重要组成部分，是企业资产中流动性较强的一种资产。任何企业要进行生产经营活动都必须拥有货币资金，持有货币资金是进行生产经营活动的基本条件。货币资金从本质上讲属于金融资产范畴，由于其会计处理的特殊性，本章单独加以阐述。根据货币资金的存放地点及其用途的不同，货币资金分为库存现金、银行存款及其他货币资金。

一、货币资金的性质

货币资金是指可以立即投入流通，用以购买商品或劳务或用以偿还债务的交换媒介物。在流动资产中，货币资金的流动性最强，并且是唯一能够直接转化为其他任何资产形态的流动性资产，也是唯一能代表企业现实购买力水平的资产。为了确保生产经营活动的正常进行，企业必须拥有一定数量的货币资金，以便购买材料、交纳税金、发放工资、支付利息及股利或进行投资等。企业所拥有的货币资金量是分析判断企业偿债能力与支付能力的重要指标。

二、货币资金的范围

货币资金一般包括现金、银行存款或其他金融机构的活期存款以及本票和汇票存款等可以立即支付使用的交换媒介物。凡是不能立即支付使用的（如银行冻结存款等），均不能视为货币资金。不同形式的货币资金有不同的管理方式和管理内容，货币资金有哪些核算科目呢？为了适应货币资金管理的需要，一般设置"库存现金""银行存款""其他货币资金"等科目。其中，"库存现金"科目用以核算企业的库存现金，但不包括企业内部周转使用的备用金。"银行存款"科目用以核算企业存入银行或其他金融机构的各种存款，但不包括企业的外埠存款、银行本票存款和银行汇票存款等。"其他货币资金"科目用以核算企业的外埠存款、银行汇票存款、银行本票存款和在途货币资金等。

为了总括反映企业货币资金的基本情况，资产负债表上一般只列示"货币资金"项目，不再按货币资金的各组成项目单独列示。

三、货币资金内部控制制度

内部控制制度是企业重要的内部管理制度，指处理各种业务活动时，依照分工负责的原则在有关人员之间建立的相互内部控制制度，是企业最重要的内部控制制度，它要求货币资金收支与记录的岗位分离、收支凭证经过有效复核或核准、收支及时入账且收支分开处理、建立严密的清查和核对制度、做到账实相符、制定严格的现金管理及检查制度等。

5.1 库存现金

第二节　库存现金

库存现金是指通常存放于企业财会部门、由出纳人员经管的货币。库存现金是企业流动性最强的资产，企业应当严格遵守国家的有关现金管理制度，正确进行现金收支的核算，监督现金使用的合法性与合理性。

一、现金管理制度

（一）现金的使用范围

根据国务院发布的《现金管理暂行条例》的规定，现金管理制度主要包括以下内容。

企业可用现金支付的款项有：
（1）职工工资、津贴；
（2）个人劳务报酬；
（3）根据国家规定颁发给个人的科学技术、文化艺术、体育等各种奖金；
（4）各种劳保、福利费用以及国家规定的对个人的其他支出；
（5）向个人收购农副产品和其他物资的款项；
（6）出差人员必须随身携带的差旅费；
（7）结算起点（1 000元）以下的零星支出；

（8）中国人民银行确定需要支付现金的其他支出。

除企业可以现金支付的款项中的第 5 项和第 6 项外，开户单位支付给个人的款项，超过使用现金限额的部分，应当以支票或者银行本票等方式支付；确需全额支付现金的，经开户银行审核后以支付现金。

（二）现金的限额

现金的限额是指为了保证企业日常零星开支的需要，允许单位留存现金的最高数额。这一限额由开户银行根据单位的实际需要核定，一般按照单位 3~5 天日常零星开支的需要确定，边远地区和交通不便地区开户单位的库存现金限额，可按多于 5 天但不超过 15 天的日常零星开支的需要确定。核定后的现金限额，开户单位必须严格遵守，超过部分应于当日终了前存入银行。需要增加或者减少库存现金限额的，应当向开户银行提出申请，经开户银行核定。

（三）现金收支的规定

开户单位收入现金应于当日送存开户银行，当日送存确有困难的，由开户银行确定送存时间；开户单位支付现金，可以从本单位库存现金中支付或从开户银行提取，不得从本单位的现金收入中直接支付，即不得"坐支"现金，因特殊情况需要坐支现金的单位，应事先报经有关部门审查批准，并在核定的范围和限额内进行，同时，收支的现金必须入账。此外，不准用不符合国家统一的会计制度的凭证顶替库存现金，即不得"白条顶库"；不准谎报用途套取现金；不准用银行账户代其他单位和个人存入或支取现金；不准用单位收入的现金以个人名义储蓄；不准保留账外公款，即不得"公款私存"，不得设置"小金库"等。对于违反上述规定的单位，银行将按照违规金额的一定比例予以处罚。

二、现金的核算

为了总括地反映企业库存现金的收入、支出和结存情况，企业应当设置"库存现金"账户，该账户的性质属于资产类账户，借方登记现金的增加，贷方登记现金的减少，期末余额在借方，反映企业实际持有的库存现金的金额。企业内部各部门周转使用的备用金，可以单独设置"备用金"科目进行核算。企业应当设置现金总账和现金日记账，分别进行企业库存现金的总分类核算和明细分类核算。

【例 5-1】 2×24 年 1 月 8 日，东方公司从银行提取现金 2 000 元。

东方公司编制如下会计分录：

借：库存现金　　　　　　　　　　　　　　　　　　　2 000
　　贷：银行存款　　　　　　　　　　　　　　　　　　　　2 000

【例 5-2】 2×24 年 1 月 15 日，东方公司用现金 500 元购买办公用品。

东方公司编制如下会计分录：

借：管理费用　　　　　　　　　　　　　　　　　　　　　　　　　　　500
　　贷：库存现金　　　　　　　　　　　　　　　　　　　　　　　　　　500

现金日记账由出纳人员根据记账凭证，按照业务发生顺序逐笔登记。每日终了，应当在现金日记账上计算出当日的现金收入合计额、现金支出合计额和结余额，并将现金日记账的账面结余额与实际库存现金额相核对，保证账款相符；月度终了，现金日记账的余额应当与现金总账的余额核对，做到账账相符。

三、现金的清查

现金是企业一项比较重要的流动资产，在其管理的过程中，由于种种原因，现金经常会出现长、短款现象，即现金的账实不符。造成现金账实不符的原因从大的方面来说包括两大类：一类是会计人员操作失误造成的，另一类是人为舞弊造成的。具体有以下几种情况：

（1）出纳员收、付现金时出现差错；
（2）出纳员在保管现金的过程中由于疏忽而丢失了现金；
（3）发生现金收、付业务时实际收到或付出了现金，但未作现金收款凭证或付款凭证；
（4）发生现金收、付业务时所编制的会计分录中金额产生错误或记错了账户；
（5）依据现金收、付款凭证登记库存现金日记账时发生错误；
（6）库存现金被盗等。

针对不同的原因造成的现金长款或短款，要采取不同的方法进行处理。

企业应当按规定进行现金的清查，一般采用实地盘点法，对于清查的结果应当编制"现金盘点报告单"。如果有挪用现金、白条顶库的情况，则应及时予以纠正；对于超限额留存的现金，则应及时送存银行。如果账款不符，发现的有待查明原因的现金短缺或溢余，应先通过"待处理财产损溢"账户核算。该账户的性质属于资产类账户，它是专门用来核算企业单位在财产清查过程中待查明原因处理的各种财产物资盘盈、盘亏和毁损及处理情况的账户。为了分别反映和监督企业流动资产和固定资产的盈亏情况，该账户还设置"待处理流动资产损溢""待处理固定资产损溢"两个明细账户。

按管理权限报经批准后，分别以下情况处理：

（1）如为现金短缺，属于应由责任人赔偿或保险公司赔偿的部分，计入其他应收款；属于无法查明的其他原因，计入管理费用。

【例5-3】现金清查中发现现金短缺200元。经核查，应由出纳人员负责赔偿。

批准前，根据"现金盘点报告表"所确定现金的盘亏数字，编制如下会计分录：

借：待处理财产损溢——待处理流动资产损溢　　　　　　　　　　　　200

贷：库存现金　　　　　　　　　　　　　　　　　　　　　　200
　　批准后，根据查明的原因转账，编制如下会计分录：
　　借：其他应收款——某出纳员　　　　　　　　　　　　　　200
　　　　贷：待处理财产损溢——待处理流动资产损溢　　　　　　200
　（2）如为现金溢余，属于应支付给有关人员或单位的，计入其他应付款；属于无法查明原因的，计入营业外收入。

【例5-4】 现金清查中发现多余现金100元。经核查，原因不明；经批准，转作营业外收入。

　　批准前，根据"现金盘点报告表"所确定现金的盘盈数字，编制如下会计分录：
　　借：库存现金　　　　　　　　　　　　　　　　　　　　　100
　　　　贷：待处理财产损溢——待处理流动资产损溢　　　　　　100
　　批准后，根据查明的原因予以转账，编制如下会计分录：
　　借：待处理财产损溢——待处理流动资产损溢　　　　　　　100
　　　　贷：营业外收入　　　　　　　　　　　　　　　　　　100

第三节　银行存款

一、银行存款概述

5.2 银行存款

银行存款是指企业存入银行或其他金融机构的各种款项。企业应当根据业务需要，按照规定在其所在地银行开设账户，运用所开设的账户，进行存款、取款以及各种收支转账业务的结算。银行存款的收付应严格执行银行结算制度的规定。

（一）银行账户的开立

企业应根据中国人民银行制定的《银行账户管理办法》和《支付结算办法》的规定，在银行开立基本存款账户、一般存款账户、临时存款账户和专用存款账户。基本存款账户是指企业办理日常转账结算和现金收付业务的账户，企业职工薪酬等现金的支取只能通过本账户办理；一般存款账户是指企业在基本存款账户以外的银行借款转存、与基本存款账户的存款人不在同一地点的附属非独立核算单位开立的账户，企业可以通过本账户办理转账结算和现金缴存，但不能办理现金支取；临时存款账户是企业因临时经营活动需要而开立的账户，企业可以通过本账户办理转账结算和根据国家现金管理的规定办理现金的收付业务；专用存款账户是指企业因特定用途的需要而开立的账户，企业特定用途的资金，包括基建资金、更改资金、特准储备资金等可以通过该账户办理。一个单位只能选择一家银行的一个营业机构开立一个基本存款账户，不得在多家银行机构开立基本存款账户,也不得在同一家银行的几个分支机构开立一般存款账户。

(二) 银行存款的结算方式

在我国,企业日常大量的与其他单位或个人之间的经济业务往来大多是通过银行进行结算的。结算是指企业与外部单位或个人之间发生经济业务往来时所引起的货币收付行为。我国国内银行的转账结算方式主要分为两大类:一类是银行票据结算方式;另一类是银行其他结算方式。为了规范票据行为,保障票据活动中当事人的合法权益,维护社会经济秩序,促进社会主义市场经济的发展,2004年8月28日第十届全国人民代表大会常务委员会第十一次会议通过了《第十届全国人民代表大会常务委员会第十一次会议关于修改〈中华人民共和国票据法〉的决定》,对1995年5月颁布的《中华人民共和国票据法》进行了修正。根据修正后的《中华人民共和国票据法》和中国人民银行有关结算办法的规定,目前,企业可以采用以下几种主要的结算方式:银行汇票、银行本票、商业汇票、支票、汇兑、委托收款、托收承付等。

二、银行存款的核算

为了总括地反映企业银行存款的增加、支出、减少和结存情况,企业应当设置"银行存款"账户,该账户的性质属于资产类账户,借方登记银行存款的增加,贷方登记银行存款的减少,期末余额在借方,反映企业实际的银行存款数。企业应当设置银行存款总账和银行存款日记账,分别进行银行存款的总分类核算和明细分类核算。

【例5-5】 2×24年2月8日东方公司将现金4 000元存入银行。

东方公司编制如下会计分录:

借:银行存款　　　　　　　　　　　　　　　　　　　　4 000
　　贷:库存现金　　　　　　　　　　　　　　　　　　　　4 000

【例5-6】 2×24年2月27日,东方公司用银行存款支付广告费100 000元。

东方公司编制如下会计分录:

借:销售费用　　　　　　　　　　　　　　　　　　　　100 000
　　贷:银行存款　　　　　　　　　　　　　　　　　　　　100 000

三、银行存款的核对

企业可按开户银行和其他金融机构、存款种类等设置"银行存款日记账",根据记账凭证,按照业务的发生顺序逐笔登记。每日终了,应结出余额。"银行存款日记账"应定期与"银行对账单"核对,至少每月核对一次。企业银行存款账面余额与银行对账单余额之间如有差额,应编制"银行存款余额调节表"。调节相符,如没有记账错误,调节后的双方余额应相等。

【例 5-7】 2×23 年 12 月 31 日，东方公司银行存款日记账的余额为 5 400 000 元，银行转来对账单的余额为 8 300 000 元。经逐笔核对，发现以下未达账项。

（1）企业送存转账支票 6 000 000 元，并已登记银行存款增加，但银行尚未记账。

（2）企业开出转账支票 4 500 000 元，但持票单位尚未到银行办理转账，银行尚未记账。

（3）企业委托银行代收某公司购货款 4 800 000 元，银行已收妥并登记入账，但企业尚未收到收款通知，尚未记账。

（4）银行代企业支付电话费 400 000 元，银行已登记企业银行存款减少，但企业未收到银行付款通知，尚未记账。

根据上述资料编制银行存款余额调节表，如表 5-1 所示。

表 5-1　　　　　　　　　　银行存款余额调节表

2×23 年 12 月 31 日　　　　　　　　　　　　　　　　　　　　　　单位：元

项目	金额	项目	金额
银行存款日记账上的存款余额	5 400 000	银行对账单上的存款余额	8 300 000
加：银收企未收	4 800 000	加：企收银未收	6 000 000
减：银付企未付	400 000	减：企付银未付	4 500 000
调节后的存款余额	9 800 000	调节后的存款余额	9 800 000

本例中，企业银行存款账面余额与银行对账单余额之间不一致，是因为存在未达账项。发生未达账项的具体情况有四种：一是企业已收款入账，银行尚未收款入账；二是企业已付款入账，银行尚未付款入账；三是银行已收款入账，企业尚未收款入账；四是银行已付款入账，企业尚未付款入账。

从表 5-1 可以看出，经过调节后的银行存款余额，既不等于本单位银行存款账面余额，也不等于银行对账单存款余额，而是企业银行存款的真正实有金额。编制银行存款余额调节表的目的是消除未达账项的影响，核对银行存款账目有无差错。采用这种方法进行调整后，如果银行存款余额与银行对账单余额相符，一般可以认为双方记账没有错误；如果调整后的双方余额仍不一致，则说明账目有错误，必须查明原因，加以更正。需要指出的是，"银行存款余额调节表"只起对账的作用，不能作为调节账面余额的凭证，银行存款日记账的登记，还应待收到有关原始凭证后再进行。

第四节　其他货币资金

一、其他货币资金的内容

其他货币资金是指企业除库存现金、银行存款以外的各种货币资金，主要包

5.3 其他货币资金

括银行汇票存款、银行本票存款、信用卡存款、信用证保证金存款、外埠存款等。

（1）银行汇票存款，是指企业为取得银行汇票按规定存入银行的款项。
（2）银行本票存款，是指企业为取得银行本票按规定存入银行的款项。
（3）信用卡存款，是指企业为取得信用卡按规定存入银行的款项。
（4）信用证保证金存款，是指企业为取得信用证按规定存入银行的保证金。
（5）外埠存款，是指企业到外地为进行临时或零星采购时，汇往采购地银行开立采购专户的款项。

二、其他货币资金的核算

为了反映和监督其他货币资金的收支和结存情况，企业应当设置"其他货币资金"账户，该账户的性质属于资产类账户，借方登记其他货币资金的增加数，贷方登记其他货币资金的减少数，期末余额在借方，反映企业实际持有的其他货币资金。本科目应按其他货币资金的种类设置明细账户。

【例5-8】2×23年9月1日，因临时采购需要，东方公司将款项300 000元汇往异地开立采购专户。

东方公司编制如下会计分录：
借：其他货币资金——外埠存款　　　　　　　　　　　　300 000
　　贷：银行存款　　　　　　　　　　　　　　　　　　300 000

【例5-9】2×23年9月18日，东方公司异地采购材料200 000元，增值税26 000元。

东方公司编制如下会计分录：
借：原材料　　　　　　　　　　　　　　　　　　　　　200 000
　　应交税费——应交增值税（进项税额）　　　　　　　 26 000
　　贷：其他货币资金——外埠存款　　　　　　　　　　226 000

【例5-10】2×23年9月21日，采购业务结束，业务员将剩余的采购资金66 000元转回本地银行。

东方公司编制如下会计分录：
借：银行存款　　　　　　　　　　　　　　　　　　　　 66 000
　　贷：其他货币资金——外埠存款　　　　　　　　　　 66 000

思政课堂

某知名药业公司自1993年成立，1996年上市，是一家以药业、酒业为主导，融研发、生产、经营、投资、管理于一体的综合性集团公司。2006年，某知名药业公司借壳上市，公司主要从事医药制造、研发、批发与零售业务。主要产品为化学药、中成药、原料药、生物制药的研发、生产和销售。2006年起连续14年盈利，并且数次入选中国医药工业百强榜单，被称为医药"白马股"。但亮丽的数据的背后，某知名药业公司还被称为A股市场上的"铁公鸡"，自2006年借壳上市以来，仅分过一次红。2018年2月，上交所曾发出监管函，询问多年不分红一事。翌日，某知名药业公司对此进行了解释。同年6月，向全体股东每10股派发现金红利人民币1.28元（含税），共支付股利约人民币8 028万元。2018年7月19日，因资金安排原因，未按有关规定完成现金分红款划转，无法按照原定计划在7月22日发放现金红利，账上18亿元，却拿不出6 000万元分红。同年7月26日，证监会开始对其立案调查。8月31日，处在风口浪尖的某知名药业公司公布了2019年半年报。中报显示，其货币资金一下子从16.56亿元减少至1.34亿元，降幅达91.88%，货币资金占总资产的比重由上期期末的15.45%下降至1.20%，17亿元现金"不翼而飞"。随着"蒸发"17亿元现金无法分红的某知名药业公司资金风险、流动性风险、生产经营风险、控股股东股权冻结风险等不断暴露，最终遭到了证监会的立案调查。同年12月25日，上海证券交易所发布通报，决定对某知名药业公司及其关联方和有关责任人予以纪律处分。

综合上述三项违法事实，合计对某知名药业公司处以120万元罚款；对朱某处以150万元罚款；对赵某处以20万元罚款；对安某、耿某、李某分别处以15万元罚款；对张某处以13万元罚款。

在今后的学习中，同学们应该树立诚信为本的思想，不得以虚假信息欺骗他人，勤奋学习，独立思考，尊重他人，培养独立人格和价值观，从而成为有道德、有素质、有担当的人。

思考题

1. 企业在银行可以开立哪些账户？每个账户的主要用途是什么？
2. 什么是未达账项？它包括哪几种？
3. 其他货币资金包括哪些具体内容？
4. 企业为什么会存在其他货币资金？怎样核算与管理？

第六章 应收项目

> **学习目标**

通过本章的学习，要求熟悉应收项目的定义和范围；掌握应收账款的概念、确认及具体处理方法；掌握坏账的确认及处理方法；掌握应收票据的取得、计价及到期收回时的账务处理方式；掌握预付账款、其他应收款的核算。

第一节 应收项目概述

一、应收及预付项目的含义

应收及预付项目是泛指企业拥有的将来获取现金、商品或劳务的各种权利，包括应收账款、应收票据、预付账款、其他应收款等，简称为应收款项。应收款项通常在 1 年内或超过 1 年以上的一个营业周期内可以收回，列作流动资产，属于企业短期债权。

应收及预付项目是商业信用的产物。在市场经济条件下，使用商业信用对于扩大商品销售、促进生产顺利进行具有重要作用。但是，如果因此形成的应收款项数额过大，占用时间太长，势必影响企业资金周转，甚至可能造成坏账损失。因此，必须加强对应收款项的管理与核算，将其数额控制在恰当的水平。

二、应收项目的分类

应收项目可按不同标志分类。

（一）应收款项按其反映的经济内容分类

在西方国家会计实务中，一般将应收款项按其经济内容分为应收账款、应收票据、应收雇员欠款、应计未收款等四类。而我国现行会计制度则将其分为应收账款、应收票据、预付账款和其他应收款。

（二）应收款项按其是否与基本业务有关分类

应收款项按其是否与基本业务有关，可分为营业性应收款项和非营业性应收款项两类。

（1）营业性应收款项是指企业营业活动中，由于赊销商品、劳务或预付货款而应向客户收取款项、商品或劳务的债权，包括应收账款、应收票据和预付账款。

（2）非营业性应收款项是指营业活动以外产生的各种其他应收、暂付款，如各种应收罚款、罚金、赔款、应收职工欠款等。

通常，企业的营业性应收款项占全部应收及预付款项的比重很大，为了加强应收及预付款项的管理，及时收回货款或货物，加速资金周转，企业须把营业性应收款项和非营业性应收款项区别开，分别组织核算。

第二节　应收票据

一、应收票据概述

应收票据是指企业因销售商品、提供劳务等而收到的商业汇票。商业汇票是一种由出票人签发的，委托付款人在指定日期无条件支付确定的金额给收款人或者持票人的票据。商业汇票的付款期限，最长不得超过 6 个月。

6.1 应收票据

根据承兑人不同，商业汇票分为商业承兑汇票和银行承兑汇票。商业承兑汇票是指由付款人签发并承兑，或由收款人签发交由付款人承兑的汇票。商业承兑汇票的付款人收到开户银行的付款通知，应在当日通知银行付款。银行承兑汇票是指由在承兑银行开立存款账户的存款人（即出票人）签发，由承兑银行承兑的票据。企业申请使用银行承兑汇票时，应向其承兑银行交纳手续费。银行承兑汇票的出票人应于汇票到期前将票款足额交存其开户银行，承兑银行应在汇票到期日或到期日后的见票当日支付票款。银行承兑汇票的出票人于汇票到期前未能足额交存票款时，承兑银行除凭票向持票人无条件付款外，对出票人尚未支付的汇票金额按每天万分之五计收利息。

二、应收票据的核算

为了反映和监督应收票据取得、票款收回等经济业务，企业应当设置"应收票据"账户，该账户的性质属于资产类账户，借方登记取得的应收票据的面值，贷方登记到期收回票款或到期前向银行贴现的应收票据的票面余额，期末余额在借方，反映企业持有的商业汇票的票面金额。

【例6-1】2×23年9月23日，东方公司向甲公司销售一批产品，货款为1 500 000元，款项收到一张3个月的已承兑的商业汇票，增值税税率为13%。

东方公司编制如下会计分录：
借：应收票据　　　　　　　　　　　　　　　　　　　1 695 000
　　贷：主营业务收入　　　　　　　　　　　　　　　　　1 500 000
　　　　应交税费——应交增值税（销项税额）　　　　　　 195 000

3个月后，应收票据到期，东方公司收回款项1 695 000元，存入银行。

东方公司编制如下会计分录：
借：银行存款　　　　　　　　　　　　　　　　　　　1 755 000
　　贷：应收票据　　　　　　　　　　　　　　　　　　 1 755 000

三、应收票据的贴现

众所周知，商业汇票是可以背书转让的，当企业资金短缺时，就可以采取这一方式融通资金。而企业将商业汇票（在我国主要是银行承兑汇票）背书转让给银行，就属于贴现行为。所谓应收票据贴现，又称银行贴现，是指票据持有人将未到期的票据在背书后转让给银行，银行受理后，从票据中扣除按银行贴现率计算确定的贴现利息，然后将余款付给持票人的行为，也就是贴现银行作为受让方买入未到期的票据，预先扣除贴现日起至票据到期日止的利息，而将余额付给贴现者的一种交易行为。关于应收票据贴现的具体核算内容在此不作具体展开。

第三节　应收账款

6.2 应收账款和合同资产

一、应收账款概述

应收账款是指企业因销售商品、提供劳务等经营活动，应向购货单位或接受劳务单位收取的款项，它代表企业未来的经济利益，主要包括企业销售商品或提供劳务等应向有关债务人收取的价款及代购货单位垫付的包装费、运杂费等。

二、应收账款的核算

（一）应收账款的确认

应收账款的确认是指对应收账款的范围和入账时间的确定。应收账款的范围一般包括销售商品、提供劳务等应收取的价款、增值税税款和代垫的运杂费等。应收账款的入账时间应结合收入实现的时间进行确认。另外，确认应收账款还需要依据一些表明商品或劳务提供过程已经完成、债权债务关系已经成立的书面文件,如购销合同、商品出库单、发票和发运单等。

(二) 应收账款入账价值的确定

应收账款作为一种在未来能够收现的债权,应该按照未来可得现金的现值入账,但是,由于应收账款转化为现金的期限一般不会超过 1 年,其现值与交易发生日确定的金额不会有很大的差别,所以在实际工作中,遵循重要性原则,对应收账款都是以其成交价格计量,即按照交易日的实际发生额确认应收账款的入账价值。

应收账款按交易日的实际发生额入账时,应注意现金折扣的内容。现金折扣是指在赊销的情况下,债权人为了鼓励债务人在赊销期内尽早付款而给予债务人的一种债务扣除,债务人在赊销期内的不同时间付款可享受不同比例的折扣。现金折扣的表示方式一般是"折扣/付款期限",如 2/10、1/20、N/30 等,其含义分别是 10 天内付款折扣 2%,20 天内付款折扣 1%,30 天内付款则不给折扣。在有现金折扣的情况下,对应收账款入账价值的确定有两种方法,即总价法和净价法。

总价法是将未扣减现金折扣前的金额作为应收账款的入账价值。现金折扣只有客户在折扣期内支付货款时才予以确认。企业采用总价法核算现金折扣,可以较好地反映企业销售的总体情况,但可能会因客户享受现金折扣而高估应收账款和销售收入。

净价法是将扣减最大现金折扣后的金额作为应收账款的入账价值。净价法将客户取得现金折扣视为正常现象,认为客户一般都会提前付款。净价法可以避免总价法的不足,但在期末结账时,对已超过期限尚未收到的应收账款,需要按客户未享受的现金折扣进行调整,实际操作较为烦琐。

按照我国企业会计准则的要求,企业对现金折扣的核算应采用总价法。

(三) 应收账款的核算

为了反映和监督应收账款的增减变动及其结存情况,企业应设置"应收账款"账户,不单独设置"预收账款"科目的企业,预收的账款也在"应收账款"科目中核算。该账户的性质属于资产类账户,借方登记应收账款的增加,贷方登记应收账款的收回及确认的坏账损失,期末余额一般在借方,反映企业尚未收回的应收账款;如果期末余额在贷方,则反映企业预收的账款。

【例 6-2】 2×23 年 10 月 9 日,东方公司采用托收承付结算方式向诚信公司销售商品一批,货款为 300 000 元,以银行存款代垫运杂费 6 000 元,已办理托收手续。

东方公司编制如下会计分录:

借:应收账款　　　　　　　　　　　　　　　　　　　　345 000
　　贷:主营业务收入　　　　　　　　　　　　　　　　　300 000
　　　　应交税费——应交增值税(销项税额)　　　　　　39 000

　　　　银行存款　　　　　　　　　　　　　　　　　　　　　　6 000

　　需要说明的是，企业代购货单位垫付包装费、运杂费也应计入应收账款，通过"应收账款"科目核算。

　　东方公司实际收到款项时，应编制如下会计分录：
　　借：银行存款　　　　　　　　　　　　　　　　　　　345 000
　　　　贷：应收账款　　　　　　　　　　　　　　　　　　　345 000

　　企业应收账款改用应收票据结算，在收到承兑的商业汇票时，借记"应收票据"账户，贷记"应收账款"账户。

　　【例6-3】2×23年10月13日，东方公司收到诚信公司交来的商业汇票一张，面值为10 000元，用以偿还其前欠货款。

　　东方公司编制如下会计分录：
　　借：应收票据　　　　　　　　　　　　　　　　　　　10 000
　　　　贷：应收账款　　　　　　　　　　　　　　　　　　　10 000

（四）坏账损失的核算

　　在现代市场经济中，企业之间的商品交易大都是建立在商业信用基础上的赊销和赊购。在赊销交易中，销货和收款是在不同的时间进行的，购货企业可以此作为一种融资的手段，销货企业可以通过信用交易扩大销路。但从另一个角度来考察，在市场充满风险的情况下，企业的应收账款在未来是否能够收回存在不确定性，因而，便有发生坏账的风险。企业无法收回的应收账款称为企业的坏账，由于发生坏账而给企业造成的损失，称为坏账损失。对于坏账损失的核算会计上用备抵法。按照我国《企业会计准则》的要求，企业单位应该采用备抵法核算坏账损失，计提坏账准备金。

　　备抵法是按期估计坏账损失，计入期间费用，同时建立坏账准备金，待实际发生坏账时，冲销已经提取的坏账准备金。采用备抵法核算坏账损失就避免了直接转销法的缺点。企业在会计核算过程中应遵循谨慎性原则和配比原则的要求对应收账款提取坏账准备金，可以将预计未来不能收回的应收账款作为坏账损失计入费用。这样既保持了成本、费用和利润的稳定性，避免虚盈实亏，又在一定程度上消除或减少了坏账损失给企业带来的风险，在财务报表上列示应收账款净额，使企业应收账款可能发生的坏账损失得到及时的反映，从而使会计信息使用者更加清楚地了解企业真实的财务状况。坏账准备金的计提方法包括应收账款余额百分比法、账龄分析法、销货百分比法等，具体采用哪一种方法企业自行确定。

　　为了核算坏账准备金的提取和实际转销情况，在会计核算过程中，需要设置"坏账准备"账户。该账户的性质从属于"应收账款"账户，即属于资产类，其贷方登记提取的坏账准备（包括首次计提和以后补提的准备）、已转销的坏账又收回时恢复的坏账准备，借方登记实际发生坏账时冲销的坏账准备、年末冲销多提的坏账准备。年内期末余额如果在借方，表示实际发生的坏账损失大于已提取的坏账准备的差额（也就是提取不足的坏账准备）；余额如果在贷方，表示已提取但未使用的坏账准备。需要注意的是，该账户的年末余额一定在贷方，反映年末依据应收账款余额的一定比例提取的应收账款的备抵金额，通过"应收账款"与"坏账准备"两个账户进行抵销之后的差额即为应收账款的可变现净值。

年末计算提取坏账准备金时，用应收账款余额乘以计提比例，在此基础上结合以前年度已经计提（或提取不足）的坏账准备金进行调整（注意观察"坏账准备"账户的余额方向），确定本次应该计提的坏账准备金额，其计算公式为：

应提取的坏账准备金（估计）= 应收账款年末余额 × 计提比例

本期实际计提的坏账准备金 = 应提取的坏账准备金 + 调整前"坏账准备"
（或 – 调整前"坏账准备"贷方余额）

结合上述计算公式作如下说明：当调整前的"坏账准备"账户为借方余额时，应将本期估计的坏账损失数加上调整前"坏账准备"账户的借方余额作为本期提取的坏账准备金额；当调整前的"坏账准备"账户为贷方余额，而且该余额小于本期估计的坏账损失数额时，应按其差额作为本期提取的坏账准备金额；当调整前的"坏账准备"账户为贷方余额，但该余额大于本期估计的坏账损失数额时，应按其差额冲减多计提的坏账准备金额。

备抵法下核算坏账损失的账务处理是：提取坏账准备时，借记"资产减值损失"账户，贷记"坏账准备"账户；冲销多提的坏账准备时，借记"坏账准备"账户，贷记"资产减值损失"账户；实际发生坏账冲销坏账准备金时，借记"坏账准备"账户，贷记"应收账款"账户；已经转销的坏账如果又收回，应先借记"应收账款"账户，贷记"坏账准备"账户，然后再借记"银行存款"账户，贷记"应收账款"账户。举例说明备抵法核算坏账损失的账务处理如下：

【例 6 – 4】 东方公司第一年年末计提坏账准备金 35 000 元，第二年年末冲销多提的坏账准备金 7 000 元。

（1）第一年年末提取坏账准备金 35 000 元。其会计分录为：

借：资产减值损失　　　　　　　　　　　　　　　　　　　35 000
　　贷：坏账准备　　　　　　　　　　　　　　　　　　　　　　35 000

（2）第二年年末应冲销以前多提的坏账准备 7 000 元。其会计分录为：

借：坏账准备　　　　　　　　　　　　　　　　　　　　　7 000
　　贷：资产减值损失　　　　　　　　　　　　　　　　　　　　7 000

企业实际发生坏账时，应冲抵已计提的坏账准备。

【例 6 – 5】 东方公司 2×23 年 5 月确认一笔应收账款 105 000 元已无法收回，公司作为坏账处理。其会计分录为：

借：坏账准备　　　　　　　　　　　　　　　　　　　　105 000
　　贷：应收账款　　　　　　　　　　　　　　　　　　　　　105 000

企业已经确认为坏账的应收款项并不意味着完全放弃了追索权，其后一旦重新收回，应及时入账。

【例 6 – 6】 东方公司 2×23 年 10 月收回本年 5 月已转销的坏账 105 000 元存入银行。

已转销的坏账又收回,首先应恢复已转销的坏账准备,然后再收款。其会计分录分别为:

借:应收账款　　　　　　　　　　　　　　　　　　　105 000
　　贷:坏账准备　　　　　　　　　　　　　　　　　　105 000
借:银行存款　　　　　　　　　　　　　　　　　　　105 000
　　贷:应收账款　　　　　　　　　　　　　　　　　　105 000

综上所述,一个企业既要扩大市场占有份额,又要力求减少坏账,这就需要制定合理的信用政策,要在因放宽信用尺度而增加的收入与因增加应收账款而导致的各种费用和损失之间寻求最佳结合点,以便实现最佳的经济效益。

思政课堂

某知名家电企业曾经作为中国彩电业的老大,有过年净利润25.9亿元的辉煌,也创下了37亿元巨额亏空的股市纪录。然而,其却因为与某国外进口公司合作产生的巨额应收账款,逐渐走向了衰落。某知名家电企业成立于1958年,公司经营范围包括电视产品、空调产品、电子医疗产品、电力设备、机械产品、通信及计算机产品等。经过多年的发展,2005年,其成为世界500强企业。1996年以来,应收账款迅速增加,从1995年的1 900万元增加到2003年的近50亿元,应收账款占资产总额的比例由1995年的0.3%上升到2003年的23.3%。其不仅应收账款大幅度增加,而且应收账款周转率逐年下降,从1999年的4.67%下降到2005年的一季度的1.09%。在已经有大量应收账款的情况下,2001年9月,其与美国公司签约拟突击美国市场的合作又进一步导致公司年应收账款的增加。截至2004年12月,应收美国公司账款4.675亿美元,而根据美国公司资产的估算,可能收回的资金只有1.5亿美元左右。2006年年底,某知名家电企业有80%的应收账款都来自该美国公司,是其在美国最大的合作伙伴,因此,某知名家电企业在美国公司拖欠国内多家公司巨额欠款的情况下仍然与其签订了巨额销售合同,说明了其应收账款环节存在重大管理缺陷,没有合理的内部控制制度。

在今后的学习中,同学们坚持诚实守信的原则,通过勤奋学习,提高自身的知识水平和专业技能,不依赖于欺诈和造假来获取成绩或荣誉,在人际交往中更应该慎重选择朋友和交往圈子,不与品德有问题的人交往,学会辨别真伪,作出正确的判断。

6.3 预付账款和其他应收款

第四节　预付账款

一、预付账款概述

预付账款是指企业按照合同规定预付的款项。预付账款是企业暂时被供货单位占用的资金。企业预付货款后,有权要求对方按照合同发货。预付账款必须以购销双方签订合同为条件,按照规定的程序和方法进行核算。

二、预付账款的核算

企业应当设置"预付账款"账户,该账户的性质属于资产类账户,核算预付账款的增减变动及其结存情况。借方登记预付款的增加,贷方登记收到供应单位发来的材料物资而应冲销的预付款,即预付款减少,期末余额一般在借方,表示尚未结算的预付款余额。预付款项情况不多的企业,可以不设置"预付账款"账户,而直接设置"应付账款"科目。

企业按照合同规定向供货方预付货款时,借记"预付账款"账户,贷记"银行存款"等账户;收到供货方发来的货物时,借记"原材料""应交税费——应交增值税"等账户,贷记"预付账款"账户;需要补付货款时,借记"预付账款"账户,贷记"银行存款"等账户;如果是退回多余款,则作相反的账务处理。

【例6-7】2×23年10月19日,东方公司向诚信公司采购材料5 000吨,所需支付的款项总额为50 000元。按照合同规定向诚信公司预付货款的50%,验收货物后补付其余款项。

东方公司编制如下会计分录:

(1)预付50%的货款时:

借:预付账款——诚信公司　　　　　　　　　　　　25 000
　　贷:银行存款　　　　　　　　　　　　　　　　　　　25 000

(2)收到诚信公司发来的5 000吨材料,验收无误,东方公司以银行存款补付所欠款项31 500元。

借:原材料　　　　　　　　　　　　　　　　　　50 000
　　应交税费——应交增值税(进项税额)　　　　　 6 500
　　贷:预付账款——诚信公司　　　　　　　　　　　　56 500
借:预付账款——诚信公司　　　　　　　　　　　31 500
　　贷:银行存款　　　　　　　　　　　　　　　　　　31 500

第五节　其他应收款

一、其他应收款概述

在企业生产经营过程中,除应收票据、应收账款、预付账款等以外的其他各种应收及暂付款项之外,还会形成其他各种应收款项,这就是其他应收款。其主要内容包括：

（1）应收的各种赔款、罚款，如因企业财产等遭受意外损失而应向有关保险公司收取的赔款等；

（2）应收的出租包装物租金；

（3）应向职工收取的各种垫付款项，如为职工垫付的水电费、应由职工负担的医药费、房租费等；

（4）存出保证金，如租入包装物支付的押金；

（5）其他各种应收、暂付款项。

二、其他应收款的核算

为了反映和监督其他应收款的增减变动及其结存情况，企业应当设置"其他应收款"账户，该账户的性质属于资产类账户，借方登记其他应收款的增加，贷方登记其他应收款的收回，期末余额一般在借方，反映企业尚未收回的其他应收款项。

企业发生应收、暂付款项时，应借记"其他应收款"账户，贷记"库存现金""银行存款"等账户；收回应收、暂付款项时，应借记"库存现金""银行存款"等账户，贷记"其他应收款"账户。

【例6-8】2×23年11月9日，东方公司租入包装物一批，以银行存款向出租方支付押金10 000元。

东方公司编制如下会计分录：

借：其他应收款——存出保证金　　　　　　　　　　10 000
　　贷：银行存款　　　　　　　　　　　　　　　　　　10 000

思考题

1. 应收票据的入账价值如何确定？
2. 商业汇票按承兑人不同分为哪两类？
3. 什么是预付账款？
4. 采用备抵法对应收款项计提坏账准备有哪些具体要求？
5. 请你结合某一企业的财务报表，探讨企业计提坏账准备对企业损益的影响情况？

第七章 存货

> **学习目标**

通过本章的学习,要求了解存货的概念及其特点,明确存货的确认条件及其种类,掌握存货的购进、发出及其清查的核算。

第一节 存货概述

一、存货的概念及特点

存货是指企业在日常活动中持有以备出售的产成品或商品、处在生产过程中的在产品、在生产过程或提供劳务过程中耗用的材料或物料等,包括各类材料、在产品、半成品、产成品、商品、包装物以及低值易耗品等。

7.1 存货概述

存货作为一种重要的资产,具有以下几个特点:

(1)存货是一种具有物质实体的有形资产。存货的这一特点使得存货与企业的其他没有实物形态的资产,如应收账款、无形资产等相区别,同时也将货币资金排除在存货的范围之外。

(2)存货属于流动资产,具有较大的流动性,在一年内转化为货币资金或转化为其他资产,处于不断地销售、耗用之中,即变现能力较强。

(3)存货以在正常生产经营过程中被销售或耗用为目的而取得,不包括为建造固定资产而购入的材料和用于产品生产的设备。

(4)存货属于非货币性资产,存在价值减损的可能性。

二、存货的确认条件

企业存货的确认除了要符合存货的定义外,按照《企业会计准则第 1 号——存货》的规定,同时还要满足以下两个条件方可确认:

(1)与该存货有关的经济利益很可能流入企业。资产最重要的特征就是预期会给企业带来未来的经济利益,而存货作为企业的一项重要的流动资产,其确认的关键就是要判断存货是否很可能给企业带来经济利益或所包含的经济利益是否很可能流入企业。通常,存货的所有权是存货包含的经济利益很可能流入企业的一个重要标志,因此,确定企业存货所应包括的范围依据的一条基本原则就是:凡是在盘存日,其法定所有权属于企业的一切存货,不管其存放地点如何均属于企业的存货。

(2) 该存货的成本能够可靠地计量。成本能够可靠地计量是资产确认的一个基本条件。存货作为企业资产的一个组成部分,要予以确认也必须能够对其成本进行可靠计量。存货的成本能够可靠地计量,必须以取得确凿的证据为依据,并且要具有可验证性,否则,不能确认为企业的存货。只有符合存货的定义并同时具备上述两个条件的存货,才可以在资产负债表上作为存货项目加以列示。

三、存货的种类

为了加强对存货的管理,应科学、合理地对存货进行分类。一般情况下,存货可以按照经济内容、存放地点以及来源等进行分类。这里主要按照制造企业存货的经济内容及用途将存货分为以下几类:

(1) 原材料,是指企业在生产过程中经加工改变其形态或性质并构成产品主要实体的各种原料及主要材料、辅助材料、燃料、修理用备件(备品备件)、包装材料、外购半成品(外购件)等。为建造固定资产等各项工程而储备的各种材料,虽然同属材料,但是,由于用于建造固定资产等各项工程不符合存货的定义,因此不能作为企业的存货进行核算。

(2) 在产品,是指企业正在制造尚未完工的生产物,包括正在各个生产工序加工的产品和已加工完毕但尚未检验或已检验但尚未办理入库手续的产品。

(3) 半成品,是指经过一定生产过程并已检验合格交付半成品仓库保管,但尚未制造完工成为产成品,仍需进一步加工的中间产品。

(4) 产成品,是指工业企业已经完成全部生产过程并已验收入库,可以按照合同规定的条件送交订货单位,或者可以作为商品对外销售的产品。企业接受来料加工制造的代制品和为外单位加工修理的代修品,制造和修理完成验收入库后,应视同企业的产成品。

(5) 包装物,是指为了包装本企业的商品而储备的各种包装容器,如桶、箱、瓶、坛、袋等。其主要作用是盛装、装潢产品或商品。

(6) 低值易耗品,是指不能作为固定资产核算的各种用具物品,如工具、管理用具、玻璃器皿、劳动保护用品,以及在经营过程中周转使用的容器等。其特点是:单位价值较低,或使用期限相对于固定资产较短,在使用过程中保持其原有实物形态基本不变。包装物和低值易耗品构成了周转材料。周转材料是指企业能够多次使用,不符合固定资产定义,逐渐转移其价值但仍保持原有形态,不确认为固定资产的材料。

四、存货成本的确定

存货成本的确定是存货核算的一个重要内容,其确定的准确与否直接影响企业财务状况和经营成果。按照我国《企业会计准则第 1 号——存货》的规定,企业各种存货按照取得时的实际投入或实际支付的现金等作为入账价值,存货应当按照成本进行初始计量,存货成本包括采购成本、加工成本和其他成本。

不同方式形成的存货,其入账价值包括的内容不同:

(1) 企业购入的存货按照购入的实际成本入账。实际成本包括购买价款、相关税费、运输费、装卸费、保险费以及其他可归属于存货采购成本的费用。

(2) 自制的存货按照其实际加工成本入账。其实际加工成本包括自制过程中发生的直接材料费、直接人工费以及应负担的制造费用。

(3) 委托加工的存货按照其实际加工成本入账。其实际加工成本包括加工中实际耗用的原材料、加工费、装卸费、保险费、往返运输费等以及按规定应计入成本的税费。

(4) 投资者投入的存货应按照合同或协议约定的价值确认,但合同或协议约定的不公允的价值除外。

(5) 盘盈的存货按照其重置成本作为入账价值,并通过"待处理财产损溢"账户进行会计处理。

但是,下列费用不应计入存货成本,而应在其发生时计入当期损益:

第一,非正常消耗的直接材料、直接人工和制造费用,应在发生时计入当期损益,不应计入存货成本。如由于自然灾害而发生的直接材料、直接人工和制造费用,这些费用的发生无助于使该存货达到目前的场所和状态,不应计入存货成本,而应确认为当期损益。

第二,仓储费用,指企业在存货采购入库后发生的储存费用,应在发生时计入当期损益。但是,在生产过程中为达到下一个生产阶段所必需的仓储费用应计入存货成本。如某种酒类产品生产企业为使生产的酒达到规定的产品质量标准而必须发生的仓储费用,应计入酒的成本,而不应计入当期损益。

第二节 存货的购进

在企业取得存货的各种途径中,以购进存货的核算内容最具代表性,因此,本教材仅以购进原材料为例,说明存货增加的具体核算内容。

一、原材料采购成本的确定

原材料是指企业在生产过程中经过加工改变其形态或性质并构成产品主要实

7.2 存货的初始计量

体的各种原料、主要材料和外购半成品,以及不构成产品实体但有助于产品形成的辅助材料。原材料具体包括原料及主要材料、辅助材料、外购半成品(外购件)、修理用备件(备品备件)、包装材料、燃料等。

企业购入的原材料,其实际成本包括购买价款、相关税费、保险费、运输途中合理的损耗、入库前的整理挑选费用以及其他可归属于存货采购成本的费用。

(1)购买价款是指企业购入的材料或商品的发票账单上列明的价款,但不包括按规定可以抵扣的增值税税额。

(2)相关税费是指企业购买存货发生的进口税费、消费税、资源税和不能抵扣的增值税进项税额以及相应的教育费附加等应计入存货采购成本的税费。

(3)保险费是企业在存货的购买过程中发生的财产保险费。

(4)运输途中合理的损耗是指企业与供应或运输部门签订的合同中规定的合理损耗或必要的自然损耗。

(5)入库前的整理挑选费用是指购入材料在入库前需要挑选整理而发生的费用,包括挑选过程中发生的工资、费用支出和必要的损耗。

(6)其他可归属于存货采购成本的费用是指除了上述费用之外,可以直接计入材料成本的各种费用,如采购过程中发生的仓储费、运费、包装费等。

二、原材料按实际成本核算的会计处理

原材料按实际成本计价核算时,材料的收发及结存,无论总分类核算还是明细分类核算,均按照实际成本计价。使用的账户有"原材料""在途物资"等。

"原材料"账户用于核算库存各种材料的收发与结存情况,该账户的性质属于资产类账户。在原材料按实际成本核算时,借方登记入库材料的实际成本,贷方登记发出材料的实际成本,期末余额在借方,反映企业库存材料的实际成本。

"在途物资"账户用于采用实际成本购入材料等物资的日常核算,本账户应按供应单位和物资品种进行明细核算。借方登记企业购入的在途物资的实际成本,贷方登记验收入库的在途物资的实际成本,期末余额在借方,反映企业在途物资的采购成本。

企业外购材料时由于支付方式不同,原材料入库的时间与付款的时间可能一致也可能不一致,因此在会计处理上有所不同。具体情况如下:

(1)货款已经支付或开出承兑商业汇票,同时材料已验收入库。企业应根据结算凭证、购货发票、运费单据、收料单等凭证,对于买价及采购费用等借记"原材料"账户,对于购入材料的增值税借记"应交税费——应交增值税(进项税额)"账户,如果货款已付,则贷记"银行存款"账户;如果货款未付,则贷记"应付账款""应付票据"等账户。

【例7-1】东方公司购入C材料一批,增值税专用发票上记载的货款为500 000元,增值税税额为65 000元,另对方代垫运费1 000元,可抵扣进项税为110

元,全部款项已用转账支票付讫,材料已验收入库。

东方公司编制如下会计分录:

借:原材料——C 材料　　　　　　　　　　　　　　　501 000
　　应交税费——应交增值税（进项税额）　　　　　　 65 110
　　贷:银行存款　　　　　　　　　　　　　　　　　　　　566 110

(2) 货款已经支付或已开出承兑商业汇票,材料尚未到达或尚未验收入库。企业应根据结算凭证、购货发票、运费单据等,借记"在途物资"账户,对于购入材料的增值税,借记"应交税费——应交增值税（进项税额）"账户,货款如果支付,则贷记"银行存款"等账户;如果货款未付,则贷记"应付账款""应付票据"等账户。待材料到达入库后,再根据收料单,由"在途物资"账户转入"原材料"账户。

【例 7-2】东方公司采用汇兑结算方式购入 F 材料一批,发票及账单已收到,增值税专用发票上记载的货款为 20 000 元,增值税税额为 2 600 元,材料尚未到达。

东方公司编制如下会计分录:

借:在途物资　　　　　　　　　　　　　　　　　　　　20 000
　　应交税费——应交增值税（进项税额）　　　　　　 2 600
　　贷:银行存款　　　　　　　　　　　　　　　　　　　　22 600

【例 7-3】承【例 7-2】,上述购入的 F 材料已收到,并验收入库。

东方公司编制如下会计分录:

借:原材料　　　　　　　　　　　　　　　　　　　　　20 000
　　贷:在途物资　　　　　　　　　　　　　　　　　　　　20 000

(3) 材料已经验收入库,但结算凭证等未到。在这种情况下,发票账单未到也无法确定实际成本,一般月内暂不入账,待凭证到达之后再入账。如果到了期末有关结算凭证等仍未到,应按照暂估价值先入账,借记"原材料"账户,贷记"应付账款"账户。但是,下期初作相反的会计分录予以冲回,收到发票账单后再按照实际金额记账,借记"原材料""应交税费——应交增值税（进项税额）"账户,贷记"银行存款"或"应付票据"等账户。

【例 7-4】东方公司采用委托收款结算方式购入 H 材料一批,材料已验收入库,月末发票账单尚未收到也无法确定其实际成本,暂估价值为 30 000 元。

东方公司编制如下会计分录:

借:原材料　　　　　　　　　　　　　　　　　　　　　30 000
　　贷:应付账款——暂估应付账款　　　　　　　　　　　　30 000

下月初作相反的会计分录予以冲回:

借:应付账款——暂估应付账款　　　　　　　　　　　　30 000
　　贷:原材料　　　　　　　　　　　　　　　　　　　　　30 000

【例 7-5】承【例 7-4】,上述购入的 H 材料于次月收到发票账单,增值税专用发票上记载的货款为 31 000 元,增值税税额为 4 030 元,已用银行存款付讫。

东方公司编制如下会计分录：

借：原材料——H 材料　　　　　　　　　　　　　　31 000
　　　应交税费——应交增值税（进项税额）　　　　　4 030
　　贷：银行存款　　　　　　　　　　　　　　　　　35 030

7.3 发出存货的计量

第三节　存货的发出

企业的存货根据需要会陆续从仓库发出，用于销售或消耗，处于不断流转过程中。因此，对存货的核算还涉及存货的发出和期末结存存货的计价问题。

一、发出存货的计价方法

对于发出的存货按实际成本核算的，发出存货成本的计价方法包括个别计价法、先进先出法、月末一次加权平均法和移动加权平均法等。

1. 个别计价法

个别计价法也称个别认定法、具体辨认法、分批实际法。采用这一方法是假设存货具体项目的实物流转与成本流转相一致，按照各种存货逐一辨认各批发出存货和期末存货所属的购进批别或生产批别，分别按其购入或生产时所确定的单位成本计算各批发出存货和期末存货成本的方法。这种方法，是把每一种存货的实际成本作为计算发出存货成本和期末存货成本的基础。

个别计价法的成本计算准确，符合实际情况，但在存货收发频繁的情况下，其发出成本分辨的工作量较大。因此，这种方法适用于一般不能替代使用的存货、为特定项目专门购入或制造的存货以及提供的劳务，如珠宝、名画等贵重物品。

2. 先进先出法

先进先出法，是指以先购入的存货应先发出（销售或耗用）这样一种存货实物流动假设为前提，对发出存货进行计价的一种方法。采用这种方法，先购入的存货成本在后购入存货成本之前转出，据此确定发出存货和期末存货的成本。具体方法是：收入存货时，逐笔登记收入存货的数量、单价和金额；发出存货时，按照先进先出的原则逐笔登记存货的发出成本和结存金额。

先进先出法可以随时结转存货发出成本，但较烦琐；如果存货收发业务较多且存货单价不稳定时，则其工作量较大。在物价持续上升时，期末存货成本接近于市价，而发出成本偏低，会高估企业当期利润和库存存货价值；反之，会低估企业存货价值和当期利润。

3. 月末一次加权平均法

月末一次加权平均法，是指以本月全部进货数量加上月初存货数量作为权数,去除本月全部进货成本加上月初存货成本,计算出存货的加权平均单位成本,以此为基础计算本月发出存货的成本和期末存货成本的一种方法。计算公式如下:

存货单位成本 = [月初库存存货的实际成本 + $\sum$(本月各批进货的实际单位成本 × 本月各批进货的数量)]/(月初库存存货数量 + 本月各批进货数量之和)

本月发出存货成本 = 本月发出存货的数量 × 存货单位成本

本月月末库存存货成本 = 月末库存存货的数量 × 存货单位成本

本月月末库存存货成本 = 月初库存存货的实际成本 + 本月收入存货的实际成本 – 本月发出存货的实际成本

采用加权平均法只在月末一次计算加权平均单价,比较简单,有利于简化成本计算工作,但由于平时无法从账面上提供发出和结存存货的单价及金额,因此不利于存货成本的日常管理与控制。

4. 移动加权平均法

移动加权平均法,是指以每次进货的成本加上原有库存存货的成本,除以每次进货数量加上原有库存存货的数量,据以计算加权平均单位成本,作为在下次进货前计算各次发出存货成本依据的一种方法。

举例说明几种主要的存货计价方法的计算过程。

【例 7–6】东方公司 2×24 年 3 月 1 日结存 B 材料 3 000 千克,每千克实际成本为 10 元;3 月 5 日和 3 月 20 日分别购入该材料 9 000 千克和 6 000 千克,每千克实际成本分别为 11 元和 12 元;3 月 10 日和 3 月 25 日分别发出该材料 10 500 千克和 6 000 千克。分别采用先进先出法、月末一次加权平均法计算发出材料的成本和期末结存材料的成本。其计算过程及结果如下:

(1) 先进先出法。

本月发出存货的成本 = 3 000 × 10 + 7 500 × 11 + 1 500 × 11 + 4 500 × 12
　　　　　　　　　 = 183 000(元)

月末库存存货的成本 = 1 500 × 12 = 18 000(元)

(2) 月末一次加权平均法。

加权平均单价 = (30 000 + 171 000) ÷ (3 000 + 15 000) = 11.17(元)

本月发出存货的成本 = 16 500 × 11.17 = 184 305(元)

月末库存存货的成本 = 30 000 + 171 000 – 184 305 = 16 695(元)

二、存货结存数量的确定方法

在会计实务中,企业存货结存数量的确定方法有两种:实地盘存制和永续盘存制。在不同的财产物资盘存制度下,各种财产物资在账簿中的记录方法和清查盘点方法是不同的。

7.4 存货的期末计量

1. 实地盘存制

实地盘存制也称以存计耗制或以存计销制,是在期末通过实物盘点来确定库存存货的数量,并据以计算本期发出成本和期末存货成本的一种方法。采用这种方法,平时只记录存货收入,不记录存货发出,期末通过实地盘点确定数量后,据以倒挤计算发出存货的成本。实地盘存制的计算公式如下:

期末库存存货成本 = 期末库存数量(实地盘存数)× 存货单位成本

本期发出存货成本 = 期初库存存货成本 + 本期收入(或购进)存货成本 − 期末库存存货成本

【例7−7】2×23年5月,东方公司的原材料期初结存和本月购进情况如表7−1(为了简化,假定单价不变)。

表7−1　　　　　　　　东方公司原材料期初结存和本月购进情况

5月1日	期初结存	15 吨	单价为 200 元	小计 3 000 元
5月13日	购进	8 吨	单价为 200 元	小计 1 600 元
5月25日	购进	22 吨	单价为 200 元	小计 4 400 元
	合计	45 吨		9 000 元

月末,通过实地盘点原材料数量为10吨,具体计算方法如下:

(1) 首先,计算月末原材料的存货成本:

10 × 200 = 2 000(元)

(2) 倒挤出本月的发出成本:

3 000 + 1 600 + 4 400 − 2 000 = 7 000(元)

7 000 ÷ 200 = 35(吨)

从上述例题可以看出,实地盘存制平时对存货发出和结存数量可不作明细记录;财产物资账户可按大类或全部财产物资设置,不一定要按具体品种设置;每一品种的结存单价,可直接根据进货凭证求得;核算工作比较简单,大大地简化了发出或销售存货成本计算的工作量。但是,实地盘存制不能随时反映存货收入、发出和结存的动态,难以利用账簿记录来加强存货的管理。由于实地盘存制是以实际盘点所得的实存数作为计算期末存货成本的依据,倒挤出发出存货的成本,这就有可能把因人为原因造成的短缺全部计入发出存货的成本,从而影响了成本计算的明晰性和正确性。而且实地盘存制只能定期结转发出存货成本,不能随时计算发出存货成本。

采用这种方法虽然工作简单、工作量少,但各项财产物资的减少数没有严格的手续,不便于施行会计监督。因此,除非特殊原因,一般情况下不宜采用。只有对于那些价值低、需求数量大的存货采用实地盘存制,如煤、砂石等。

2. 永续盘存制

永续盘存制也称账面盘存制,是根据账簿记录计算期末存货账面结存数量和金额的方法。在这种方法下,存货明细账要按品名规格分别设置,并依据会计凭证逐笔或逐日地登记存货增加和减少的数量，有的还登记金额，并在此基础上随时结出账面结存数量和金额。永续盘存制的计算公式如下：

期末存货成本＝期初库存存货成本＋本期收入（或购进）存货成本
－本期发出存货成本

【例 7－8】东方公司 2×23 年 10 月 1 日结存 A 材料 500 件，每件实际成本为 20 元，10 月 5 日和 10 月 16 日分别购入该材料 600 件和 800 件，每件实际成本为 20 元，10 月 6 日和 10 月 22 日分别发出该材料 1 000 件和 450 件（为了简化计算，假定单价不变）。具体计算方法如下：

（1）计算本月收入材料总成本＝600×20＋800×20＝28 000（元）
（2）计算本月发出材料总成本＝1 000×20＋450×20＝29 000（元）
（3）月末结存材料总成本＝500×20＋28 000－29 000＝9 000（元）

从上述例题可以看出，首先，永续盘存制有利于加强存货的管理。在存货明细账中，可以随时反映各种存货的收入、发出和结存情况。其次，可以从数量和金额两方面对存货进行控制。在永续盘存制下，存货明细账的结存数量可以通过盘点数量与账存数量进行核对，当发生存货溢余或短缺时，可以查明原因并及时纠正。再次，可以有效地组织资金周转。掌握了存货明细账上的结存数，可以随时与预定的最高或最低库存限额进行比较，了解库存是否积压或不足，以便组织库存存货的购销或处理，加速资金周转。最后，与实地盘存制相比，永续盘存制在控制和保护财产物资安全、完整以及保证成本计算的准确性等方面具有明显的优越性。但是，永续盘存制也存在一些缺点，存货明细分类账核算的工作量较大，需要投入较多的人力和财力。特别是存货种类繁多的企业，如果采用月末一次结转发出成本的办法，库存存货成本和发出存货成本的计算工作比较集中。账簿中记录的财产物资的增减变动及结存情况都是根据有关会计凭证登记的，可能发生账实不符的情况。因此，采用永续盘存制，需要对各项财产物资定期进行财产清查，以查明账实是否相符以及账实不符的原因。

三、发出存货的会计处理

月末，企业根据领料单等编制"发料凭证汇总表"，应当根据所发出材料的用途，分别借记"生产成本""制造费用""销售费用""管理费用"等账户，贷记"原材料"账户。

【例 7－9】2×24 年 5 月，东方公司根据"发料凭证汇总表"的记录，本月共领用 L 材料 2 900 000 元。其中，生产车间领用 2 600 000 元，车间管理部门领用 250 000 元，企业行政管理部门领用 50 000 元。

东方公司编制如下会计分录：

借：生产成本——基本生产成本　　　　　　　　　　　　　2 600 000
　　制造费用　　　　　　　　　　　　　　　　　　　　　　　250 000
　　管理费用　　　　　　　　　　　　　　　　　　　　　　　　50 000

7.5 存货的清查

  贷：原材料——L材料 2 900 000

第四节 存货的清查

  存货清查是指通过对存货的实地盘点确定存货的实有数量，并与账面结存数核对，从而确定存货实存数与账面结存数是否相符的一种专门方法。

  由于存货种类繁多、收发频繁，在日常收发过程中可能发生计量错误、计算错误、自然损耗，还可能发生损坏变质以及贪污、盗窃等情况，造成账实不符，形成存货的盘盈或盘亏。对于存货的盘盈或盘亏，应填写存货盘点报告（如实存账存对比表），及时查明原因，按照规定程序报批处理。

一、存货盘盈的核算

  企业发生存货盘盈时，借记"原材料""库存商品"等账户，贷记"待处理财产损溢"账户；在按管理权限报经批准后，借记"待处理财产损溢"账户，贷记"管理费用"账户。

  【例7-10】东方公司在财产清查中盘盈J材料1 000千克，实际单位成本为60元，经查，属于材料收发计量方面的错误。

  东方公司编制如下会计分录：

  （1）批准处理前：

借：原材料 60 000
  贷：待处理财产损溢 60 000

  （2）批准处理后：

借：待处理财产损溢 60 000
  贷：管理费用 60 000

二、存货盘亏及毁损的核算

  企业发生存货盘亏及毁损时，借记"待处理财产损溢"账户，贷记"原材料""库存商品"等账户。在按管理权限报经批准后应做如下会计处理：对于入库的残料价值，记入"原材料"等账户；对于应由保险公司和过失人的赔款，记入"其他应收款"账户；扣除残料价值及应由保险公司和过失人赔款后的净损失，属于一般经营损失的部分，记入"管理费用"账户，属于非常损失的部分，记入"营业外支出"账户。

  【例7-11】东方公司在财产清查中发现盘亏K材料500千克，实际单位成本为200元，经查，属于一般经营损失。

  东方公司编制如下会计分录：

(1) 批准处理前：
借：待处理财产损溢　　　　　　　　　　　　100 000
　　贷：原材料　　　　　　　　　　　　　　　　　　100 000
(2) 批准处理后：
借：管理费用　　　　　　　　　　　　　　　100 000
　　贷：待处理财产损溢　　　　　　　　　　　　　　100 000

【例 7-12】 东方公司在财产清查中发现毁损 L 材料 300 千克，实际单位成本为 100 元，经查，属于材料保管员的过失造成的，按规定由其个人赔偿 20 000 元，残料已办理入库手续，价值 2 000 元。

东方公司编制如下会计分录：
(1) 批准处理前：
借：待处理财产损溢　　　　　　　　　　　　30 000
　　贷：原材料　　　　　　　　　　　　　　　　　　30 000
(2) 批准处理后：
①由过失人赔款部分：
借：其他应收款　　　　　　　　　　　　　　20 000
　　贷：待处理财产损溢　　　　　　　　　　　　　　20 000
②残料入库时：
借：原材料　　　　　　　　　　　　　　　　2 000
　　贷：待处理财产损溢　　　　　　　　　　　　　　2 000
③确认材料毁损净损失时：
借：管理费用　　　　　　　　　　　　　　　8 000
　　贷：待处理财产损溢　　　　　　　　　　　　　　8 000

思政课堂

2018 年 2 月 9 日，某公司收到了中国证监会的《调查通知书》，因其涉嫌信息披露违法违规，中国证监会决定对其立案调查。根据证监会的调查结果显示，某公司这场财务造假从 2016 年就已开始，2016 年年报中以虚减营业成本、虚减营业外支出的方式，虚增利润 1.3 亿元，虚增的利润占当期披露利润总额的 158.15%，某公司披露的 2016 年度报告中净利润为 7 571 万元，实际上某公司在 2016 年的真实的利润总额为 -4 822.23 万元，净利润为 -5 543.31 万元。某公司 2017 年年度报告虚减利润 2.8 亿元，占当期披露利润总额的 38.57%，追溯调整后，业绩仍为亏损。某公司在此前 2014 年、2015 年净利润均为负数，加之 2016 年、2017 年净利润为负，按照深交所规定，连续亏损三年将被暂停上市，连续亏损四年将被终止上市。

在今后的学习中，同学们要坚持诚信的原则，在未来的会计工作中提高信息披露透明度，同时遵守会计职业道德。

思考题

1. 什么是存货？存货有哪些特征？试以你所了解的某个企业为例，具体说明哪些内容构成该企业的存货。
2. 企业外购存货的采购成本包括哪些内容？
3. 什么是永续盘存制？永续盘存制下如何确定发出存货和结存存货的成本？
4. 什么是实地盘存制？实地盘存制下如何确定发出存货和结存存货的成本？
5. 企业发出存货可以采用哪些不同的计价方法？不同的计价方法对企业的财务状况和经营成果有哪些影响？

第八章 投 资

> 学习目标

通过本章的学习，要求了解金融资产的概念与分类，构成长期股权投资的子公司投资、合营企业投资、联营企业投资的含义；掌握交易性金融资产的初始计量、持有期间及处置的会计处理，企业合并与非企业合并形成的长期股权投资的会计处理，长期股权投资的成本法与权益法，长期股权投资处置损益的确认与会计处理方法。

第一节 投资概述

一、投资的内容

企业除了从事自身的生产经营活动外，还可以通过对外投资获得利益，以实现其经营目标。对外投资，是指企业为通过分配来增加财富，或为谋求其他利益而将资产让渡给其他单位所获得的另一项资产。

企业对外投资可以按不同的标准进行分类：
（1）按照投资方式，可以分为直接投资和间接投资；
（2）按照投资期限，可以分为短期投资和长期投资；
（3）按照投资性质，可以分为股权投资和债权投资。

企业的对外投资所形成的资产属于金融资产的范畴。在企业会计准则中，规范对外投资形成的金融资产的会计准则主要有《企业会计准则第 22 号——金融工具确认和计量》和《企业会计准则第 2 号——长期股权投资》。本章有关对外投资的内容，主要以上述两个会计准则为依据，分别介绍《企业会计准则第 22 号——金融工具确认和计量》所规范的金融资产（即本章以下所称的金融资产）和《企业会计准则第 2 号——长期股权投资》所规范的长期股权投资。

8.1 投资概述

二、金融资产的分类

企业应当根据其管理金融资产的业务模式和金融资产的合同现金流量特征，

将取得的金融资产在初始确认时划分为以摊余成本计量的金融资产、以公允价值计量且其变动计入其他综合收益的金融资产和以公允价值计量且其变动计入当期损益的金融资产三类。

企业管理金融资产的业务模式,是指企业管理其金融资产从而收取现金流量的方式,具体包括三种业务模式:

(1) 以收取合同约定的现金流量为目的;

(2) 以出售金融资产为目的;

(3) 以上二者兼有,即既以收取合同约定的现金流量为目的,又以出售该金融资产为目的。

金融资产的合同现金流量特征,是指金融工具合同约定的、反映相关金融资产经济特征的现金流量属性。如果是债权投资,其合同现金流量特征通常是债券的本金和以未偿付本金金额为基础的利息的支付。如果是股权投资,其合同现金流量特征通常是投资分红。

(一) 以摊余成本计量的金融资产

金融资产同时符合下列条件的,应当分类为以摊余成本计量的金融资产:

(1) 企业管理该金融资产的业务模式是以收取合同现金流量为目标。

(2) 该金融资产的合同条款规定,在特定日期产生的现金流量,仅为对本金和以未偿付本金金额为基础的利息的支付。

例如,企业持有的公司债券、政府债券等金融资产,其合同现金流量特征一般仅为对本金和以未偿付本金金额为基础的利息的支付,如果企业管理这些金融资产的业务模式是以收取合同现金流量为目标,则应分类为以摊余成本计量的金融资产。此外,企业的应收账款、应收票据等金融资产,通常也都能够同时满足分类为以摊余成本计量的金融资产的条件。

在会计处理上,以摊余成本计量的金融资产具体可以划分为债权投资和应收款项两部分。其中,债权投资应当通过"债权投资"科目进行核算,应收款项应当分别通过"应收账款""应收票据""其他应收款"等科目进行核算。由于应收款项并不属于对外投资的范畴,并且在第六章中已经作了专门介绍,因此,本章以下所述以摊余成本计量的金融资产只包括债权投资。

(二) 以公允价值计量且其变动计入其他综合收益的金融资产

金融资产同时符合下列条件的,应当分类为以公允价值计量且其变动计入其他综合收益的金融资产:

(1) 企业管理该金融资产的业务模式既以收取合同现金流量为目标又以出售该金融资产为目标。

(2) 该金融资产的合同条款规定,在特定日期产生的现金流量,仅为对本金和以未偿付本金金额为基础的利息的支付。

企业分类为以公允价值计量且其变动计入其他综合收益的金融资产和分类为

以摊余成本计量的金融资产所要求的合同现金流量特征是相同的，二者的区别仅在于企业管理金融资产的业务模式不尽相同。例如，企业持有的公司债券、政府债券等金融资产，如果企业管理这些金融资产的业务模式既以收取合同现金流量为目标又以出售该金融资产为目标，则应分类为以公允价值计量且其变动计入其他综合收益的金融资产。

从金融资产的合同现金流量特征来看，以上两类显然都是针对债权性质的金融资产而言的。权益工具投资，其合同现金流量特征，不是对本金和以未偿付本金金额为基础的利息的支付。因而，既不能分类为以摊余成本计量的金融资产，也不能分类为以公允价值计量且变动计入其他综合收益的金融资产，因此只能分类为以公允价值计量且其变动计入当期损益的金融资产。但准则给出了例外情况。在初始确认时，企业可以将非交易性权益工具投资指定为以公允价值计量且其变动计入其他综合收益的金融资产，并按照准则的规定确认股利收入。该指定一经作出，不得撤销。

在会计处理上，以公允价值计量且其变动计入其他综合收益的金融资产，应当通过"其他债权投资"科目进行核算；指定为以公允价值计量且其变动计入其他综合收益的非交易性权益工具投资，应当通过"其他权益工具投资"科目进行核算。

（三）以公允价值计量且其变动计入当期损益的金融资产

企业持有的分类为以摊余成本计量的金融资产和以公允价值计量且其变动计入其他综合收益的金融资产之外的金融资产，应当分类为以公允价值计量且其变动计入当期损益的金融资产，主要包括交易性金融资产和指定为以公允价值计量且其变动计入当期损益的金融资产。

1. 交易性金融资产

金融资产满足下列条件之一的，表明企业持有该金融资产的目的是交易性的：

（1）取得相关金融资产的目的主要是为了近期出售。

（2）相关金融资产在初始确认时属于集中管理的可辨认金融工具组合的一部分，且有客观证据表明近期实际存在短期获利模式。

（3）相关金融资产属于衍生工具，但符合财务担保合同定义的衍生工具以及被指定为有效套期工具的衍生工具除外。

2. 指定为以公允价值计量且其变动计入当期损益的金融资产

在初始确认时，如果能够消除或显著减少会计错配，企业可以将金融资产指定为以公允价值计量且其变动计入当期损益的金融资产。该指定一经作出，不得撤销。这意味着，即使某些金融资产依照上述三分类不属于以公允价值计量且其变动计入当期损益的金融资产的类别，企业也可以出于减少会计错配的考虑，而将其指定为以公允价值计量且其变动计入当期损益的金融资产。

在会计处理上，交易性金融资产和指定为以公允价值计量且其变动计入当期损益的金融资产，应当通过"交易性金融资产"科目进行核算。交易性的衍生金融资产，通过单独设置的"衍生工具"科目核算。

三、长期股权投资的分类

长期股权投资，是指投资方对被投资方能够实施控制或具有重大影响的权益性投资，以及对其合营企业的权益性投资。因此，长期股权投资按照对被投资方施加影响的程度，可以分为能够实施控制的权益性投资、具有重大影响的权益性投资和对合营企业的权益性投资。

1. 能够实施控制的权益性投资

控制，是指投资方拥有对被投资方的权力，通过参与被投资方的相关活动而享有可变回报，并且有能力运用对被投资方的权力影响其回报金额。

投资方能够对被投资方实施控制的，被投资方为其子公司，投资方应当将其子公司纳入合并财务报表的合并范围。

2. 具有重大影响的权益性投资

重大影响，是指投资方对被投资方的财务和经营政策有参与决策的权力，但并不能够控制或者与其他方一起共同控制这些政策的制定。

投资方能够对被投资方施加重大影响的，被投资方为其联营企业。

3. 对合营企业的权益性投资

合营安排，是指一项由两个或两个以上的参与方共同控制的安排。共同控制，是指按照相关约定对某项安排所共有的控制，并且该安排的相关活动必须经过分享控制权的参与方一致同意后才能决策。

合营安排可以分为共同经营和合营企业。共同经营，是指合营方享有该安排相关资产且承担该安排相关负债的合营安排；合营企业，是指合营方仅对该安排的净资产享有权利的合营安排。

长期股权投资仅指对合营安排享有共同控制的参与方（即合营方）对其合营企业的权益性投资，不包括对合营安排不享有共同控制的参与方的权益性投资，也不包括共同经营。

注意：企业持有的对被投资单位不具有控制、共同控制或重大影响并且在活跃市场中没有报价、公允价值不能可靠计量的权益性投资按《企业会计准则第22号——金融工具确认和计量》进行处理。

第二节 交易性金融资产

8.2 交易性金融资产

根据金融资产准则中的分类标准和要求，以公允价值计量且其变动计入当期损益的金融资产主要是指交易性金融资产。企业取得交易性金融资产主要是为了近期内出售，其特征是企业能够随时变现以获得证券交易差价，如随时准备出售的债券投资和股票投资等。

为了反映交易性金融资产的取得、处置、公允价值变动等情况，企业应当设置"交易性金融资产"科目。需要注意的是，企业持有的指定为以公允价值计量且其变动计入当期损益的金融资产，也通过"交易性金融资产"科目核算，不再单独设置会计科目。

一、交易性金融资产的取得

企业应设置"交易性金融资产"科目，核算为交易目的而持有的股票投资、债券投资、基金投资等交易性金融资产的公允价值，并按照交易性金融资产的类别和品种，分别"成本""公允价值变动"进行明细核算。其中，"成本"明细科目反映交易性金融资产的初始入账金额；"公允价值变动"明细科目反映交易性金融资产在持有期间的公允价值变动金额。

交易性金融资产应当按照取得时的公允价值作为初始入账金额，相关的交易费用在发生时直接计入当期损益。其中，交易费用是指可直接归属于购买、发行或处置金融工具的增量费用，包括支付给代理机构、咨询公司、券商、证券交易所、政府有关部门等的手续费、佣金、相关税费及其他必要支出，但不包括债券溢价、折价、融资费用、内部管理成本和持有成本等与交易不直接相关的费用。

企业取得交易性金融资产所支付的价款中，如果包含已宣告但尚未发放的现金股利或已到付息期但尚未领取的债券利息，性质上属于暂付应收款，应当单独确认为应收项目，不计入交易性金融资产的初始入账金额。

【例 8-1】 2×23 年 1 月 10 日，东方公司按每股 6.50 元的价格从二级市场购入 A 公司每股面值 1 元的股票 50 000 股并分类为以公允价值计量且其变动计入当期损益的金融资产，支付交易费用 1 200 元。

初始入账金额 = 6.50 × 50 000 = 325 000（元）

借：交易性金融资产——A 公司股票（成本） 325 000
　　投资收益 1 200
　　贷：银行存款 326 200

【例 8-2】 2×23 年 3 月 25 日，东方公司按每股 8.60 元的价格从二级市场购入 B 公司每股面值 1 元的股票 30 000 股并分类为以公允价值计量且其变动计入当期损益的金融资产，支付交易费用 1 000 元。股票购买价格中包含每股 0.20 元已宣告但尚未发放的现金股利，该现金股利于当年 4 月 20 日发放。

（1）2×23 年 3 月 25 日，购入 B 公司股票。

初始入账金额 = (8.60 - 0.20) × 30 000 = 252 000（元）

应收现金股利 = 0.20 × 30 000 = 6 000（元）

借：交易性金融资产——B 公司股票（成本） 252 000
　　应收股利 6 000
　　投资收益 1 000

  贷：银行存款   259 000

(2) 2×23年4月20日，收到发放的现金股利。

  借：银行存款   6 000

    贷：应收股利   6 000

【例8-3】2×23年7月1日，东方公司支付价款86 800元从二级市场购入甲公司于2×22年7月1日发行的面值80 000元、期限5年、票面利率6%、每年6月30日付息、到期还本的债券并分类为以公允价值计量且其变动计入当期损益的金融资产，支付交易费用300元。债券购买价格中包含已到付息期但尚未领取的利息4 800元。

(1) 2×23年7月1日，购入甲公司债券。

初始入账金额 = 86 800 − 4 800 = 82 000（元）

  借：交易性金融资产——甲公司债券（成本）   82 000

    应收利息   4 800

    投资收益   300

    贷：银行存款   87 100

(2) 收到甲公司支付的债券利息。

  借：银行存款   4 800

    贷：应收利息   4 800

二、交易性金融资产持有收益的确认

  企业取得债券并分类为以公允价值计量且其变动计入当期损益的金融资产，在持有期间，应于每一资产负债表日或付息日计提债券利息，计入当期投资收益。企业取得股票并分类为以公允价值计量且其变动计入当期损益的金融资产，在持有期间，只有在同时符合下列条件时，才能确认股利收入并计入当期投资收益：

(1) 企业收取股利的权利已经确立；

(2) 与股利相关的经济利益很可能流入企业；

(3) 股利的金额能够可靠计量。

【例8-4】接〖例8-1〗资料。东方公司持有A公司股票50 000股。2×23年3月20日，A公司宣告2×22年度利润分配方案，每股分派现金股利0.30元（该现金股利已同时满足股利收入的确认条件），并于2×23年4月15日发放。

(1) 2×23年3月20日，A公司宣告分派现金股利。

应收现金股利 = 0.30 × 50 000 = 15 000（元）

  借：应收股利   15 000

    贷：投资收益   15 000

(2) 2×23年4月15日，收到A公司派发的现金股利。

  借：银行存款   15 000

    贷：应收股利   15 000

【例8-5】接〖例8-3〗资料。2×23年12月31日,东方公司对持有的面值80 000元、期限5年、票面利率6%、每年6月30日付息的甲公司债券计提利息。

应收债券利息 = 80 000 × 6% × 1/2 = 2 400(元)

借:应收利息　　　　　　　　　　　　　　　　　　　　　2 400
　　贷:投资收益　　　　　　　　　　　　　　　　　　　　　2 400

三、交易性金融资产的期末计量

交易性金融资产在最初取得时,是按公允价值入账的,反映了企业取得交易性金融资产的实际成本,但交易性金融资产的公允价值是不断变化的,会计期末的公允价值则代表了交易性金融资产的现时价值。根据《企业会计准则》的规定,资产负债表日,交易性金融资产应按公允价值反映,公允价值的变动计入当期损益。

资产负债表日,交易性金融资产的公允价值高于其账面余额时,应按二者之间的差额,调增交易性金融资产的账面余额,同时确认公允价值上升的收益;交易性金融资产的公允价值低于其账面余额时,应按二者之间的差额,调减交易性金融资产的账面余额,同时确认公允价值下跌的损失。

【例8-6】东方公司每年12月31日对持有的交易性金融资产按公允价值进行后续计量,确认公允价值变动损益。2×23年12月31日,东方公司持有的交易性金融资产账面余额和当日公允价值资料,如表8-1所示。

表8-1　　　　交易性金融资产账面余额和公允价值　　　　单位:元
2×23年12月31日

交易性金融资产项目	调整前账面余额	期末公允价值	公允价值变动损益	调整后账面余额
A公司股票	325 000	260 000	-65 000	260 000
B公司股票	252 000	297 000	45 000	297 000
甲公司债券	82 000	85 000	3 000	85 000

根据表8-1的资料,东方公司2×23年12月31日确认公允价值变动损益的会计处理如下:

借:公允价值变动损益　　　　　　　　　　　　　　　　　65 000
　　贷:交易性金融资产——A公司股票(公允价值变动)　　　　65 000
借:交易性金融资产——B公司股票(公允价值变动)　　　　45 000
　　贷:公允价值变动损益　　　　　　　　　　　　　　　　　45 000
借:交易性金融资产——甲公司债券(公允价值变动)　　　　3 000
　　贷:公允价值变动损益　　　　　　　　　　　　　　　　　3 000

四、交易性金融资产的处置

企业处置交易性金融资产的主要会计问题是正确确认处置损益。交易性金融资产的处置损益,是指处置交易性金融资产实际收到的价款,减去所处置交易性金融资产账面余额后的差额。其中,交易性金融资产的账面余额,是指交易性金融资产的初始入账金额加上或减去资产负债表日累计公允价值变动后的金额。如果在处置交易性金融资产时,已计入应收项目的现金股利或债券利息尚未收回,还应从处置价款中扣除该部分现金股利或债券利息之后,确认处置损益。

【例 8-7】接〖例 8-1〗和〖例 8-6〗资料。2×24 年 2 月 20 日,东方公司将持有的 A 公司股票售出,实际收到出售价款 266 000 元。股票出售日,A 公司股票账面价值 260 000 元,所属明细科目中,成本 325 000 元,公允价值变动(贷方)65 000 元。

处置损益 = 266 000 - 260 000 = 6 000(元)

借:银行存款 266 000
  交易性金融资产——A 公司股票(公允价值变动) 65 000
 贷:交易性金融资产——A 公司股票(成本) 325 000
   投资收益 6 000

【例 8-8】接〖例 8-2〗和〖例 8-6〗资料。东方公司持有 B 公司股票 30 000 股。2×24 年 3 月 5 日,B 公司宣告上一年度利润分配方案,每股分派现金股利 0.10 元(该现金股利已同时满足股利收入的确认条件),并拟于 2×24 年 4 月 15 日发放;2×24 年 4 月 1 日,东方公司将持有的 B 公司股票售出,实际收到出售价款 298 000 元。股票出售日,B 公司股票账面价值 297 000 元,其中,成本 252 000 元,公允价值变动 45 000 元。

(1) 2×24 年 3 月 5 日,B 公司宣告分派现金股利。

应收现金股利 = 0.10 × 30 000 = 3 000(元)

借:应收股利 3 000
 贷:投资收益 3 000

(2) 2×24 年 4 月 1 日,将 B 公司股票售出。

处置损益 = 298 000 - 297 000 - 3 000 = -2 000(元)

借:银行存款 298 000
  投资收益 2 000
 贷:交易性金融资产——B 公司股票(成本) 252 000
   ——B 公司股票(公允价值变动) 45 000
  应收股利 3 000

【例 8-9】接〖例 8-3〗、〖例 8-5〗和〖例 8-6〗资料。2×24 年 5 月 10 日,东方公司将甲公司债券售出,实际收到出售价款 88 600 元。债券出售日,甲公司债券已计提但尚未收到的利息为 2 400 元,账面价值为 85 000 元,其中,成本 82 000 元,已确认公允价值变动 3 000 元。

处置损益 = 88 600 - 85 000 - 2 400 = 1 200(元)

借:银行存款 88 600
 贷:交易性金融资产——甲公司债券(成本) 82 000

——甲公司债券（公允价值变动）	3 000
应收利息	2 400
投资收益	1 200

五、交易性金融资产的列报

交易性金融资产预期能在短期内变现以满足日常经营的需要，因此，在资产负债表中作为流动资产列示。资产负债表上的"交易性金融资产"项目，是按照"交易性金融资产"总账借方余额列报的。

思政课堂

"双减"政策落地：机构股价暴跌

2021年7月24日，中共中央办公厅、国务院办公厅印发了《关于进一步减轻义务教育阶段学生作业负担和校外培训负担的意见》，并发出通知，要求各地区各部门结合实际认真贯彻落实。该文件提出，学科类培训机构一律不得上市融资，严禁资本化运作；上市公司不得通过股票市场融资投资学科类培训机构，不得通过发行股份或支付现金等方式购买学科类培训机构资产；外资不得通过兼并收购、受托经营、加盟连锁、利用可变利益实体等方式控股或参观学科类培训机构。已违规的，要进行清理整治。上述尚未正式披露的文件释出后，新东方等教培界龙头的股价就开启了大幅下跌模式。7月23日，新东方港股盘中一度暴跌50%，随后开盘的美股中概股中，高途集团跌超63%，51talk跌超43%……

企业在进行金融资产投资，尤其是取得相关金融资产的目的主要是近期出售的情况下，需要把握和评估金融资产存在的投资风险。从管理的角度来看，许多公司持有交易性金融资产不仅增强了资产的流动性，而且也提高了闲余资产的获利能力；但从风险的角度来看，这也在一定程度上导致了公司资产的价值波动性及资产负债的风险。因此，公司在进行金融资产投资之前要制定好风险预防策略、风险规避策略以及风险分散策略。交易性金融资产投资是一把"双刃剑"，投资不仅使得公司获利手段增加，获利能力增强，同时也使得公司管理难度增加，风险水平提高。而随着经济一体化和金融全球化的发展，公司与金融市场关系将更加密切，这意味着加强交易性金融资产的投资管理和风险管理，降低其可能产生的"不利影响"也将十分必要。

第三节　长期股权投资

本部分介绍长期股权投资的初始计量、后续计量和资产处置。长期股权投资初始取得分为企业合并方式形成的长期股权投资和非企业合并方式形成的长期股权投资，而后续计量又根据其对被投资单位的影响程度分为成本法核算和权益法核算（见图8-1），切记不要混淆。

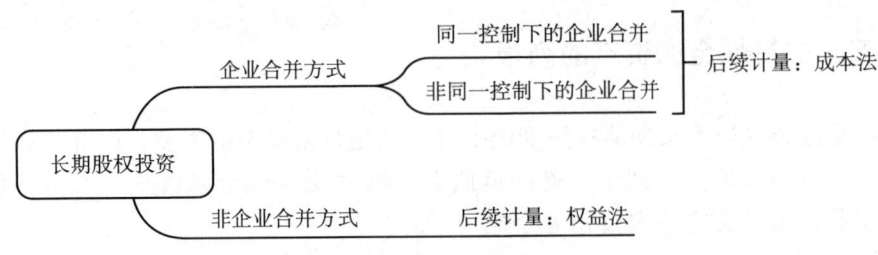

图8-1 长期股权投资的核算方式

8.3 长期股权投资的初始计量

一、长期股权投资的取得

企业在取得长期股权投资时，应按初始投资成本入账。长期股权投资可以通过企业合并形成，也可以通过企业合并以外的其他方式取得，在不同的取得方式下，初始投资成本的确定方法有所不同。但是，无论企业以何种方式取得长期股权投资，实际支付的价款或对价中包含的已宣告但尚未发放的现金股利或利润，应作为应收项目单独入账，不构成长期股权投资的初始投资成本。

（一）企业合并形成的长期股权投资

企业合并，是指将两个或者两个以上单独的企业合并形成一个报告主体的交易或事项。企业合并通常包括吸收合并、新设合并和控股合并三种形式。其中，吸收合并和新设合并均不形成投资关系，只有控股合并形成投资关系。因此，企业合并形成的长期股权投资，是指控股合并所形成的投资方（合并后的母公司）对被投资方（合并后的子公司）的股权投资。企业合并形成的长期股权投资，应当区分同一控制下的企业合并和非同一控制下的企业合并分别确定初始投资成本。

1. 同一控制下企业合并形成的长期股权投资

参与合并的企业在合并前后均受同一方或相同的多方最终控制且该控制并非暂时性的，为同一控制下的企业合并。对于同一控制下的企业合并，从能够对参与合并各方在合并前及合并后均实施最终控制的一方来看，其能够控制的资产在合并前及合并后并没有发生变化，合并方通过企业合并形成的对被合并方的长期股权投资，其成本代表的是在被合并方所有者权益账面价值中按持股比例享有的份额。因此，同一控制下企业合并形成的长期股权投资，应当按照合并日取得的被合并方所有者权益在最终控制方合并财务报表中的账面价值份额作为初始投资成本。

合并方支付合并对价的方式主要有支付现金、转让非现金资产、承担债务、发行权益性证券等。如果初始投资成本大于支付的合并对价的账面价值（或权益性证券的面值），则其差额应当计入资本公积（资本溢价或股本溢价）；如果初始投资成本小于支付的合并对价的账面价值（或权益性证券的面值），则其差额应当首先冲减资本公积（仅限于资本溢价或股本溢价），资本公积余额不足冲减的，应依次冲减盈余公积、未分配利润。

合并方为进行企业合并而发行债券或权益性证券支付的手续费、佣金等，应当计入所发行债券或权益性证券的初始确认金额；合并方为进行企业合并而发生的各项直接相关费用，如审计费用、评估费用、法律服务费用等，应当于发生时计入当期管理费用。

【例8-10】东方公司和A公司是同为甲公司所控制的两个子公司。2×24年2月20日，东方公司和A公司达成合并协议，约定东方公司以3 800万元的银行存款作为合并对价，取得A公司80%的股份。A公司80%的股份系甲公司于2×22年1月1日从本集团外部购入（属于非同一控制下的企业合并），购买日，A公司可辨认净资产公允价值为3 500万元；2×22年1月1日至2×24年3月1日，A公司以购买日可辨认净资产的公允价值为基础计算的净利润为1 000万元，无其他所有者权益变动。2×24年3月1日，东方公司实际取得对A公司的控制权，当日，A公司所有者权益在最终控制方合并财务报表中的账面价值总额为4 500万元（3 500 + 1 000），东方公司"资本公积——股本溢价"科目余额为150万元。在与A公司的合并中，东方公司以银行存款支付审计费用、评估费用、法律服务费用等共计65万元。

初始投资成本 = 4 500 × 80% = 3 600（万元）

借：长期股权投资——A公司	36 000 000
资本公积——股本溢价	1 500 000
盈余公积	500 000
贷：银行存款	38 000 000
借：管理费用	650 000
贷：银行存款	650 000

【例8-11】东方公司和B公司是同为甲公司所控制的两个子公司。根据东方公司和B公司达成的合并协议，2×24年4月1日，东方公司以增发的权益性证券作为合并对价，取得B公司90%的股份。东方公司增发的权益性证券为每股面值1元的普通股股票，共增发2 500万股，支付手续费及佣金等发行费用80万元。2×24年4月1日，东方公司实际取得对B公司的控制权，当日，B公司所有者权益在最终控制方甲公司合并财务报表中的账面价值总额为5 000万元。

初始投资成本 = 5 000 × 90% = 4 500（万元）

借：长期股权投资——B公司	45 000 000
贷：股本	25 000 000
资本公积——股本溢价	20 000 000
借：资本公积——股本溢价	800 000

　　　　贷：银行存款　　　　　　　　　　　　　　　　　　　　　　800 000

2. 非同一控制下企业合并形成的长期股权投资

参与合并的各方在合并前后不受同一方或相同的多方最终控制的，为非同一控制下的企业合并。非同一控制下的企业合并，购买方应将企业合并视为一项购买交易，合理确定合并成本，作为长期股权投资的初始投资成本。合并成本为购买方在购买日为取得对被购买方的控制权而付出的资产、发生或承担的负债以及发行的权益性证券的公允价值。

购买方作为合并对价付出的资产，应当按照以公允价值处置该资产进行会计处理。其中，付出资产为固定资产、无形资产的，付出资产的公允价值与其账面价值的差额，计入资产处置损益；付出资产为金融资产的，付出资产的公允价值与其账面价值的差额，计入投资收益（如果付出资产是指定为以公允价值计量且其变动计入其他综合收益的非交易性权益工具投资，则付出资产的公允价值与账面价值的差额应当计入留存收益）；付出资产为存货的，按其公允价值确认收入，同时按其账面价值结转成本。此外，作为合并对价付出的资产为以公允价值计量且其变动计入其他综合收益的金融资产的，该金融资产在持有期间因公允价值变动而形成的其他综合收益应同时转出，计入当期投资收益（或者留存收益）。

购买方为进行企业合并而发行债券或权益性证券支付的手续费、佣金等，应当计入所发行债券或权益性证券的初始确认金额；购买方为进行企业合并而发生的各项直接相关费用，如审计费用、评估费用、法律服务费用等，应当于发生时计入当期管理费用。

【例8-12】东方公司和C公司为两个独立的法人企业，合并之前不存在任何关联方关系。2×24年1月10日，东方公司和C公司达成合并协议，约定东方公司以库存商品和银行存款作为合并对价，取得C公司70%的股份。东方公司付出库存商品的账面价值为3 200万元，购买日公允价值为4 000万元，增值税税额为520万元；付出银行存款的金额为5 000万元。2×24年2月1日，东方公司实际取得对C公司的控制权。在与C公司的合并中，东方公司以银行存款支付审计费用、评估费用、法律服务费用等共计90万元。

合并成本 = 4 000 + 520 + 5 000 = 9 520（万元）

借：长期股权投资——C公司　　　　　　　　　　　　95 200 000
　　贷：主营业务收入　　　　　　　　　　　　　　　40 000 000
　　　　应交税费——应交增值税（销项税额）　　　　 5 200 000
　　　　银行存款　　　　　　　　　　　　　　　　　50 000 000
借：主营业务成本　　　　　　　　　　　　　　　　　32 000 000
　　贷：库存商品　　　　　　　　　　　　　　　　　32 000 000
借：管理费用　　　　　　　　　　　　　　　　　　　　　900 000
　　贷：银行存款　　　　　　　　　　　　　　　　　　　900 000

【例8-13】东方公司和D公司为两个独立的法人企业，合并之前不存在任何关联方关系。东方公司和D公司达成合并协议，约定东方公司以发行的权益性证券作为合并对价，取得 D 公司 80% 的股份。东方公司拟增发的权益性证券为每股面值 1 元的普通股股票，共增发 1 600 万股，每股公允价值 3.50 元；2×24 年 7 月 1 日，东方公司完成了权益性证券的增发，发生手续费及佣金等发行费用 120 万元。在东方公司和 D 公司的合并中，东方公司另以银行存款支付审计费用、评估费用、法律服务费用等共计 80 万元。

合并成本 = 3.50 × 1 600 = 5 600（万元）

借：长期股权投资——D 公司	56 000 000
贷：股本	16 000 000
资本公积——股本溢价	40 000 000
借：资本公积——股本溢价	1 200 000
贷：银行存款	1 200 000
借：管理费用	800 000
贷：银行存款	800 000

（二）非企业合并方式取得的长期股权投资

除企业合并形成的对子公司的长期股权投资外，企业以支付现金、发行权益性证券等方式取得的对被投资方不具有控制的长期股权投资，为非企业合并方式取得的长期股权投资，如取得的对合营企业、联营企业的长期股权投资。企业通过非企业合并方式取得的长期股权投资，应当按照实际支付的价款、发行权益性证券的公允价值等作为初始投资成本。

【例 8-14】东方公司以支付现金的方式取得 E 公司 25% 的股份，实际支付的买价为 3 200 万元，在购买过程中另支付手续费等相关费用 12 万元。股份购买价款中包含 E 公司已宣告但尚未发放的现金股利 100 万元。东方公司在取得 E 公司股份后，派人员参与了 E 公司的生产经营决策，能够对 E 公司施加重大影响，东方公司将其划分为长期股权投资。

（1）购入 E 公司 25% 的股份。

初始投资成本 = 3 200 + 12 - 100 = 3 112（万元）

借：长期股权投资——E 公司（投资成本）	31 120 000
应收股利	1 000 000
贷：银行存款	32 120 000

（2）收到 E 公司派发的现金股利。

借：银行存款	1 000 000
贷：应收股利	1 000 000

二、长期股权投资的后续计量

企业取得的长期股权投资在持有期间，要根据对被投资方是否能够实施控制，分别采用成本法或权益法进行核算。

8.4 长期股权投资后续计量之成本法

（一）长期股权投资的成本法

成本法，是指长期股权投资的账面价值按初始投资成本计量，除追加或收回投资外，一般不对长期股权投资的账面价值进行调整的一种会计处理方法。投资方对被投资方能够实施控制的长期股权投资，即对子公司的长期股权投资，应当采用成本法核算。

在成本法下，当被投资方宣告发放现金股利或利润时，投资方应当按照本企业应享有的份额确认投资收益；当被投资方宣告分派股票股利时，投资方应于除权日对获得的股份作备忘记录；被投资方未分派股利，投资方不作任何会计处理。

【例8-15】2×21年3月20日，东方公司以6 280万元的价款（包括相关税费和已宣告但尚未发放的现金股利250万元）取得F公司普通股股票2 500万股，占F公司普通股股份的60%，形成非同一控制下的企业合并，东方公司将其划分为长期股权投资并采用成本法核算。

东方公司取得F公司股权投资的会计处理以及在持有期间F公司各年的利润分配情况和东方公司相应的会计处理如下。

（1）2×21年3月20日，东方公司取得F公司普通股股票。

借：长期股权投资——F公司　　　　　　　　　　　　　　60 300 000
　　应收股利　　　　　　　　　　　　　　　　　　　　　 2 500 000
　　　贷：银行存款　　　　　　　　　　　　　　　　　　　　62 800 000

（2）2×21年4月5日，收到F公司派发的现金股利。

借：银行存款　　　　　　　　　　　　　　　　　　　　　 2 500 000
　　　贷：应收股利　　　　　　　　　　　　　　　　　　　 2 500 000

（3）2×22年3月5日，F公司宣告2×21年度股利分配方案。每股分派现金股利0.20元，并于2×22年4月15日派发。

①2×22年3月5日，F公司宣告2×21年度股利分配方案。

现金股利＝0.20×25 000 000＝5 000 000（元）

借：应收股利　　　　　　　　　　　　　　　　　　　　　 5 000 000
　　　贷：投资收益　　　　　　　　　　　　　　　　　　　 5 000 000

②2×22年4月15日，收到F公司派发的现金股利。

借：银行存款　　　　　　　　　　　　　　　　　　　　　 5 000 000
　　　贷：应收股利　　　　　　　　　　　　　　　　　　　 5 000 000

（4）2×23年4月15日，F公司宣告2×22年度股利分配方案，每股派送股票股利0.3股，除权日为2×23年5月10日。

对于F公司派送的股票股利，东方公司不作正式的会计分录，但应于除权日在备查簿中登记增加的股份：

股票股利＝0.3×25 000 000＝7 500 000（股）

持有F公司股票总数＝25 000 000＋7 500 000＝32 500 000（股）

(5) 2×23年度F公司发生亏损，该年未进行股利分配。

东方公司不必作任何会计处理。

（二）长期股权投资的权益法

8.5 长期股权投资后续计量之权益法

权益法，是指在取得长期股权投资时以投资成本计量，在投资持有期间则要根据投资方应享有被投资方所有者权益份额的变动，对长期股权投资的账面价值进行相应调整的一种会计处理方法。投资方对被投资方具有共同控制或重大影响的长期股权投资，即对合营企业或联营企业的长期股权投资，应当采用权益法核算。

采用权益法核算，在"长期股权投资"科目下应当设置"投资成本""损益调整""其他综合收益""其他权益变动"明细科目，分别反映长期股权投资的初始投资成本、被投资方发生净损益及利润分配引起的所有者权益变动、被投资方确认其他综合收益引起的所有者权益变动以及被投资方除上述原因以外的其他原因引起的所有者权益变动而对长期股权投资账面价值进行调整的金额。

1. 取得长期股权投资的会计处理

企业在取得长期股权投资时，按照确定的初始投资成本入账。初始投资成本与应享有被投资方可辨认净资产公允价值份额之间的差额，应区别情况处理：

（1）如果长期股权投资的初始投资成本大于取得投资时应享有被投资方可辨认净资产公允价值的份额，不调整已确认的初始投资成本。

（2）如果长期股权投资的初始投资成本小于取得投资时应享有被投资方可辨认净资产公允价值的份额，应按二者之间的差额调整长期股权投资的账面价值，同时计入当期营业外收入。

【例8-16】2×24年7月1日，东方公司购入G公司股票1 600万股，实际支付购买价款2 450万元（包括交易税费）。该股份占G公司普通股股份的25%，东方公司在取得股份后，派人参与了G公司的生产经营决策，因能够对G公司施加重大影响，东方公司采用权益法核算。

（1）假定投资当时，G公司可辨认净资产公允价值为9 000万元。

应享有G公司可辨认净资产公允价值份额 = 9 000 × 25% = 2 250（万元）

由于长期股权投资的初始投资成本大于投资时应享有G公司可辨认净资产公允价值的份额，因此，不调整长期股权投资的初始投资成本。东方公司应作如下会计处理：

借：长期股权投资——G公司（投资成本）　　24 500 000
　　贷：银行存款　　　　　　　　　　　　　　　24 500 000

（2）假定投资当时，G公司可辨认净资产公允价值为10 000万元。

应享有G公司可辨认净资产公允价值的份额 = 10 000 × 25% = 2 500（万元）

由于长期股权投资的初始投资成本小于投资时应享有G公司可辨认净资产公允价值的份额，因此，应按二者之间的差额调整长期股权投资的初始投资成本，同时计入当期营业外收入。东方公司应作如下会计处理：

初始投资成本调整额 = 2 500 - 2 450 = 50（万元）

借：长期股权投资——G 公司（投资成本）	24 500 000
贷：银行存款	24 500 000
借：长期股权投资——G 公司（投资成本）	500 000
贷：营业外收入	500 000

调整后的投资成本 = 2 450 + 50 = 2 500（万元）

2. 确认投资损益及取得现金股利或利润的会计处理

投资方取得长期股权投资后，应当按照在被投资方实现的净利润或发生的净亏损中，投资方应享有或应分担的份额确认投资损益，同时相应调整长期股权投资的账面价值。投资方应当在被投资方账面净损益的基础上，考虑以下因素对被投资方净损益的影响并进行适当调整后，作为确认投资损益的依据：

（1）被投资方采用的会计政策及会计期间与投资方不一致的，应当按照投资方的会计政策及会计期间对被投资方的财务报表进行调整；

（2）以取得投资时被投资方各项可辨认资产等的公允价值为基础，对被投资方的净损益进行调整，但应考虑重要性原则，不具重要性的项目可不予调整；

（3）投资方与联营企业及合营企业之间进行商品交易形成的未实现内部交易损益按照持股比例计算的归属于投资方的部分，应当予以抵销。

当被投资方宣告分派现金股利或利润时，投资方按应获得的现金股利或利润确认应收股利，同时，抵减长期股权投资的账面价值；被投资方分派股票股利，投资方不进行账务处理，但应于除权日在备查簿中登记增加的股份。

【例 8-17】 2×21 年 7 月 1 日，东方公司购入 G 公司股票 1 600 万股，占 G 公司普通股股份的 25%，能够对 G 公司施加重大影响，东方公司对该项股权投资采用权益法核算。假定东方公司与 G 公司的会计年度及采用的会计政策相同，投资当时 G 公司各项可辨认资产、负债的公允价值与其账面价值相同，双方未发生任何内部交易。G 公司 2×21 年至 2×24 年各年取得的净收益及其分配情况和东方公司相应的会计处理如下：

（1）2×21 年度，G 公司报告净收益 1 500 万元；2×22 年 3 月 10 日，G 公司宣告 2×21 年度利润分配方案，每股分派现金股利 0.10 元。

①确认投资收益。

应确认投资收益 = 1 500 × 25% × 6/12 = 187.5（万元）

借：长期股权投资——G 公司（损益调整）	1 875 000
贷：投资收益	1 875 000

②确认应收股利。

应收现金股利 = 0.10 × 1 600 = 160（万元）

借：应收股利	1 600 000
贷：长期股权投资——G 公司（损益调整）	1 600 000

③收到现金股利。

借：银行存款	1 600 000

　　　　贷：应收股利　　　　　　　　　　　　　　　　　　　　　　　　1 600 000

（2）2×22 年度，G 公司报告净收益 1 250 万元；2×23 年 4 月 15 日，G 公司宣告 2×22 年度利润分配方案，每股派送股票股利 0.30 股，除权日为 2×23 年 5 月 10 日。

①确认投资收益。

应确认投资收益 = 1 250 × 25% = 312.5（万元）

　　借：长期股权投资——G 公司（损益调整）　　　　　　　　　　3 125 000
　　　　贷：投资收益　　　　　　　　　　　　　　　　　　　　　　3 125 000

②除权日，在备查簿中登记增加的股份。

股票股利 = 0.30 × 1 600 = 480（万股）

持有股票总数 = 1 600 + 480 = 2 080（万股）

（3）2×23 年度，G 公司报告净收益 1 000 万元，未进行利润分配。

应确认投资收益 = 1 000 × 25% = 250（万元）

　　借：长期股权投资——G 公司（损益调整）　　　　　　　　　　2 500 000
　　　　贷：投资收益　　　　　　　　　　　　　　　　　　　　　　2 500 000

（4）2×24 年度，G 公司发生亏损 500 万元，未进行利润分配。

应确认投资损失 = 500 × 25% = 125（万元）

　　借：投资收益　　　　　　　　　　　　　　　　　　　　　　　　1 250 000
　　　　贷：长期股权投资——G 公司（损益调整）　　　　　　　　　1 250 000

3. 确认其他综合收益的会计处理

被投资方因确认其他综合收益而导致其所有者权益发生变动时，投资方应按照持股比例计算应享有或承担的份额，调整长期股权投资的账面价值，同时计入其他综合收益。

【例 8-18】东方公司持有 G 公司 25% 的股份，能够对 G 公司施加重大影响，采用权益法核算。2×23 年 12 月 31 日，G 公司持有的一项成本为 1 500 万元的以公允价值计量且其变动计入其他综合收益的金融资产（其他债权投资），公允价值升至 2 000 万元，G 公司按公允价值变动差额 500 万元调增该项金融资产的账面价值，并计入其他综合收益，导致其所有者权益发生变动。东方公司的会计处理如下：

应享有其他综合收益份额 = 500 × 25% = 125（万元）

　　借：长期股权投资——G 公司（其他综合收益）　　　　　　　　1 250 000
　　　　贷：其他综合收益　　　　　　　　　　　　　　　　　　　　1 250 000

4. 确认其他权益变动的会计处理

其他权益变动是指被投资方除实现净损益及进行利润分配、确认其他综合收益以外的其他原因导致的所有者权益变动，如被投资方接受股东资本性投入、确认以权益结算的股份支付等导致的所有者权益变动。投资方对于按照持股比例计算的应享有或承担的被投资方其他权益变动份额，应调整长期股权投资的账面价值，同时计入资本公积（其他资本公积）。

【例8-19】东方公司持有G公司25%的股份,能够对G公司施加重大影响,采用权益法核算。2×23年度,G公司接受其母公司实质上属于资本性投入的现金捐赠,金额为600万元,G公司将其计入资本公积,导致所有者权益发生变动。东方公司的会计处理如下:

应享有其他权益变动份额=600×30%=180(万元)

借:长期股权投资——G公司(其他权益变动)   1 500 000
 贷:资本公积——其他资本公积   1 500 000

三、长期股权投资的处置

企业处置长期股权投资时,应当按取得的处置收入扣除长期股权投资账面价值和已确认但尚未收到的现金股利之后的差额确认处置损益。采用权益法核算的长期股权投资,因被投资单位除净损益以外所有者权益的其他变动而计入所有者权益的,处置该项投资时应当将原计入所有者权益的部分按相应比例转入当期损益(不能结转损益的除外)。

【例8-20】东方公司对持有的G公司股份采用权益法核算。2×24年2月5日,东方公司将持有的G公司股份全部转让,收到转让价款3 500万元。转让日,该项长期股权投资的账面余额为3 300万元,其中,投资成本2 500万元,损益调整(借方)465万元,其他综合收益(借方)125万元(为在G公司持有的其他债权投资公允价值变动中应享有的份额),其他权益变动(借方)150万元。

转让损益=3 500-3 240=260(万元)

借:银行存款   35 000 000
 贷:长期股权投资——G公司(投资成本)   25 000 000
     ——G公司(损益调整)   4 650 000
     ——G公司(其他综合收益)   1 250 000
     ——G公司(其他权益变动)   1 500 000
  投资收益   2 600 000
借:其他综合收益   1 250 000
 资本公积——其他资本公积   1 500 000
 贷:投资收益   2 750 000

四、长期股权投资的列报

1. 报表列报

"长期股权投资"项目在资产负债表中的非流动资产项下,按照"长期股权投资"总账借方余额减去"长期股权投资减值准备"科目贷方余额之后的净额列报。

2. 附注披露

企业应在会计报表附注中披露如下信息：子公司、合营企业和联营企业清单，包括企业名称、注册地、业务性质、投资方的持股比例和表决权比例；合营企业和联营企业当期的主要财务信息，包括资产、负债、收入、利润等合计金额；被投资单位向投资方转移资金的能力受到严格限制的情况；当期及累计未确认的投资损失金额；与对子公司、合营企业及联营企业投资相关的或有负债。

思考题

1. 金融资产是如何三分类的？三分类的意义是什么？
2. 交易性金融资产的价值应如何反映？
3. 企业持有的哪些权益性投资应划分为长期股权投资？
4. 什么是成本法？什么是权益法？其适用范围是什么？
5. 如何确认长期股权投资的处置损益？

拓展阅读

公允价值会计的倡导者——美国证监会前主席布里登

公允价值会计，又称盯市会计、现行价值会计（current value accounting）、现行成本会计（current cost accounting）、市场价值会计（market value accounting），主张以公允价值记载资产和负债。律师出身的美国证监会（Securities Exchange Commission，SEC）前主席布里登（Richard C. Breeden）是盯市会计的主推手。布里登曾协助布什总统处理美国20世纪80年代储贷危机的遗留问题。他认为，为了及时观测金融机构的证券投资的风险程度，有必要让金融机构以公允价值（最新市场价值）列报其证券投资，并将浮动盈亏计入利润表。这就是"交易性金融资产"的处理规则。

后来，由于美联储和美国联邦财政部等机构的强烈反对，布里登的设想有所改变，增加了"可供出售金融资产"（我国现行准则所称的"其他权益工具投资""其他债权投资"）的处理规则。

第九章 固定资产

> 学习目标

通过本章的学习,要求掌握固定资产的概念、特点和分类;了解固定资产取得的来源、折旧的方法、处置的方式以及清查的方法;熟悉固定资产取得、折旧、后续计量以及处置和清查的会计核算。

第一节 固定资产概述

一、固定资产的概念和特点

(一) 固定资产的概念

我国《企业会计准则第 4 号——固定资产》规定,固定资产是指同时具有下列特征的有形资产:为生产商品、提供劳务、出租或经营管理而持有;使用寿命超过一个会计年度。

企业组织生产经营活动,除应拥有必不可少的流动资产以外,还需要拥有固定资产。固定资产与其他资产一样,是企业赖以生存的物质基础,是企业产生经济利益的源泉,关系到企业的正常运营与持续发展。但是,固定资产与流动资产是有较大区别的。从它们在企业的生产经营活动中所发挥的作用看,固定资产属于企业的劳动资料,流动资产一般属于企业的劳动对象;从使用寿命看,固定资产的使用寿命应超过一个会计年度,而流动资产的使用寿命一般不会超过一个会计年度;从资金存在形态看,固定资产表现为固定资金形态,而流动资产则表现为货币资金、储备资金、生产资金和成品资金等形态。由此可见,无论是从固定资产和流动资产概念的界定,还是它们所发挥的作用,以及它们的资金存在形态等方面看,它们之间都存在着较大的区别。

(二) 固定资产的特点

(1) 固定资产是有形资产。固定资产有一个实体存在,可以看得见、摸得着。这与企业的无形资产、应收账款、其他应收款等资产不同。对于无形资产,虽然可供企业长期使用，甚至使用期限超过固定资产，但由于其无形性而不能作为企业的固定资产；对企业持有的某些具有实物形态，而且具有固定资产某些特征的实物资产，如工业企业持有的工具、用具，备品备件、维修设备等资产，施工企业持有的模板、挡板、架料等周转材料，以及地质勘探企业持有的管材等资产，虽然其使用期限超过一年，但由于数量多、单价低，如果采用折旧的方法实现价值的转移不符合成本效益原则，所以在实务中通常确认为存货。相反，如果价值很高，且符合固定资产定义和确认条件的，应当确认为固定资产，如民用航空运输企业持有的高价周转件等。

（2）可供企业长期使用。固定资产属于长期耐用资产，其使用寿命超过一个会计年度。固定资产的使用寿命，是指企业使用固定资产的预计期间，或者该固定资产所能生产产品或提供劳务的数量。一般情况下固定资产的使用寿命是指使用固定资产的预计期间，如自用房屋建筑物的使用寿命以使用年限表示。但是对于某些机器设备或运输设备等固定资产，其使用寿命往往以该固定资产所能生产产品或提供劳务的来表示，如发电设备按其预计发电估计使用寿命，汽车或飞机等按其预计行驶里程估计使用寿命。固定资产虽然可以长期使用，但实物形态却不会因为使用而发生变化或显著损耗，其账面价值通过计提折旧方式而逐渐少，这也有别于存货等流动资产。

（3）不以投资和销售为目的。企业取得各种固定资产的目的是服务于企业自身的生产经营活动，企业可以通过固定资产生产出产品，并通过产品的销售而取得收入；可以通过提供劳务而赚取劳务收入；可以将固定资产出租给他人使用而赚取金收入；可以用于企业的行政管理，从而提高企业的管理水平。固定资产是企业的劳动工具，企业持有固定资产的目的不是出售或对外投资。

（4）未来的经济利益能够可靠计量。企业取得固定资产的目的是未来的经济利益，虽然这种经济利益是来自固定资产服务潜能的利用，而不是来自可直接转换为多少的货币，但它能在未来为企业来可以用货币加以合理计量的经济利益，而且这种经济利益是可以衡量的。

二、固定资产的分类

企业的固定资产数量和品种很多，为了便于对固定资产进行实物管理和价值核算，有必要对固定资产进行科学、合理的分类。

（一）固定资产按经济用途分类

固定资产的经济用途是指企业拥有的固定资产在其经营过程中的作用，按照这种方法对固定资产分类，有利于分析企业固定资产的使用范围，全面评估企业固定资产的整体结构状况。固定资产按照经济用途可以划分为以下两类：

（1）经营用固定资产：它是指直接服务于生产经营过程的各种固定资产，如用于企业生产经营的房屋、建筑物、机器设备、运输设备等。

(2) 非经营用固定资产：它是指不直接服务于生产经营过程中的各种固定资产，如用于职工住宅、公共福利设施、文化娱乐和卫生保健等方面的房屋和建筑物等。

（二）固定资产按使用情况分类

固定资产的使用情况是指固定资产在企业经营过程中的实际使用状况，按照这种方法对固定资产分类，有利于分析企业固定资产的存在形态，考核企业固定资产的使用效益。固定资产按照使用情况可以划分为以下四类：

(1) 使用中固定资产：它是指企业正在使用的经营用固定资产和非经营用固定资产。企业的房屋及建筑物无论是否在实际使用，都应视为使用中固定资产；由于季节性生产经营或进行大修理等原因而暂时停止使用以及存放在生产车间或经营场所备用、轮换使用的固定资产，也属于使用中固定资产。

(2) 未使用固定资产：它是指已购建完成但尚未交付使用的新增固定资产以及进行改建、扩建等暂时脱离生产经营过程的固定资产。未使用固定资产只是企业暂时未用，但在以后的经营活动中还是要使用的固定资产，不同于下面所说的不需用固定资产。

(3) 出租固定资产：它是指企业根据租赁合同规定，以经营租赁方式出租给其他企业临时使用的固定资产。在融资租赁方式下，出租固定资产相当于企业分期收款销售固定资产，不能作为本企业的固定资产处理。

(4) 不需用固定资产：它是指本企业多余的或不适用的待处置固定资产，即企业在未来的生产商品、提供劳务、出租或经营管理活动中不会再使用的固定资产。

（三）固定资产按来源分类

固定资产的来源是指企业取得固定资产的方式，按照这种方法对固定资产分类，有利于分析企业对固定资产的投入情况。固定资产按照来源可以分为以下七类：

(1) 外购固定资产：它是指企业从外部购入的固定资产。

(2) 自行建造固定资产：它是指企业自行组织技术人员或施工人员，自行研制的设备、建造的房屋和建筑物等。

(3) 投资者投入固定资产：它是指企业收到的投资者以设备和房屋等向企业投入，作为资本投资的固定资产。

(4) 融资租入固定资产：它是指企业以融资租赁方式租入的固定资产。

(5) 改建和扩建新增固定资产：它是指企业通过改建或扩建而形成的固定资产。固定资产的改建一般是指企业在不扩大产品生产能力的情况下对原有固定资产的改造；固定资产的扩建一般是指企业以扩大产品生产能力为目的对原有固定资产的改造。但不论改建或扩建一般都会增加企业的固定资产。

(6) 接受捐赠固定资产：它是指企业接受其他单位或个人捐赠的固定资产。

(7) 盘盈固定资产：它是指企业在财产清查中发现的实有数大于账面数的那部分固定资产。

（四）固定资产按是否需要安装分类

这种分类方法主要应用于企业购置的机器设备等固定资产。按照这种方法对购入设备进行分类，有利于分清不同情况加强会计核算。对购入设备按照是否需要安装分类，可以将其分为以下两类：

(1) 需要安装固定资产：它是指企业在购入后需要经过一定的安装程序才能达到预定可使用状态的设备。例如，企业购入的用于产品生产的机床、车床等设备，一般应固定安装在一定的基础上，并经调试后方可判断是否已经达到了预定可使用状态。只有确实达到了预定可使用状态以后才能被确认为企业的固定资产。在未达到预定可使用状态之前，只能确认为企业为了工程建设而准备的专用设备。

(2) 不需要安装固定资产：它是指企业在购入后不需要经过安装就能达到预定可使用状态的设备。例如，企业购入的运输汽车、客车和轿车等。这些设备在企业购入后就已达到了预定可使用状态，不必再进行安装即可马上投入使用，因而，对这类设备在购入后可直接确认为企业的固定资产。

三、固定资产的确认和计量

（一）固定资产的确认

固定资产确认既是固定资产交易或事项处理的起点，也贯穿于固定资产核算的全过程，具体包括初始确认和后续确认两个环节。

1. 固定资产的初始确认

初始确认是决定是否将某项资源作为企业的固定资产进行核算的起点。将一项资源确认为企业的固定资产，除必须符合固定资产的定义外，还必须同时满足以下两个条件：

(1) 与该固定资产有关的经济利益很可能流入企业。资产最基本的特征是预期能给企业带来经济利益；如果某一项目预期不能给企业带来经济利益，就不能确认为企业的资产。对固定资产的确认来说，如果某一固定资产预期不能给企业带来经济利益，就不能确认为企业的固定资产。在实务工作中，首先，需要判断该项固定资产所包含的经济利益是否很可能流入企业。如果该项固定资产包含的经济利益不是很可能流入企业，那么，即使满足固定资产确认的其他条件，企业也不应将其确认为固定资产。其次，如果该项固定资产包含的经济利益很可能流入企业，并同时满足固定资产确认的其他条件，那么，企业应将其确认为固定资产。

在实务中，判断固定资产包含的经济利益是否很可能流入企业，主要依据与该固定资产所有权相关的风险和报酬是否转移到了企业。其中，与固定资产所有权相关的风险是指，由于经营情况变化造成的相关收益的变动，以及由于资产闲置、技术陈旧等原因造成的损失；与固定资产所有权相关的报酬是指，在固定资产使用寿命内直接使用该资产而获得的收入，以及处置该资产所实现的利得等。通常，取得固定资产的所有权是判断与固定资产所有权相关的风险和报酬转移到企业的一个重要标志。凡是所有权已属于企业，不论企业是否收到或持有该固定资产，均可作为企业的固定资产，反之，如果没有取得所有权，即使存放在企业，也不能作为企业的固定资产。有时某项固定资产的所有权虽然不属于企业，但是，企业能够控制该项固定资产所包含的经济利益流入企业。在这种情况下，可以认为与固定资产所有权相关的风险和报酬实质上已转移给企业，也可以作为企业的固定资产加以确认。比如，融资租入固定资产，企业（承租方）虽然不拥有固定资产的所有权，但企业能够控制该固定资产所包含的经济利益，与固定资产所有权相关的风险和报酬实质上已转移到了企业，因此，符合固定资产确认的第一条件。

在固定资产的确认过程中，对于构成固定资产的各组成部分，如果各自具有不同的使用寿命或者以不同的方式为企业提供经济利益，从而适用不同的折旧率或者折旧方法，此时，各组成部分实际上是以独立的方式为企业提供经济利益，因此，企业应将其各组成部分单独确认为固定资产。例如，飞机的引擎，如果其与飞机机身具有不同的使用寿命，从而适用不同的折旧率或折旧方法，则企业应将其单独确认为固定资产。

（2）该固定资产的成本能够可靠地计量。成本能够可靠地计量，是资产确认的一项基本条件。固定资产作为企业资产的重要组成部分，要予以确认，其为取得该固定资产而发生的支出也必须能够可靠地计量。如果固定资产的成本能够可靠地计量，并同时满足其他确认条件，就可以加以确认；否则，企业不应加以确认。

企业在确定固定资产成本时，有时需要根据所获得的最新资料，对固定资产的成本进行合理的估计。例如，企业外购某一固定资产时，所支付的购买价款、相关税费，以及使固定资产达到预定可使用状态前所发生的可归属于该项资产的运输费、装卸费、安装费和专业人员服务费等，都属于企业取得该项资产所发生的必要支出，因而应全部计入该固定资产的成本。但这些成本的确定必须有可靠的依据，必须取得能够证明购买固定资产支出的发票、运输费单据、装卸或安装费用单据等凭据。又如，企业自行建造固定资产的成本应由建造该项资产达到预定可使用状态前所发生的各项支出构成。如会发生建筑材料费、施工人员费和工程机械使用费等，如果该项目的资金来自银行长期借款，还会发生长期借款利息支出等，这些自行建造固定资产的支出都应依据有关可靠凭证计入所建房屋的成本。

2. 固定资产的后续确认

固定资产的后续确认是指根据变化的情况对原已确认的固定资产再次加以确

认的过程。固定资产在使用过程中,会由于各种因素的影响而发生一定变化,例如,改建和扩建会引起固定资产的规模及成本增加,计提折旧、发生减值损失,以及出售、出租、捐赠和达到预计使用寿命等,会引起固定资产规模和成本减少。固定资产的后续确认就是根据这些情况,对固定资产的规模及其成本重新加以认定的过程。固定资产的后续确认也必须符合固定资产的定义,并应同时满足固定资产确认的两个条件。

企业处置固定资产时,如将固定资产出售、对外捐赠或报废,原来确认的固定资产已不能再为企业带来未来经济利益时,应予转销并终止确认。

(二)固定资产的计量

固定资产的计量既是固定资产确认的继续,也是联系固定资产会计记录和会计报告的枢纽,包括初始计量和后续计量两个环节。

1. 固定资产的初始计量

固定资产的初始计量是指企业对以不同方式取得的固定资产成本的确定。固定资产一般按实际成本进行核算。但由于企业的固定资产来源方式不同,其初始成本计量的方法也不尽相同。

(1)外购固定资产成本的计量。企业外购固定资产的成本包括购买价款,相关税费,使固定资产达到预定可使用状态前所发生的可归属于该项资产的运输费、装卸费、安装费和专业人员服务费等。在实务中,企业可能发生以一笔款项购入多项没有单独标价的固定资产的情况,如果这些资产均符合固定资产的定义,并满足固定资产的确认条件,则应将各项资产单独确认为固定资产,并按各项固定资产公允价值所占比例对总成本进行分配,分别确定各项固定资产的成本。

(2)自行建造固定资产成本的计量。企业自行建造固定资产的成本由建造该项资产达到预定可使用状态前所发生的必要支出构成,包括建造过程耗用物资成本、人工成本、交纳的相关税费、应予资本化的借款费用以及应分摊的间接费用。应予资本化的借款费用是指企业利用长期借款进行工程项目建设期间所发生的应计入固定资产成本的借款费用。企业自行建造固定资产包括自营建造和出包建造两种方式,无论采用何种方式,对所建工程都应按照实际发生的支出确定其成本。

(3)投资者投入固定资产成本的计量。企业接受投资者投入的固定资产投资,在办理了固定资产移交手续之后,应按投资合同或协议约定的价值加上应付的相关税费作为固定资产的入账价值,但合同或协议约定价值不公允的除外。

(4)企业合并取得固定资产成本的计量。企业合并是指企业与另外一个或几个独立的企业合并为一个企业的情形,具体包括同一控制下的企业合并和非同一控制下的企业合并两种方式。在两种方式下,合并企业取得固定资产成本的确定方法有所不同。企业合并取得固定资产一般属于企业接受长期股权投资的核算内容。

(5)融资租赁取得固定资产成本的计量。融资租赁是指实质上转移了与资产所有权有关的全部风险和报酬的租赁。在租赁期开始日,承租企业应当将租赁开始日租赁资产公允价值与最低租赁付款额现值两者中较低者作为租入资产的入账价值。承租人在租赁谈判和签订租赁合同过程中发生的,可归属于租赁项目的手续费、律师费、差旅费和印花税等初始直接费用,应当计入租入资产价值。

此外,固定资产的初始计量还包括对非货币性资产交换取得固定资产成本的计量,对债务重组取得固定资产成本的计量等。

2. 固定资产的后续计量

固定资产的后续计量主要包括固定资产折旧的计提、固定资产减值损失的确定,以及固定资产后续支出的计量等。

(1) 固定资产折旧的计提。固定资产折旧是指在固定资产使用寿命内,按照确定的方法对应计折旧额进行的系统分摊。根据我国《企业会计准则》的规定,企业应当在会计期末按照固定资产的实际使用情况等计算当期应分摊的固定资产折旧额,并计入当期成本或费用。固定资产折旧的计提所采用的方法及其应用见本节"固定资产折旧的核算"部分。

(2) 固定资产减值损失的确定。固定资产减值是指固定资产的可收回金额低于其账面价值这样一种情况。根据我国《企业会计准则》的规定,企业应当在会计期末,采用一定的方法判断包括固定资产在内的所有资产是否存在可能发生减值的迹象,固定资产由于减值而发生的损失称为固定资产减值损失。

(3) 固定资产后续支出的计量。固定资产后续支出是指固定资产在使用过程中发生的更新改造支出和修理费用等。固定资产后续支出的处理原则为:符合固定资产确认条件的应当计入固定资产成本,同时将被替换部分的账面价值予以扣除;不符合固定资产确认条件的应当计入当期损益。

3. 固定资产的计量属性

企业在将符合固定资产定义和确认条件的固定资产登记入账并列报于财务报表时,应当按照规定的会计计量属性进行计量,确定其记录或报告的金额。固定资产所采用的计量属性主要包括以下方面。

(1) 历史成本。固定资产的计价一般应以历史成本为标准。历史成本也叫原始价值简称原价或原值,也称实际成本等,是指固定资产按照购置时支付的现金或现金等价物的金额,或者按照取得固定资产时所付出对价的公允价值,一般包括买价、进口关税、运输费、场地整理费、装卸费、专业人员服务费和其他税费等。在确定固定资产的来源渠道不同,有一个很重要的问题需要注意,即企业为购建固定资产而借入款项所发生的借款费用资本化的会计处理问题。关于这个问题,国际上通行的做法是,只有固定资产建造期间实际发生的利息成本才能予以资本化。我国基本上依照国际惯例。我国会计准则规定,在固定资产达到预定可使用状态之前发生的借款费用,按规定计算应予资本化的金额,计入购建资产的价值,不能资本化的部分,计入当期费用;在固定资产达到预定可使用状态之后发生的,计入当期费用,不能资本化。另外,有些企业的部分固定资产在确定其原始价值时还应该考虑弃置费用问题。弃置费用通常是指根据国家法律、国际公约等规定，企业承担的环境保护和生态恢复等义务所确定的支出，如核电站核设施等的弃置和恢复环境义务等。固定资产弃置费用的发生是一未来事项，如果符合预计负债确认条件的，在确定固定资产原始价值时，应当将弃置费用未来发生额的现值体现在原始价值中，同时以相应的金额确认企业的预计负债。如果不符合预计负债的确认条件，弃置费用在实际发生时，应当计入当期损益。

固定资产的历史成本由于具有客观性和可验证性的特点，因而它是固定资产的基本计价标准，但是，采用历史成本计价也有明显的局限性，当社会经济环境和物价水平发生变化时，由于历史成本不能反映固定资产的现时价值，也就不能真实地揭示企业当前的生产经营规模和盈利水平，以此为依据编制的会计报表的真实性和相关性必然会受到影响。此外，由于固定资产的取得渠道是多种多样的，在有些情况下企业可能根本无法取得历史成本资料。因此，除了采用历史成本对固定资产进行计价外，会计上还有必要辅之以其他计价标准，如重置成本。

（2）重置成本。重置成本是指在现时的生产技术和市场条件下，重新购置同样的固定资产所需支付的全部代价。重置完全价值所反映的是固定资产的现时价值，从理论上讲，比采用原始价值计价更为合理。但由于重置完全价值本身是经常变化的，如果将其作为基本计价标准，势必会引起一系列复杂的会计问题，在会计实务中不具有可操作性。因此，重置完全价值只能作为固定资产的一个辅助计价标准来使用。通常用于对会计报表进行必要的补充、附注说明，以弥补原始价值计价的不足。此外，在取得无法确定原始价值的固定资产时，如盘盈固定资产、接受捐赠固定资产等，应以重置完全价值为计价标准，对固定资产进行计价。

（3）可变现净值。在可变现净值计量下，固定资产按照其正常对外销售所能收到现金或者现金等价物的金额扣减该资产至完工时估计将要发生的成本、估计的销售费用以及相关税费后的金额计量。例如，企业在处置不需用固定资产时，一方面会获取处置收益，另一方面也会发生清理支出，以及按照规定交纳税金等，应综合考虑以上各方面的因素确定所处置固定资产的净收益或净损失。

（4）现值。在现值计量下，固定资产按照预计从其持续使用和最终处置中所产生的未来净现金流入量的折现金额计量。固定资产现值是在考虑了货币时间价值的基础上，采用一定方法确定的固定资产的现实价值，是能够切实体现固定资产真实价值的一种计量属性。

（5）公允价值。在公允价值计量下，固定资产按照市场参与者在计量日发生的有序交易中，出售该项固定资产所能收到的价格计量。

按照我国《企业会计准则》的要求，企业在对固定资产进行计量时，一般应当采用历史成本，采用重置成本、可变现净值、现值、公允价值计量的，应当保证所确定的固定资产成本能够取得并能够可靠计量。

四、固定资产的管理要求

固定资产是企业生产经营管理过程中重要的劳动资料和物质基础，是固定资本的实物形态。企业应结合实际情况加强固定资产的监督管理，规范固定资产管理流程，明确固定资产的申请采购、验收、交付使用、处置报废等各环节的权、责、利，强化各有关部门及员工的职责、落实经管责任，保证固定资产会计核算资料的真实、准确、完整。防范固定资产更新改造不够、使用效能低下、维护不当、产能过剩，可能导致企业缺乏竞争力、资产价值贬损、安全事故频发或资源浪费等风险，具体要求主要有：

（1）正确预测并确定固定资产的需要和规模；

（2）严格划分资本性支出和收益性支出的界限合理确认并准确计量固定资产的价值；坚持实质重于形式的原则，正确区分固定资产和在建工程；

（3）加强固定资产的日常管理在日常管理过程中，企业应建立和健全固定资产的管理责任制度，严格固定资产的采购、验收、交付使用、出售和清理报废及定期清查盘点等手续制度，确保各项经办业务的各项原始凭证真实、准确、完整，提高固定资产的使用效率和效果；

（4）正确核算固定资产折旧和减值，及时准确计提固定资产折旧，需要计提固定资产减值的应准确合理识别固定资产减值迹象并按规定计提减值，确保固定资产的及时更新改造。

第二节　固定资产的初始计量

9.1 固定资产的初始计量

固定资产的初始计量是指固定资产初始成本的计量。固定资产应当按照成本进行初始计量。固定资产成本是指企业购建某项固定资产达到预定可使用状态前所发生的一切合理、必要的支出。这些支出既包括直接发生的价款、运杂费、包装费和安装成本等，也包括间接发生的其他一些费用，如应承担的借款利息、外币借款折算差额以及应分摊的其他间接费用。在确定固定资产成本时，应当考虑预计弃置费用因素。

一、外购固定资产

企业外购的固定资产，应按实际支付的购买价款、相关税费、使固定资产达到预定可使用状态前所发生的可归属于该项资产的运输费、装卸费、安装费和专业人员服务费等，作为固定资产的取得成本。

（一）企业购入不需要安装的固定资产

为了核算不需安装的固定资产，企业一般需要设置"固定资产"账户，核算固定资产取得、计提折旧、处置等情况。"固定资产"账户核算企业固定资产的原价，该账户的性质属于资产类账户，借方登记企业增加的固定资产原价，贷方登记企业减少的固定资产原价，期末借方余额，反映企业期末固定资产的账面原价。企业应当设置"固定资产登记簿"和"固定资产卡片",按固定资产的类别、使用部门和每项固定资产进行明细核算。

企业外购的固定资产,应按实际支付的购买价款、相关税费、使固定资产达到预定可使用状态前所发生的可归属于该项资产的运输费、装卸费、安装费和专业人员服务费等,作为固定资产的取得成本。其中,相关税费不包括按照现行增值税制度规定,可以从销项税额中抵扣的增值税进项税额。

企业作为一般纳税人,购入不需要安装的固定资产时,应按支付的购买价款、使固定资产达到预定可使用状态前所发生的可归属于该项资产的运输费、装卸费和专业人员服务费等,作为固定资产成本,借记"固定资产"科目,取得增值税专用发票、海关完税证明或公路发票等增值税扣税凭证,并经税务机关认证可以抵扣的,应按专用发票注明的增值税进项税额,借记"应交税费——应交增值税(进项税额)"科目,贷记"银行存款""应付账款"等科目。

【例9-1】2×24年4月20日,东方公司购入一台不需要安装就可投入使用的设备,取得的增值税专用发票上注明的设备价款为100 000元,增值税税额为13 000元,发生的运杂费为2 000元,以银行存款转账支付。假定不考虑其他相关税费。东方公司的账务处理如下:

借:固定资产 100 000
　　应交税费——应交增值税(进项税额) 13 000
　贷:银行存款 113 000

(二)企业购入需要安装的固定资产

为了核算需安装的固定资产,企业一般需要设置"在建工程"账户,核算企业基建、更新改造等在建工程发生的支出,该账户的性质属于资产类账户,借方登记企业各项在建工程的实际支出,贷方登记完工工程转出的成本,期末借方余额反映企业尚未达到预定可使用状态的在建工程的成本。

企业作为一般纳税人,购入需要安装的固定资产时,应在购入的固定资产取得成本的基础上加上安装调试成本作为入账成本。按照购入需安装的固定资产的取得成本,借记"在建工程"科目,按购入固定资产时可抵扣的增值税进项税额,借记"应交税费——应交增值税(进项税额)"科目,贷记"银行存款""应付账款"等科目;按照发生的安装调试成本,借记"在建工程"科目,按取得的外部单位提供的增值税专用发票上注明的增值税进项税额,借记"应交税费——应交增值税(进项税额)"科目,贷记"银行存款"等科目;耗用了本单位的材料或人工的,按应承担的成本金额,借记"在建工程"科目,贷记"原材料""应付职工薪酬"等科目。安装完成达到预定可使用状态时,由"在建工程"科目转入"固定资产"科目,借记"固定资产"科目,贷记"在建工程"科目。

企业作为小规模纳税人,购入固定资产发生的增值税进项税额应计入固定资产成本，借记"固定资产"或"在建工程"科目，不通过"应交税费——应交增值税"科目核算。

企业基于产品价格等因素的考虑，可能以一笔款项购入多项没有单独标价的固定资产。如果这些资产均符合资产定义，并满足固定资产的确认条件，则应将各项资产单独确认为固定资产，并按各项固定资产公允价值的比例对总成本进行分配，分别确定各项固定资产的成本。

【例9-2】2×24年4月22日，东方公司购入一台需要安装的机器设备，取得的增值税专用发票上注明的设备价款为200 000元，增值税税额为26 000元，支付的运输费为1 000元，款项已通过银行支付；安装设备时，领用原材料一批，账面余额为10 000元，未计提存货跌价准备；应付安装工人工资为2 000元；假定不考虑其他相关税费。东方公司的账务处理如下。

（1）支付设备价款、增值税、运输费合计为227 000元。

借：在建工程　　　　　　　　　　　　　　　　　　　　　201 000
　　应交税费——应交增值税（进项税额）　　　　　　　　 26 000
　　贷：银行存款　　　　　　　　　　　　　　　　　　　227 000

（2）领用本公司原材料10 000元，支付安装工人工资、计提福利费2 000元，费用合计为12 000元。

借：在建工程　　　　　　　　　　　　　　　　　　　　　 12 000
　　贷：原材料　　　　　　　　　　　　　　　　　　　　 10 000
　　　　应付职工薪酬　　　　　　　　　　　　　　　　　　2 000

（3）设备安装完毕达到预定可使用状态。

借：固定资产　　　　　　　　　　　　　　　　　　　　　213 000
　　贷：在建工程　　　　　　　　　　　　　　　　　　　213 000

【例9-3】诚信公司为增值税小规模纳税人，2×24年5月10日签发一张6个月到期的银行承兑汇票购入一台需要安装的设备，增值税专用发票上注明的价款为200 000元，增值税税额为26 000元，另外用转账支票支付安装费10 000元，增值税税额为1 300元。诚信公司应编制如下会计分录。

（1）购入进行安装时：

借：在建工程　　　　　　　　　　　　　　　　　　　　　226 000
　　贷：应付票据　　　　　　　　　　　　　　　　　　　226 000

（2）支付安装费时：

借：在建工程　　　　　　　　　　　　　　　　　　　　　 11 300
　　贷：银行存款　　　　　　　　　　　　　　　　　　　 11 300

（3）设备安装完毕交付使用时：

该设备的成本 = 226 000 + 11 300 = 237 300（元）

借：固定资产　　　　　　　　　　　　　　　　　　　　　237 300
　　贷：在建工程　　　　　　　　　　　　　　　　　　　237 300

二、自行建造的固定资产

自行建造的固定资产，按建造该项资产达到预定可使用状态前所发生的必要支出，作为入账价值。这里所讲的"建造该项资产达到预定可使用状态前所发生的必要支出"，包括工程用物资成本、人工成本、应予以资本化的固定资产借款费用、交纳的相关税费以及应分摊的其他间接费用等。企业为在建工程准备的各种物资，应当按照实际支付的买价、增值税额、运输费、保险费等相关费用，作为实际成本，并按照各种专项物资的种类进行明细核算。企业自行建造固定资产包括自营建造和出包建造两种方式，主要通过"工程物资"和"在建工程"科目进行核算。

"工程物资"科目，核算企业为基建工程、更新改造工程准备的各种物资的实际成本，包括为工程准备的材料、尚未交付安装的需要安装设备的实际成本，以及预付大型设备款和基本建设期间根据项目概算购入为生产准备的工具及器具等的实际成本，并分别设置"专用材料""专用设备""预付大型设备款""为生产准备的工具及器具"等明细科目。该账户的性质属于资产类账户，借方登记企业购入工程物资的成本，贷方登记领用工程物资的成本，期末借方余额，反映企业为在建工程准备的各种物资的成本。

（一）自营方式建造固定资产

企业通过自营方式建造固定资产，其入账价值应当按照建造该项固定资产达到预定可使用状态前所发生的必要支出确定。工程项目较多且工程支出较大的企业，应当按照工程项目的性质分别核算各工程项目的成本。

工程完工达到预定可使用状态后，应将该项工程完工达到预定可使用状态前所发生的必要支出结转，作为固定资产的入账价值。固定资产达到预定可使用状态后剩余的工程物资，如转作库存材料，按其实际成本或计划成本，转作企业的库存材料；若材料存在可抵扣的增值税进项税额，应按减去可抵扣增值税进项税额后的实际成本或计划成本，转作企业的库存材料。盘盈、盘亏、报废、毁损的工程物资，减去保险公司、过失人赔偿部分后的余额，分别情况处理：如果工程项目尚未达到预定可使用状态，计入当期营业外支出或营业外收入。工程在达到预定可使用状态前，因必须进行试运转而形成的、能够对外销售的产品，其发生的成本，计入在建工程成本，销售或转为库存商品时，按实际销售收入或按预计售价冲减工程成本。所建造的固定资产已达到预定可使用状态，但尚未办理竣工决算的，应当自达到预定可使用状态之日起，根据工程预算、造价或者工程实际成本等，按暂估价值转入固定资产成本，待办理竣工决算手续后再作调整。

由于正常原因造成的单项工程或单位工程报废或毁损，减去残料价值和过失人或保险公司等赔款后的净损失或净收益，如果工程项目尚未达到预定可使用状态的，计入或冲减继续施工的工程成本；如果工程项目已经达到预定可使用状的，属于筹建期间的，计入或冲减管理费用；不属于筹建期间的，直接计入当期营业外支出或营业外收入。

如为非正常原因造成的单项工程或单位工程报废或毁损，或在建工程项目全部报废或毁损，减去残料价值和过失人或保险公司等赔款后的净损失直接计入当期营业外支出。

企业通过自营方式建造的固定资产，按建造该资产达到预定可使用状态前所发生的必要支出，借记"在建工程"科目，贷记"银行存款""原材料""应付职工薪酬"等科目。工程达到预定可使用状态交付使用固定资产时，借记"固定资产"科目，贷记"在建工程"科目。

【例9-4】东方公司自建厂房一幢，购入为工程准备的各种物资100 000元，支付的增值税税额为13 000元，全部用于工程建设。领用本企业生产的水泥一批，实际成本为50 000元；工程人员应计工资20 000元，支付的其他费用10 000元。工程完工并达到预定可使用状态。东方公司应作如下会计处理。

（1）购入工程物资时：

借：工程物资 100 000
　　应交税费——应交增值税（进项税额） 13 000
　　贷：银行存款 113 000

（2）工程领用工程物资时：

借：在建工程 100 000
　　贷：工程物资 100 000

（3）工程领用本企业生产的水泥：

借：在建工程 50 000
　　贷：库存商品 50 000

（4）分配工程人员工资时：

借：在建工程 20 000
　　贷：应付职工薪酬 20 000

（5）支付工程发生的其他费用时：

借：在建工程 10 000
　　贷：银行存款等 10 000

（6）工程完工转入固定资产成本 = 100 000 + 50 000 + 20 000 + 10 000 = 180 000（元）

借：固定资产 180 000
　　贷：在建工程 180 000

（二）出包工程

出包工程是指企业通过招标方式将工程项目发包给建造承包商，由建造承包商组织施工的建筑工程和安装工程。企业采用出包形式的固定资产工程，其工程的具体支出主要由建造承包商核算，在这种方式下，"在建工程"科门主要是反映企业与建造承包商办理工程价款结算的情况。企业支付给建造承包商的工程价款作为工程成本,通过"在建工程"科目核算。

企业按合理的发包进度和合同规定向建造承包商结算进度款,并由对方开具增值税专用发票,按增值税专用发票上注明的价款,借记"在建工程"科目,按增值税专用发票上注明的增值税进项税额,借记"应交税费——应交增值税(进项税额)"科目,按应实际支付的金额,贷记"银行存款"科目,待到工程达到预定可使用状态时,按其成本,借记"固定资产"科目,贷记"在建工程"科目。

【例9-5】东方公司将一幢厂房的建造工程出包给某公司承建,按合理估计的发包工程进度和合同规定向丙公司结算进度款327 000元,工程完工后,收到某公司有关工程结算单据,补付工程款109 000元,工程完工并达到预定可使用状态,增值税税率9%。东方公司应作如下会计处理。

(1)按合理估计的发包工程进度和合同规定向某公司结算进度款时:

借:在建工程 300 000
　　应交税费——应交增值税(进项税额) 27 000
　　贷:银行存款 327 000

(2)补付工程款时:

借:在建工程 100 000
　　应交税费——应交增值税(进项税额) 9 000
　　贷:银行存款 109 000

(3)工程完工并达到预定可使用状态时:

借:固定资产 400 000
　　贷:在建工程 400 000

三、投资者投入的固定资产

企业对投资者投资转入的机器设备等固定资产,在办理了固定资产移交手续之后,按投资合同或协议约定的价值作为固定资产的入账价值,借记"固定资产"科目;按投资各方确认的价值在其注册资本中所占的份额,确认为实收资本或股本,贷记"实收资本"或"股本"科目,按投资各方确认的价值与确认为实收资本或股本的差额,确认为资本公积,贷记"资本公积——资本溢价(股本溢价)"科目。

【例9-6】东方公司系有限责任公司,其注册资本为300 000元。2×24年1月5日,东方公司接受诚信公司以一台设备进行投资。该台设备的原价为90 000元,已计提折旧30 000元,双方经协商确认的价值为70 000元,占东方公司注册资本的20%。假定不考虑其他相关税费。东方公司的账务处理如下:

借:固定资产 70 000
　　贷:实收资本——诚信公司 60 000

　　　　资本公积——资本溢价　　　　　　　　　　　　　　　　　　10 000

四、接受捐赠固定资产

　　接受捐赠固定资产，捐赠方提供了有关凭据的，按凭据上标明的金额加上应支付的相关税费，作为入账价值。捐赠方没有提供有关凭据的，按以下顺序确定其入账价值：同类或类似固定资产存在活跃市场的，按同类或类似固定资产的市场价格估计的金额，加上应支付的相关税费，作为入账价值，同类或类似固定资产不存在活跃市场的，按该接受捐赠的固定资产的预计未来现金流量现值，作为入账价值。如接受捐赠的是旧的固定资产，依据上述方法确定的新固定资产价值，减去按该项资产的新旧程度估计的价值损耗后的余额，作为入账价值。

　　具体来说，企业接受捐赠固定资产，应按确定的入账价值，借记"固定资产"科目，按税法规定确定的入账价值与适用的所得税税率的乘积，贷记"递延所得税负债"科目，按二者的差额，贷记"营业外收入"科目。

　　【例9-7】2×24年7月8日，东方公司接受诚信公司捐赠的一台八成新机器设备，诚信公司提供了购买这台设备的有关发票等凭证，据此确定该设备原价为50 000元（含增值税进项税额）。东方公司为使设备达到预定可使用状态所发生的运输费、安装费等为2 000元，全部以银行支票等支付，假定东方公司适用的所得税税率为25%；东方公司按照税法规定确定该机器设备的入账价值为40 000元；不考虑其他相关税费。东方公司的账务处理如下。

　　借：固定资产　　　　　　　　　　　　　　　　　　　　　42 000
　　　　贷：递延所得税负债　　　　　　　　　　　　　　　　　10 000
　　　　　　营业外收入　　　　　　　　　　　　　　　　　　　30 000
　　　　　　银行存款　　　　　　　　　　　　　　　　　　　　 2 000

第三节　固定资产的折旧

一、固定资产折旧概述

　　关于固定资产折旧的定义有多种表述。有的认为固定资产折旧是指固定资产价值逐渐减少的现象；有的认为固定资产折旧是指按期系统地转入营业成本或费用中的固定资产成本；我国《企业会计准则第4号——固定资产》对固定资产折旧定义的表述是，固定资产折旧是指在固定资产使用寿命内，按照确定的方法对应计折旧额进行系统分摊。虽然人们对固定资产折旧定义的表述不尽相同，但要正确理解固定资产折旧的定义，一般应注意这样两个问题：一是固定资产的成本转入营业成本或费用中的原因与目的；二是固定资产的成本如何转入营业成本或费用中。

在生产经营过程中的不断使用，这种服务潜力会逐渐衰减直至消逝。企业为了使成本和相应的收入相配比，就必须按消逝的服务能力的比例。将固定资产的取得成本转入营业成本或费用中，以正确确定企业的收益。从量上来说，准确地确定固定资产已消逝的服务能力几乎是不可能的，特别是某一期消逝的服务能力更是如此。但是，人们可以通过采用一定的方法来尽可能地客观反映这种已消逝的服务能力，它可以直接地体现为按照一定的方法按期计算转入营业成本或费用中的固定资产成本，并且这种方法一经确定，在固定资产整个的经济使用年限内一般不许变更，具有连续性和规律性，这在会计上被称为"合理而系统"的方法。

固定资产服务潜力的逐渐消逝，是因为固定资产在使用过程中会发生各种损耗。固定资产损耗可分为有形损耗和无形损耗。有形损耗是指固定资产在使用过程中由于磨损而发生的使用性损耗和由于受自然力影响而发生的自然损耗；无形损耗是指由于技术进步、消费偏好的变化及经营规模扩大等原因而引起的损耗，这种损耗的特点是固定资产在物质形态上仍具有一定的服务潜力，但已不再适用或继续使用已不经济。一般而言，有形损耗决定固定资产的最长使用年限，即物质使用年限；无形损耗决定固定资产的实际使用年限，即经济使用年限。

从本质上讲，折旧也是一种费用，只不过这一费用没有在计提期间付出实实在在的货币资金，但这种费用是前期已经发生的支出，而这种支出的收益在资产投入使用后的有效使用期内实现，无论是从权责发生制的原则，还是从收入与费用配比的原则讲，计提折旧都是必要的，否则，不提折旧或不正确地计提折旧，都将错误地计算企业的产品成本（或营业成本）、损益。固定资产折旧计入生产成本的过程，即是随着固定资产价值的转移，以折旧的形式在产品销售收入中得到补偿，并转化为货币资金的过程。

二、固定资产折旧影响因素及范围

（一）固定资产折旧范围

《企业会计准则第 4 号——固定资产》规定，企业应对所有的固定资产计提折旧；但是，已提足折旧仍继续使用的固定资产和单独计价入账的土地除外。

提足折旧是指已经提足该项固定资产的应计折旧额。固定资产提足折旧后，不论能否继续使用，均不再计提折旧。提前报废的固定资产也不再补提折旧。

已达到预定可使用状态但尚未办理竣工决算的固定资产，应当按照估计价值确定其成本，并计提折旧；待办理竣工决算后再按实际成本调整原来的暂估价值，但不需要调整原已计提的折旧额。

处于更新改造过程停止使用的固定资产，应将其账面价值转入在建工程，不再计提折旧。更新改造项目达到预定可使用状态转为固定资产后，再按照重新确

9.2 固定资产计提折旧（一）

定的折旧方法和该项固定资产尚可使用年限计提折旧。

融资租入固定资产，应当采用与自有应计提折旧资产相一致的折旧政策。确定租赁资产的折旧期间应依租赁合同而定。能够合理确定租赁期届满时将会取得租赁资产所有权的，应以租赁期开始日租赁资产的使用寿命作为折旧期间；无法合理确定租赁期届满后承租人是否能够取得租赁资产所有权的，应当以租赁期与租赁资产使用寿命两者中较短者作为折旧期间。

(二) 影响固定资产折旧计算的因素

固定资产折旧的计提是指企业在各个会计期间对当期应计折旧额的确认。企业应按期根据固定资产的使用情况并考虑有关因素，采用选定的计提方法将这部分耗费计入当期的成本或费用，以便正确确定各个会计期间的损益。影响固定资产折旧计提的因素主要有固定资产的原始价值、预计净残值和预计使用年限。

1. 原始价值

原始价值是指固定资产的实际取得成本，就折旧计算而言，也称为折旧基数。以原始价值作为计算折旧的基数，可以使折旧的计算建立在客观的基础上，不容易受会计人员主观因素的影响。在固定资产使用寿命一定的情况下，固定资产的原始价值越高，则单位时间内或单位工作量的折旧额就越多；固定资产的原始价值越低，则单位时间内或单位工作量的折旧额就越少。因此，从投入产出的角度来讲，在保证生产效率和产品质量的前提下，企业应减少固定资产原始价值的支出，以提高企业的效益。

2. 预计净残值

预计净残值是指假定固定资产预计使用寿命已满并处于使用寿命终了时的预期状态，企业目前从该项资产处置中获得的扣除预计处置费用后的金额。固定资产的净残值是企业在固定资产使用期满后对固定资产的一个回收额，在计算固定资产折旧时应从固定资产的折旧计算基数中扣除。固定资产的净残值越高，则单位时间内或单位工作量的折旧额就越少；反之，则越多。但是由于固定资产净残值是一个在一开始计算固定资产折旧时就要考虑的因素，而它的实际金额是在实际发生时才能确定的，因此需要事前对此加以估计。实务上一般通过固定资产在报废清理时预计残值收入扣除预计清理费用后的净额来确定。其中，预计残值收入是指固定资产报废清理时预计可收回的器材、零件、材料等残料价值收入；预计清理费用是指固定资产报废清理时预计发生的拆卸、整理、搬运等费用。同时，为了避免计算过程受到人为因素的影响，我国企业所得税法规定了固定资产净残值比例标准，即固定资产净残值比例应在其原价的5%以内，具体比例由企业自行确定。如果企业的情况特殊，需要调整净残值比例，应报经主管税务机关备案。固定资产原始价值减去预计净残值后的数额为固定资产应计提折旧总额。

3. 预计使用年限

预计使用年限是指固定资产预计经济使用年限，也称折旧年限，它通常短于固定资产的物质使用年限。固定资产的使用年限取决于固定资产的使用寿命。企业在确定固定资产的使用寿命时，主要应当考虑下列因素：

（1）该资产的预计生产能力或实物产量。

（2）该资产的有形损耗，如设备使用中发生磨损、房屋建筑物受到自然侵蚀等。

（3）该资产的无形损耗，如因新技术的出现而使现有的资产技术水平相对陈旧、市场需求变化使产品过时等。

（4）有关资产使用的法律或者类似的限制。为避免国家税收利益受到影响，除另有特殊规定外，国家固定资产计算折旧的最低年限做了规定，具体如下：房屋、建筑物，为20年；飞机、火车、轮船、机器、机械和其他生产设备，为10年；与生产经营活动有关的器具、工具、家具等，为5年；飞机、火车、轮船以外的运输工具，为4年；电子设备，为3年。

三、固定资产折旧方法

9.3 固定资产计提折旧（二）

会计上计算固定资产折旧的方法很多，主要可分为两大类：一类是直线法，包括年限平均法、工作量法；另一类是加速折旧法，包括双倍余额递减法、年数总和法等。对固定资产折旧方法的选用，国家历来有较严格的规定。目前，我国对固定资产折旧方法的选用限定为：企业一般采用年限平均法。企业专业车队的客、货运汽车以及大型设备，可以采用工作量法；在国民经济中具有重要地位、技术进步快的电子生产企业、船舶工业和船舶运输企业、飞机制造企业、汽车制造企业和运输企业、化工生产企业和医药生产企业以及其他财政部批准的企业，其机器设备可以选用加速折旧法中的双倍余额递减法或年数总和法。

根据企业会计准则的规定，企业应当根据与固定资产有关的经济利益的预期实现方式，合理选择固定资产折旧方法。可选用的折旧方法包括年限平均法、工作量法、双倍余额递减法和年数总和法。折旧方法一经选定，不得随意变更。如需变更，应当在附注中予以说明。

（一）年限平均法

年限平均法是指将固定资产的应计折旧额均衡地分摊于固定资产使用年限内的一种方法。这种方法假定固定资产的应计折旧额是依使用年限均匀损耗，因此，使用年限内各期的折旧金额相等。它主要适用于固定资产各期的负荷程度基本相同，各期应分摊的折旧费也基本相同的情况。年限平均法的计算公式如下：

$$年折旧率 = (1 - 预计净残值率)/预计使用寿命（年）\times 100\%$$

$$月折旧率 = 年折旧率/12$$

$$月折旧额 = 固定资产原价 \times 月折旧率$$

【例9-8】 东方公司有一幢厂房，原价为8 000 000元，预计可使用10年，预计报废时的净残值率为5%。该厂房的折旧率和折旧额的计算如下：

年折旧率 = (1 - 5%)/10 = 9.5%

月折旧率 = 9.5%/12 = 0.79%

月折旧额 = 8 000 000 × 0.79% = 63 200（元）

本例采用的是年限平均法计提固定资产折旧，其特点是将固定资产的应计折旧额均衡地分摊到固定资产预计使用寿命内，采用这种方法计算的每期折旧额是相等的。

年限平均法的优点为：计算过程简单易行，容易理解，是会计实务中应用得最广泛的一种方法。

年限平均法的缺点为：（1）只注重固定资产的使用时间，而忽视使用状况，使固定资产无论物质磨损程度如何，都计提同样的折旧费用，这显然不合理。（2）固定资产各年的使用成本负担不均衡，一般来说，随着资产的变旧，所需要的修理、保养等费用将会逐年增加，而年限平均法确定的各年折旧费用是相同的，这就产生了固定资产使用早期负担费用偏低，而后期负担偏高的现象，从而违背了收入与费用相配比的原则。

（二）工作量法

工作量法是以固定资产预计可完成的工作总量为分摊标准，根据各年实际完成的工作量计算折旧的一种方法。采用这种折旧方法。各年折旧额的大小随工作量的变动而变动，因而也称为变动费用法。采用工作量法计算折旧的原理和年限平均法相同，只是将分配折旧额的标准由使用年限改成了工作量，因此，工作量法实际上是年限平均法的一种演变。所以，工作量法也被归类为直线法。工作量法计算折旧的过程是分两个步骤来完成的，首先要计算固定资产单位工作量的折旧额，在此基础上再根据每期实际工作量的多少计算当期的折旧额。工作量法的基本计算公式如下：

单位工作量折旧额 = 固定资产原价 × (1 - 预计净残值率)/预计总工作量

某项固定资产月折旧额 = 该项固定资产当月工作量 × 单位工作量折旧额

【例9-9】 东方公司的一辆运货卡车的原价为800 000元，预计总行驶里程为400 000公里，预计报废时的净残值率为2%，本月行驶8 000公里。该辆汽车的月折旧额计算如下：

单位里程折旧额 = 800 000 × (1 - 2%)/400 000 = 1.96（元/公里）

本月折旧额 = 8 000 × 1.96 = 15 680（元）

本例采用工作量法计提固定资产折旧，工作量法是指根据实际工作量计算每期应提折旧额的一种方法。

工作量法的优点和年限平均法一样，比较简单实用，而且工作量法以固定资产的工作量为分配固定资产成本的标准，使各年计提的折旧额与固定资产的使用程度成正比，体现了收入与费用相配比的会计原则。工作量法的缺点也是明显的，它将有形损耗看作是引起固定资产折旧的唯一因素，固定资产不使用则不计提折旧，而事实上，由于无形损耗的客观存在固定资产即使不使用也会发生折旧。工作量法在计算固定资产前后期折旧时采用了一致的单位工作量的折旧额，而实际上这一折旧额在各期是不一样的，因为固定资产在使用的过程中单位工作量里所带来的经济效益是不一样的，因而折旧额也应该是不一样的。工作量法疏忽了这一点。

工作量法适用于使用情况很不均衡，使用的季节性较为明显的大型机器设备、大型施工机械以及运输单位或其他企业专业车队的客、货运汽车等固定资产折旧的计算。

(三) 双倍余额递减法

双倍余额递减法是指在不考虑固定资产预计净残值的情况下，根据每期期初固定资产原价减去累计折旧后的金额和双倍的直线法折旧率计算固定资产折旧的一种方法。应用这种方法计算折旧额时，由于每年年初固定资产净值没有扣除预计净残值，所以在计算固定资产折旧额时，应在其折旧年限到期前两年内，将固定资产净值扣除预计净残值后的余额平均摊销。双倍余额递减法的计算公式如下：

$$年折旧率 = 2/预计使用寿命（年）\times 100\%$$

$$月折旧率 = 年折旧率/12$$

$$月折旧额 = 每月月初固定资产账面净值 \times 月折旧率$$

【例 9-10】 东方公司一项固定资产的原价为 500 000 元，预计使用年限为 5 年，预计净残值 10 000 元，按双倍余额递减法计提折旧，每年的折旧额计算如下：

年折旧率 = 2/5 × 100% = 40%

第 1 年应提的折旧额 = 500 000 × 40% = 200 000（元）

第 2 年应提的折旧额 = (500 000 - 200 000) × 40% = 120 000（元）

第 3 年应提的折旧额 = (500 000 - 320 000) × 40% = 72 000（元）

从第 4 年起改用年限平均法（直线法）计提折旧。

第 4 年、第 5 年的年折旧额 = [(500 000 - 392 000) - 10 000]/2 = 49 000（元）

每年各月折旧额根据年折旧额除以 12 来计算。

由于双倍余额递减法不考虑固定资产的残值收入，因此，在采用这种方法时必须注意不能使固定资产的账面余额降低到其预计净残值以下。我国会计实务中，实行双倍余额递减法计提固定资产折旧时，应当在固定资产使用年限到期前两年以内，将固定资产账面余额扣除预计净残值后的余额平均摊销。

企业在选用双倍余额递减法计提折旧时，固定资产的预计净残值不能从其价值中抵减。因此，每年计提的固定资产折旧额是用两倍于直线法的折旧率去乘固定资产的账面净值。由于只要该项固定资产仍继续使用，其账面净值就不可能被冲销完毕，因此，在固定资产的使用后期，如果发现采用双倍余额递减法计算的折旧额小于采用直线法计算的折旧的固定资产，应当在固定资产折旧年限到期前两年内,将固定资产账面净值扣除预计净残值后的余额平均摊销。

(四) 年数总和法

年数总和法又称年限合计法,是以固定资产的原值减去预计净残值后的净额为基数,乘以一个逐年递减的分数计算每年的折旧额,这个分数的分子代表固定资产尚可使用的年数,分母代表使用年数的逐年数字合计。这种方法的特点是:计算折旧的基数是固定不变的,折旧率依固定资产尚可使用年限确定,各年折旧率呈递减趋势,依此计算的折旧额也呈递减趋势。年数总和法计算公式如下:

$$年折旧率 = (预计使用寿命 - 已使用年限)/预计使用寿命 \times (预计使用寿命 + 1)/2 \times 100\%$$

或者

$$年折旧率 = 尚可使用年限/预计使用寿命的年数总和 \times 100\%$$

$$月折旧率 = 年折旧率/12$$

$$月折旧额 = (固定资产原值 - 预计净残值) \times 月折旧额$$

【例9-11】承〖9-10〗,假如采用年数总和法,计算各年折旧额如表9-1所示。

表9-1　　　　　　　　年数总和法各年折旧额　　　　　　金额单位:元

年份	尚可使用年限	原价-净残值	变动折旧率	年折旧额
1	5	490 000	5/15	1 633 333.33
2	4	490 000	4/15	130 666.67
3	3	490 000	3/15	98 000
4	2	490 000	2/15	65 333.33
5	1	490 000	1/15	32 666.67

本例采用了年数总和法计提固定资产折旧,年数总和法又称年限合计法,是指固定资产的原价减去预计净残值后的余额,乘以一个逐年递减的分数计算每年的折旧额,这个分数的分子代表固定资产尚可使用寿命,分母代表预计使用寿命逐年数字。

四、运用固定资产折旧方法应注意的问题

1. 企业选用折旧方法应遵循会计信息质量的可比性要求

对于我国《企业会计准则》规定的以上四种折旧方法,企业可结合自身的经营性质和特点选择使用。从上面的举例可以看出,企业选择不同的固定资产折旧方法,将影响固定资产使用寿命期间内不同时期的折旧费用,每月计算出来的折旧额差异是比较大的,由于这些折旧额都要分别计入各会计期间的成本或费用,因而就成为影响各个会计期间成本或费用水平高低的一个重要因素,进一步看,成本或费用水平的高低又会影响各期经营成果的计算与确定。为了使各期分

摊的固定资产使用费用均衡合理，避免人为地改变固定资产折旧方法而调节企业成本或费用及经营成果，根据《企业会计准则》的规定，企业选择使用的固定资产折旧方法一经确定，一般不得随意变更。

2. 应对固定资产使用寿命、预计净残值和折旧方法进行复核

在固定资产使用过程中，其所处的经济环境、技术环境及其他环境可能对固定资产的使用寿命和预计净残值产生较大影响。例如，由于产品产量扩大而使固定资产使用强度加大时，会在一定程度上缩短固定资产的使用寿命；市场上替代在用固定资产的新产品的出现致使其实际使用寿命缩短、预计净残值减少等。以上环境的变化也可能会使与固定资产有关的经济利益的预期实现方式发生重大改变，企业应相应改变固定资产折旧方法。例如，某采掘企业在经营初期各期产量相对均衡，采用年限平均法计提折旧。但现在企业生产所依赖的资源的可采储量逐年减少，需要将年限平均法改变为工作量法等。我国的《企业会计准则》规定，企业至少应当于每年年度终了，对固定资产使用寿命、预计净残值和折旧方法进行复核。如有确凿证据表明：固定资产使用寿命和净残值的预计数与原先估计数有差异，应进行相应调整。固定资产包含的经济利益预期实现方式有重大改变的，应当改变固定资产折旧方法。

五、固定资产折旧的账务处理

固定资产应当按月计提折旧，计提的折旧应当记入"累计折旧"科目，该账户属于"固定资产"的调整账户，核算企业固定资产的累计折旧，该账户的性质属于资产类账户，贷方登记企业计提的固定资产折旧，借方登记固定资产转出的累计折旧，期末贷方余额，反映企业固定资产的累计折旧额。

固定资产应当按月计提折旧，计提的折旧应当记入"累计折旧"科目，并根据用途计入相关资产的成本或者当期损益。企业自行建造固定资产过程中使用的固定资产，其计提的折旧应计入在建工程成本；基本生产车间所使用的固定资产，其计提的折旧应计入制造费用；管理部门所使用的固定资产，其计提的折旧应计入管理费用；销售部门所使用的固定资产，其计提的折旧应计入销售费用；经营租出的固定资产，其应计提的折旧额应计入其他业务成本。企业计提固定资产折旧时，借记"制造费用""销售费用""管理费用"等科目，贷记"累计折旧"科目。

【例9-12】东方公司采用年限平均法对固定资产计提折旧。2×24年5月根据"固定资产折旧计算表"，确定的各车间及厂部管理部门应分配的折旧额为：一车间2 800 000元，二车间3 200 000元，三车间1 600 000元，厂管理部门200 000元。东方公司应作如下会计处理：

```
借：制造费用——一车间                    2 800 000
        ——二车间                        3 200 000
        ——三车间                        1 600 000
```

管理费用　　　　　　　　　　　　　　　　　　　　　200 000
　　　贷：累计折旧　　　　　　　　　　　　　　　　　　　7 800 000

【例9-13】东方公司2×24年4月固定资产计提折旧情况如下：一车间厂房计提折旧3 800 000元，机器设备计提折旧4 500 000元；管理部门房屋建筑物计提折旧6 500 000元，运输工具计提折旧2 400 000元；销售部门房屋建筑物计提折旧3 200 000元，运输工具计提折旧2 630 000元。当月新购置机器设备一台，价值为5 400 000元，预计使用寿命为10年，东方公司同类设备计提折旧采用年限平均法。

本例中，新购置的机器设备本月不计提折旧。本月计提的折旧费用中，车间使用的固定资产计提的折旧费用计入制造费用，管理部门使用的固定资产计提的折旧费用计入管理费用，销售部门使用的固定资产计提的折旧费用计入销售费用。东方公司应作如下会计处理：

　　借：制造费用——一车间　　　　　　　　　　　　　　8 300 000
　　　　管理费用　　　　　　　　　　　　　　　　　　　　8 900 000
　　　　销售费用　　　　　　　　　　　　　　　　　　　　5 830 000
　　　贷：累计折旧　　　　　　　　　　　　　　　　　　　23 030 000

第四节　固定资产后续支出

　　固定资产后续支出是指固定资产在投入使用以后期间发生的与固定资产使用效能直接相关的各种支出，如固定资产的增置、改良与改善、换新、修理、重新安装等业务发生的支出。

　　从支出目的来看，固定资产后续支出有的是维护、恢复或改进固定资产的性能，使固定资产在质量上发生变化；有的是改建、扩建或增建固定资产，使固定资产在数量上发生变化。

　　从支出的情况来看，有的后续支出在取得固定资产时即可预见到它的发生，属于经常性的或正常性的支出；有的后续支出很难预见到它的发生，属于偶然性的或特殊性的支出。

　　从支出的性质来看，有的后续支出形成资本化支出，应计入固定资产的价值，按照会计准则的规定，这一类支出必须符合固定资产确认的条件；固定资产的后续支出如果不符合固定资产确认的条件，就要进行费用化处理，在后续支出发生时计入当期损益。

一、资本化的固定资产后续支出

　　企业在生产经营活动过程中，通过对厂房进行改建、扩建而使其更加坚固耐用，延长了厂房等固定资产的使用寿命；企业通过对设备的改建，提高了其单位时间内产品的产出数量,提高了机器设备等固定资产的生产能力;企业通过对车床的改良,大大提高了其生产产品的精确度,实现了企业产品的更新换代等。

根据企业会计准则的规定,在对固定资产发生后续支出的过程中,如果后续支出满足固定资产的确认条件,则应当计入固定资产账面价值。

在对固定资产发生可资本化的后续支出时,企业应将该固定资产的原价、已计提的累计折旧和减值准备转销,将固定资产的账面价值转入在建工程,固定资产发生的可资本化的后续支出,通过"在建工程"科目核算。在固定资产发生的后续支出完工并达到预定可使用状态时,应在后续支出资本化的固定资产账面价值不超过其可收回金额的范围内,从"在建工程"科目转入;后续支出资本化后的固定资产账面价值超过其可收回金额的差额,计入当期营业外支出。

在具体实务中,企业对固定资产进行更新改造时,应将更新改造的固定资产账面价值转入在建工程,并在此基础上核算经更新改造后的固定资产原价。处于更新改造过程而停止使用的固定资产因已转入在建工程,因此不计提折旧,待更新改造项目达到预定可使用状态转为固定资产后,再按重新确定的折旧和该项固定资产尚可使用年限计提折旧,因进行大修理而停用的固定资产,应当照提折旧,计提的折旧应计入相关成本费用。

【例9-14】东方公司是一家饮料生产企业,有关业务资料如下:

(1) 2×20年12月,该公司自行建成了一条饮料生产线并投入使用,建造成本为600 000元;采用年限平均法计提折旧;预计净残值率为固定资产原价的3%,预计使用年限为6年。

(2) 第三年12月31日,由于生产的产品适销对路,现有这条饮料生产线的生产能力已难以满足公司生产发展的需要,但若新建生产线成本过高,周期过长,于是公司决定对现有生产线进行改扩建,以提高其生产能力。假定该生产线未发生过减值。

(3) 至第四年4月30日,完成了对这条生产线的改扩建工程,达到预定可使用状态。改扩建过程中发生以下支出:用银行存款购买工程物资一批,增值税专用发票上注明的价款为210 000元,增值税税额为27 300元,已全部用于改扩建工程;发生有关人员薪酬84 000元。

(4) 该生产线改扩建工程达到预定可使用状态后,大大提高了生产能力,预计尚可使用年限为7年。假定改扩建后的生产线的预计净残值率为改扩建后其账面价值的4%;折旧方法仍为年限平均法。

假定东方公司按年度计提固定资产折旧,为简化计算过程,整个过程不考虑其他相关税费,东方公司的账务处理如下:

本例中,饮料生产线改扩建后生产能力大大提高,能够为企业带来更多的经济利益,改扩建的支出金额也能可靠计量,因此该后续支出符合固定资产的确认条件,应计入固定资产的成本。

固定资产后续支出发生前,该条饮料生产线的应计折旧额 = 600 000 × (1 - 3%) = 582 000(元)

年折旧额 = 582 000 ÷ 6 = 97 000（元）

（1）固定资产使用期间第一年和第二年应计提的折旧额为：

借：制造费用　　　　　　　　　　　　　　　　　　　　　　97 000
　　贷：累计折旧　　　　　　　　　　　　　　　　　　　　　97 000

（2）第三年 12 月 31 日，将该生产线的账面价值 406 000 元（600 000 - 97 000 × 2）转入在建工程：

借：在建工程——饮料生产线　　　　　　　　　　　　　　　406 000
　　累计折旧　　　　　　　　　　　　　　　　　　　　　　194 000
　　贷：固定资产——饮料生产线　　　　　　　　　　　　　600 000

（3）发生改扩建工程支出：

借：工程物资　　　　　　　　　　　　　　　　　　　　　　210 000
　　应交税费——应交增值税（进项税额）　　　　　　　　　　27 300
　　贷：银行存款　　　　　　　　　　　　　　　　　　　　237 300

借：在建工程——饮料生产线　　　　　　　　　　　　　　　294 000
　　贷：工程物资　　　　　　　　　　　　　　　　　　　　210 000
　　　　应付职工薪酬　　　　　　　　　　　　　　　　　　84 000

（4）第四年 4 月 30 日，生产线改扩建工程达到预定可使用状态，转为固定资产：

借：固定资产——饮料生产线　　　　　　　　　　　　　　　700 000
　　贷：在建工程——饮料生产线　　　　　　　　　　　　　700 000

（5）第四年 4 月 30 日，转为固定资产后，按重新确定的使用寿命、预计净残值和折旧方法计提折旧：

应计折旧额 = 700 000 × (1 - 4%) = 672 000（元）

月折旧额 = 672 000 ÷ (7 × 12) = 8 000（元）

第四年应计提的折旧额为 64 000 元（8 000 × 8），会计分录为：

借：制造费用　　　　　　　　　　　　　　　　　　　　　　64 000
　　贷：累计折旧　　　　　　　　　　　　　　　　　　　　64 000

第五年至第八年每年应计提的折旧额为 96 000 元（8 000 × 12），会计分录为：

借：制造费用　　　　　　　　　　　　　　　　　　　　　　96 000
　　贷：累计折旧　　　　　　　　　　　　　　　　　　　　96 000

最后一年应计提的折旧额为 32 000 元（8 000 × 4），会计分录为：

借：制造费用　　　　　　　　　　　　　　　　　　　　　　32 000
　　贷：累计折旧　　　　　　　　　　　　　　　　　　　　32 000

企业发生的一些固定资产后续支出可能涉及替换原固定资产的某组成部分。如对某项机器设备进行检测时，发现其中的电机（未单独确认为一项固定资产）出现难以修复的故障，将其拆除，重新安装了一个新电机。在这种情况下，当发生的后续支出符合固定资产确认条件时，应将其计入固定资产成本，同时将被替换部分的账面价值扣除,以避免将替换部分的成本和被替换部分的成本同时计入固定资产成本,导致固定资产成本重复计算。

二、费用化的固定资产后续支出

一般情况下,固定资产投入使用之后,由于固定资产磨损、各组成部分耐用程度不同,可能导致固定资产的局部损坏,为了维护固定资产的正常运转和使用,充分发挥其使用效能,企业将对固定资产进行必要的维护,发生固定资产维护支出只是确保固定资产的正常工作状况,没有满足固定资产的确认条件。因此,应在发生时一次性直接计入当期费用,不再通过预提或者待摊的方式进行核算。

【例 9-15】2×24 年 5 月 4 日,东方公司对现有的一台管理用设备进行修理,修理过程中发生应支付维修人员的工资为 50 000 元,应计提的福利费为 6 000 元;不考虑其他相关税费。

本例中,由于对设备的维修仅仅是为了维护固定资产的正常使用而发生的,没有满足固定资产的确认条件,因此,应将该项固定资产后续支出在其发生时确认为费用。东方公司的账务处理如下:

借:管理费用   56 000
  贷:应付职工薪酬   56 000

在具体实务中。对于固定资产发生的下列各项后续支出,通常的处理方法如下:

(1) 固定资产修理费用,应当直接计入当期费用。

(2) 固定资产改良支出,应当计入固定资产账面价值,其增计后的金额不应超过该固定资产的可收回金额。

(3) 如果不能区分是固定资产修理还是固定资产改良,或固定资产修理和固定资产改良结合在一起,则企业应当判断与固定资产有关的后续支出,是否满足固定资产的确认条件。如果该后续支出满足固定资产的确认条件,则后续支出应当计入固定资产账面价值,否则,后续支出应当视为当期费用。

(4) 固定资产装修费用。如果满足固定资产的确认条件,则后续支出应当计入固定资产账面价值,并在"固定资产"科目下单设"固定资产装修"明细科目核算,在两次装修期间与固定资产尚可使用年限两者中较短的期间内,采用合理的方法单独计提折旧。如果在下次装修时,该项固定资产相关的"固定资产装修"明细科目仍有账面价值,应将该账面价值一次全部计入当期营业外支出。

(5) 以融资租赁方式租入的固定资产发生的固定资产后续支出,比照上述原则处理。发生的固定资产装修费用,符合上述原则可以资本化的,应在两次装修期间、剩余租赁期与固定资产尚可使用年限三者中较短的期间内,采用合理的方法单独计提折旧。

(6) 经营租赁方式租入的固定资产发生的改良支出、通过"长期待摊费用"

科目核算，并在剩余租赁期与租赁资产尚可使用年限两者中较短的期间内，采用合理的方法进行摊销。

第五节 固定资产处置

一、固定资产处置的含义

9.4 固定资产减值、处置及报告

固定资产处置是指由于各种原因使企业固定资产退出生产经营过程所做的处理活动。在企业固定资产的使用过程中，有时会出现固定资产退出生产经营过程的情况，如固定资产的出售、转为待售、转让、报废、毁损、对外投资、非货币性资产交换、债务重组等。固定资产的处置涉及固定资产的终止确认问题。按照现行固定资产准则的规定，满足下列条件之一的固定资产应当予以终止确认：

（1）该固定资产处于处置状态，是指固定资产不再用于生产商品、提供劳务、出租或经营管理，因此不再符合固定资产的定义，所以应予终止确认。

（2）该固定资产预期通过使用或处置不能产生经济利益。因为预期会给企业带来经济利益是资产的基本特征，因此当固定资产预期未来使用过程中或者处置时都不能为企业带来经济利益的情况下，就不再符合固定资产的定义和确认的条件，故也应予以终止确认。

固定资产处置业务的产生往往是由于不同的原因所造成的。在大多数情况下，出售的固定资产一般是企业多余闲置的固定资产，或者是不适合企业产品生产需要的固定资产，如果不出售的话，会造成企业资源的浪费，增加额外的管理成本。

报废、毁损的固定资产产生的原因一般有这样几个方面：第一，固定资产的预计使用年限已满，其物质磨损程度已达到极限，不宜继续使用，应按期报废；第二，由于科学技术水平的提高，致使企业拥有的某项固定资产继续使用时在经济上已不合算了，必须将其淘汰，提前报废；第三，由于自然灾害（如火灾、水灾）事故的发生或管理不善等原因而造成的固定资产毁损。

固定资产在处置过程中会发生收益或损失，称为处置损益。它以处置固定资产所取得的各项收入与固定资产账面价值、发生的清理费用等之间的差额来确定。其中，处置固定资产的收入包括出售价款、残料变价收入、保险及过失人赔款等项收入；清理费用包括处置固定资产时发生的拆卸、搬运、整理等项费用。

二、固定资产处置的核算

（一）固定资产处置的账户设置

为进行固定资产减少的核算，仍然还要涉及前面介绍的"固定资产"和"累计折旧"等账户。企业出售、转让、报废固定资产或发生固定资产毁损等，当固定资产减少时应当将处置收入扣除账面价值和相关税费后的金额计入当期损益。固定资产处置一般通过"固定资产清理"账户进行核算。该账户核算企业由于出售、报废、毁损、对外投资、非货币性资产交换、债务重组等转出的固定资产价值以及在清理过程中发生的费用等，该账户的性质属于资产类账户，借方登记转出的固定资产价值、清理过程中应支付的相关税费及其他费用，贷方登记清理固定资产的变价收入和应由保险公司或过失人承担的损失等。该账户应按被清理的固定资产项目设置明细账，进行明细核算。

（二）固定资产处置的账务处理

（1）固定资产转入清理。固定资产转入清理时，应按固定资产账面价值记入"固定资产清理"账户的借方，按已计提的累计折旧，记入"累计折旧"账户的借方，原已计提减值准备的，按已计提的减值准备借记"固定资产减值准备"账户，按固定资产账面余额记入"固定资产"账户的贷方。

（2）发生的清理费用。在固定资产清理过程中发生的其他有关费用以及应支付的相关税费，记入"固定资产清理"账户的借方，并贷记"银行存款""应交税费"等账户。

（3）出售收入和残料等的处理。一方面应在"固定资产"账户的贷方冲减其原值，在"累计折旧"账户转销其已提折旧；另一方面应根据不同的情况进行相应的账务处理。对于出售和报废的固定资产，应通过"固定资产清理"账户进行核算。清理后发生的净收益应转入"资产处置损益"账户或"营业外收入""营业外支出"账户。另外，企业将发生的固定资产后续支出计入固定资产成本的，应当终止确认被替换部分的账面价值。同样也会减少原有的固定资产，当然也会增加新的固定资产。

（4）保险赔偿的处理。企业计算或收到的应由保险公司或过失人赔偿的损失，应冲减清理支出，借记"其他应收款""银行存款"等账户，贷记"固定资产清理"账户。

（5）清理净损益的处理。固定资产清理完成后产生的净损失，按"固定资产清理"账户的借方余额，属于筹建期间的，借记"管理费用"账户，贷记"固定资产清理"账户；属于生产经营期间正常的处理损失，借记"资产处置损益"账户或"营业外支出"账户，贷记"固定资产清理"账户；属于生产经营期间由于自然灾害等非正常原因造成的处理损失，借记"营业外支出——非常损失"账户，贷记"固定资产清理"账户；固定资产清理完成后实现的净收益，记入"固定资产清理"账户的借方，属于筹建期间的，借记"固定资产清理"账户，贷记"管理费用"账户；属于生产经营期间的，借记"固定资产清理"账户，贷记"资产处置损益"账户或"营业外收入"账户；"固定资产清理"账户如有期末余额，反映企业尚未清理完毕的固定资产的价值以及尚未处理的清理净损益（清理收入减去清理费用）。

【例9-16】东方公司将一座厂房出售，该厂房原价为200 000元，已提折旧

30 000 元，实际售价 180 000 元，已通过银行收回价款。

(1) 将出售的固定资产转入清理时，应作分录如下：

借：固定资产清理	170 000
累计折旧	30 000
贷：固定资产	200 000

(2) 收回出售固定资产价款时，应作分录如下：

借：银行存款	180 000
贷：固定资产清理	180 000

(3) 计算出售该固定资产应交纳的增值税为：

180 000×9% = 16 200（元）

应作分录如下：

借：固定资产清理	16 200
贷：应交税费——应交增值税（销项税额）	16 200

结转出售固定资产发生的净收益时，应作分录如下：

借：资产处置损益	6 200
贷：固定资产清理	6 200

【例 9-17】东方公司有一台设备因使用期满经批准报废。该设备原价为 200 000 元，累计已计提折旧 150 000 元，已计提减值准备为 2 000 元。在清理过程中，以银行存款支付清理费用 5 000 元，残料变现收入 3 000 元。

(1) 固定资产转入清理时，应作分录如下：

借：固定资产清理	48 000
累计折旧	150 000
固定资产减值准备	2 000
贷：固定资产	200 000

(2) 发生清理费用时，应作分录如下：

借：固定资产清理	5 000
贷：银行存款	5 000

(3) 收到残料变价收入时，应作分录如下：

借：银行存款	3 000
贷：固定资产清理	3 000

(4) 结转固定资产净损益时，应作分录如下：

借：营业外支出——处置固定资产净损失	50 000
贷：固定资产清理	50 000

(三) 投资转出固定资产的核算

企业向其他单位投资转出固定资产，应将投资转出的固定资产转入清理，投出固定资产的公允价值加上应支付的相关税费作为长期股权投资的入账价值，借记"长期股权投资"科目，贷记"固定资产清查"科目，按应支付的相关税费贷记"银行存款""应交税费"科目,固定资产公允价值与固定资产清查账面价值的差额作为非货币性资产交换利得或损失,记入"营业外收入"或"营业外支出"科目。

(四) 捐赠转出固定资产

企业对捐赠转出的固定资产,应按固定资产净值,借记"固定资产清理"科目,按该项固定资产已提的折旧,借记"累计折旧"科目,按该项固定资产已提折旧的减值准备,借记"固定资产减值准备"科目,按固定资产的账面原值,贷记"固定资产"科目;按捐赠转出固定资产应支付的相关税费,借记"固定资产清理"科目,贷记"应交税费"科目;按"固定资产清理"科目的余额,借记"营业外支出——捐赠支出"科目,贷记"固定资产清理"科目。

第六节 固定资产清查和期末计量

一、固定资产清查

(一) 固定资产清查结果的概念

固定资产清查是指企业对其在生产经营过程中使用的房屋、建筑物和设备等进行的清查。固定资产清查的结果主要有两个方面:在财产清查中发现固定资产盘盈和盘亏。其中:盘盈是指经过盘点得到的固定资产实有数量大于其账面结存数量;盘亏是指经过盘点得到的固定资产实有数量小于其账面结存数量。在财产清查中发现的固定资产的盘盈和盘亏,在会计上都应及时地进行处理。可见,准确地确定固定资产的盘盈和盘亏是进行固定资产清查结果核算的前提。

(二) 固定资产清查结果的账务处理

1. 固定资产盘亏

对企业在财产清查中发现的固定资产盘亏及毁损,应通过"待处理财产损溢"账户进行核算。本账户核算企业在财产清查过程中查明的各种财产盘盈、盘亏和毁损的价值。但应注意的是:企业如有固定资产的盘盈,应作为前期差错记入"以前年度损益调整"账户,不通过本账户进行核算。就固定资产的清查盘点结果的处理而言,对于盘亏、毁损的各种固定资产应记入本账户的借方,同时记入"累计折旧""固定资产减值准备"账户的借方,记入"固定资产"账户的贷方。固定资产的盘亏、毁损按管理权限报经批准后,按收回残料的价值记入"原材料"等账户的借方;按可收回的保险赔偿或过失人赔偿的金额记入"其他应收款"账户的借方;按本账户借方与贷方发生额之间的差额(固定资产盘亏形成的净损失),分别不同情况记入"管理费用""营业外支出"等账户的借方,记入本账户的贷方。对企业的待处理固定资产损溢应及时查明原因,在期末结账前处理完毕,处理后本账户应无余额。

【例 9-18】 2×23 年 12 月 31 日,东方公司进行财产清查时发现短缺一台笔记本电脑,原价为 300 000 元,已计提折旧 8 000 元。东方公司应作如下会计处理:

(1) 盘亏固定资产时:

借:待处理财产损溢	22 000
累计折旧	8 000
贷:固定资产	30 000

(2) 报经批准转销时:

借:营业外支出——盘亏损失	22 000
贷:待处理财产损溢	22 000

2. 固定资产盘盈

企业在财产清查中盘盈的固定资产,作为前期差错处理。企业在财产清查中盘盈的固定资产,在按管理权限报经批准处理前应先通过"以前年度损益调整"科目核算。盘盈的固定资产,应按重置成本确定其入账价值,借记"固定资产"科目,贷记"以前年度损益调整"科目。

【例 9-19】 东方公司在财产清查过程中,发现一台未入账的设备,重置成本为 20 000 元(假定与其计税基础不存在差异)。根据《企业会计准则第 28 号——会计政策、会计估计变更和差错更正》规定,该盘盈固定资产作为前期差错进行处理。假定诚信公司适用的所得税税率为 25%,按净利润的 10% 计提法定盈余公积。东方公司应作如下会计处理:

(1) 盘盈固定资产时:

借:固定资产	20 000
贷:以前年度损益调整	20 000

(2) 确定应交纳的所得税时:

借:以前年度损益调整	5 000
贷:应交税费——应交所得税	5 000

(3) 结转为留存收益时:

借:以前年度损益调整	15 000
贷:盈余公积——法定盈余公积	1 500
利润分配——未分配利润	13 500

二、固定资产减值

(一) 固定资产减值的概念

固定资产减值是指固定资产的可收回金额低于其账面价值这样一种情况。

我国《企业会计准则》规定，企业应当在会计期末判断资产是否存在可能发生减值的迹象。存在下列迹象的，表明资产可能发生了减值：(1) 资产的市价当期大幅下跌，其跌幅明显高于因时间的推移或者正常使用而预计的下跌。(2) 企业经营所处的经济、技术或者法律等环境以及资产所处的市场在当期或者将在近期发生重大变化，从而对企业产生不利影响。(3) 市场利率或者其他市场投资回报率在当期已经提高，从而影响企业计算资产预计未来现金流量现值的折现率，导致资产可收回金额大幅降低。(4) 有证据表明资产已经陈旧过时或者其实体已经损坏。(5) 资产已经或者将被闲置、终止使用或者计划提前处置。(6) 企业内部报告的证据表明资产经济绩效已经低于或者将低于预期，如资产所创造的净现金流量或者实现的营业利润（或者亏损）远远低于（或者高于）预计金额等。(7) 其他表明资产可能已经发生减值的迹象。

资产存在减值迹象时，应当估计其可收回金额。可收回金额应当根据资产的公允价值减去处置费用后的净额与资产预计未来现金流量的现值两者之间较高者确定。处置费用包括与资产处置有关的法律费用、相关税费、搬运费以及为使资产达到可销售状态所发生的直接费用等。资产的公允价值减去处置费用后的净额与资产预计未来现金流量的现值，只要有一项超过了资产的账面价值，就表明资产没有发生减值，不需要再估计另一项金额。资产的公允价值减去处置费用后的净额，应当根据公平交易中有法律约束力的销售协议价格减去直接归属于该资产处置费用的金额确定；不具有法律约束力的销售协议，但存在资产活跃市场的，应当按照该资产的市场价格减去处置费用后的金额确定，资产的市场价格通常应当根据资产的买方出价确定。在既没有具有法律约束力的销售协议、又不存在活跃市场的情况下，应当以可获取的最佳信息为基础，估计资产的公允价值减去处置费用后的净额，同行业类似资产的最近交易价格或者结果可以作为估计资产的公允价值减去处置费用后的净额的参考。企业按照上述规定仍然无法可靠估计资产的公允价值减去处置费用后的净额的，应当以该资产未来现金流量的现值作为其可收回金额。

(二) 固定资产减值损失的确定及账务处理

1. 固定资产减值损失的确定

固定资产减值损失是指可收回金额低于其账面价值所形成的损失，对此，应当将资产的账面价值减记至可收回金额，减记的金额确认为资产减值损失，计入当期损益，同时计提相应的减值准备。例如，企业某项资产经测试有减值迹象，其账面价值为 200 000 元，经计算其可收回金额为 160 000 元，确定的固定资产减值损失应为 40 000 元（200 000 - 160 000）。固定资产减值准备是根据谨慎性原则的要求，为应对固定资产的减值有可能给企业带来的风险而预先计提的一种准备金。如同企业为应对可能发生的坏账损失而预先计提坏账准备的作用，企业提取固定资产减值准备，就是为了应对固定资产的减值有可能给企业带来的损失，化解由于固定资产减值损失可能给企业的经营带来的风险，也有利于科学地确定各个会计期间的损益,进而合理地确认企业各个会计期间的财务成果。

2. 固定资产减值损失的账务处理

为进行固定资产减值损失的核算,企业应设置"资产减值损失"和"固定资产减值准备"等账户。

(1)"资产减值损失"账户。本账户核算企业根据资产减值等准则计提的包括固定资产在内的各项资产减值准备所形成的损失。企业根据资产减值等准则确定固定资产发生的减值,按应减记的金额记入本账户的借方,记入"固定资产减值准备"账户的贷方。期末,将本账户发生额结转至"本年利润"账户时,记入本账户的贷方。期末结转后本账户应无余额。

(2)"固定资产减值准备"账户。本账户核算企业固定资产发生减值时计提的减值准备。在资产负债表日,企业根据资产减值准则确定固定资产发生减值的,按应减记的金额记入"资产减值损失"账户的借方,记入本账户的贷方。处置固定资产时同时结转已计提的固定资产减值准备,记入本账户的借方。本账户期末为贷方余额,反映企业已计提但尚未结转的固定资产减值准备。

【例9-20】2×23年12月31日,东方公司的某生产线存在可能发生减值的迹象。经计算,该机器的可收回金额合计为2 000 000元,账面价值为1 800 000元,以前年度未对该生产线计提过减值准备。

由于该生产线的可收回金额为2 000 000元,账面价值为1 800 000元,可收回金额低于账面价值,应按两者之间的差额200 000元(2 000 000 - 1 800 000)计提固定资产减值准备。东方公司应作如下会计处理:

借:资产减值损失——计提的固定资产减值准备　　　　200 000
　　贷:固定资产减值准备　　　　　　　　　　　　　　　　200 000

三、固定资产的报告

在实务中,固定资产的报告主要体现在编制财务会计报告文件中对固定资产有关情况的列示和披露。固定资产的有关情况主要体现在"资产负债表"中,具体又由两个部分组成:

(1)在资产负债表正表中,应列示"固定资产""在建工程""工程物资""固定资产清理"的期末余额和年初余额。其中"固定资产""在建工程""工程物资"等项目应按其账面余额列示,即这些项目的余额应分别根据有关账户的原值减除其已计提折旧或资产减值准备等的差额填列,借以反映和报告企业固定资产的真实状况。

(2)在资产负债表附注中,应披露与固定资产有关的下列信息:固定资产的确认条件、分类、计量基础和折旧方法;各类固定资产的使用寿命、预计净残值和折旧率;各类固定资产的期初和期末原价、累计折旧额及固定资产减值准备累计金额;当期确认的折旧费用;对固定资产所有权的限制及其金额和用于债务担保的固定资产账面价值;准备处置的固定资产名称、账面价值、公允价值、预计处置费用和预计处置时间等。在报表附注中披露以上与固定资产有关信息的目的是为财务报告的使用者提供更加详细的资料，以便于财务报告使用者据其对企业的固定资产进行准确评价，进而作出相关的经济决策。

思政课堂

某知名企业虚增固定资产造假案例

某知名企业成立于 2003 年，2009 年完成股份制改造，2011 年在深圳证券交易所挂牌上市。2012 年 9 月 14 日，证监会湖南监管局向某知名企业下发《立案稽查通知书》，由于涉嫌违反有关证券法律法规，对其进行立案稽查。某知名企业的主要经营范围是：稻米精加工和深加工系列产品的研发、生产和销售，是一种高效综合利用的循环经济生产模式以及与之配套的生产设备系统。公司构建固定资产涉及向工程设备供应商支付、预付、应付工程设备款，相应账面上的在建工程、工程物资或固定资产都有所增加。2012 年 1~6 月购建固定资产相关报表项目中显示：2012 年半年报报表附注"支付的其他与投资活动有关的现金"中未披露资金投入的明细，且本期内未增加无形资产及其他长期资产，因此"购建固定资产、无形资产和其他长期资产支付的现金"全部为公司对固定资产的投入。本期公司账面与购建固定资产相关的报表项目增加了 93 504 002.36 元，而本期有关购建固定资产的现金流出只有 58 831 179.70 元，因此可以推测出本期应付工程款应有所增加或预付工程款应有所减少。报表显示应付账款有所增加，但只增加了 3 788 081.77 元，但预付账款却增加了 25 165 118.14 元。虽然稻米精深加工的主要原材料稻谷中，早稻上市通常在 7 月、晚稻上市通常在 11 月，7~12 月为稻谷的供应旺季，公司每年从年初开始会陆续预付粮食经纪人采购款，可能导致预付账款的增加，但相较同是采购旺季的 2011 年 6 月 30 日 955.42 万元的预付粮食经纪人采购款，预付账款的增加实在是没有理由。通过分析可知，某知名企业财务造假通过预付账款造假导致购置固定资产款项与财务报表其他项目产生了矛盾。

在今后的学习中，更要注重培养学生客观公正，坚持准则的会计职业判断能力，遵守会计准则、廉洁自律、遵纪守法、坚决不做假账，共同建设会计文明新生态！

思考题

1. 企业的固定资产应该包括哪些内容？
2. 如何理解固定资产的确认条件？
3. 影响固定资产折旧的因素有哪些？
4. 不同形式的固定资产后续支出，应当如何进行会计处理？

第十章 无形资产

> **学习目标**

通过本章的学习,要求掌握无形资产的取得、内部研发的核算以及无形资产的摊销与处置的核算;熟悉无形资产的定义、特点和具体内容;了解无形资产的其他取得方式。

第一节 无形资产概述

一、无形资产的概念及特征

(一)无形资产的概念

无形资产是指企业拥有或者控制的没有实物形态的可辨认非货币性资产,包括专利权、非专利技术、商标权、著作权、土地使用权和特许权等。

企业的无形资产与企业的其他资产一样,必须符合资产的定义,应当为企业拥有或控制,能够预期为企业带来经济利益流入。但与流动资产和固定资产等相比,无形资产的特征是没有明显的实物形态,具体表现为企业拥有或控制的某些权利。这些权利有些是企业拥有的,有些只是企业控制的。例如,企业自行开发设计的某种专利或某种非专利技术的所有权、使用权和处置权,这些权利状况表明:这类资产属于企业拥有的无形资产。而对有些无形资产,企业虽然没有所有权,但具有使用权和处置权,例如,企业购买的国有土地,由于在我国土地资源的所有权属于国家,按照《中华人民共和国土地管理法》的规定,企业对国有土地只有使用权和一定的处置权,而不具有所有权,这些权利状况表明:这种资产属于企业控制的无形资产。但无形资产与其他资产一样,都属于能够为企业带来经济利益的资源。如果企业有权获得一项无形资产产生的未来经济利益,并能约束其他方获取这些利益,则表明企业控制了该项无形资产。例如,对于会产生经济利益的技术知识,若其受到版权等法定权利的保护,那么说明该企业控制了相关利益。

(二)无形资产的特征

相对于流动资产和固定资产等其他资产,无形资产具有如下特征。

1. 由企业拥有或者控制并能为其带来未来经济利益的资源

无形资产作为一项资产，具有一般资产的本质特征，即由企业拥有或者控制并能为其带来未来经济利益。通常情况下，企业拥有或者控制的无形资产应当拥有其所有权并且能够为企业带来未来经济利益。但在某些情况下并不需要企业拥有其所有权，如果企业有权获得某项无形资产产生的未来经济利益，并能约束其他方获得这些经济利益，则表明企业控制了该无形资产。例如，对于会产生经济利益的技术知识，若其受版权、贸易协议约束（如果允许）等法定权利的保护，那么说明该企业控制了相关利益。

客户关系、人力资源等，由于企业无法控制其带来的未来经济利益，不符合无形资产的定义，不应将其确认为无形资产。

2. 无形资产不具有实物形态

无形资产通常表现为某种权利、某项技术或是某种获取超额利润的综合能力，它们不具有实物形态，比如，土地使用权、非专利技术等。需要指出的是，某些无形资产的存在有赖于实物载体，比如，计算机软件需要存储在介质中，但这并不改变无形资产本身不具有实物形态的特性。在确定一项包含无形和有形要素的资产是属于固定资产，还是属于无形资产时，需要通过判断来加以确定，通常以哪个要素更重要作为判断的依据。例如，计算机控制的机械工具没有特定计算机软件就不能运行时，则说明该软件是构成相关硬件不可缺少的组成部分，该软件应作为固定资产处理；如果计算机软件不是相关硬件不可缺少的组成部分，则该软件应作为无形资产处理。

3. 无形资产具有可辨认性

要作为无形资产进行核算，该资产必须是能够区别于其他资产可单独辨认的，如企业特有的专利权、非专利技术、商标权、土地使用权、特许权等。满足下列条件之一的，应当认定为其具有可辨认性：

（1）能够从企业中分离或者划分出来，并能单独或者与相关合同、资产或负债一起，用于出售、转移、授予许可、租赁或交换。

（2）源自合同性权利或其他法定权利，无论这些权利是否可以从企业或其他权利和义务中转移或者分离。如一方通过与另一方签订特许权合同而获得的特许使用权，通过法律程序申请获得的商标权、专利权等。

商誉通常是与企业整体价值联系在一起的，其存在无法与企业自身相分离，不具有可辨认性，不属于本章所指无形资产。

4. 无形资产属于非货币性资产

非货币性资产是指企业持有的货币资金和将以固定或可确定的金额收取的资产以外的其他资产。无形资产在持有过程中为企业带来未来经济利益的情况不确定，不属于以固定或可确定的金额收取的资产，属于非货币性资产。

（三）无形资产的管理

无形资产是经济增长中的决定性因素。企业无形资产的规模和质量决定着创新型企业的技术水平、创新资源、创新能力和创新效率等核心竞争力和可持续发展能力,无形资产相对于有形资产在保持和增强企业持久经济利益流入中越来越重要,无形资产准确及时地确认与计量、提供高质量的无形资产会计核算资料和会计信息,可防范和化解企业因无形资产权属不清、技术落后、缺乏核心技术、管理失当、存在重大技术安全隐患等导致企业法律纠纷、缺乏可持续发展能力风险,并对引导创新决策、有效配置创新资源等方面具有重要意义和作用。

二、无形资产的内容

无形资产可分为专利权、非专利技术、商标权、著作权、土地使用权、特许权等。

(一) 专利权

专利权是指权利人在法定期限内对某一发明创造所拥有的独占权和专有权。专利权的主体是依据专利法被授予专利权的个人或单位,专利权的客体是受专利法保护的专利范围。并不是所有的专利权都能给持有者带来经济利益,有的专利权可能没有经济价值或具有很小的经济价值,有的专利权会被另外更有经济价值的专利权淘汰等。因此,企业无须将其所拥有的一切专利权都予以资本化,作为无形资产核算。只有那些能够给企业带来较大经济价值,并且企业为此花费了支出的专利权才能作为无形资产核算。

(二) 非专利技术

非专利技术也称专有技术,是指发明人垄断的、不公开的、具有实用价值的先进技术、资料、技能、知识等,非专利技术具有经济性、机密性和动态性等特点。由于非专利技术未经公开亦未申请专利权,所以不受法律保护,但事实上具有专利权的效用。非专利技术可以用蓝图、配方、技术记录、操作方法的说明等具体资料表现出来,也可以通过卖方派出技术人员进行指导,或接受买方人员进行技术实习等手段实现。

(三) 商标权

商标权是指企业专门在某种指定的商品上使用特定的名称、图案、标记的权利。根据我国商标法的规定,经商标局核准注册的商标为注册商标,商标注册人享有商标专用权,受法律保护;商标权的有效期限为10年,期满前可继续申请延长注册期。商标权包括独占使用权和禁止使用权两个方面。独占使用权是指商标权享有人在商标的注册范围内独家使用其商标的权利;禁止使用权是指商标权享有人排除和禁止他人对商标独占使用权进行侵犯的权利。

(四) 著作权

著作权也称版权,是指著作权人对其著作依法享有的出版、发行等方面的专有权利。著作权包括两方面的权利,即精神权利(人身权利)和经济权利(财产权利)。前者是指作者署名、发表作品、确认作者身份、保护作品的完整性、修改已经发表的作品等项权利,包括发表权、署名权、修改权和保护作品完整权;后者是指以出版、表演、广播、展览、录制唱片、摄制影片等方式使用作品以及因授权他人使用作品而获得经济利益的权利,包括使用权和获得报酬权。

(五) 土地使用权

土地使用权是指国家准许某一企业在一定期间对国有土地享有开发、利用、经营的权利。根据我国土地管理法的规定,我国土地实行公有制,任何单位和个人不得侵占、买卖或者以其他形式非法转让。国有土地可依法确定给国有企业、集体企业等单位,其使用权可依法转让。取得土地使用权有时可能不花费任何代价,如企业所拥有的未入账的土地使用权,这时,就不能将其作为无形资产核算。取得土地使用权时花费了支出,则应将其资本化,作为无形资产核算。这里有两种情况:一是企业根据《中华人民共和国城镇国有土地使用权出让和转让暂行条例》,向政府土地管理部门申请土地使用权,企业要支付一笔出让金,在这种情况下,企业应予以资本化,作为无形资产核算;二是企业原先通过行政划拨获得土地使用权,没有入账核算,在将土地使用权有偿转让、出租、抵押、作价入股和投资时,应按规定将补交的土地出让金予以资本化、作为无形资产入账核算。

(六) 特许权

特许权也称专营权,是指在某一地区经营或销售某种特定商品的权利或是一家企业接受另一家企业使用其商标、商号、技术秘密等的权利。前者一般是由政府机构授权,准许企业使用或在一定地区享有经营某种行业的特权,如水、电、邮政、通信等专营权、烟草专卖权等;后者是指企业间依照签订的合同,有限期或无限期地使用另一家企业的商标、商号、技术秘密等的权利,如连锁店分店使用总店的名称等。会计上的特许权主要是指后一种情况。只有支付了费用取得的特许权才能作为无形资产入账。

三、无形资产的确认

无形资产应当在符合定义的前提下,同时满足以下确认条件时,才能予以确认。

(一) 符合无形资产的定义

作为无形资产核算的项目首先应该符合无形资产的定义。符合无形资产定义的重要表现之一,就是企业能够控制该无形资产产生的经济利益。这虽是企业的一般

10.1 无形资产的确认和初始计量

资产所具有的特征，但对于无形资产来说，显得尤其重要。一般来说，如果企业有权获得某项无形资产的经济利益，同时又能约束其他人获得这些经济利益，则说明企业控制了该无形资产，或者说控制了该无形资产产生的经济利益，具体表现为企业拥有该无形资产的法定所有权，或企业与他人签订了协议，使得企业的相关权利受到法律保护，比如，企业自行研制的技术通过申请依法取得专利权后，在一定期限内便拥有了该专利技术的法定所有权；再如，企业与其他企业签订合约受让商标权，由于合约的签订，使商标使用权受让方的相关权利受到法律的保护。

反之，如果没有通过法定方式或合约方式等来认定企业所拥有的控制权，则说明相关的项目不符合无形资产的定义。比如，某企业有一支熟练的员工队伍，且能认定通过进一步的培训将会使员工的技术更有长进。在这种情况下，企业可以预期员工将会继续把他们的技术贡献给企业。但是，企业通常无法对因拥有一支熟练的员工队伍以及对他们进行过培训将产生的预期未来经济利益实施足够的控制，因而不能认为符合无形资产的定义。出于类似的原因，特定的管理或技术才能也不大可能符合无形资产的定义，除非这些管理或技术才能的利用以及预期从中获得的未来经济利益，受到法定权利的保护。再如，企业可能拥有一定的客户或市场份额，并且为建立良好的客户关系和信赖付出了努力，从而期望这些客户继续与其进行商业往来。但是，因为缺乏其他方式来控制这种客户关系或客户对企业的信赖，所以企业一般无法对这种客户关系和客户信赖产生的经济利益实施足够的控制，从而不能认为这些项目（市场份额、良好的客户关系和客户信赖等）符合无形资产的定义。

（二）与该无形资产有关的经济利益很可能流入企业

作为无形资产确认的项目，必须具备其所产生的经济利益很可能流入企业这一条件。通常情况下，无形资产产生的未来经济利益可能包括在销售商品、提供劳务的收入当中，或者企业使用该项无形资产而减少或节约了成本，或者体现在获得的其他利益当中。例如，生产加工企业在生产工序中使用了某种知识产权，使其降低了未来生产成本。

会计实务中，要确定无形资产所创造的经济利益是否很可能流入企业，需要实施职业判断。在实施这种判断时，需要对无形资产在预计使用寿命内可能存在的各种经济因素作出合理估计，并且应当有确凿的证据支持。例如，企业是否有足够的人力资源、高素质的管理队伍、相关的硬件设备、相关的原材料等来配合无形资产为企业创造经济利益。同时，更为重要的是关注一些外界因素的影响，例如，是否存在与该无形资产相关的新技术、新产品冲击，或据其生产的产品是否存在市场等。在实施判断时，企业管理层应对在无形资产的预计使用寿命内存在的各种因素作出最稳健的估计。

（三）该无形资产的成本能够可靠地计量

成本能够可靠地计量是确认资产的一项基本条件，对于无形资产而言，这个条件显得更为重要。例如，企业内部产生的品牌、报刊名、刊头、客户名单和实质上类似项目的支出，由于不能与整个业务开发成本区分开，成本无法可靠计量，因此，不应确认为无形资产。

关于无形资产的确认，有两个问题应特别注意：

第一，关于土地使用权的确认。在我国，土地所有权归国家所有，这一点不同于西方国家。因而企业能取得的只是土地的使用权。在一般情况下，当企业利用土地使用权建造其自用的厂房等地上建筑物时，相关的土地使用权的价值不计入在建工程成本，而是作为无形资产进行核算，并按照预计使用年限及确定的摊销方法进行摊销。而地上的建筑物则应作为固定资产进行核算，按其使用寿命和企业选定的折旧方法计提折旧。

第二，关于内部研究开发费用的确认。根据《企业会计准则》的相关规定，企业内部研究开发项目的支出，应当区分为研究阶段支出与开发阶段支出，分别按规定的方法进行核算。其中，研究是指为获取并理解新的科学或技术知识而进行的独创性的有计划调查；开发是指在进行商业性生产或使用前，有针对性地将研究成果或其他知识应用于某项计划或设计，以生产出新的或具有实质性改进的材料、装置、产品等。企业在内部研究开发项目研究阶段发生的支出，应当于发生时计入当期损益。而无形资产的开发阶段相对于研究阶段更进一步，且很大程度上已经具备形成了一项新产品或新技术的基本条件，此时如果企业能够证明所发生的开发支出满足无形资产的定义及相关确认条件，所发生的开发支出可予资本化，确认为无形资产的成本，形成企业的无形资产。在开发阶段，将有关支出资本化确认为无形资产必须同时满足下列条件：第一，从可能性方面看，完成该无形资产以使其能够使用或出售在技术上具有可行性。第二，从目的性方面看，具有完成该无形资产并使用或出售的意图。第三，从效益性方面看，具有明确的无形资产产生未来经济利益的方式，包括能够证明运用该无形资产生产的产品存在市场或无形资产自身存在市场；无形资产将在内部使用时，应当证明其有用性。第四，从完成能力方面看，有足够的技术、财务资源和其他资源支持，以完成该无形资产的开发，并有能力使用或出售该无形资产。第五，从可计量性方面看，归属于该无形资产开发阶段的支出能够可靠计量。

第二节 无形资产初始计量

一、购入的无形资产

（一）基本内容

外购无形资产的成本包括购买价款、进口关税和其他税费以及直接归属于使该项资产达到预定用途所发生的其他支出。其中，直接归属于使该项资产达到预定用途所发生的其他支出包括使无形资产达到预定用途所发生的专业服务费用、测试无形资产是否能够正常发挥作用的费用等。但不包括为引入新产品进行宣传发生的广告费、管理费用及其他间接费用，也不包括在无形资产已经达到预定用途以后发生的费用。无形资产达到预定用途后所发生的支出不构成无形资产的成本，一般应于发生时计入当期损益。

（二）账户设置

"无形资产"科目核算企业持有的无形资产成本，借方登记取得无形资产的成本，贷方登记处置无形资产时转出的账面余额，期末借方余额，反映企业无形资产的成本，"无形资产"科目应当按照无形资产的项目设置明细科目进行核算。

（三）账务处理

外购无形资产的成本包括购买价款、相关税费以及直接归属于使该项资产达到预定用途所发生的其他支出，其中，相关税费不包括按照现行增值税制度规定，可以从销项税额中抵扣的增值税进项税额外购无形资产，取得增值税专用发票的，按注明的增值税进项税额，借记"应交税费——应交增值税（进项税额）"科目；取得增值税普通发票的，按照注明的价税合计金额作为无形资产的成本，其进项税额不可抵扣。

【例10-1】东方公司与诚信公司签署商标购买合同，购入一项服装类商标，增值税专用发票上价款350 000元，税额21 000元，总计371 000元，用银行存款支付。东方公司的账务处理为：

借：无形资产——商标权　　　　　　　　　　　　　　350 000
　　应交税费——应交增值税（进项税额）　　　　　　 21 000
　　贷：银行存款　　　　　　　　　　　　　　　　　 371 000

二、投资者投入的无形资产

从投资者投资取得无形资产的会计核算。以投资者投资取得的无形资产按协议或合同记录的数额作为无形资产的初始入账成本，若协议或合同记录的数额不公允，应以公允价值作为无形资产初始入账成本，能取得可抵扣增值税发票的，按增值税发票金额计提抵扣增值税进项税额。

【例10-2】诚信公司以另一项服装类商标向东方公司投资。诚信公司所提供的增值税专用发票上的价格为2 500 000元，税额150 000元，总计2 650 000元。其中2 600 000元为双方确认股本，500 000元计入资本公积的股本溢价。东方公司的账务处理为：

借：无形资产——商标权　　　　　　　　　　　　　　2 500 000
　　应交税费——应交增值税（进项税额）　　　　　　 150 000

贷：股本——东方公司　　　　　　　　　　　　　　　　2 600 000
　　　　资本公积——股本溢价　　　　　　　　　　　　　　　　50 000

三、接受捐赠的无形资产

接受捐赠的无形资产，其实际成本分别以下列情况确定：捐赠方提供了有关凭据的，按凭据上标明的金额加上应支付的相关税费确定。捐赠方没有提供有关凭据的，按如下顺序确定其实际成本：同类或类似无形资产存在活跃市场的，按同类或类似无形资产的市场价格估计的金额，加上应支付的相关税费，作为实际成本；同类或类似无形资产不存在活跃市场的，按该接受捐赠的无形资产的预计未来现金流量现值，作为实际成本。

具体来说，接受捐赠的无形资产，应按会计规定确定的入账价值，借记"无形资产"科目，接受捐赠无形资产按税法规定确定的入账价值与适用所得税税率的乘积，贷记"递延所得税负债"科目，按企业因接受捐赠无形资产支付或应付的金额，贷记"银行存款""应交税费"等科目，按借贷双方的差额，贷记"营业外收入"科目。

【例10-3】2×24年7月28日，东方公司接受诚信公司捐赠的特许权，双方确定的实际成本为200 000元。假定东方公司按照税法规定确认该特许权的入账价值为150 000元，不考虑其他相关税费。东方公司的会计处理如下：

　　借：无形资产　　　　　　　　　　　　　　　　　　　150 000
　　　　贷：营业外收入　　　　　　　　　　　　　　　　　　150 000

四、自行研发的无形资产

（一）研究与开发阶段的区分

对于企业自行进行的研究开发项目，应当区分研究阶段与开发阶段分别进行核算。关于研究阶段与开发阶段的具体划分，企业应当根据自身实际情况以及相关信息加以判断。

1. 研究阶段

研究是指为了获取并理解新的科学或技术知识等进行的独创性的有计划的调查。研究活动的例子包括：意在获取知识而进行的活动；研究成果或其他知识的应用研究、评价和最终选择；材料、设备、产品、工序、系统或服务替代品的研究；新的或经改进的材料、设备、产品、工序、系统或服务的可能替代品的配制、设计、评价和最终选择等。

研究阶段基本上是探索性的，是为进一步的开发活动进行资料及相关方面的准备，已经进行的研究活动将来是否会转入开发、开发后是否会形成无形资产等均具有较大的不确定性。在这一阶段一般不会形成阶段性成果。

10.2 内部研究开发费用的确认和计量

2. 开发阶段

开发是指在进行商业性生产或使用前，将研究成果或其他知识应用于某项计划或设计，以生产出新的或具有实质性改进的材料、装置、产品等。开发活动的例子包括：生产前或使用前的原型和模型的设计、建造和测试；含新技术的工具、夹具、模具和冲模的设计；不具有商业性生产经济规模的试生产设施的设计、建造和运营；新的或经改造的材料、设备、产品、工序、系统或服务所选定的替代品的设计、建造和测试等。相对于研究阶段而言，开发阶段应当是已完成研究阶段的工作，在很大程度上具备了形成一项新产品或新技术的基本条件。在开发阶段，可将有关支出资本化计入无形资产的成本，但必须同时满足以下条件：

第一，完成该无形资产以使其能够使用或出售在技术上具有可行性。企业在判断无形资产的开发在技术上是否具有可行性，应当以目前阶段的成果为基础，并提供相关证据和材料，证明企业进行开发所必需的技术条件等已经具备，不存在技术上的障碍或其他不确定性。例如，企业已经完成了全部计划、设计和测试活动，这些活动是使资产能够达到设计规划书中的功能、特征和技术所必需的活动，或经过专家鉴定等。

第二，具有完成该无形资产并使用或出售的意图。企业研发项目形成成果以后，是对外出售还是使用并从中获利，应当由管理当局的意图而定。企业的管理当局应当能够说明其开发无形资产的目的，并具有完成该项无形资产开发并使其能够使用或出售的可能性。

第三，无形资产产生经济利益的方式，包括能够证明运用该无形资产生产的产品存在市场或无形资产自身存在市场，无形资产将在内部使用的，应当证明其有用性。

很可能为企业带来未来经济利益是确认一项无形资产最基本的条件。就其能够为企业带来未来经济利益的方式来讲，如果有关的无形资产在形成以后，主要是用于生产新产品，企业应当对运用该无形资产生产的产品的市场情况进行可靠预计，应当能够证明所生产的产品存在市场，并能够带来经济利益的流入；如果有关的无形资产开发以后主要是用于对外出售的，则企业应当能够证明市场上存在对该类无形资产的需求，其开发以后存在外在的市场可以出售并能够带来经济利益的流入；如果无形资产开发以后，不是用于生产产品，也不是用于对外出售，而是在企业内部使用的，则企业应当能够证明其对企业的有用性。

第四，有足够的技术、财务和其他资源支持，以完成该无形资产的开发，并有能力使用或出售该无形资产。

第五，归属于该无形资产开发阶段的支出能够可靠地计量。企业对于开发活动所发生的支出应当单独核算，例如，直接发生的开发人员工资、材料费以及相关设备折旧费等。在企业同时从事多项开发活动的情况下，所发生的支出同时用于支持多项开发的，应按照合理的标准在各项开发活动之间进行分配；无法合理分配的，应予费用化计入当期损益，不计入开发活动的成本。

在此要强调三种情况：在研发时如果无法区分研究阶段和开发阶段的支出，应在发生时全部费用化，计入当期损益的管理费用；如无法确认是否能满足资本化条件的，也应在发生时全部费用化，计入当期损益的管理费用；如果形成的技术申请专利，支付的注册费和律师费等则应该资本化，最终计入无形资产的成本。

（二）自行研发的会计科目设置

为了正确核算企业的利润以及合理地对无形资产进行确认，需要设置"研发支出"会计科目，该科目用以反映企业内部在研发过程中发生的支出，按照研究开发项目，分别设置"费用化支出"与"资本化支出"进行明细核算。

研发费用发生的时候，研究阶段和开发阶段不符合资本化条件的支出记入"研发支出——费用化支出"的借方，期末全部结转管理费用；开发阶段符合资本化条件的，记入"研发支出——资本化支出"账户的借方，在无形资产达到预定可使用用途时，转入无形资产账户，形成无形资产的成本。

在形成无形资产之前，研发支出资本化支出账户有余额，表示企业正在研发的项目中，满足资本化条件的累计支出。

（三）自行研发的会计处理

企业自行开发无形资产发生的研发支出，不满足资本化条件的，借记"研发支出——费用化支出"科目，满足资本化条件的，借记"研发支出——资本化支出"科目，贷记"原材料""银行存款""应付职工薪酬"等科目。

研究开发项目达到预定用途形成无形资产的，应按"研发支出——资本化支出"科目的余额，借记"无形资产"科目，贷记"研发支出——资本化支出"科目。

期末，应将不符合资本化条件的研发支出转入当期管理费用，借记"管理费用"科目，贷记"研发支出——费用化支出"科目；将符合资本化条件但尚未完成的开发费用继续保留在"研发支出"科目中，待开发项目达到预定用途形成无形资产时，再将其发生的实际成本转入无形资产。

外购或以其他方式取得的、正在研发过程中应予资本化的项目，应按确定的金额，借记"研发支出——资本化支出"科目，贷记"银行存款"等科目。以后发生的研发支出，应当比照上述原则进行会计处理。

【例10-4】2×23年1月1日，东方公司的董事会批准研发某项新型技术，该公司董事会认为，研发该项目具有可靠的技术和财务等资源的支持，并且一旦研发成功将降低该公司的生产成本。次年1月31日，该项新型技术研发成功并已经达到预定用途。研发过程中所发生的直接相关的必要支出情况如下：

(1) 2×23年度发生材料费用3 000 000元，人工费用4 000 000元，计提专用设备折旧320 000元，以银行存款支付其他费用6 000 000元，其中，符合资本化条件的支出为9 500 000元。

(2) 次年 1 月 31 日前发生材料费用 600 000 元，人工费用 300 000 元，计提专用设备折旧 60 000 元，其他费用 50 000 元。

本例中，东方公司经董事会批准研发某项新型技术，并认为完成该项新型技术无论从技术上，还是财务等方面都能够得到可靠的资源支持，一旦研发成功将降低公司的生产成本，并且有确凿证据予以支持。因此，符合条件的开发费用可以资本化。东方公司在开发该项新型技术时，累计发生了 14 330 000 元的研究与开发支出，其中符合资本化条件的开发支出为 12 300 000 元，符合"归属于该无形资产开发阶段的支出能够可靠地计量"的条件。

东方公司的账务处理为：

(1) 2×23 年度发生研发支出：

借：研发支出——费用化支出　　　　　　　　　　　　2 030 000
　　　　　——资本化支出　　　　　　　　　　　　　12 300 000
　　贷：原材料　　　　　　　　　　　　　　　　　　3 600 000
　　　　应付职工薪酬　　　　　　　　　　　　　　　4 300 000
　　　　累计折旧　　　　　　　　　　　　　　　　　　380 000
　　　　银行存款　　　　　　　　　　　　　　　　　6 050 000

(2) 2×23 年 12 月 31 日，将不符合资本化条件的研发支出转入当期管理费用：

借：管理费用——研究费用　　　　　　　　　　　　3 820 000
　　贷：研发支出——××技术——费用化支出　　　　3 820 000

(3) 次年 1 月份发生研发支出：

借：研发支出——资本化支出　　　　　　　　　　　1 010 000
　　贷：原材料　　　　　　　　　　　　　　　　　　600 000
　　　　应付职工薪酬　　　　　　　　　　　　　　　300 000
　　　　累计折旧　　　　　　　　　　　　　　　　　 60 000
　　　　银行存款　　　　　　　　　　　　　　　　　 50 000

(4) 次年 1 月 31 日，该项新型技术已经达到预定用途：

借：无形资产　　　　　　　　　　　　　　　　　　10 510 000
　　贷：研发支出——资本化支出　　　　　　　　　10 510 000

10.3 无形资产的后续计量

第三节　无形资产的后续计量

一、无形资产使用寿命的确定

无形资产的后续计量以其使用寿命为基础。企业应当于取得无形资产时分析判断其使用寿命。无形资产的使用寿命是有限的，应当估计该使用寿命的年限或者构成使用寿命的产量等类似计量单位数量；无法预见无形资产为企业带来经济利益期限的，应当视为使用寿命不确定的无形资产。

（一）估计无形资产使用寿命应考虑的因素

无形资产的使用寿命包括法定寿命和经济寿命两个方面：有些无形资产的使用寿命受法律、规章或合同的限制，称为法定寿命；经济寿命则是指无形资产可以为企业带来经济利益的年限。

在估计无形资产的使用寿命时，应当综合考虑各方面相关因素的影响，其中通常应当考虑的因素有：（1）运用该无形资产生产的产品通常的寿命周期、可获得的类似资产使用寿命的信息；（2）技术、工艺等方面的现实情况及对未来发展的估计；（3）以该无形资产生产的产品或提供的服务的市场需求情况；（4）现在或潜在的竞争者预期将采取的行动；（5）为维持该无形资产产生未来经济利益的能力预期的维护支出，以及企业预计支付有关支出的能力；（6）对该无形资产的控制期限，以及对该无形资产使用的法律或类似限制，如特许使用期间、租赁期等。（7）与企业持有的其他资产使用寿命的关联性等。

（二）无形资产使用寿命的确定原则

（1）源自合同性权利或其他法定权利取得的无形资产，其使用寿命通常不应超过合同性权利或其他法定权利的期限。例如，企业以支付土地出让金方式取得一块土地50年的使用权，如果企业准备持续持有，在50年期间内没有计划出售，该项土地使用权预期为企业带来未来经济利益的期间为50年。但如果企业使用资产的预期期限短于合同性权利或其他法定权利规定的期限的，则应当按照企业预期使用的期限来确定其使用寿命。例如，企业取得的某项实用新型专利权，法律规定的保护期限为10年，企业预计运用该项实用新型专利权所生产的产品在未来6年内会为企业带来经济利益，则该项专利权的预计使用寿命为6年。

如果合同性权利或其他法定权利能够在到期时因续约等延续，则仅当有证据表明企业续约不需要付出重大成本时，续约期才能够包括在使用寿命的估计中。下列情况下，一般说明企业无须付出重大成本即可延续合同性权利或其他法定权利：有证据表明合同性权利或法定权利将被重新延续，如果在延续之前需要第三方同意，则还需有第三方将会同意的证据；有证据表明为获得重新延续所必需的所有条件将被满足，以及企业为延续持有无形资产所付出的成本相对于预期从重新延续中流入企业的未来经济利益相比不具有重要性。如果企业为延续无形资产持有期间而付出的成本与预期从重新延续中流入企业的未来经济利益相比具有重要性，则从本质上来看是企业获得的一项新的无形资产。

（2）没有明确的合同或法律规定无形资产的使用寿命的，企业应当综合各方面因素判断。例如，企业经过努力，聘请相关专家进行论证、与同行业的情况进行比较以及参考企业的历史经验等，来确定无形资产为企业带来未来经济利益的期限。

（3）经过上述努力仍确实无法合理确定无形资产为企业带来经济利益的期限的，才能将其作为使用寿命不确定的无形资产。例如，企业取得了一项在过去几年中市场份额领先的畅销产品的商标，该商标按照法律规定还有 5 年的使用寿命，但是在保护期届满时，企业可每 10 年以较低的手续费申请延期，同时有证据表明企业有能力申请延期。此外，有关的调查表明，根据产品生命周期、市场竞争等方面情况综合判断，该商标将在不确定的期间内为企业带来现金流量。综合各方面情况，该商标可视为使用寿命不确定的无形资产。又如，企业通过公开拍卖取得一项出租车运营许可，按照所在地的规定，以现有出租车运营许可权为限，不再授予新的运营许可权，而且在旧的出租车报废以后，有关的运营许可权可用于新的出租车。企业估计在有限的未来，将持续经营出租车行业。对于该运营许可权，由于其能为企业带来未来经济利益的期限从目前情况来看无法可靠地估计，因而应将其视为使用寿命不确定的无形资产。

（三）无形资产使用寿命的复核

企业至少应当于每年年度终了，对使用寿命有限的无形资产的使用寿命进行复核。如果有证据表明无形资产的使用寿命与以前估计不同的，应当改变其摊销期限，并按照会计估计变更进行处理。例如，企业使用的某项专利权，原预计使用寿命为 10 年，使用至第 3 年年末时，该企业计划再使用 2 年即不再使用，为此，在第 3 年年末，企业应当变更该项无形资产的使用寿命，并作为会计估计变更进行处理。又如，某项无形资产计提了减值准备，这可能表明企业原估计的摊销期限需要作出变更。

企业应当在每个会计期间对使用寿命不确定的无形资产的使用寿命进行复核。如果有证据表明该无形资产的使用寿命是有限的，应当按照《企业会计准则第 28 号——会计政策、会计估计变更和差错更正》进行处理，并按照使用寿命有限的无形资产的处理原则进行会计处理。

二、使用寿命有限的无形资产摊销

使用寿命有限的无形资产，应以成本减去累计摊销额和累计减值损失后的余额进行后续计量。这里仅重点介绍使用寿命有限的无形资产摊销的处理。使用寿命有限的无形资产，应在其预计的使用寿命内采用系统合理的方法对应摊销金额进行摊销。

（一）应摊销金额

无形资产的应摊销金额，是指其成本扣除预计残值后的金额。已计提减值准备的无形资产，还应扣除已计提的无形资产减值准备累计金额。无形资产的残值一般为零，但下列情况除外：

(1) 有第三方承诺在无形资产使用寿命结束时购买该无形资产；

(2) 可以根据活跃市场得到预计残值信息，并且该市场在无形资产使用寿命结束时很可能存在。

无形资产的残值意味着，在其经济寿命结束之前，企业预计将会处置该无形资产，并且在该处置中获得利益。估计无形资产的残值应以资产处置时的可收回金额为基础，此时的可收回金额是指在预计出售日，出售一项使用寿命已满且处于类似使用状况下，同类无形资产预计的处置价格（扣除相关税费）。残值确定以后，在持有无形资产的期间内，至少应于每年年末进行复核，预计其残值与原估计金额不同的，应按照会计估计变更进行处理。如果无形资产的残值重新估计以后高于其账面价值的，则无形资产不再摊销，直至残值降至低于账面价值时再恢复摊销。

（二）摊销期和摊销方法

无形资产的摊销期自其可供使用（即其达到预定用途）时起至终止确认时止。

企业选择的无形资产摊销方法，应当能够反映与该项无形资产有关的经济利益的预期实现方式，并一致地运用于不同会计期间。具体摊销方法有多种，包括直线法、产量法等。例如，受技术陈旧因素影响较大的专利权和专有技术等无形资产，可采用类似固定资产加速折旧的方法进行摊销；有特定产量限制的特许经营权或专利权，应采用产量法进行摊销。无法可靠确定其预期实现方式的，应当采用直线法进行摊销。

企业至少应当于每年年度终了，对使用寿命有限的无形资产的使用寿命及摊销方法进行复核，如果有证据表明无形资产的使用寿命及摊销方法与以前估计不同的，应当改变其摊销年限和摊销方法，并按照会计估计变更进行会计处理。

（三）使用寿命有限的无形资产摊销的会计处理

无形资产的摊销金额一般应计入当期损益，但如果某项无形资产是专门用于生产某种产品或其他资产的，其所包含的经济利益是通过转入所生产的产品或其他资产中实现的，则该无形资产的摊销金额应当计入相关资产的成本。例如，一项专门用于生产某种产品的专利技术，其摊销金额应构成所生产产品成本的一部分，计入制造该产品的制造费用。

【例10-5】2×24年1月1日，东方公司从外单位购得一项新专利技术用于产品生产，支付价款10 000 000元，款项已支付。该项专利技术法律保护期间为15年，该公司预计运用该项专利生产的产品在未来10年内会为公司带来经济利益。假定这项无形资产的净残值为零，并按年采用直线法摊销。

本例中，东方公司外购的专利技术的预计使用期限（10年）短于法律保护期限（15年），则应当按照企业预期使用期限确定其使用寿命，同时这也就表明该项专利技术是使用寿命有限的无形资产,且该项无形资产用于产品生产,因此,应当将其摊销金额计入相关产品的成本。

东方公司的账务处理如下:

(1) 取得无形资产时:

借:无形资产——专利权　　　　　　　　　　　　　　　10 000 000
　　贷:银行存款　　　　　　　　　　　　　　　　　　　　10 000 000

(2) 按年摊销时:

借:制造费用——专利权摊销　　　　　　　　　　　　　1 000 000
　　贷:累计摊销　　　　　　　　　　　　　　　　　　　　1 000 000

思政课堂

科技创新是现代企业的核心动力,华为企业最近几年接连推出新款手机,已经远远超过5G手机,达到了5.5G的水平!华为一年投入1 600多亿元的研发经费,这是国内任何一家大厂都比不了的,华为20万员工,11万研发人员,近9年来累计持有的专利情况,除2019年累计持有专利数较上年有所减少外,每年均保持了稳定的增长,这与华为坚持每年将销售收入的10%以上投入创新研发活动中息息相关,此外华为也是全球最大的专利持有企业之一,因此,我们可以看到科技研发、自主创新对于一个企业甚至一个国家的重要性。

第四节　无形资产的减值与处置

10.4 无形资产的处置

一、使用寿命不确定无形资产减值

根据可获得的相关信息判断,有确凿证据表明无法合理估计其使用寿命的无形资产,应作为使用寿命不确定的无形资产。对于使用寿命不确定的无形资产,在持有期间内不需要进行摊销,但应当至少在每年年度终了时按照《企业会计准则第8号——资产减值》的有关规定进行减值测试。如经减值测试表明已发生减值,则需要计提相应的减值准备,具体账务处理为:借记"资产减值损失"科目,贷记"无形资产减值准备"科目。

【例10-6】2×22年1月1日,东方公司自行研发的某项非专利技术已经达到预定可使用状态,累计研究支出800 000元,累计开发支出为1 000 000元(其中符合资本化条件的支出为1 300 000元)。有关调查表明,根据产品生命周期、市场竞争等方面情况综合判断,该非专利技术将在不确定的期间内为企业带来经济利益。由此,该非专利技术可视为使用寿命不确定的无形资产,在持有期间内不需要进行摊销。

次年年底,东方公司对该项非专利技术按照资产减值的原则进行减值测试,经测试表明其已发生减值。次年年底，该非专利技术的可收回金额为 800 000 元。

东方公司的账务处理为：

(1) 2×22 年 1 月 1 日，非专利技术达到预定用途。

借：无形资产——非专利技术　　　　　　　　　　　　1 300 000
　　贷：研发支出——资本化支出　　　　　　　　　　　　　1 300 000

(2) 次年 12 月 31 日，非专利技术发生减值。

借：资产减值损失——非专利技术（1 300 000 - 800 000）　500 000
　　贷：无形资产减值准备——非专利技术　　　　　　　　　 500 000

二、无形资产的处置

与无形资产增加业务类似，无形资产减少的途径也有很多，主要有出售、投资支出、对外捐赠、债务重组转出、非货币性资产交换转出等途径。专利技术和非专利技术所有权的转让及其相关服务免征增值税，但商标权、著作权和商誉的所有权转让要按 6% 的税率计算销项税额。企业在持有无形资产期间，可以让渡无形资产的使用权，其出租收入属于收入要素中的"让渡资产使用权收入"。专利技术和非专利技术使用权的让渡及相关服务免征增值税，商标权和著作权的使用权让渡按 6% 的税率计算销项税额。

（一）无形资产出租

企业让渡无形资产使用权并收取租金，在满足收入确认条件的情况下，应确认相关的收入和费用。

出租无形资产取得租金收入时，借记"银行存款"等科目，贷记"其他业务收入"等科目；摊销出租无形资产的成本和发生与转让有关的各种费用支出时，借记"其他业务成本""税金及附加"等科目，贷记"累计摊销""应交税费"等科目。

【例 10-7】2×24 年 1 月 1 日，东方公司将某商标权出租给乙公司使用，租期为 4 年，每年收取租金 200 000 元。租金收入适用的增值税税率为 6%，东方公司在出租期间内不再使用该商标权。该商标权系东方公司 5 年前的 1 月 1 日购入，初始入账价值为 1 500 000 元，预计使用年限为 15 年，采用直线法摊销。假定不考虑其他税费并按年摊销。

东方公司的账务处理为：

(1) 每年取得租金：

借：银行存款　　　　　　　　　　　　　　　　　　　　212 000
　　贷：其他业务收入——出租商标权　　　　　　　　　　　200 000
　　　　应交税费——应交增值税（销项税额）　　　　　　　 12 000

(2) 按年对该商标权进行摊销：

借：其他业务成本——商标权摊销　　　　　　　　　　　 100 000

贷：累计摊销　　　　　　　　　　　　　　　　　　　　　　　　　100 000

(二) 无形资产出售

企业出售无形资产，表明企业放弃该无形资产的所有权，应将所取得的价款与该无形资产账面价值的差额作为资产处置利得或损失，计入当期损益。但是，值得注意的是，企业出售无形资产确认其利得的时点，应按照收入确认中的相关原则进行确定。

出售无形资产时，应按实际收到的金额，借记"银行存款"等科目；按已计提的累计摊销额，借记"累计摊销"科目；原已计提减值准备的，借记"无形资产减值准备"科目；按应支付的相关税费及其他费用，贷记"应交税费""银行存款"等科目；按其账面余额，贷记"无形资产"科目；按其差额，借记或贷记"资产处置损益"科目。

【例10-8】 东方公司出售一项商标权，所得价款为600 000元，应交纳的增值税为150 000元（不考虑其他税费）。该商标权成本为3 000 000元，出售时已摊销金额为2 000 000元，已计提的减值准备为500 000元。

东方公司的账务处理为：

　　借：银行存款　　　　　　　　　　　　　　　　　　　　　　　　　600 000
　　　　累计摊销　　　　　　　　　　　　　　　　　　　　　　　　2 000 000
　　　　无形资产减值准备——商标权　　　　　　　　　　　　　　　　500 000
　　　　资产处置损益　　　　　　　　　　　　　　　　　　　　　　　 50 000
　　　　贷：无形资产——商标权　　　　　　　　　　　　　　　　　3 000 000
　　　　　　应交税费——应交增值税　　　　　　　　　　　　　　　　150 000

(三) 无形资产报废

如果无形资产预期不能为企业带来经济利益时，企业应将该无形资产的账面价值予以转销。企业转销某项无形资产时，应按已计提的累计摊销，借记"累计摊销"科目，按其账面余额，贷记"无形资产"科目，按其差额，借记"营业外支出"科目。已计提减值准备的，还应同时结转减值准备。

【例10-9】 2×23年12月31日，东方公司一项专利权的账面余额为600 000元。该专利权的摊销期为10年，采用直线法摊销，已摊销8年。该专利权的残值为零，已累计计提减值准备120 000元。假定以该专利权生产的产品已无市场，预期不能再给企业带来经济利益。

假定不考虑其他因素，东方公司账务处理如下：

　　借：累计摊销　　　　　　　　　　　　　　　　　　　　　　　　　400 000
　　　　无形资产减值准备　　　　　　　　　　　　　　　　　　　　　120 000
　　　　营业外支出——处置非流动资产利得　　　　　　　　　　　　　 80 000
　　　　贷：无形资产——专利权　　　　　　　　　　　　　　　　　　600 000

三、无形资产的报告

企业在编制的"资产负债表"中应列示"无形资产"和"研发支出"的期末余额和年初余额,在附注中披露与无形资产有关的下列信息:(1)无形资产的期初和期末账面余额、累计摊销额及累计减值损失金额。(2)使用寿命有限的无形资产,其使用寿命的估计情况;使用寿命不确定的无形资产,使用寿命不确定的判断依据。(3)无形资产摊销方法。(4)作为抵押的无形资产账面价值、当期摊销额等情况。此外,企业还应当披露当期确认为费用的研究开发支出总额。

第五节 其他资产

其他资产是指除货币资金、交易性金融资产、应收及预付款项、存货、长期股权投资、固定资产、无形资产等以外的资产,如长期待摊费用等。

一、长期待摊费用

长期待摊费用是指企业已经支出,但摊销期限在1年以上(不含1年)的各项费用。长期待摊费用应当单独核算,在费用项目的受益期限内分期平均摊销。如果长期待摊费用的项目不能使以后会计期间受益的,应当将尚未摊销的该项目的摊余价值全部转入当期损益。企业发生的长期待摊费用,应按实际发生的金额,借记"长期待摊费用"账户,贷记有关账户。摊销时,按每期应摊销的金额,借记"制造费用""销售费用""管理费用"等账户,贷记"长期待摊费用"账户。

【例 10 – 10】2×23年2月1日,东方公司对其以经营租赁方式新租入的办公楼进行装修,发生以下有关支出:领用生产材料 500 000 元,购进该批原材料时支付的增值税进项税额为 85 000 元;辅助生产车间为该装修工程提供的劳务支出为 180 000 元;有关人员工资等职工薪酬 520 000 元。2×23年10月1日,该办公楼装修完工,达到预定可使用状态并交付使用,并按租赁期10年开始进行摊销。假定不考虑其他因素,分公司应作如下会计处理:

(1)装修领用原材料:
借:长期待摊费用　　　　　　　　　　　　　　　　585 000
　　贷:原材料　　　　　　　　　　　　　　　　　　　500 000
　　　　应交税费——应交增值税　　　　　　　　　　　85 000
(2)辅助生产车间为装修工程提供劳务时:
借:长期待摊费用　　　　　　　　　　　　　　　　180 000

　　　　　贷：生产成本——辅助生产成本　　　　　　　　　　　　180 000
　（3）确认工程人员职工薪酬时：
　　借：长期待摊费用　　　　　　　　　　　　　　　　　　　520 000
　　　　　贷：应付职工薪酬　　　　　　　　　　　　　　　　　520 000
　（4）2×23年摊销装修支出时：
　　借：管理费用　　　　　　　　　　　　　　　　　　　　　　10 000
　　　　　贷：长期待摊费用　　　　　　　　　　　　　　　　　　10 000

二、其他长期资产

其他长期资产一般包括国家批准储蓄的特种物资、银行冻结存款及临时设施和涉及诉讼中的财产等。其他长期资产可以根据资产的性质及特点单独设置相关账户核算。

思考题

1. 无形资产的特点是什么？无形资产包含哪些内容呢？
2. 无形资产如何摊销？
3. 无形资产是否都需要减值？
4. 无形资产满足资本化支出需要满足什么条件？
5. 无形资产应报告哪些内容？

第十一章 负 债

> **学习目标**

通过本章的学习,要求掌握短期借款和应付款项的核算、应付职工薪酬的核算、应交税费的核算、长期借款的核算;熟悉短期借款和应付款项的内容、应付职工薪酬的内容、应交税费的内容、长期借款和长期应付款的内容;了解职工薪酬分配、各项税费的手续制度、合同负债、长期应付款以及预计负债的内容。

第一节 负债概述

一、负债的定义及特征

(一) 负债的定义

根据《企业会计准则——基本准则》,负债的定义为:"负债是指企业过去的交易或者事项形成的预期会导致经济利益流出企业的现时义务。"现时义务是指企业现行条件下已承担的义务。未来发生的交易或者事项形成的义务,不属于现时义务,不应当确认为负债。

定义包括三层含义:第一,负债产生的原因——过去的交易或者事项;第二,负债的表现形式——现时应承担的义务;第三,负债解除的结果——未来的经济利益流出企业。

(二) 负债的特征

从定义中可以看出,负债具有以下基本特征。

(1) 负债是由过去的交易或事项产生的。过去的交易或事项是指已经完成的经济业务,例如,企业已经购进材料但是尚未付款,在这种情况下,企业就有偿付货款的义务。过去的交易或事项可能产生的负债有:企业采购材料后的未付款、企业销售商品后的应交而未交税金、期末权责发生制下对费用调整后的应计费用、利润分配过程结束的未付利润等。也就是说,负债只与已经发生的交易或事项相关,而与尚未发生的交易或事项无关。例如,企业已经制订近期材料采购计划,

11.1 负债概述

且不能立刻付款,在交易或事项尚未发生前,这种预期可能产生的负债不能成立。

(2) 负债是企业承担的现时义务。它意味着负债是企业必须履行的经济责任,因为过去的交易或事项一般是以合同、协议或有关的法律法规作为约束条件,一旦形成负债的交易或事项已经发生,企业就不得不承担由此而带来的经济责任,即负债已成为了事实,并且它将伴随企业直到履行该项经济责任为止。

(3) 负债的清偿会导致企业未来经济利益的流出。负债的清偿就是企业履行其经济责任。一般是以向债权人支付资产或提供劳务方式,解除企业对债权人的经济责任。因为这种经济责任的存在有一定的期限,所以在企业不能以支付资产或提供劳务方式解除时可通过举借新债偿还旧债或者将负债转化为所有者权益等方式处理。举借新债偿还旧债只是债务的延期,将来仍需用支付资产或提供劳务来清偿;而负债转化为所有者权益意味着企业增加所有者权益的同时增加资产,再以新增资产偿还负债。不论是哪种方式都表明负债的偿还是以牺牲企业的经济利益为代价。

二、负债的分类

负债包括的内容很多,有不同偿还期限的负债,也有不同原因形成的负债。总的来看,下列这些项目均属于企业的负债:短期借款、应付票据、应付账款、预收账款、应付职工薪酬、应交税费、应付利息、应付股利、其他应付款、长期借款、应付债券、长期应付款、专项应付款、预计负债等。

为满足不同信息使用者的需要,会计上需要对不同偿还要求的负债作进一步分类。负债按其偿还期限的长短,可以分为流动负债和非流动负债。流动负债是指企业将在 1 年或长于 1 年的一个营业周期内偿还的债务;非流动负债(亦称长期负债)是指偿还期在 1 年或超过 1 年的一个营业周期以上的债务。这种分类与资产的分类相同,其目的是便于分析企业的财务状况和偿债能力。企业的流动资产和流动负债的相对比例,可以大致反映企业的短期偿债能力;同时,通过可用于支付的流动资产(包括库存现金、银行存款等)与近期需支付的流动负债(包括短期借款、应付账款等)的对比,可以了解企业的清偿能力。当然,将负债划分为流动负债和非流动负债以 1 年或者超过 1 年的一个营业周期为界限,并且在资产负债表中分别列示,也有利于有关信息使用者通过对报表的对比分析,正确评价企业的财务状况,进而对企业的偿债能力作出合理判断。

第二节 流动负债

一、短期借款

11.2 短期借款

(一) 短期借款概述

短期借款是指企业向银行或其他金融机构等借入的、期限在 1 年以下(含 1

年）的各种借款，通常是为了满足正常生产经营的需要。无论借入款项的来源如何，企业均需要向债权人按期偿还借款的本金及利息。在会计核算上，企业要及时如实地反映短期借款的借入、利息的发生及本金和利息的偿还情况。

为了核算企业的短期借款，应设置"短期借款"账户。该账户属于负债类账户，借方登记归还短期借款的数额；贷方登记借入短期借款本金的数额；期末余额在贷方，表示尚未归还的短期借款。可按债权人户名和借款种类设置明细账户进行明细核算。

（二）短期借款的取得

企业从银行或其他金融机构借入款项时，应签订借款合同，注明借款金额、借款利率和还款时间等。取得短期借款时，应借记"银行存款"科目，贷记"短期借款"科目。"短期借款"科目应按债权人以及借款种类、还款时间设置明细账。

【例11-1】东方公司于2×24年3月1日从银行借入一笔生产经营用短期借款，共计120 000元。编制会计分录如下：

借：银行存款　　　　　　　　　　　　　　　　　　　　　120 000
　　贷：短期借款　　　　　　　　　　　　　　　　　　　　120 000

（三）短期借款的利息费用

企业取得短期借款而发生的利息费用，一般应作为财务费用处理，计入当期损益。银行或其他金融机构一般按季度在季末月份结算借款利息，每季度的前两个月不发生利息支出。企业核算利息费用的方法一般采用月末预提，借记"财务费用"科目，贷记"应付利息"科目。在实际支付利息的月份，应根据已经预提的数额，借记"应付利息"科目；实际支付的利息大于预提数的差额，为当月应负担的利息费用，借记"财务费用"科目；根据实际支付的利息贷记"银行存款"科目。如果企业短期借款利息是在借款到期时连同本金一起归还，但是数额不大的，可以不采用预提的方法，而在实际支付或收到银行的计息通知时，直接计入当期损益。

【例11-2】接〖例11-1〗该笔借款期限为9个月，年利率为8%。根据与银行签署的借款协议，该项借款的本金到期后一次归还；利息分月预提，按季度支付。编制会计分录如下：

3月末，计提3月应计利息时：

借：财务费用　　　　　　　　　　　　　　　　　　　　　　　800
　　贷：应付利息　　　　　　　　　　　　　　　　　　　　　　800

本月应计提的利息金额 = 120 000 × 8% ÷ 12 = 800（元）。本例中，短期借款利息800元属于企业的筹资费用，应记入"财务费用"科目。

4月末计提4月利息费用的处理与3月相同。

5月末支付第一季度银行借款利息时：

借：财务费用　　　　　　　　　　　　　　　　　　　　　　800
　　应付利息　　　　　　　　　　　　　　　　　　　　　1 600
　　贷：银行存款　　　　　　　　　　　　　　　　　　　　　　2 400

本例中，3月、4月已经计提的利息为1 600元，应借记"应付利息"科目，5月应当计提的利息为800元，应借记"财务费用"科目；实际支付利息2 400元，贷记"银行存款"科目。

第二、三季度的会计处理同上。

（四）短期借款的偿还

企业在短期借款到期偿还借款本金时，应借记"短期借款"科目，贷记"银行存款"科目。

【例11-3】接〖例11-2〗12月1日偿还该笔银行借款本金时，编制会计分录如下：

借：短期借款　　　　　　　　　　　　　　　　　　　　120 000
　　贷：银行存款　　　　　　　　　　　　　　　　　　　　　120 000

二、应付票据

（一）应付票据概述

应付票据是指企业购买材料、商品和接受劳务供应等而开出、承兑的商业汇票，包括商业承兑汇票和银行承兑汇票。企业应当设置"应付票据备查簿"，详细登记商业汇票的种类、号数和出票日期、到期日、票面余额、交易合同号和收款人姓名或单位名称以及付款日期和金额等资料。应付票据到期结清时，应当在备查簿内予以注销。

企业应通过"应付票据"科目，核算应付票据的发生、偿付等情况。该科目贷方登记开出、承兑汇票的面值及带息票据的预提利息，借方登记支付票据的金额，余额在贷方，表示企业尚未到期的商业汇票的票面金额。

发生应付票据通常而言，商业汇票的付款期限不超过六个月，因此在会计上应作为流动负债管理和核算。同时，由于应付票据的偿付时间较短，在会计实务中，一般均按照开出、承兑的应付票据的面值入账。

为了反映企业因签发票据而承担的负债及归还情况，企业应当设置"应付票据"账户。该账户属于负债类账户，贷方登记企业开出的承兑汇票的金额，借方登记实际支付票据的金额，余额在贷方，表示企业尚未归还的商业汇票的票面金额。

（二）签发应付票据

企业因购买材料、商品和接受劳务供应等而开出、承兑的商业汇票，应当按

11.3 应付票据

其票面金额作为应付票据的入账金额,借记"材料采购""在途物资""原材料""库存商品""应付账款""应交税费——应交增值税(进项税额)"等科目,贷记"应付票据"科目。

企业因开出银行承兑汇票而支付的银行承兑汇票手续费,应当计入当期财务费用。支付手续费时,按照确认的手续费,借记"财务费用"科目,取得增值税专用发票的,按注明的增值税进项税额,借记"应交税费——应交增值税(进项税额)"科目,按照实际支付的金额,贷记"银行存款"科目。

企业开具的商业汇票到期支付票据款时,根据开户银行的付款通知,借记"应付票据"科目,贷记"银行存款"科目。

【例11-4】东方公司为增值税一般纳税人。该公司于2×23年6月30日开出一张面值为11 300元、期限6个月的不带息商业汇票,用以采购一批材料。增值税专用发票上注明的材料价款为10 000元,增值税税额为1 300元。编制会计分录如下:

借:在途物资　　　　　　　　　　　　　　　　　　　　10 000
　　应交税费——应交增值税(进项税额)　　　　　　　 1 300
　　贷:应付票据　　　　　　　　　　　　　　　　　　　11 300

东方公司因购买材料、商品和接受劳务供应等而开出、承兑商业汇票时,所支付的银行承兑汇票手续费应当计入财务费用。

【例11-5】承〖例11-4〗,假设商业汇票为银行承兑汇票,东方公司已交纳承兑手续费30.05元。编制会计分录如下:

借:财务费用　　　　　　　　　　　　　　　　　　　　30.05
　　贷:银行存款　　　　　　　　　　　　　　　　　　　30.05

(三)偿还应付票据

应付票据到期支付票款时,应按账面余额予以结转,借记"应付票据"科目,贷记"银行存款"科目。

【例11-6】承〖例11-4〗,2×23年12月30日,东方公司于6月30日开出的商业汇票到期。东方公司通知其开户银行以银行存款支付票款。编制会计分录如下:

借:应付票据　　　　　　　　　　　　　　　　　　　　11 300
　　贷:银行存款　　　　　　　　　　　　　　　　　　　11 300

(四)转销应付票据

应付银行承兑汇票到期,如企业无力支付票款,应将应付票据的账面余额转作短期借款,借记"应付票据"科目,贷记"短期借款"科目。

【例11-7】承〖例11-4〗,假设上述商业汇票为银行承兑汇票,该汇票到期时东方公司无力支付票款。编制会计分录如下:

借:应付票据　　　　　　　　　　　　　　　　　　　　11 300

贷：短期借款　　　　　　　　　　　　　　　　　　　　　　　　　　11 300

三、应付账款

11.4 应付账款

（一）应付账款概述

应付账款指因购买材料物资、商品或接受劳务供应等业务应支付给供应者的账款。它主要是买卖双方在购销活动中由于取得物资和支付货款在时间上有先有后而发生的负债。应付账款应在企业取得所购材料、商品等的所有权或已接受劳务供应时确认应付账款。在会计实务中，现行企业会计制度对应付账款的入账时间作了以下两种情况的规定：

（1）在所购材料、商品等和发票账单同时到达的情况下，应付账款通常是待材料、商品等验收入库后，按发票账单所记载的实际价款编证入账。

（2）在所购材料、商品等已经收到，但尚未收到发票账单情况下，企业因无法知晓确定的应付账款金额而无法入账，只能在收到发票账单后按第一种情况处理；如果在月度终了仍未收到已入库的材料、商品等发票账单时，则应在月末按应付给供应单位价款的暂估价暂先入账，以使在月末编报的资产负债表中客观地反映企业所拥有的资产和应承担的债务。待下月初再作相反分录予以冲回。

为了及时、准确地记录和报告因购买材料、商品或接受劳务供应等经营活动发生的债务和偿还情况等方面的信息，企业应设置"应付账款"账户。该账户属于负债类账户，贷方登记企业购买材料、商品和接受劳务等而发生的应付账款，借方登记偿还的应付账款，或开出商业汇票抵付应付账款的金额，余额一般在贷方，表示企业尚未支付的应付账款余额。本科目一般应按照债权人设置明细科目进行明细核算。

（二）发生应付账款

企业购入材料、商品等或接受劳务所产生的应付账款，应按应付金额入账。购入材料、商品等验收入库，但货款尚未支付，根据有关凭证（发票账单、随货同行发票上记载的实际价款或暂估价值），借记"材料采购""在途物资"等科目，按可抵扣的增值税额，借记"应交税费——应交增值税（进项税额）"科目，按应付的价款，贷记"应付账款"科目。企业接受供应单位提供劳务而发生的应付未付款项，根据供应单位的发票账单，借记"生产成本""管理费用"等科目，贷记"应付账款"科目。

应付账款附有现金折扣的，应按照扣除现金折扣前的应付款总额入账。因在折扣期限内付款而获得的现金折扣，应在偿付应付账款时冲减财务费用。

【例11-8】东方公司为增值税一般纳税人。2×23年7月25日，从诚信公司购入一批材料，货款300 000元，增值税39 000元，对方代垫运杂费5 000元。材料已运到并验收入库（该公司材料按实际成本计价核算），款项尚未支付。编制会计分录如下：

借：原材料　　　　　　　　　　　　　　　　　　　　305 000
　　应交税费——应交增值税（进项税额）　　　　　　39 000
　　　贷：应付账款——诚信公司　　　　　　　　　　　　　344 000

【例 11-9】根据供电部门通知，东方公司 2×23 年 6 月应支付电费 300 000 元。其中生产车间电费 120 000 元，企业行政管理部门电费 180 000 元，款项尚未支付。编制会计分录如下：

借：制造费用　　　　　　　　　　　　　　　　　　120 000
　　管理费用　　　　　　　　　　　　　　　　　　180 000
　　　贷：应付账款——电力公司　　　　　　　　　　　　　300 000

（三）偿还应付账款

企业偿还应付账款或开出商业汇票抵付应付账款时，借记"应付账款"科目，贷记"银行存款""应付票据"等科目。

【例 11-10】承〖例 11-8〗，2×23 年 8 月 1 日，东方公司用银行存款支付上述应付账款。编制会计分录如下：

借：应付账款——诚信公司　　　　　　　　　　　344 000
　　　贷：银行存款　　　　　　　　　　　　　　　　　　344 000

（四）转销应付账款

企业转销确实无法支付的应付账款（比如因债权人撤销等原因而产生无法支付的应付账款），应按其账面余额计入营业外收入，借记"应付账款"科目，贷记"营业外收入"科目。

【例 11-11】2×23 年 12 月 31 日，东方公司确定一笔应付账款 100 000 元为无法支付的款项，应予转销。编制会计分录如下：

借：应付账款　　　　　　　　　　　　　　　　　　100 000
　　　贷：营业外收入　　　　　　　　　　　　　　　　　100 000

本例中，东方公司转销确实无法支付的应付账款 100 000 元，应按其账面余额记入"营业外收入——其他"科目。

四、预收账款

预收账款是指企业按照合同规定预收的款项。企业应设置"预收账款"科目，核算预收账款的取得、偿付等情况。该科目贷方登记发生的预收账款金额和购货单位补付账款的金额，借方登记企业向购货方发货后冲销的预收账款金额和退回购货方多付账款的金额；期末贷方余额，反映企业预收的款项，如为借方余额，反映企业尚未转销的款项。本科目一般应按照购货单位设置明细科目进行明细核算。

11.5 合同负债及其他应付款

企业预收款项时，按实际收到的全部预收款，借记"库存现金""银行存款"科目，涉及增值税的，按照预收款计算的应交增值税，贷记"应交税费——应交增值税（销项税额）"科目，全部预收款扣除应交增值税的差额，贷记"预收账款"科目。

企业分期确认有关收入时，按照实现的收入，借记"预收账款"科目，贷记"主营业务收入""其他业务收入"科目。

企业收到客户补付款项时，借记"库存现金""银行存款"科目，贷记"预收账款""应交税费——应交增值税（销项税额）"科目；退回客户多预付的款项时，借记"预收账款"科目，贷记"库存现金""银行存款"科目。涉及增值税的，还应进行相应的会计处理。

预收货款业务不多的企业，可以不单独设置"预收账款"科目，其所发生的预收货款，可通过"应收账款"科目核算。

【例 11-12】 东方公司为增值税一般纳税人，适用的增值税税率为13%。2×24年7月1日，东方公司与诚信公司签订经营租赁（非主营业务）吊车合同，向诚信公司出租吊车三台，期限为6个月，三台吊车租金（含税）共计67 800元。合同约定，合同签订日预付租金（含税）22 600元，合同到期结清全部租金余款。合同签订日，东方公司收到租金并存入银行，开具的增值税专用发票注明租金20 000元、增值税2 600元。租赁期满日，东方公司收到租金余款及相应的增值税。编制会计分录如下：

（1）收到诚信公司预付租金：

借：银行存款　　　　　　　　　　　　　　　　　　　　　　　22 600
　　贷：预收账款——诚信公司　　　　　　　　　　　　　　　20 000
　　　　应交税费——应交增值税（销项税额）　　　　　　　　 2 600

（2）每月月末确认租金收入：

借：预收账款——诚信公司　　　　　　　　　　　　　　　　　10 000
　　贷：其他业务收入　　　　　　　　　　　　　　　　　　　10 000

（3）租赁期满收到租金余款及增值税：

借：银行存款　　　　　　　　　　　　　　　　　　　　　　　45 200
　　贷：预收账款——诚信公司　　　　　　　　　　　　　　　40 000
　　　　应交税费——应交增值税（销项税额）　　　　　　　　 5 200

【例 11-13】 承〖例 11-11〗，假设东方公司不设置"预收账款"科目，其预收的款项通过"应收账款"科目核算。编制会计分录如下：

（1）收到诚信公司预付租金：

借：银行存款　　　　　　　　　　　　　　　　　　　　　　　22 600
　　贷：应收账款——诚信公司　　　　　　　　　　　　　　　20 000
　　　　应交税费——应交增值税（销项税额）　　　　　　　　 2 600

（2）每月月末确认租金收入：

借：应收账款——诚信公司　　　　　　　　　　　　　　　　　10 000

贷：其他业务收入 10 000
（3）租赁期满收到租金余款及增值税：
借：银行存款 45 200
　　贷：应收账款——诚信公司 40 000
　　　　应交税费——应交增值税（销项税额） 5 200

五、应付职工薪酬

1. 职工的定义

应付职工薪酬准则所称的职工，是指与企业订立劳动合同的所有人员，含全职、兼职和临时职工，也包括虽未与企业订立劳动合同但由企业正式任命的人员。具体而言，本准则所称的职工至少应当包括：

（1）与企业订立劳动合同的所有人员，含全职、兼职和临时职工。按照我国《劳动法》和《劳动合同法》的规定，企业作为用人单位应当与劳动者订立劳动合同。本准则中的职工首先应当包括这部分人员，即与企业订立了固定期限、无固定期限或者以完成一定工作作为期限的劳动合同的所有人员。

（2）未与企业订立劳动合同但由企业正式任命的人员，如部分董事会成员、监事会成员等。企业按照有关规定设立董事、监事，或者董事会、监事会的，如所聘请的独立董事、外部监事等，虽然没有与企业订立劳动合同，但属于由企业正式任命的人员，属于本准则所称的职工。

（3）在企业的计划和控制下，虽未与企业订立劳动合同或未由其正式任命，但向企业所提供服务与职工所提供服务类似的人员，也属于职工的范畴，包括通过企业与劳务中介公司签订用工合同而向企业提供服务的人员，这些劳务用工人员属于本准则所称的职工。

2. 职工薪酬的定义

职工薪酬，是指企业为获得职工提供的服务或解除劳动关系而给予的各种形式的报酬或补偿。企业提供给职工配偶、子女、受赡养人、已故员工遗属及其他受益人等的福利，也属于职工薪酬。职工薪酬主要包括短期薪酬、离职后福利、辞退福利和其他长期职工福利。

（1）短期薪酬。短期薪酬，是指企业预期在职工提供相关服务的年度报告期间结束后十二个月内将全部予以支付的职工薪酬，因解除与职工的劳动关系给予的补偿除外。因解除与职工的劳动关系给予的补偿属于辞退福利的范畴。短期薪酬主要包括：

①职工工资、奖金、津贴和补贴，是指企业按照构成工资总额的计时工资、计件工资、支付给职工的超额劳动报酬等的劳动报酬，为了补偿职工特殊或额外的劳动消耗和因其他特殊原因支付给职工的津贴，以及为了保证职工工资水平不受物价影响支付给职工的物价补贴等。其中，企业按照短期奖金计划向职工发放的奖金属于短期薪酬，按照长期奖金计划向职工发放的奖金属于其他长期职工

11.6 应付职工薪酬

福利。

②职工福利费，是指企业向职工提供的生活困难补助、丧葬补助费、抚恤费、职工异地安家费、防暑降温费等职工福利支出。

③医疗保险费、工伤保险费和生育保险费等社会保险费，是指企业按照国家规定的基准和比例计算，向社会保险经办机构缴存的医疗保险费、工伤保险费和生育保险费。

④住房公积金，是指企业按照国家规定的基准和比例计算，向住房公积金管理机构缴存的住房公积金。

⑤工会经费和职工教育经费，是指企业为了改善职工文化生活、为职工学习先进技术和提高文化水平和业务素质，用于开展工会活动和职工教育及职业技能培训等相关支出。

⑥短期带薪缺勤，是指职工虽然缺勤但企业仍向其支付报酬的安排，包括年休假、病假、婚假、产假、丧假、探亲假等。长期带薪缺勤属于其他长期职工福利。

⑦短期利润分享计划，是指因职工提供服务而与职工达成的基于利润或其他经营成果提供薪酬的协议。长期利润分享计划属于其他长期职工福利。

⑧其他短期薪酬，是指除上述薪酬以外的其他为获得职工提供的服务而给予的短期薪酬。

(2) 离职后福利。离职后福利，是指企业为获得职工提供的服务而在职工退休或与企业解除劳动关系后，提供的各种形式的报酬和福利，属于短期薪酬和辞退福利的除外。

离职后福利计划，是指企业与职工就离职后福利达成的协议，或者企业为向职工提供离职后福利制定的规章或办法等。离职后福利计划按照企业承担的风险和义务情况，可以分为设定提存计划和设定受益计划。其中，设定提存计划，是指企业向独立的基金缴存固定费用后，不再承担进一步支付义务的离职后福利计划。设定受益计划，是指除设定提存计划以外的离职后福利计划。

(3) 辞退福利。辞退福利，是指企业在职工劳动合同到期之前解除与职工的劳动关系，或者为鼓励职工自愿接受裁减而给予职工的补偿。辞退福利主要包括：①在职工劳动合同尚未到期前，不论职工本人是否愿意，企业决定解除与职工的劳动关系而给予的补偿。②在职工劳动合同尚未到期前，为鼓励职工自愿接受裁减而给予的补偿，职工有权利选择继续在职或接受补偿离职。

辞退福利通常采取解除劳动关系时一次性支付补偿的方式，也采取在职工不再为企业带来经济利益后，将职工工资支付到辞退后未来某一期间的方式。

企业应当根据辞退福利的定义和包括的内容，区分辞退福利与正常退休的养老金。辞退福利是在职工与企业签订的劳动合同到期前，企业根据法律与职工本人或职工代表（如工会）签订的协议，或者基于商业惯例，承诺当其提前终止对职工的雇佣关系时支付的补偿，引发补偿的事项是辞退，因此，企业应当在辞退职工时进行辞退福利的确认和计量。职工在正常退休时获得的养老金，是其与企业签订的劳动合同到期时,或者职工达到了国家规定的退休年龄时获得的退休后生活补偿金额,引发补偿的事项是职工在职时提供的服务,而不是退休本身,因此,企业应当在职工提供服务的会计期间进行养老金的确认和计量。

另外,职工虽然没有与企业解除劳动合同,但未来不再为企业提供服务,不能为企业带来经济利益,企业承诺提供实质上具有辞退福利性质的经济补偿的,如发生"内退"的情况,在其正式退休日期之前应当比照辞退福利处理,在其正式退休日期之后,应当按照离职后福利处理。

(4) 其他长期职工福利。其他长期职工福利,是指除短期薪酬、离职后福利、辞退福利之外所有的职工薪酬,包括长期带薪缺勤、长期残疾福利、长期利润分享计划等。

3. 应付职工薪酬的科目设置

为了反映和监督职工薪酬的发生和分配的情况,企业应当设置"应付职工薪酬"账户,该账户属于负债类账户,贷方登记本月计算的应付职工薪酬的总额,借方登记实际发放给职工薪酬的数额;该科目的期末贷方余额,反映企业应付未付的职工薪酬。"应付职工薪酬"账户应当按照"工资""职工福利""社会保险费""住房公积金""工会经费""职工教育经费""非货币性福利"等应付职工薪酬项目设置明细科目,进行明细核算。

4. 应付职工薪酬的账务处理

企业应当在职工为其提供服务的会计期间,将实际发生的短期薪酬确认为负债,并计入当期损益,其他会计准则要求或允许计入资产成本的除外。

(1) 职工工资、奖金、津贴和补贴。

对于职工工资、奖金、津贴和补贴等货币性职工薪酬,企业应当在职工为其提供服务的会计期间,将实际发生的职工工资、奖金、津贴和补贴等,根据职工提供服务的受益对象,将应确认的职工薪酬,借记"生产成本""制造费用""合同履约成本""管理费用""销售费用"等科目,贷记"应付职工薪酬——工资、奖金、津贴和补贴"科目。

【例11-14】东方公司2×23年7月应付职工工资总额为693 000元,"工资费用分配汇总表"中列示的产品生产人员工资为480 000元,车间管理人员工资为105 000元,企业行政管理人员工资为90 600元,专设销售机构人员工资为17 400元。编制会计分录如下:

  借:生产成本   480 000
    制造费用   105 000
    管理费用   90 600
    销售费用   17 400
    贷:应付职工薪酬——工资、奖金、津贴和补贴 693 000

实务中,企业一般在每月发放工资前,根据"工资费用分配汇总表"中的"实发金额"栏的合计数,通过开户银行支付给职工或从开户银行提取现金,然后再向职工发放。

企业按照有关规定向职工支付工资、奖金、津贴、补贴等，借记"应付职工薪酬——工资、奖金、津贴和补贴"科目，贷记"银行存款""库存现金"等科目；企业从应付职工薪酬中扣还的各种款项（代垫的家属药费、个人所得税等），借记"应付职工薪酬"科目，贷记"银行存款""库存现金""其他应收款""应交税费——应交个人所得税"等科目。

【例 11 – 15】承【例 11 – 14】，东方公司根据"工资费用分配汇总表"结算本月应付职工工资总额 693 000 元，其中公司代垫职工房租 32 000 元，代垫职工家属医药费 8 000 元，实发工资 653 000 元。编制会计分录如下：

①向银行提取现金：
借：库存现金　　　　　　　　　　　　　　　　　　653 000
　　贷：银行存款　　　　　　　　　　　　　　　　　　653 000

②用现金发放工资：
借：应付职工薪酬——工资、奖金、津贴和补贴　　　653 000
　　贷：库存现金　　　　　　　　　　　　　　　　　　653 000

注：如果通过银行存款发放工资、津贴补贴等，则该公司应作如下会计分录：
借：应付职工薪酬——工资、奖金、津贴和补贴　　　653 000
　　贷：银行存款　　　　　　　　　　　　　　　　　　653 000

③结转代垫款项：
借：应付职工薪酬——工资、奖金、津贴和补贴　　　 40 000
　　贷：其他应收款——职工房租　　　　　　　　　　 32 000
　　　　　　　　　——代垫医药费　　　　　　　　　　8 000

（2）职工福利费。

对于职工福利费，企业应当在实际发生时根据实际发生额计入当期损益或相关资产成本，借记"生产成本""制造费用""管理费用""销售费用"等科目，贷记"应付职工薪酬——职工福利费"科目。

【例 11 – 16】东方公司下设一所职工食堂，每月根据在岗职工数量及岗位分布情况、相关历史经验数据等计算需要补贴食堂的金额，从而确定企业每期因补贴职工食堂需要承担的福利费金额。2×23 年 9 月，企业在岗职工共计 200 人，其中管理部门 30 人，生产车间生产人员 170 人，企业的历史经验数据表明，每个职工每月需补贴食堂 150 元。编制会计分录如下：

借：生产成本　　　　　　　　　　　　　　　　　　 25 500
　　管理费用　　　　　　　　　　　　　　　　　　　 4 500
　　贷：应付职工薪酬——职工福利费　　　　　　　　 30 000

本例中，东方公司应确认的职工福利费 = 150 × 200 = 30 000（元）。

【例 11 – 17】承【例 11 – 16】，2×23 年 10 月，东方公司支付 30 000 元补贴给食堂。编制会计分录如下：

借：应付职工薪酬——职工福利费　　　　　　　　　 30 000
　　贷：银行存款　　　　　　　　　　　　　　　　　 30 000

(3) 国家规定计提标准的职工薪酬。

①工会经费和职工教育经费。根据《工会法》的规定，企业按每月全部职工工资总额的2%向工会拨缴经费，并在成本费用中列支，主要用于为职工服务和工会活动。职工教育经费一般由企业按照每月工资总额的8%计提，主要用于职工接受岗位培训、继续教育等方面的支出。期末，企业根据规定的计提基础和比例计算确定应付工会经费、职工教育经费，借记"生产成本""制造费用""管理费用""销售费用""在建工程""研发支出"等科目，贷记"应付职工薪酬——工会经费、职工教育经费"科目；实际上缴或发生实际开支时，借记"应付职工薪酬——工会经费、职工教育经费"，贷记"银行存款"等科目。

【例11-18】承〖例11-14〗，2×23年7月，东方公司根据相关规定，分别按照职工工资总额的2%和8%的计提标准，确认应付工会经费和职工教育经费。编制会计分录如下：

借：生产成本　　　　　　　　　　　　　　　　　48 000
　　制造费用　　　　　　　　　　　　　　　　　10 500
　　管理费用　　　　　　　　　　　　　　　　　 9 060
　　销售费用　　　　　　　　　　　　　　　　　 1 740
　　　贷：应付职工薪酬——工会经费　　　　　　13 860
　　　　　　　　　　　——职工教育经费　　　　55 440

本例中，应确认的应付职工薪酬=(480 000+105 000+90 600+17 400)×(2%+8%)=69 300(元)，其中，工会经费为13 860元、职工教育经费为55 440元。

本例中，应记入"生产成本"科目的金额=480 000×(2%+8%)=48 000(元)；应记入"制造费用"科目的金额=105 000×(2%+8%)=10 500(元)；应记入"管理费用"科目的金额=90 600×(2%+8%)=9 060(元)；应记入"销售费用"科目的金额=17 400×(2%+8%)=1 740(元)。

②社会保险费和住房公积金。社会保险费包括医疗保险费、养老保险费、失业保险费、工伤保险费。企业承担的社会保险费，除养老保险费和失业保险费按规定确认为离职后福利，其他的社会保险作为企业的短期薪酬。住房公积金分为职工所在单位为职工缴存和职工个人缴存两部分，但其全部属于职工个人所有。期末，对于企业应缴纳的社会保险费(不含基本养老费和失业保险费)和住房公积金，应按照国家规定的计提基础和比例，在职工提供服务期间根据受益对象计入当期损益或相关资产成本，并确认相应的应付职工薪酬金额，借记"生产成本""制造费用""管理费用""销售费用""在建工程""研发支出"等科目，贷记"应付职工薪酬——社会保险费、住房公积金"科目；对于职工个人承担的社会保险费和住房公积金，由职工所在企业每月从其工资中代扣代缴，借记"应付职工薪酬——社会保险费、住房公积金"科目，贷记"其他应付款——社会保险费(医疗保险、工伤保险)、住房公积金"科目。

【例11-19】承〖例11-14〗2×23年7月，该公司根据国家规定的计提标准，计算应由公司负担的向社会保险经办机构缴纳社会保险费（不含基本养老险和失业保险费）共计 83 160 元。按照规定标准计提住房公积金为 76 230 元。编制会计分录如下：

借：生产成本　　　　　　　　　　　　　　　　　　　110 400
　　制造费用　　　　　　　　　　　　　　　　　　　　24 150
　　管理费用　　　　　　　　　　　　　　　　　　　　20 838
　　销售费用　　　　　　　　　　　　　　　　　　　　 4 002
　　贷：应付职工薪酬——社会保险费　　　　　　　　　83 160
　　　　　　　　　　——住房公积金　　　　　　　　　76 230

本例中，应确认的应付职工薪酬 = 83 160 + 76 230 = 159 390（元），应记入"生产成本"科目的金额 = 159 390 ×（480 000 ÷ 693 000）= 110 400（元）；应记入"制造费用"科目的金额 = 159 390 ×（105 000 ÷ 693 000）= 24 150（元）；应记入"管理费用"科目的金额 = 159 390 ×（90 600 ÷ 693 000）= 20 838（元）；应记入"销售费用"科目的金额 = 159 390 - 110 400 - 24 150 - 20 838 = 4 002（元）。

假定该企业从应付职工薪酬中代扣个人应缴纳的社会保险费（不含基本养老险和失业保险）20 790 元、住房公积金为 76 230 元，共计 97 020 元。编制会计分录如下：

借：应付职工薪酬——社会保险费　　　　　　　　　　20 790
　　　　　　　　——住房公积金　　　　　　　　　　76 230
　　贷：其他应付款——社会保险费　　　　　　　　　　20 790
　　　　　　　　　——住房公积金　　　　　　　　　　76 230

（4）短期带薪缺勤。

对于职工带薪缺勤，企业应当根据其性质及职工享有的权利，分为累积带薪缺勤和非累积带薪缺勤两类。企业应当对累积带薪缺勤和非累积带薪缺勤分别进行会计处理。如果带薪缺勤属于长期带薪缺勤的，企业应当作为其他长期职工福利处理。

①累积带薪缺勤，是指带薪权利可以结转下期的带薪缺勤，本期尚未用完的带薪缺勤权利可以在未来期间使用。企业应当在职工提供了服务从而增加了其未来享有的带薪缺勤权利时，确认与累积带薪缺勤相关的职工薪酬，并以累积未行使权利而增加的预期支付金额计量。确认累积带薪缺勤时，借记"管理费用"等科目，贷记"应付职工薪酬——带薪缺勤——短期带薪缺勤——累积带薪缺勤"科目。

【例11-20】东方公司从 2×23 年 1 月 1 日起实行累积带薪缺勤制度。该制度规定，每个职工每年可享受 5 个工作日带薪年休假，未使用的年休假只能向后结转一个公历年度，超过 1 年未使用的权利作废，在职工离开企业时也无权获得现金支付；职工休年假时，首先使用当年可享受的权利，不足部分再从上年结转的带薪年休假中扣除。至 2×23 年 12 月 31 日该公司有 2 000 名职工未享受当年的带薪年休假，该公司预计 2×23 年其中有 1 900 名职工将享受不超过 5 天的带薪年休假,剩余 100 名职工每人将平均享受 6 天半年休假,假定这 100 名职工全部为总部各部门经理,该公司平均每名职工每个工作日工资为 300 元。不考虑其他相关因素。2×23 年 12 月 31 日,编制会计分录如下:

　　借:管理费用　　　　　　　　　　　　　　　　　　　　 45 000
　　　　贷:应付职工薪酬——带薪缺勤——短期带薪缺勤
　　　　　　　　——累积带薪缺勤　　　　　　　　　　　　　 45 000

东方公司在 2×23 年 12 月 31 日应当预计由于职工累积未使用的带薪年休假权利而导致的预期支付的金额,即相当于 150 天 [100×(6.5-5)] 的年休假工资金额 45 000 元 (150×300)。

②非累积带薪缺勤,是指带薪权利不能结转下期的带薪缺勤,本期尚未用完的带薪缺勤权利将予以取消,并且职工离开企业时也无权获得现金支付。我国企业职工休婚假、产假、丧假、探亲假、病假期间的工资通常属于非累积带薪缺勤。由于职工提供服务本身不能增加其能够享受的福利金额,企业在职工未缺勤时不应当计提相关费用和负债。为此,企业应当在职工实际发生缺勤的会计期间确认与非累积带薪缺勤相关的职工薪酬。

企业确认职工享有的与非累积带薪缺勤权利相关的薪酬,视同职工出勤确认的当期损益或相关资产成本。通常情况下,与非累积带薪缺勤相关的职工薪酬已经包括在企业每期向职工发放的工资等薪酬中,因此,不必额外作相应的账务处理。

(5) 设定提存计划的核算。

对于设定提存计划,企业应当根据在资产负债表日为换取职工在会计期间提供的服务而应向单独主体缴存的提存金,确认为应付职工薪酬,并计入当期损益或相关资产成本,借记"生产成本""制造费用""管理费用""销售费用"等科目,贷记"应付职工薪酬——设定提存计划"科目。

【例 11-21】承〖例 11-14〗,东方公司根据所在地政府规定,按照职工工资总额的 16% 计提基本养老保险费,缴存当地社会保险经办机构。2×23 年 7 月,东方公司缴存的基本养老保险费,应计入生产成本的金额为 76 800 元,应计入制造费用的金额为 16 800 元,应计入管理费用的金额为 14 496 元,应计入销售费用的金额为 2 784 元。编制会计分录如下:

　　借:生产成本　　　　　　　　　　　　　　　　　　　　 76 800
　　　　制造费用　　　　　　　　　　　　　　　　　　　　 16 800
　　　　管理费用　　　　　　　　　　　　　　　　　　　　 14 496
　　　　销售费用　　　　　　　　　　　　　　　　　　　　　2 784
　　　　贷:应付职工薪酬——设定提存计划——基本养老保险费　110 880

(6) 非货币性职工薪酬。

企业以其自产产品作为非货币性福利发放给职工的,应当根据受益对象,按照该产品的公允价值,计入相关资产成本或当期损益,同时确认应付职工薪酬,借记"管理费用""生产成本""制造费用"等科目,贷记"应付职工薪酬——

非货币性福利"科目。

将企业拥有的房屋等资产无偿提供给职工使用的,应当根据受益对象,将该住房每期应计提的折旧计入相关资产成本或当期损益,同时确认应付职工薪酬,借记"管理费用""生产成本""制造费用"等科目,贷记"应付职工薪酬——非货币性福利"科目,并且同时借记"应付职工薪酬——非货币性福利"科目,贷记"累计折旧"科目。

租赁住房等资产供职工无偿使用的,应当根据受益对象,将每期应付的租金计入相关资产成本或当期损益,并确认应付职工薪酬,借记"管理费用""生产成本""制造费用"等科目,贷记"应付职工薪酬——非货币性福利"科目。

难以认定受益对象的非货币性福利,直接计入当期损益和应付职工薪酬。

【例11-22】东方公司为制造业企业,共有职工200名,其中170名为直接参加生产的职工,30名为总部管理人员。2×24年5月,公司以其生产的每台成本为900元的电暖器作为春节福利发放给公司每名职工。该型号的电暖器市场售价为每台1 000元,公司适用的增值税税率为13%。编制会计分录如下:

借:生产成本　　　　　　　　　　　　　　　　　192 100
　　管理费用　　　　　　　　　　　　　　　　　 33 900
　　　贷:应付职工薪酬——非货币性福利　　　　　　　226 000

本例中,应确认的应付职工薪酬 = 200 × 1 000 × 13% + 200 × 1 000 = 226 000(元),其中,应记入"生产成本"科目的金额 = 170 × 1 000 × 13% + 170 × 1 000 = 192 100(元),应记入"管理费用"科目的金额 = 30 × 1 000 × 13% + 30 × 1 000 = 33 900(元)。

【例11-23】东方公司为总部各部门经理级别以上职工提供汽车免费使用,同时为副总裁以上高级管理人员每人租赁一套住房。东方公司总部共有部门经理以上职工10名,每人提供一辆桑塔纳汽车免费使用,假定每辆桑塔纳汽车每月计提折旧500元;该公司共有副总裁以上高级管理人员2名,公司为其每人租赁一套面积为100平方米带有家具和电器的公寓,月租金为每套5 000元。东方公司的有关会计处理如下:

借:管理费用　　　　　　　　　　　　　　　　　 15 000
　　　贷:应付职工薪酬——非货币性福利　　　　　　　 15 000
借:应付职工薪酬——非货币性福利　　　　　　　　 5 000
　　　贷:累计折旧　　　　　　　　　　　　　　　　　 5 000

本例中,东方公司为总部各部门经理级别以上职工提供汽车免费使用,同时为副总裁以上高级管理人员租赁住房使用,根据受益对象,确认的应付职工薪酬应当计入管理费用。

应确认的应付职工薪酬 = 10 × 500 + 2 × 5 000 = 15 000(元),其中,提供企业拥有的汽车供职工使用的非货币性福利 = 10 × 500 = 5 000(元),租赁住房供职工使用的非货币性福利 = 2 × 5 000 = 10 000(元),此外,东方公司将其拥有的汽车无偿提供给职工使用的,还应当按照该部分非货币性福利5 000元,借记"应付职工薪酬——非货币性福利"科目,贷记"累计折旧"科目。

发放非货币性福利。企业以自产产品作为职工薪酬发放给职工时,应确认主营业务收入,借记"应付职工薪酬——非货币性福利"科目,贷记"主营业务收入"科目,同时结转相关成本,涉及增值税销项税额的,还应进行相应的处理。

企业支付租赁住房等资产供职工无偿使用所发生的租金,借记"应付职工薪酬——非货币性福利"科目,贷记"银行存款"等科目。

【例11-24】承〖例11-22〗东方公司向职工发放电暖器作为福利,同时要根据相关税收规定,视同销售计算增值税销项税额。东方公司的有关会计处理如下:

借:应付职工薪酬——非货币性福利　　　　　　　　226 000
　　贷:主营业务收入　　　　　　　　　　　　　　　　200 000
　　　　应交税费——应交增值税(销项税额)　　　　　26 000
借:主营业务成本　　　　　　　　　　　　　　　　　180 000
　　贷:库存商品——电暖器　　　　　　　　　　　　　180 000

东方公司应确认的主营业务收入 = 200 × 1 000 = 200 000(元)
东方公司应确认的增值税销项税额 = 200 × 1 000 × 13% = 26 000(元)
东方公司应结转的销售成本 = 200 × 900 = 180 000(元)

【例11-25】承〖例11-23〗东方公司每月支付副总裁以上高级管理人员住房租金时,应进行如下会计处理:

借:应付职工薪酬——非货币性福利　　　　　　　　10 000
　　贷:银行存款　　　　　　　　　　　　　　　　　　10 000

企业支付租赁住房供职工无偿使用所发生的租金10 000元,应借记"应付职工薪酬——非货币性福利"科目,贷记"银行存款"等科目。

六、应交税费

(一)应交税费概述

企业根据税法规定应交纳的各种税费包括:增值税、消费税、企业所得税、城市维护建设税、资源税、环境保护税、土地增值税、房产税、车船税、城镇土地使用税、教育费附加、矿产资源补偿费、印花税、耕地占用税、契税、车辆购置税等。

企业应通过"应交税费"科目,核算各种税费的应交、交纳等情况。该科目贷方登记应交纳的各种税费等,借方登记实际交纳的税费;期末余额一般在贷方,反映企业尚未交纳的税费,期末余额如在借方,反映企业多交或尚未抵扣的税费。本科目按应交税费项目设置明细科目进行明细核算。

企业代扣代交的个人所得税，也通过"应交税费"科目核算，而企业交纳的印花税、耕地占用税等不需要预计应交数的税金，不通过"应交税费"科目核算。

（二）应交增值税

1. 增值税概述

（1）增值税征税范围和纳税义务人。

增值税是以商品（含应税劳务、应税行为）在流转过程中实现的增值额作为计税依据而征收的一种流转税。按照我国现行增值税制度的规定，在我国境内销售货物、加工修理修配劳务、服务、无形资产和不动产以及进口货物的企业、单位和个人为增值税的纳税人。其中，"服务"是指提供交通运输服务、建筑服务、邮政服务、电信服务、金融服务、现代服务、生活服务。

根据经营规模大小及会计核算水平的健全程度，增值税纳税人分为一般纳税人和小规模纳税人。

一般纳税人是指年应税销售额超过财政部、国家税务总局规定标准的增值税纳税人。小规模纳税人是指年应税销售额未超过规定标准，并且会计核算不健全，不能够提供准确税务资料的增值税纳税人。

（2）增值税的计税方法。

计算增值税的方法分为一般计税方法和简易计税方法。

增值税的一般计税方法，是先按当期销售额和适用的税率计算出销项税额，然后以该销项税额对当期购进项目支付的税款（即进项税额）进行抵扣，间接算出当期的应纳税额。应纳税额的计算公式：

$$应纳税额 = 当期销项税额 - 当期进项税额$$

公式中的"当期销项税额"是指纳税人当期销售货物、加工修理修配劳务、服务、无形资产和不动产时按照销售额和增值税税率计算并收取的增值税税额。其中，销售额是指纳税人销售货物、加工修理修配劳务、服务、无形资产和不动产向购买方收取的全部价款和价外费用，但是不包括收取的销项税额。当期销项税额的计算公式：

$$销项税额 = 销售额 \times 增值税税率$$

公式中的"当期进项税额"是指纳税人购进货物、加工修理修配劳务、服务、无形资产或者不动产，支付或者负担的增值税税额。下列进项税额准予从销项税额中抵扣：

①从销售方取得的增值税专用发票（含税控机动车销售统一发票，下同）上注明的增值税税额。②从海关进口增值税专用缴款书上注明的增值税税额。③购进农产品，除取得增值税专用发票或者海关进口增值税专用缴款书外，按照农产品收购发票或者销售发票上注明的农产品买价和9%的扣除率计算的进项税额；如用于生产销售或委托加工13%税率货物的农产品，按照农产品收购发票或者销售发票上注明的农产品买价和10%的扣除率计算的进项税额。④从境外

单位或者个人购进服务、无形资产或者不动产,从税务机关或者扣缴义务人取得的解缴税款的完税凭证上注明的增值税税额。⑤一般纳税人支付的道路、桥、闸通行费,凭取得的通行费发票上注明的收费金额和规定的方法计算的可抵扣的增值税进项税额。

当期销项税额小于当期进项税额不足抵扣时,其不足部分可以结转下期继续抵扣。

一般纳税人采用的税率分为13%、9%、6%和零税率。

一般纳税人销售货物、劳务、有形动产租赁服务或者进口货物,税率为13%。

一般纳税人销售或者进口粮食等农产品、食用植物油、食用盐、自来水、暖气、冷气、热水、煤气、石油液化气、天然气、二甲醚、沼气、居民用煤炭制品、图书、报纸、杂志、音像制品、电子出版物、饲料、化肥、农药、农机、农膜以及国务院及其有关部门规定的其他货物,税率为9%;提供交通运输、邮政、基础电信、建筑、不动产租赁服务,销售不动产,转让土地使用权,税率为9%;其他应税行为,税率为6%。

一般纳税人出口货物,税率为零;但是,国务院另有规定的除外。境内单位和个人发生的跨境应税行为税率为零,具体范围由财政部和国家税务总局另行规定。

增值税的简易计税方法是按照销售额与征收率的乘积计算应纳税额,不得抵扣进项税额。应纳税额的计算公式:

$$应纳税额 = 销售额 \times 征收率$$

公式中的销售额不包括其应纳税额,如果纳税人采用销售额和应纳税额合并定价方法的,应按照公式"销售额=含税销售额÷(1-征收率)"还原为不含税销售额计算。

增值税一般纳税人计算增值税大多采用一般计税方法;小规模纳税人一般采用简易计税方法;一般纳税人发生财政部和国家税务总局规定的特定应税销售行为,也可以选择简易计税方式计税,但是不得抵扣进项税额。

采用简易计税方式的增值税征收率为3%,国家另有规定的除外。

2. 一般纳税人的账务处理

(1) 增值税核算应设置的会计科目。为了核算企业应交增值税的发生、抵扣、交纳、退税及转出等情况,增值税一般纳税人应当在"应交税费"科目下设置"应交增值税""未交增值税""预交增值税""待抵扣进项税额""待认证进项税额""待转销项税额""增值税留抵税额""简易计税""转让金融商品应交增值税""代扣代交增值税"等明细科目。

"应交增值税"明细科目,核算一般纳税人进项税额、销项税额抵减、已交税金、转出未交增值税、减免税款、出口抵减内销产品应纳税额、销项税额、出口退税、进项税额转出、转出多交增值税等情况。该明细账设置以下专栏:
①"进项税额"专栏,记录一般纳税人购进货物、加工修理修配劳务、服务、无形资产或不动产而支付或负担的、准予从当期销项税额中抵扣的增值税税额;

②"销项税额抵减"专栏，记录一般纳税人按照现行增值税制度规定因扣减销售额而减少的销项税额；③"已交税金"专栏，记录一般纳税人当月已交纳的应交增值税税额；④"转出未交增值税"和"转出多交增值税"专栏，分别记录一般纳税人月度终了转出当月应交未交或多交的增值税税额；⑤"减免税款"专栏，记录一般纳税人按现行增值税制度规定准予减免的增值税税额；⑥"出口抵减内销产品应纳税额"专栏，记录实行"免、抵、退"办法的一般纳税人按规定计算的出口货物的进项税抵减内销产品的应纳税额；⑦"销项税额"专栏，记录一般纳税人销售货物、加工修理修配劳务、服务、无形资产或不动产应收取的增值税税额；⑧"出口退税"专栏，记录一般纳税人出口货物、加工修理修配劳务、服务、无形资产按规定退回的增值税税额；⑨"进项税额转出"专栏，记录一般纳税人购进货物、加工修理修配劳务、服务、无形资产或不动产等发生非正常损失以及其他原因而不应从销项税额中抵扣、按规定转出的进项税额。

"未交增值税"明细科目，核算一般纳税人月度终了从"应交增值税"或"预交增值税"明细科目转入当月应交未交、多交或预交的增值税税额，以及当月交纳以前期间未交的增值税税额。

"预交增值税"明细科目，核算一般纳税人转让不动产、提供不动产经营租赁服务、提供建筑服务、采用预收款方式销售自行开发的房地产项目等，以及其他按现行增值税制度规定应预交的增值税税额。

"待抵扣进项税额"明细科目，核算一般纳税人已取得增值税扣税凭证并经税务机关认证，按照现行增值税制度规定准予以后期间从销项税额中抵扣的进项税额。

"待认证进项税额"明细科目，核算一般纳税人由于未经税务机关认证而不得从当期销项税额中抵扣的进项税额。包括：一般纳税人已取得增值税扣税凭证、按照现行增值税制度规定准予从销项税额中抵扣，但尚未经税务机关认证的进项税额；一般纳税人已申请稽核但尚未取得稽核相符结果的海关缴款书进项税额。

"待转销项税额"明细科目，核算一般纳税人销售货物、加工修理修配劳务、服务、无形资产或不动产，已确认相关收入（或利得）但尚未发生增值税纳税义务而需于以后期间确认为销项税额的增值税税额。

"简易计税"明细科目，核算一般纳税人采用简易计税方法发生的增值税计提、扣减、预缴、缴纳等业务。

"转让金融商品应交增值税"明细科目，核算增值税纳税人转让金融商品发生的增值税税额。

"代扣代缴增值税"明细科目，核算纳税人购进在境内未设经营机构的境外单位或个人在境内的应税行为代扣代缴的增值税。

（2）取得资产、接受劳务或服务。

①一般纳税人购进货物、加工修理修配劳务、服务、无形资产或者不动产，按应计入相关成本费用或资产的金额，借记"材料采购""在途物资""原材料"

"库存商品""生产成本""无形资产""固定资产""管理费用"等科目,按当月已认证的可抵扣增值税税额,借记"应交税费——应交增值税(进项税额)"科目,按当月未认证的可抵扣增值税税额,借记"应交税费——待认证进项税额"科目,按应付或实际支付的金额,贷记"应付账款""应付票据""银行存款"等科目。购进货物等发生的退货,应根据税务机关开具的红字增值税专用发票编制相反的会计分录,如原增值税专用发票未做认证,应将发票退回并作相反的会计分录。

企业购进农产品,除取得增值税专用发票或者海关进口增值税专用缴款书外,按照农产品收购发票或者销售发票上注明的农产品买价和9%的扣除率计算的进项税额;购进用于生产销售或委托加工13%税率货物的农产品,按照农产品收购发票或者销售发票上注明的农产品买价和10%的扣除率计算的进项税额,借记"应交税费——应交增值税(进项税额)"科目,按农产品买价扣除进项税额后的差额,借记"材料采购""在途物资""原材料""库存商品"等科目,按照应付或实际支付的价款,贷记"应付账款""应付票据""银行存款"等科目。

【例11-26】东方公司为增值税一般纳税人,销售商品适用的增值税税率为13%,原材料按实际成本核算,销售商品价格为不含增值税的公允价格。2×24年6月发生的交易或事项以及相关的会计分录如下:

A:5日,购入原材料一批,增值税专用发票上注明的价款为120 000元,增值税税额为15 600元,材料尚未到达,全部款项已用银行存款支付。编制会计分录如下:

借:在途物资 120 000
  应交税费——应交增值税(进项税额) 15 600
 贷:银行存款 135 600

B:10日,收到5日购入的原材料并验收入库,实际成本总额为120 000元。同日,与运输公司结清运输费用,增值税专用发票上注明的运输费用为5 000元,增值税税额为450元,运输费用和增值税税额已用转账支票付讫。编制会计分录如下:

借:原材料 125 000
  应交税费——应交增值税(进项税额) 450
 贷:银行存款 5 450
   在途物资 120 000

C:15日,购入不需要安装的生产设备一台,增值税专用发票上注明的价款为30 000元,增值税税额为3 900元,款项尚未支付。编制会计分录如下:

借:固定资产 30 000
  应交税费——应交增值税(进项税额) 3 900
 贷:应付账款 33 900

D:20日,购入农产品一批,农产品收购发票上注明的买价为200 000元,规定的扣除率为9%，货物尚未到达，价款已用银行存款支付。编制会计分录如下：

  借：在途物资   182 000
    应交税费——应交增值税（进项税额）   18 000
    贷：银行存款   200 000

进项税额 = 购买价款 × 扣除率 = 200 000 × 9% = 18 000（元）

E：25日，公司管理部门委托外单位修理机器设备，取得对方开具的增值税专用发票上注明的修理费用为20 000元，增值税税额为2 600元，款项已用银行存款支付。编制会计分录如下：

  借：管理费用   20 000
    应交税费——应交增值税（进项税额）   2 600
    贷：银行存款   22 600

F：25日，该公司购进一幢简易办公楼作为固定资产核算，并投入使用。已取得增值税专用发票并经税务机关认证，增值税专用发票上注明的价款为1 500 000元，增值税税额为135 000元，全部款项以银行存款支付。不考虑其他相关因素。编制会计分录如下：

  借：固定资产   1 500 000
    应交税费——应交增值税（进项税额）   135 000
    贷：银行存款   1 635 000

②货物等已验收入库但尚未取得增值税扣税凭证。企业购进的货物等已到达并验收入库，但尚未收到增值税扣税凭证并未付款的，应在月末按货物清单或相关合同协议上的价格暂估入账，不需要将增值税的进项税额暂估入账。下月初，用红字冲销原暂估入账金额，待取得相关增值税扣税凭证并经认证后，按应计入相关成本费用或资产的金额，借记"原材料""库存商品""固定资产""无形资产"等科目，按可抵扣的增值税额，借记"应交税费——应交增值税（进项税额）"科目，按应付或实际支付的金额，贷记"应付账款""应付票据""银行存款"等科目。

【例11-27】承【例11-26】，2×24年6月30日，东方公司购进原材料一批已验收入库，但尚未收到增值税扣税凭证，款项也未支付。随货同行的材料清单列明的原材料销售价格为260 000元。编制会计分录如下：

  借：原材料   260 000
    贷：应付账款   260 000

下月初，用红字冲销原暂估入账金额：

  借：原材料 |260 000|

    贷：应付账款 |260 000|

7月10日，取得相关增值税专用发票上注明的价款为260 000元，增值税税额为33 800元，增值税专用发票已经认证。全部款项以银行存款支付。编制会

计分录如下:

借:原材料 260 000
　　应交税费——应交增值税(进项税额) 33 800
　　贷:银行存款 293 800

③进项税额转出。企业已单独确认进项税额的购进货物、加工修理修配劳务或者服务、无形资产或者不动产但其事后改变用途(如用于简易计税方法计税项目、免征增值税项目、非增值税应税项目等),或发生非正常损失,原已计入进项税额、待抵扣进项税额或待认证进项税额,按照现行增值税制度规定不得从销项税额中抵扣。这里所说的"非正常损失",根据现行增值税制度规定,是指因管理不善造成货物被盗、丢失、霉烂变质,以及因违反法律法规造成货物或者不动产被依法没收、销毁、拆除的情形。

进项税额转出的账务处理为,借记"待处理财产损溢""应付职工薪酬""固定资产""无形资产"等科目,贷记"应交税费——应交增值税(进项税额转出)""应交税费——待抵扣进项税额"或"应交税费——待认证进项税额"科目。属于转作待处理财产损失的进项税额,应与非正常损失的购进货物、在产品或库存商品、固定资产或无形资产的成本一并处理。

【例11-28】承〖例11-26〗,2×24年6月,东方公司发生进项税额转出事项如下:

10日,库存材料因管理不善发生火灾损失,材料实际成本为20 000元,相关增值税专用发票上注明的增值税税额为2 600元。东方公司将毁损库存材料作为待处理财产损溢入账。编制会计分录如下:

借:待处理财产损溢——待处理流动资产损溢 22 600
　　贷:原材料 20 000
　　　　应交税费——应交增值税(进项税额转出) 2 600

18日,领用一批外购原材料用于集体福利,该批原材料的实际成本为60 000元,相关增值税专用发票上注明的增值税税额为7 800元。编制会计分录如下:

借:应付职工薪酬——职工福利费 67 800
　　贷:原材料 60 000
　　　　应交税费——应交增值税(进项税额转出) 7 800

(3)销售等业务的账务处理。

企业销售货物、加工修理修配劳务、服务、无形资产或不动产,应当按应收或已收的金额,借记"应收账款""应收票据""银行存款"等科目,按取得的收益金额,贷记"主营业务收入""其他业务收入""固定资产清理"等科目,按现行增值税制度规定计算的销项税额(或采用简易计税方法计算的应纳增值税额),贷记"应交税费——应交增值税(销项税额)"或"应交税费——简易计税"科目。

企业销售货物等发生销售退回的,应根据税务机关开具的红字增值税专用发票作相反的会计分录。根据会计准则相关规定的收入或利得确认时点早于按照现行增值税制度确认增值税纳税义务发生时点的,应将相关销项税额记入"应交税费——待转销项税额"科目,待实际发生纳税义务时再转入"应交税费——应交增值税(销项税额)"或"应交税费——简易计税"科目。按照增值税制度确认增值税纳税义务发生时点早于根据会计准则相关规定收入或利得确认时点的,应将应纳增值税额,借记"应收账款"科目,贷记"应交税费——应交增值税(销项税额)"或"应交税费——简易计税"科目,根据会计准则相关规定确认收入或利得时,应按扣除增值税销项税额后的金额确认收入或利得。

【例11-29】承【例11-26】,2×24年6月,东方公司发生与销售相关的交易或事项如下:

①15日,销售产品一批,开具增值税专用发票上注明的价款为3 000 000元,增值税税额为390 000元,提货单和增值税专用发票已交给买方,款项尚未收到。编制会计分录如下:

借:应收账款　　　　　　　　　　　　　　　　3 390 000
　　贷:主营业务收入　　　　　　　　　　　　　　　3 000 000
　　　　应交税费——应交增值税(销项税额)　　　　　390 000

②28日,为外单位代加工电脑桌500个,每个收取加工费80元,已加工完成。开具增值税专用发票上注明的价款为40 000元,增值税税额为5 200元,款项已收到并存入银行。编制会计分录如下:

借:银行存款　　　　　　　　　　　　　　　　45 200
　　贷:主营业务收入　　　　　　　　　　　　　　　40 000
　　　　应交税费——应交增值税(销项税额)　　　　　5 200

(4)交纳增值税。

企业交纳当月应交的增值税,借记"应交税费——应交增值税(已交税金)"科目,贷记"银行存款"科目;企业交纳以前期间未交的增值税,借记"应交税费——未交增值税"科目,贷记"银行存款"科目。

【例11-30】承【例11-26】至【例11-29】,2×24年6月,东方公司当月发生增值税销项税额合计为395 200元,增值税进项税额转出合计为10 400元,增值税进项税额合计为175 550元。东方公司当月应交增值税计算结果如下:

当月应交增值税 = 395 200 + 10 400 - 175 550 = 230 050(元)

东方公司当月实际交纳增值税税款200 000元,编制如下会计分录:

借:应交税费——应交增值税(已交税金)　　　　200 000
　　贷:银行存款　　　　　　　　　　　　　　　　200 000

(5)月末转出多交增值税和未交增值税。

月度终了,企业应当将当月应交未交或多交的增值税自"应交增值税"明细科目转入"未交增值税"明细科目。对于当月应交未交的增值税,借记"应交税费——应交增值税(转出未交增值税)"科目,贷记"应交税费——未交增值税"科目;对于当月多交的增值税,借记"应交税费——未交增值税"科目,贷记"应交税费——应交增值税(转出多交增值税)"科目。

【例 11-31】 承〖例 11-30〗，2×24 年 6 月 30 日，东方公司将尚未交纳的其余增值税税款 30 050 元进行转账。编制会计分录如下：

借：应交税费——应交增值税（转出未交增值税）　　30 050
　　贷：应交税费——未交增值税　　　　　　　　　　　　30 050

7 月，东方公司交纳 6 月未交的增值税 30 050 元，编制如下会计分录：

借：应交税费——未交增值税　　　　　　　　　　　30 050
　　贷：银行存款　　　　　　　　　　　　　　　　　　　30 050

需要说明的是，企业购入材料、商品等不能取得增值税专用发票的，发生的增值税应计入材料采购成本，借记"材料采购""在途物资""原材料""库存商品"等科目，贷记"银行存款"等科目。

3. 小规模纳税人的账务处理

小规模纳税人核算增值税采用简化的方法，即购进货物、应税服务或应税行为，取得增值税专用发票上注明的增值税，一律不予抵扣，直接计入相关成本费用或资产。小规模纳税人销售货物、应税服务或应税行为时，按照不含税的销售额和规定的增值税征收率计算应交纳的增值税（即应纳税额），但不得开具增值税专用发票。

一般来说，小规模纳税人采用销售额和应纳税额合并定价的方法并向客户结算款项，销售货物、应税劳务或应税行为后，应进行价税分离，确定不含税的销售额。不含税的销售额计算公式：

不含税销售额 = 含税销售额 ÷（1 + 征收率）

应纳税额 = 不含税销售额 × 征收率

小规模纳税人进行账务处理时，只需在"应交税费"科目下设置"应交增值税"明细科目，该明细科目不再设置增值税专栏。"应交税费——应交增值税"科目贷方登记应交纳的增值税，借方登记已交纳的增值税；期末贷方余额，反映小规模纳税人尚未交纳的增值税，期末借方余额，反映小规模纳税人多交纳的增值税。

小规模纳税人购进货物、应税服务或应税行为，按照应付或实际支付的全部款项（包括支付的增值税额），借记"材料采购""在途物资""原材料""库存商品"等科目，贷记"应付账款""应付票据""银行存款"等科目；销售货物、应税服务或应税行为，应按全部价款（包括应交的增值税额），借记"银行存款"等科目，按不含税的销售额，贷记"主营业务收入"等科目，按应交增值税额，贷记"应交税费——应交增值税"科目。

11.8 应交税费——应交增值税（小规模纳税人）

【例 11-32】 某企业为增值税小规模纳税人，适用增值税征收率为 3%，原材料按实际成本核算。该企业发生经济交易如下：购入原材料一批，取得增值税专用发票上注明的价款为 30 000 元，增值税税额为 3 900 元，全部款项以银行存款支付，材料已验收入库。销售产品一批，开具的普通发票上注明的货款（含税）为 51 500 元，款项已存入银行。用银行存款交纳增值税 1 500 元。编制会计分录如下：

(1) 购入原材料：

借：原材料　　　　　　　　　　　　　　　　　　　　33 900
　　贷：银行存款　　　　　　　　　　　　　　　　　　　　33 900

(2) 销售产品：

借：银行存款　　　　　　　　　　　　　　　　　　　51 500
　　贷：主营业务收入　　　　　　　　　　　　　　　　　　50 000
　　　　应交税费——应交增值税　　　　　　　　　　　　　 1 500

不含税销售额 = 含税销售额 ÷ (1 + 征收率) = 51 500 ÷ (1 + 3%) = 50 000（元）

应纳增值税 = 不含税销售额 × 征收率 = 50 000 × 3% = 1 500（元）

(3) 交纳增值税：

借：应交税费——应交增值税　　　　　　　　　　　　　 1 500
　　贷：银行存款　　　　　　　　　　　　　　　　　　　　 1 500

（三）应交消费税

11.9 应交税费——应交消费税

消费税是指以特定消费品的流转额为计税依据而征收的一种商品税。对在我国境内生产、委托加工和进口应税消费品的单位和个人，按其流转额或销售数量交纳的一种税。我国实行的是选择性的特种消费税，只有在特定商品中征收消费税，目前征收消费税的商品主要有以下四大类。

第一大类：过度消费会对人类健康、社会秩序和生态环境造成危害的特殊消费品，包括烟酒及酒精、鞭炮与焰火、木制一次性筷子、实木地板、电池、涂料等。

第二大类：奢侈品、非生活必需品，包括贵重首饰及珠宝宝石、化妆品、高尔夫球及球具、高档手表、游艇等。

第三大类：高能耗消费品，包括小汽车、摩托车等。

第四大类：使用和消耗不可再生和替代的稀缺资源的消费品，包括汽油、柴油等各种成品油。

消费税一般有从价定率和从量定额两种征收方法。采取从价定率方法征收的消费税，以不含增值税的销售额为税基，按照税法规定的税率计算。企业的销售收入包含增值税的，应将其换算为不含增值税的销售额。采取从量定额计征的消费税，根据按税法确定的企业应税消费品的数量和单位应税消费品应缴纳的消费税计算确定。企业应在"应交税费"科目下设置"应交消费税"明细科目，核算应交消费税的发生、缴纳情况。该科目的贷方登记应交纳的消费税，借方登记已交纳的消费税。期末贷方余额为尚未交纳的消费税，借余额为多交纳的消费税。

1. 销售应税消费品

企业销售应税消费品应交的消费税，应借记"税金及附加"科目，贷记"应交税费——应交消费税"科目。

【例 11-33】东方公司销售所生产的化妆品，价款 1 000 000 元（不含增值税），适用的消费税税率为30%。编制会计分录如下：

借：税金及附加　　　　　　　　　　　　　　　　　　300 000
　　贷：应交税费——应交消费税　　　　　　　　　　　　　300 000

应交消费税税额 = 1 000 000 × 30% = 300 000（元）

2. 自产自销应税消费品

企业将生产的应税消费品用于在建工程等非生产机构时，按规定应交纳的消费税，借记"在建工程"等科目，贷记"应交税费——应交消费税"科目。

【例11-34】东方公司在建工程领用自产柴油50 000元，应交纳增值税10 200元，应交纳消费税6 000元。编制会计分录如下：

借：在建工程　　　　　　　　　　　　　　　　　　　66 200
　　贷：库存商品　　　　　　　　　　　　　　　　　　　50 000
　　　　应交税费——应交增值税（销项税额）　　　　　　 10 200
　　　　　　　　——应交消费税　　　　　　　　　　　　　6 000

本例中，东方公司将生产的应税消费品用于在建工程等非生产机构时，按规定应交纳的消费税6 000元应记入"在建工程"科目。

【例11-35】东方公司下设的职工食堂享受企业提供的补贴，本月领用自产产品一批，该产品的账面价值40 000元，市场价格60 000元（不含增值税），适用的消费税税率为10%，增值税税率为13%。编制会计分录如下：

借：管理费用　　　　　　　　　　　　　　　　　　　73 800
　　贷：应付职工薪酬——非货币性福利　　　　　　　　　　 73 800

应记入"应付职工薪酬——非货币性福利"科目的金额 = 60 000 + 60 000 × 13% + 60 000 × 10% = 76 800（元）。同时：

借：应付职工薪酬——非货币性福利　　　　　　　　　　 73 800
　　贷：主营业务收入　　　　　　　　　　　　　　　　　 60 000
　　　　应交税费——应交增值税（销项税额）　　　　　　　 7 800
　　　　　　　　——应交消费税　　　　　　　　　　　　　6 000
借：主营业务成本　　　　　　　　　　　　　　　　　　 40 000
　　贷：库存商品　　　　　　　　　　　　　　　　　　　 40 000

3. 视同销售的应税消费品

视同销售即企业将自产的应税消费品用于对外投资或用于本企业的生产经营、在建工程等，按税法规定仍需缴纳消费税。按应交消费税税额计入有关成本。

【例11-36】东方公司将自产的应税消费品对外投资，双方协商按成本定价，该批产品的成本为170 000元，计税价格为200 000元，增值税税率为13%，消费税税率为10%。其账务处理如下：

借：长期股权投资　　　　　　　　　　　　　　　　　216 000
　　贷：库存商品　　　　　　　　　　　　　　　　　　 170 000
　　　　应交税费——应交增值税（销项税额）　　　　　　 26 000
　　　　　　　　——应交消费税　　　　　　　　　　　　 20 000

4. 委托加工的应税消费品

按税法规定一般由受托方向委托方交货时代扣代缴消费税。委托方所纳税款，根据委托加工收回后的应税消费品用途不同分为两种情况：一种是委托方收回后用于继续加工应税消费品的，其所纳税款可以在继续加工后的应税消费品的应纳消费税额中抵扣。在支付给受托方消费税时，借记"应交税费——应交消费税"，在收回继续加工后的应税消费品销售时，贷记"应交税费——应交消费税"，企业按贷方减去借方的差额向税务局缴纳消费税。另一种是委托方收回后直接用于销售，其所纳税款计入委托加工的应税消费品的成本，在销售时，不再缴纳消费税。

【例11-37】东方公司委托诚信公司代为加工一批应交消费税的材料（非金银首饰）。东方公司的材料成本为1 000 000元，加工费为200 000元，由东方公司代收代交的消费税为80 000元（不考虑增值税）。材料已经加工完成，并由东方公司收回验收入库，加工费尚未支付。东方公司采用实际成本法进行原材料的核算。

（1）如果东方公司收回的委托加工物资用于继续生产应税消费品，东方公司的有关会计分录如下：

借：委托加工物资　　　　　　　　　　　　　　　　1 000 000
　　贷：原材料　　　　　　　　　　　　　　　　　　　1 000 000
借：委托加工物资　　　　　　　　　　　　　　　　　200 000
　　应交税费——应交消费税　　　　　　　　　　　　 80 000
　　贷：应付账款　　　　　　　　　　　　　　　　　　 280 000
借：原材料　　　　　　　　　　　　　　　　　　　1 200 000
　　贷：委托加工物资　　　　　　　　　　　　　　　　1 200 000

（2）如果东方公司收回的委托加工物资直接用于对外销售，东方公司的有关会计分录如下：

借：委托加工物资　　　　　　　　　　　　　　　　1 000 000
　　贷：原材料　　　　　　　　　　　　　　　　　　　1 000 000
借：委托加工物资　　　　　　　　　　　　　　　　　280 000
　　贷：应付账款　　　　　　　　　　　　　　　　　　 280 000
借：库存商品　　　　　　　　　　　　　　　　　　1 280 000
　　贷：委托加工物资　　　　　　　　　　　　　　　　1 280 000

（3）诚信公司对应收取的受托加工代收代交消费税的会计分录如下：

借：应收账款　　　　　　　　　　　　　　　　　　　80 000
　　贷：应交税费——应交消费税　　　　　　　　　　　 80 000

5. 进口应税消费品

企业进口应税物资交纳的消费税由海关代征。应交的消费税按照组成计税价格和规定的税率计算，消费税计入该项物资成本，借记"在途物资""材料采购""原材料""库存商品"科目，贷记"银行存款"等科目。

【例 11-38】 东方公司从国外进口一批需要交纳消费税的商品，商品价值为 2 000 000 元，进口环节需要交纳的消费税为 400 000 元（不考虑增值税），采购的商品已经验收入库，货款尚未支付，税款已经用银行存款支付。编制会计分录如下：

借：库存商品　　　　　　　　　　　　　　　　　　　2 400 000
　　贷：应付账款　　　　　　　　　　　　　　　　　　　2 000 000
　　　　银行存款　　　　　　　　　　　　　　　　　　　　400 000

本例中，企业进口应税物资在进口环节应交的消费税 400 000 元，应计入该项物资的成本。

（四）其他应交税费

其他应交税费是指除上述应交税费以外的应交税费，包括应交资源税、应交城市维护建设税、应交土地增值税、应交所得税、应交房产税、应交土地使用税、应交车船使用税、应交教育费附加、应交矿产资源补偿费、应交个人所得税等。企业应当在"应交税费"科目下设置相应的明细科目进行核算，贷方登记应交纳的有关税费，借方登记已交纳的有关税费，期末贷方余额表示尚未交纳的有关税费。

11.10 应交税费
——其他税

1. 应交城市维护建设税

为加强城市维护建设，扩大和稳定城市维护建设的资金来源国家开征了城市维护建设税。它是对在城镇从事工商经营，并交纳消费税、增值税的单位和个人征收的一种受益性质的税。该税以纳税人实际缴纳的消费税、增值税为纳税依据，并按规定税率计算征收，税率为市区 7%，县、镇 5%，市区、县、镇以外 1%，其计算公式为：

应纳税额 = 纳税人实际缴纳的增值税、消费税税额 × 税率

企业应设置"应交税费——应交城市维护建设税"明细科目，核算企业城建税计提与缴纳情况。每月计提应交城建税时，借记"税金及附加""其他业务成本""管理费用"等科目，贷记"应交税费——应交城市维护建设税"科目；实际缴纳税款时，借记"应交税费——应交城市维护建设税"科目，贷记"银行存款"科目。该科目期末贷方余额表示企业应交未交的城建税款。

【例 11-39】 东方公司本期实际应上交增值税 400 000 元，消费税 241 000 元。该公司适用的城市维护建设税税率为 7%。编制会计分录如下：

（1）计算应交的城市维护建设税：

借：税金及附加　　　　　　　　　　　　　　　　　　　　44 870
　　贷：应交税费——应交城市维护建设税　　　　　　　　　44 870

应交的城市维护建设税 = (400 000 + 241 000) × 7% = 44 870（元）

（2）用银行存款上交城市维护建设税时：

借：应交税费——应交城市维护建设税　　　　　　　　　　44 870
　　贷：银行存款　　　　　　　　　　　　　　　　　　　　44 870

2. 应交教育费附加

教育费附加是国家为了发展地方教育事业而随同"三税"同时征收的一种附加费，严格来说不属于税收的范畴，但由于同城建税类似，因此，也可以视同税款进行核算。教育费附加征收对象、计费依据、计算方法和征收管理与城建税相同。

企业对教育费附加通过"应交税费——应交教育费附加"明细科目核算。企业按规定计算应交的教育费附加，借记"税金及附加""其他业务成本""管理费用"等科目，贷记"应交税费"（应交教育费附加）。交纳的教育费附加，借记"应交税费"（应交教育费附加），贷记"银行存款"等科目。

【例 11-40】东方公司按税法规定计算，2×24年度第一季度应交纳教育费附加100 000元。款项已经用银行存款支付。编制会计分录如下：

借：税金及附加　　　　　　　　　　　　　　　　　　　　100 000
　　贷：应交税费——应交教育费附加　　　　　　　　　　　　100 000
借：应交税费——应交教育费附加　　　　　　　　　　　　100 000
　　贷：银行存款　　　　　　　　　　　　　　　　　　　　100 000

3. 资源税

资源税是国家对在我国境内开采矿产品或者生产盐的单位和个人征收的税种。资源税按应税产品的课税数量和规定的单位税额计算，其计算公式为：

$$应纳税额 = 课税数量 \times 单位税额$$

资源税的核算，主要通过"应交税费——应交资源税"账户进行。企业按规定计算出销售的产品应缴纳的资源税时，借记"税金及附加"账户，贷记"应交税费——应交资源税"账户；计算出自用应税产品应交纳的资源税时，借记"生产成本""制造费用"等账户，贷记"应交税费——应交资源税"账户。收购未税矿产品时，按实际支付的收购款及代扣代交的资源税，作为采购成本，借记"材料采购"账户，贷记"银行存款"和"应交税费——应交资源税"账户。

【例 11-41】东方公司对外销售某种资源税应税矿产品3 000吨，每吨应交资源税2元。编制会计分录如下：

借：税金及附加　　　　　　　　　　　　　　　　　　　　　6 000
　　贷：应交税费——应交资源税　　　　　　　　　　　　　　6 000

【例 11-42】东方公司将自产的资源税应税矿产品4 000吨用于企业的产品生产，每吨应交资源税5元。编制会计分录如下：

借：生产成本　　　　　　　　　　　　　　　　　　　　　20 000
　　贷：应交税费——应交资源税　　　　　　　　　　　　　20 000

4. 土地增值税

土地增值税是为了规范土地、房地产市场交易秩序，合理调节土地增值收入，维护国家权益而征收的一种税。凡转让国有土地使用权、地上建筑物及附着物并取得收入的单位和个人均为土地增值税的纳税义务人。

土地增值税的核算,主要通过设置"应交税费——应交土地增值税"账户进行。兼营房地产业务的企业应由当期收入负担土地增值税,借记"其他业务成本"账户,贷记"应交税费——应交土地增值税"账户;转让的国有土地使用权与其地上建筑物及其附着物一并在"固定资产"或"在建工程"账户核算的,转让时应交纳的土地增值税,借记"固定资产清理""在建工程"账户,贷记"应交税费——应交土地增值税"账户。实际交纳时,借记"应交税费——应交土地增值税"账户,贷记"银行存款"账户。

【例 11-43】东方企业对外转让一栋厂房,根据税法规定计算的应交土地增值税为 50 000 元。有关会计处理如下:

(1) 计算应交纳的土地增值税:

借:固定资产清理　　　　　　　　　　　　　　　50 000
　　贷:应交税费——应交土地增值税　　　　　　　　　50 000

(2) 用银行存款交纳应交土地增值税税款:

借:应交税费——应交土地增值税　　　　　　　　50 000
　　贷:银行存款　　　　　　　　　　　　　　　　　　50 000

5. 房产税、城镇土地使用税、车船税和矿产资源补偿费

房产税是国家对在城市、县城、建制镇和工矿区征收的由产权所有人缴纳的一种税。房产税依照房产原值一次减除 10%~30% 后的余额计算交纳。没有房产原值作为依据的,由房产所在地税务机关参考同类房产核定;房产出租的,以房产租金收入为房产税的计税依据。

城镇土地使用税是以城市、县城、建制镇、工矿区范围内使用土地的单位和个人为纳税人,以其实际占用的土地面积和规定税额计算征收。

车船税是以车辆、船舶(以下简称车船)为课征对象,向车船的所有人或者管理人征收的一种税。

矿产资源补偿费是对在我国领域和管辖海域开采矿产资源而征收的费用。矿产资源补偿费按照矿产品销售收入的一定比例计征,由采矿人交纳。

企业应交的房产税、城镇土地使用税、车船税、矿产资源补偿费,记入"税金及附加"科目,借记"税金及附加"科目,贷记"应交税费——应交房产税、应交城镇土地使用税、应交车船税、应交矿产资源补偿费"科目。

【例 11-44】东方公司按税法规定本期应交纳房产税 160 000 元、车船税 38 000 元、城镇土地使用税 45 000 元。应编制如下会计分录:

(1) 计算应交纳上述税金:

借:税金及附加　　　　　　　　　　　　　　　243 000
　　贷:应交税费——应交房产税　　　　　　　　　　160 000
　　　　　　　　——应交城镇土地使用税　　　　　　　45 000
　　　　　　　　——应交车船税　　　　　　　　　　　38 000

(2) 用银行存款支付上述税金:

借:应交税费——应交房产税　　　　　　　　　160 000

——应交城镇土地使用税	45 000
——应交车船税	38 000
贷：银行存款	243 000

6. 个人所得税

企业职工按规定应交纳的个人所得税通常由单位代扣代缴。企业按规定计算的代扣代缴的职工个人所得税，借记"应付职工薪酬"科目，贷记"应交税费——应交个人所得税"科目；企业交纳个人所得税时，借记"应交税费——应交个人所得税"科目，贷记"银行存款"等科目。

【例11-45】 东方公司结算本月应付职工工资总额100 000元，代扣职工个人所得税共计1 000元，实发工资9 000元。该企业与应交个人所得税有关的会计分录如下：

借：应付职工薪酬——工资	1 000
贷：应交税费——应交个人所得税	1 000

本例中，企业按规定计算的代扣代交的职工个人所得税1 000元，应记入"应付职工薪酬"科目。

思政课堂

根据《中华人民共和国宪法》第五十六条的规定，中华人民共和国公民有依照法律纳税的义务。税收是国家为了实现其职能的需要，依照法律规定向公民、法人或其他税收组织征收货币和实物的一种形式，是国家凭借政治权利参与国民收入分配和再分配的一种手段。税收不仅是国家积累和分配的重要手段，也是国家干预经济、调解生产的重要杠杆。税收是国家财政收入的主要来源，国泰民安的社会环境离不开国家宏观治理。纳税是每一个企业和个人的法定义务。培养学生遵纪守法、依法纳税意识，时刻谨记：纳税光荣、偷税可耻！

七、其他流动负债

（一）其他应付款

企业除了应付票据、应付账款、应付工资等以外，还会发生一些应付、暂收其他单位或个人的款项，如应付租入固定资产和包装物的租金、存入保证金等。其他应付款具体包括：应付经营租入固定资产和包装物租金；存入保证金（如收取的包装物押金等）；应付、暂收所属单位、个人的款项（如应付统筹退休金等）；其他应付、暂收款项。这些应付、暂收款项，构成了企业的一项流动负债。这里特别需要说明的有三点：(1) 应付租入固定资产的租金，是指企业采用经营性租赁方式租入固定资产所应支付的租金，这项应支付的租金，应计入企业的费用（制造费用或管理费用等）；(2) 融资租入固定资产应付的租赁费,应作为长期负债,记入"长期应付款"科目,其中所包含的融资费用,应纳入企业的财务费用;(3)存入保证金是其他单位或个人由于使用企业的某项资产而交付的押金(如出租包装物押金),待以后资产归还后还需退还的暂收款项。

企业应设置"其他应付款"科目用于核算企业除应付票据、应付账款、预收账款、应付职工薪酬、应付股利、应付利息、应交税费、长期应付款等经营活动以外的其他各项应付、暂收的款项。"其他应付款"科目通常只核算企业应付、暂收其他单位或个人的零星款项。

"其他应付款"科目应当按照其他应付款的项目和对方单位(或个人)进行明细核算。

"其他应付款"的主要账务处理如下:

企业发生其他各种应付、暂收款项时,借记"银行存款""管理费用"等科目,贷记"其他应付款"科目;支付其他各种应付、暂收款项时,借记"其他应付款"科目,贷记"银行存款"等科目。"其他应付款"科目期末贷方余额,反映企业尚未支付的其他应付款项。

【例11-46】东方公司从2×24年1月1日起,以经营租赁方式租入管理用办公设备一批,每月租金8 000元,按季支付。1月31日,编制会计分录如下:

借:管理费用　　　　　　　　　　　　　　　　　8 000
　　贷:其他应付款　　　　　　　　　　　　　　　　　8 000

2月底计提应付经营租入固定资产租金的会计处理同上。3月31日,东方公司以银行存款支付应付固定资产租金,编制会计分录如下:

借:其他应付款　　　　　　　　　　　　　　　　16 000
　　管理费用　　　　　　　　　　　　　　　　　　8 000
　　贷:银行存款　　　　　　　　　　　　　　　　　24 000

(二)应付利息

应付利息核算企业按照合同约定应支付的利息,包括分期付息到期还本的长期借款、企业债券等应支付的利息。企业应当设置"应付利息"科目,按照债权人设置明细科目进行明细核算,该科目期末贷方余额反映企业按照合同约定应支付但尚未支付的利息。

企业采用合同约定的名义利率计算确定利息费用时,应按合同约定的名义利率计算确定的应付利息的金额,记入"应付利息"科目;实际支付利息时,借记"应付利息"科目,贷记"银行存款"等科目。

【例11-47】东方公司借入3年期到期还本每年付息的长期借款100 000元,合同约定年利率为2%,假定不符合资本化条件。编制会计分录如下:

(1)每年计算确定利息费用时:

借:财务费用　　　　　　　　　　　　　　　　　2 000
　　贷:应付利息　　　　　　　　　　　　　　　　　2 000

11.11 应付股利及应付利息

企业每年应支付的利息 = 100 000 × 2% = 2 000（元）

(2) 每年实际支付利息时：

借：应付利息　　　　　　　　　　　　　　　　　　　　2 000
　　贷：银行存款　　　　　　　　　　　　　　　　　　　　　2 000

（三）应付股利

应付股利是指企业根据股东大会或类似机构审议批准的利润分配方案确定分配给投资者的现金股利或利润。企业通过"应付股利"科目，核算企业确定或宣告支付但尚未实际支付的现金股利或利润。该科目贷方登记应支付的现金股利或利润，借方登记实际支付的现金股利或利润，期末贷方余额反映企业应付未付的现金股利或利润。该科目应按照投资者设置明细科目进行明细核算。

企业根据股东大会或类似机构审议批准的利润分配方案，确认应付给投资者的现金股利或利润时，借记"利润分配——应付现金股利或利润"科目，贷记"应付股利"科目；向投资者实际支付现金股利或利润时，借记"应付股利"科目，贷记"银行存款"等科目。

【例 11 - 48】 东方公司 2 × 23 年度实现净利润 1 000 000 元，经过董事会批准，决定 2 × 23 年度分配现金股利 300 000 元。股利已经用银行存款支付。编制会计分录如下：

借：利润分配——应付现金股利或利润　　　　　　　　300 000
　　贷：应付股利　　　　　　　　　　　　　　　　　　　300 000
借：应付股利　　　　　　　　　　　　　　　　　　　300 000
　　贷：银行存款　　　　　　　　　　　　　　　　　　　300 000

（四）合同负债

合同负债是企业已收或应收客户价款而应向客户转让商品的义务。在企业因为转让商品而收到的预收款项，按照现在的企业会计准则收入具体准则的规定，它不再使用预收账款这个科目，而是计入合同负债。也就是说企业在向客户转让商品之前，按照客户实际收到或者到期应该收到的款项孰早的这个时间点来确定合同负债。

"孰早"的意思是说如果客户实际收到款项的时间比较早，那么就按照实际收到的时间计入合同负债，那么企业收到订货款的时候，借记银行存款，与此同时合同负债也增加计入贷方；如果到期应该收到货款的时间比较早，而对方企业并没有实际支付款项，那么就按照到期应该收到的时间入账，借记应收账款或应收票据，贷记合同负债。那么也就是说，不管对方企业是否实际支付了货款，只要合同规定了具体时间，那么就要在早的那个时间点确认合同负债的发生。这也是和原来预收账款最明显的区别，预收账款的入账时间是以收到货款为入账时间，而合同负债的发生不是以是否收到货款为前提，而是以合同中履约义务的确立为前提。

企业为了核算合同负债，单独设置合同负债科目，负债类，期初期末余额在贷方，表示期初期末合同负债的金额，本月增加发生额在贷方，表示本期确认的合同负债，本月减少发生额在借方，表示本月发出的材料或商品冲减的合同负债的金额。

当企业根据合同先收到销货款的时候，银行存款资产类增加记借方，与此同时合同负债类增加记贷方；若根据合同已经到期但是没有收到货款，那么则借记应收账款或者收到商业汇票借记应收票据，贷记合同负债。

当企业发货或者提供劳务时确认收入，主营业务收入增多记贷方，还有收到的销项税增多记贷方，借方冲减合同负债，对方补足的差价借记银行存款。

第三节 非流动负债

一、长期借款

11.12 非流动负债

非流动负债是指偿还期在1年或者超过1年的一个营业周期以上的负债，包括长期借款、应付债券、长期应付款等。长期负债作为企业的一项义务，结算期较长，因而成为企业筹集（融通）资金的一种重要方式。长期负债除具有负债的共同特征外，与流动负债相比，还具有如下特征：债务偿还的期限较长，一般超过一年或者一个营业周期以上；债务金额较大；可以采用分期偿还方式。企业筹措这些资金主要为了购买大型设备，以及增建或扩建厂房、办公楼等。企业发生这种长期负债就要负担一种长期的、固定的、数额较大的利息费用。企业必须在债务到期之前提前安排好偿付本息的货币资金，以免发生财务危机。

（一）长期借款概述

长期借款是指企业从银行或其他金融机构借入的期限在1年以上（不含1年）的各种借款，一般用于固定资产的购建、改扩建工程、大修理工程、对外投资以及为了保持长期经营能力等方面。它是企业长期负债的重要组成部分，必须加强管理与核算。

由于长期借款的使用关系到企业的生产经营规模和效益，企业除了要遵守有关的贷款规定、编制借款计划并要有不同形式的担保外，还应监督借款的使用、按期支付长期借款的利息以及按规定的期限归还借款本金等。因此，长期借款会计处理的基本要求是反映和监督企业长期借款的借入、借款利息的结算和借款本息的归还情况，促使企业遵守信贷纪律、提高信用等级，同时也要确保长期借款发挥效益。

(二) 长期借款的核算

企业应通过"长期借款"科目,核算长期借款的借入、归还等情况。该科目可按照贷款单位和贷款种类设置明细账,分别"本金""利息调整""应计利息"等进行明细核算。该科目的贷方登记长期借款本息的增加额,借方登记本息的减少额,贷方余额表示企业尚未偿还的长期借款。

1. 取得长期借款

企业借入长期借款,应按实际收到的金额,借记"银行存款"科目,贷记"长期借款——本金"科目;如存在差额,还应借记"长期借款——利息调整"科目。

【例11-49】东方公司于2×23年1月1日从银行借入资金4 000 000元,借款期限为3年,年利率为8.4%,所借款项已存入银行。编制会计分录如下:

取得借款时:

借:银行存款　　　　　　　　　　　　　　　　　　4 000 000
　　贷:长期借款——本金　　　　　　　　　　　　　　　　4 000 000

2. 长期借款的利息

长期借款利息费用应当在资产负债表日按照实际利率法计算确定,实际利率与合同利率差异较小的,也可以采用合同利率计算确定利息费用。长期借款计算确定的利息费用,应当按以下原则计入有关成本、费用:属于生产经营期间的,计入财务费用。如果长期借款用于购建固定资产的,在固定资产尚未达到预定可使用状态前,所发生的应当资本化的利息支出数,计入在建工程成本;固定资产达到预定可使用状态后发生的利息支出,以及按规定不予资本化的利息支出,计入财务费用。长期借款按合同利率计算确定的应付未付利息,记入"应付利息"科目,借记"在建工程""制造费用""财务费用""研发支出"等科目,贷记"应付利息"科目。

【例11-50】承【例11-49】,东方公司于2×23年12月31日计提长期借款利息。

编制会计分录如下:

借:财务费用　　　　　　　　　　　　　　　　　　336 000
　　贷:应付利息　　　　　　　　　　　　　　　　　　　336 000

归还利息时:

借:应付利息　　　　　　　　　　　　　　　　　　336 000
　　贷:银行存款　　　　　　　　　　　　　　　　　　　336 000

3. 归还长期借款

【例11-51】承【例11-49】,东方公司归还长期借款的本金时,应按归还的金额,借记"长期借款——本金"科目,贷记"银行存款"科目,东方公司的有关会计分录如下:

借:长期借款——本金　　　　　　　　　　　　　　　4 000 000

贷：银行存款　　　　　　　　　　　　　　　　　　　　4 000 000

　　这里需要指出，以上例子是以长期借款单利计息的方式来说明问题的，在实际工作中，长期借款也可以采用复利计息的方法，在长期借款复利计息的情况下，尽管长期借款的本金、利率和偿还期限可能都相同，但在不同的偿付条件下，（包括到期一次还本付息、分期偿还本息和分期付息到期还本三种方式），企业实际使用长期借款的时间是不同的，所支付的利息费用也就不同，所计入的相关会计科目以及会计分录也是不同的。因此，长期借款到底采用何种方式还本付息以及是否能按时还清借款本息，也就是成为企业理财中的一项重要决策问题。

二、应付债券

（一）应付债券概述

　　应付债券是指企业为筹集长期使用资金而实际发行的一种书面凭证。这里的应付债券是指发行期限在1年以上（不含1年）的应付长期债券，从而构成了企业的一项长期负债。

　　债券的票面上一般都载明以下内容：企业名称；债券面值；票面利率；还本期限和还本方式；利息的支付方式；债券的发行日期等。

　　企业发行债券的利率通常是以年利率表示的，一般固定不变，称为"票面利率"或"名义利率"。债券发行企业实际负担的利率（也是债券持有人实际获得的利率）称为"实际利率"。实际利率是债券发行当时的市场利率，也就是金融市场上风险和期限与所发行的债券类似的借贷资本的利率。企业债券的发行价格受同期银行存款利率（相当于市场利率）的影响较大。经常会出现市场利率大于或小于票面利率，或者说是实际利率大于或小于名义利率的情况。在这种情况下，债券发行企业就要按高于或低于市场利率的票面利率支付债券利息，即按高于或低于债券面值的价格出售。当债券的票面利率高于同期银行存款利率时，可按超过债券票面价值的价格发行，称为溢价发行。溢价发行表明企业为以后期间多付利息而事先得到的补偿；如果债券的票面利率低于同期银行存款利率的，可按低于债券票面价值的价格发行，称为折价发行。折价发行表明企业为以后期间少付利息而预先给投资者的补偿；如果债券的票面利率与同期银行存款利率一致，可按票面价值发行，称为面值发行。企业会计制度规定，债券溢价或折价在债券的存续期间内按实际利率法或直线法于计提利息时摊销，并按借款费用的处理原则处理。

　　企业发行债券，如果发行费用大于发行期间冻结资金所产生的利息收入，按发行费用减去发行期间冻结资金所产生的利息收入后的差额，根据发行债券筹集资金的用途，属于用于固定资产项目的，按照借款费用资本化的处理原则处理；属于其他用途的，计入当期财务费用。如果发行费用小于发行期间冻结资金所产生的利息收入，按发行期间冻结资金所产生的利息收入减去发行费用后的差额，视同发行债券的溢价收入，在债券存续期间于计提利息时摊销，其摊销的费用，按照借款费用的处理原则处理。

应付债券按支付利息的方式不同分为到期一次付息债券和分期付息债券。

(二) 应付债券的核算

企业应设置"应付债券"科目用于核算企业为筹集长期资金而发行的债券本金和利息。发行1年期及1年期以内的短期债券，在"交易性金融负债"科目核算，不在"应付债券"科目核算。

"应付债券"科目应当按照"面值""利息调整""应计利息"进行明细核算。

1. 发行债券的核算

(1) 债券按面值发行。

如果债券的票面利率正好等于其实际利率，则该种债券必然按面值发行。反过来说，如果债券按面值发行，则该种债券的实际利率必然等于其票面利率。

【例11–52】东方公司于2×23年1月1日按面值发行总面值为800 000元、票面利率为10%、5年期的债券，用于公司的经营周转。债券利息在每年6月30日与12月31日支付。则可以验证，该债券发行时的实际利率等于票面利率10%。编制会计分录如下：

本例中，由于利息是每半年支付一次，因而计算现值应以半年为复利期，年利率也相应换算为半年利率。验证如下：

①到期偿还面值的现值 = 800 000 × 现值系数 = 800 000 × 0.61391 = 491 128 (元)

②各期利息（年金）的现值 = 800 000 × 现值系数 = 40 000 × 7.72173 = 308 869 (元)

③债券的现值（发行价格）= 491 128 + 308 869 = 800 000 (元)

该债券按面值发行时应编制如下分录：

借：银行存款　　　　　　　　　　　　　　　　　　800 000
　　贷：应付债券——面值　　　　　　　　　　　　　　800 000

(2) 债券按折价发行。

一般来说，企业在确定其债券的票面利率时，会尽可能使其与市场利率相一致。但债券从印制到发行要经历一段时间，而市场利率经常变动。因而，债券发行时的市场利率常常高于或低于债券的票面利率。债券的发行价格就会相应低于或高于债券的面值。债券按低于面值的价格发行，称为折价发行；按高于面值的价格发行，称为溢价发行。

【例11–53】假设【例11–52】中债券的实际利率为12%，其他条件不变。则债券的发行价格计算如下：

①到期偿还面值的现值 = 800 000 × 现值系数 = 800 000 × 0.55839 = 446 712（元）

②各期利息（年金）的现值 = 40 000 × 现值系数 = 40 000 × 7.36009 = 294 404（元）

③债券的发行价格 = 446 712 + 294 404 = 741 116（元）

可见，对于分期付息债券而言，当债券的市场利率高于票面利率时，债券的发行价格一定小于债券的面值，两者之差为债券折价。本例债券折价为 58 884 元（800 000 - 741 116）。

债券折价发行时，应编制分录如下：

借：银行存款　　　　　　　　　　　　　　　　　741 116
　　应付债券——利息调整　　　　　　　　　　　58 884
　　贷：应付债券——面值　　　　　　　　　　　　　　800 000

（3）债券按溢价发行。

【例 11-54】假设〖例 11-52〗中债券的实际利率为 8%，其他条件不变。则债券的发行价格可计算如下：

①到期偿还面值的现值 = 800 000 × 现值系数 = 800 000 × 0.67556 = 540 448（元）

②各期利息（年金）的现值 = 40 000 × 现值系数 = 40 000 × 8.11090 = 324 436（元）

③债券的发行价格 = 540 448 + 324 436 = 864 884（元）

对于分期付息债券而言，当债券的市场利率低于票面利率时，债券的发行价格一定大于债券的面值，两者之差为债券溢价。本例债券溢价为 64 884 元（864 884 - 800 000）。

债券溢价发行时，编制会计分录如下：

借：银行存款　　　　　　　　　　　　　　　　　864 884
　　贷：应付债券——面值　　　　　　　　　　　　　　800 000
　　　　　　——利息调整　　　　　　　　　　　　　　64 884

2. 债券利息的核算

（1）债券按面值发行时利息的核算。

企业债券发行之后，应按期确认债券利息。利息的确认涉及本期利息金额的确定以及本期利息应归属何种会计要素这两个方面的问题。一定时期内债券利息金额的确定，受很多因素的影响，例如债券的种类与发行价格。至于债券利息的归属，按照我国目前通行的做法，应按照借款费用资本化的原则，分别计入财务费用或在建工程等。

【例 11-55】以〖例 11-54〗资料为例，东方公司按面值发行债券后，由于所得资金用于经营周转，债券利息应计入财务费用。编制会计分录如下：

①2×23 年 6 月 30 日支付利息时：

借：财务费用　　　　　　　　　　　　　　　　　40 000

贷：银行存款　　　　　　　　　　　　　　　　　　　40 000
②2×23年12月31日支付利息时：
借：财务费用　　　　　　　　　　　　　　　　　　　40 000
　　贷：银行存款　　　　　　　　　　　　　　　　　　　40 000

以后各年的账务处理相同。

如果企业债券按折价或溢价发行，则不能简单地按各期票面利息来确认利息费用，而必须将应付债券折价或溢价在各期摊销，以调整各期应确认的利息费用。

（2）债券按溢价和折价发行时利息及利息调整摊销的核算。

在债券按折价发行的情况下，应付债券折价在本质上是借款成本的一部分。因为企业发行债券时所得现金低于债券的面值，而债券到期时必须按面值偿还。因此，债券的利息总额实际上由两部分构成：一是债券按票面利率计算的利息；二是债券的折价。

债券折价所代表的利息虽然在债券到期时才付给债券持有者，但它是与债券的全部存续期间相联系的，因而应将其在债券的存续期间内分摊，转为各期的利息费用。

如果债券按溢价发行，则意味着债券发行企业在发行债券时所得款项高于债券的面值，而在债券到期时只需按面值偿还本金（此外，要分期或到期一次支付债券的票面利息）。因此，企业实际支付的票面利息，并不都是发行债券的借款成本。企业溢价发行债券的实际借款成本应为支付的票面利息减去溢价。为了合理确定各期的利息费用，需要将债券溢价在债券的存续期间内分摊。溢价摊销实际上是调整减少各期的利息费用。

企业债券折价与溢价的摊销方法现采用实际利率法。即以期初债券的账面价值（面值减去未摊销折价或加上未摊销溢价）乘以债券发行时的实际利率，据以确定当期应确认的利息费用，再将其与当期的票面利息相比较，以两者的差额作为该期应摊销的债券折价或溢价。按这种方法摊销债券折价或溢价，会使各期的利息费用随着债券账面价值的变动而变动。

①按实际利率法摊销债券折价。

【例11-56】以〖例11-54〗资料为例，东方公司折价发行债券后，采用实际利率法摊销债券折价。

根据有关资料，可编制债券折价摊销表（见表11-1）。

表11-1　　　　　　债券折价摊销表（实际利率法）　　　　　单位：元

期次（半年）	实付利息（1）面值×5%	利息费用（2）期初（5）×6%	折价摊销（3）（2）-（1）	未摊销折价（4）期初（4）-（3）	账面价值（5）面值-（4）
发行时				58 884	741 116
1	40 000	44 467	4 467	54 417	745 583

续表

期次 （半年）	实付利息 （1）	利息费用 （2）	折价摊销 （3）	未摊销折价 （4）	账面价值 （5）
	面值×5%	期初（5）×6%	（2）-（1）	期初（4）-（3）	面值-（4）
2	40 000	44 735	4 735	49 682	750 318
3	40 000	45 019	5 019	44 663	755 337
4	40 000	45 320	5 320	39 343	760 657
5	40 000	45 639	5 639	33 704	766 296
6	40 000	45 978	5 978	27 726	772 274
7	40 000	46 336	6 336	21 390	778 610
8	40 000	46 717	6 717	14 673	785 327
9	40 000	47 120	7 120	7 553	792 447
10	40 000	4 755*	7 553*	0	800 000

注：*含尾差调整。

表11-1中的"期次"，是半年期（六个月）的付息期，因而第（1）栏的实付利息、第（2）栏的利息费用及第（3）栏的折价摊销都是六个月期间的资料。第（4）栏的未摊销折价与第（5）栏的账面价值则是每半年期的期末余额。

第1期利息费用 = 741 116 × 6% = 44 467（元）

第1期折价摊销 = 44 467 - 40 000 = 4 467（元）

第1期记录债券利息费用，编制会计分录如下：

借：财务费用　　　　　　　　　　　　　　　　　　44 467
　　贷：银行存款　　　　　　　　　　　　　　　　40 000
　　　　应付债券——利息调整　　　　　　　　　　 4 467

同理，第10期记录利息费用，编制会计分录如下：

借：财务费用　　　　　　　　　　　　　　　　　　47 553
　　贷：银行存款　　　　　　　　　　　　　　　　40 000
　　　　应付债券——利息调整　　　　　　　　　　 7 553

表11-1显示，债券账面价值随着折价的摊销而逐期递增，在最后一期折价摊销之后等于债券面值。同时，各期确认的利息费用也逐渐增加。

②按实际利率法摊销债券溢价。按实际利率法摊销债券溢价，与摊销债券折价基本相同。所不同的是，各期溢价摊销额等于实付利息减去利息费用，而各期折价摊销额等于利息费用减去实付利息。

【例11-57】以〖例11-44〗资料为例，东方公司溢价发行债券之后，采用实际利率法摊销债券溢价。

根据有关资料，可编制债券溢价摊销表，详见表11-2。根据溢价摊销表，第一期记录利息费用，编制会计分录如下：

借：财务费用　　　　　　　　　　　　　　　　　　34 595

应付债券——利息调整　　　　　　　　　　　　　　　　5 405
　　　贷：银行存款　　　　　　　　　　　　　　　　　　　40 000

以后各期的分录只是金额有所不同。

表 11-2　　　　　　　债券溢价摊销表（实际利率法）　　　　　单位：元

期次 （半年）	实付利息 （1） 面值×5%	利息费用 （2） 期初（5）×4%	溢价摊销 （3） （1）-（2）	未摊销溢价 （4） 期初（4）-（3）	账面价值 （5） 面值+（4）
发行时				64 884	864 884
1	40 000	34 595	5 405	59 479	859 479
2	40 000	34 379	5 621	53 858	853 858
3	40 000	34 154	5 846	48 012	848 012
4	40 000	33 920	6 080	41 932	841 932
5	40 000	33 677	6 323	35 609	835 609
6	40 000	33 424	6 576	29 033	829 033
7	40 000	33 161	6 839	22 194	822 194
8	40 000	32 888	7 112	15 082	815 082
9	40 000	32 603	7 397	7 685	807 685
10	40 000	32 315 *	7 685 *	0	800 000

注：* 含尾差调整。

　　表 11-2 显示随着溢价的摊销，债券账面价值逐期减少，在最后一期溢价摊销之后等于债券面值。同时，各期确认的利息费用也逐渐减少。

　　3. 债券偿还

　　企业发行的债券到期时，其折价或溢价可摊销完毕。在支付了最后一期的利息之后，企业偿还债券的数额就是到期债券的面值总额。借记"应付债券——面值""应付债券——应计利息"等科目，贷记"银行存款"等科目。

三、其他非流动负债

（一）长期应付款

1. 长期应付款概述

　　长期应付款是指企业除长期借款和应付债券以外的其他各种长期应付款，包括以分期付款方式购入固定资产和无形资产发生的应付账款、应付融资租入固定资产的租赁费等。通常情况下，以分期付款方式购入固定资产和无形资产发生的应付账款和融资租入固定资产是资产使用在前，款项支付在后。如，采用以分期付款方式购入固定资产时，企业可先取得设备，设备投产后，再分期支付价款。因此，以分期付款方式购入固定资产和无形资产发生的应付账款和融资租入固定资产，在尚未偿还价款或尚未支付租赁费之前，构成了企业的一项长期负债。

2. 长期应付款的核算

企业应设置"长期应付款"科目用于核算企业除长期借款和企业债券以外的其他各种长期应付款项,包括以分期付款方式购入固定资产和无形资产发生的应付账款、应付融资租入固定资产的租赁费等。

"长期应付款"科目应当按照长期应付款的种类和债权人进行明细核算。

(1) 企业购入有关资产超过正常信用条件延期支付价款、实质上具有融资性质的,应按购买价款的现值,借记"固定资产""在建工程""无形资产""研发支出"等科目;按应支付的金额,贷记本科目;按其差额,借记"未确认融资费用"科目。按期支付价款时,借记"长期应付款"科目,贷记"银行存款"科目。

在每月月末或季末,采用实际利率法计算确定当期的利息费用,借记"财务费用""在建工程""研发支出"科目,贷记"未确认融资费用"科目。

(2) 融资租入固定资产,在租赁期开始日,应按租赁准则确定的应计入固定资产成本的金额,借记"在建工程"或"固定资产"科目;按最低租赁付款额,贷记"长期应付款"科目;按发生的初始直接费用,贷记"银行存款"等科目;按其差额,借记"未确认融资费用"科目。按期支付租金时,借记"长期应付款"科目,贷记"银行存款"等科目。

每月月末或季末,采用实际利率法计算确定的当期利息费用,借记"财务费用"或"在建工程"科目,贷记"未确认融资费用"科目。

这里特别要说明的是"未确认融资费用"科目是专门用于核算企业应当分期计入利息费用的未确认融资费用。

"长期应付款"科目期末贷方余额,反映企业尚未支付的各种长期应付款。

(二) 预计负债

1. 预计负债概述

预计负债是指偿还金额、时间不确定,需要根据有关资料进行估计确认单负债,主要包括企业对外提供担保和产品质量保证等而形成的负债。本教材仅就产品质量保证负债的确认与核算做简单介绍。为了扩大市场份额,更好地吸引顾客,企业在销售产品时通常附带产品质量保证书,承诺在规定期间内对所售产品的质量负责,即对那些由于产品质量原因发生的故障和损坏,企业为顾客免费提供修理、更换零部件等服务。也就是说,企业在销售发生时,就已经承担了一项在将来履行的质量保证义务。企业作出质量保证承诺的目的,是扩大当期的新销售市场,增加当期的销售收入,最终增加企业的利润。在履行该项义务时,不可避免地会导致资产的消耗。根据收入与费用配比原则的要求,应该将以后期间履行承诺导致的经济利益流出确认为增加收入当期发生的费用。在费用已经确认但尚未实际支付的期间就应该确认为负债,通常被称为产品质量保证负债。由于在销售时无法确定修理费用的发生时间、金额和客户,履行该项承诺而导致的经济利益流出就无法准确计量,需要根据历史经验和有关资料进行估计。

2. 预计负债的核算

为了反映企业各项预计负债的增减变动情况，企业应设置"预计负债"账户，该账户属于负债类账户，贷方登记各项预计负债的增加数，借方登记各项预计负债的清偿数，期末余额在贷方，表示企业已经确认但尚未支付的预计负债。

对于产品质量保证而言，在一般情况下，这项负债的金额可以根据已经销售产品在质量担保期内的返修率，以及平均单位返修费用等资料进行合理的估计，估计入账时，借记"销售费用""管理费用"等相关科目，贷记"预计负债——产品质量保证"账户。实际支付时，借记"预计负债——产品质量保证"账户，贷记"银行存款"等相关账户。

思考题

1. 负债的特征有哪些？流动负债和非流动负债分别包含哪些内容？
2. 职工薪酬包括哪些内容？
3. 什么是增值税？什么是增值税一般纳税人？什么是增值税小规模纳税人？
4. 哪些税费不通过"应交税费"科目核算？

第十二章 所有者权益

> **学习目标**

通过本章的学习,要求了解和掌握所有者权益的定义;掌握所有者权益的组成内容;掌握实收资本、资本公积和留存收益的概念和核算方法。

第一节 所有者权益概述

一、所有者权益的性质

12.1 所有者
权益概述

(一) 所有者权益及其特征

我国《企业会计准则——基本准则》规定:"所有者权益是指企业资产扣除负债后由所有者享有的剩余权益。"这一定义说明了所有者权益的经济性质和基本特征。

1. 所有者权益是剩余权益

所有者权益是所有者对企业的净资产享有的所有权,而净资产则是企业总资产减去负债后的余额。也就是说,所有者拥有的权益是总权益扣除债权人权益后的余额。

2. 所有者权益金额的确定有赖于资产和负债的计量

所有者权益可以通过对基本会计等式"资产=负债+所有者权益"的转换推导而得出,即"所有者权益=资产-负债"。因此,当负债一定的情况下,所有者权益的增加有赖于资产的增值。

3. 所有者权益由企业的投资者投入资本及其增值构成

企业从投资者手中吸收的投入资本是其进行生产经营活动的"本钱",同时也是所有者权益的主要来源。所有者对企业的经营活动承担着最终的风险,与此同时,也享有最终的权益。如果企业在经营中获利,投入资本会产生增值,所有者权益亦将随之增长;反之,所有者权益将随之缩减。

(二) 所有者权益与负债的区别

企业资产的来源无外乎两个方面:负债和所有者权益。负债和所有者权益统称为权益。两者之间主要有以下区别。

1. 性质不同

所有者权益是投资者享有的对投入资本及其运用所产生盈余（或亏损）的权利；负债是在经营或其他活动中所发生的债务，是债权人要求企业清偿的权利。

2. 享受权利不同

所有者享有参与收益分配、参与经营管理等多项权利，但对企业资产的要求权在顺序上置于债权人之后，即只享有对剩余资产的要求权；债权人享有到期收回本金及利息的权利，在企业清算时，有优先获取资产赔偿的要求权，但没有经营决策的参与权和收益分配权。

3. 偿还期限不同

在企业持续经营的情况下，所有者权益一般不存在抽回的问题，即不存在约定的偿还日期，因而是企业的一项可以长期使用的资金，只有在企业清算时才予以退还；负债必须于一定时期偿还。为了保证债权人的利益不受侵害，法律规定债权人对企业资产的要求权优先于投资者，因此债权又称为第一要求权。投资者具有对剩余财产的要求权，故所有者权益又称剩余权益。

4. 风险不同

所有者能够获得多少收益，需视企业的盈利水平及经营政策而定，故风险较大；债权人获取的利息一般按一定利率计算，并且是预先可以确定的固定数额，无论盈亏，企业都要按期付息，故风险相对较小。

二、公司制企业与股东权益

企业的组织形式一般分为三种：独资企业、合伙企业和公司制企业。从会计的角度来看，不同组织形式的企业对资产、负债、收入、费用和利润的会计处理几乎没有影响。但不同组织形式的企业，其所有者权益（业主权益）的会计处理有明显的差异。这主要是因为法律对不同组织形式企业的所有者权益有不同的规定。

《中华人民共和国公司法》（以下简称《公司法》）定义的公司"是指依照本法在中国境内设立的有限责任公司和股份有限公司"。"公司是企业法人，有独立的法人财产享有法人财产权。公司以其全部财产对公司的债务承担责任。有限责任公司的股东以其认缴的出资额为限对公司承担责任；股份有限公司的股东以其认购的股份为限对公司承担责任。"公司被认为是现代企业中最有生命力的组织形式。公司的特征如下。

（一）股东对公司的债务只负有限责任

股东对公司的负债没有个人偿还的义务。股东对公司投资可能承担的最大损失是投资成本支出，而不必担心由于企业经营失败而失去投资以外的财产。公司的这一特点使其可以比独资和合伙企业拥有更广泛的投资者，并从这些投资者那里得到更多的资金。

（二）公司是独立的法律主体

公司一经政府批准成立，就具有独立于其所有者的法人地位和资格，具有同自然人一样的权利和义务。公司可以用自己的名义取得资产、承担债务、签订合同、提出诉讼和被诉。在独资企业、合伙企业和公司制企业三种组织形式中，只有公司制企业是法人，具有法人地位。

（三）公司是纳税主体

公司如有盈利，要缴纳企业所得税。然后，股东再就分得的现金股利缴纳个人所得税。也就是说，公司的收益要经过重复课税。

（四）所有权和经营权分离

大部分公司制企业的投资人不亲自管理公司，而是由股东选举董事会，再由董事会聘任的总经理等专业管理人员负责经营。

（五）所有权可转让

公司的所有者可以出售或转让股份，特别是公开上市的股份有限公司，股东通常可以随意转让自己持有的股票。公司的持续经营不因股东的变更而受到影响，因而公司具有较为长久的存续期。

（六）严格的法律管制

由于所有者仅对公司债务负有限责任，为了保护债权人，各国政府对公司都实行比较严格的法律管制。由于具有上述特点，特别是政府的严格法律管制，使得公司所有者权益会计业务比较复杂。其中许多程序是基于法律的规定，而不仅仅是依据会计惯例。例如，所有者权益受公司法的限制，必须严格区分投入资本、资本公积和留存收益。法律往往还对公司的利润分配和停业清算以及股份公司回购自己的股份等事项都有严格的限制。另外，由于股东投资方式的多样性，也使得公司所有者权益会计处理中遇到的问题远多于独资企业和合伙企业。

公司的形式多种多样，其中最主要的是股份有限公司和有限责任公司。需要说明的是，我国的国有独资企业和一人有限责任公司亦属于公司范畴。国有独资企业，是指由国家独立出资建立的企业，其性质与个人独资企业不同，而与有限责任公司相同。因此，国有独资企业又称国有独资有限责任公司。一人有限责任公司，是指只有一个自然人股东或者一个法人股东的有限责任公司，它是有限责任公司的一种特殊形式，而并非个人独资企业。

三、所有者权益的内容和分类

企业所有者（在股份制企业中就是企业的股东，为方便起见，下面将股东和企业所有者作为同一概念使用）拥有的权益，最初表现为投资者的投入资本。随着企业生产经营活动的开展，从企业净利润中提取的盈余公积，以及未分配利润等形成的企业资本积累，最终也归企业所有者所有，与投入资本共同构成企业的所有者权益。由此可见，所有者权益按其形成来源的不同，主要有投入资本和留存收益两个部分。投入资本是投资者投入企业的资本金，包括实收资本和资本公积；留存收益是企业生产经营活动所产生的利润在向国家缴纳所得税后留存在公司的部分，包括盈余公积和未分配利润。

为了反映所有者权益的构成，便于投资者和其他会计信息使用者了解所有者权益的来源及变动情况，根据我国《企业会计准则——财务报表列报》的规定，企业资产负债表中的所有者权益应当至少按照实收资本（或股本）、资本公积、盈余公积、未分配利润等项目分项列示。

对所有者权益进行这种分类至少能够提供以下两个方面的重要信息：

（一）能够清晰地反映企业所有者权益的结构

所有者权益中投入资本和作为准资本的资本公积，构成企业在一定规模下开展生产经营的最基础的启动资金，是企业存在的基本条件。盈余公积和未分配利润等留存收益，来自企业经营过程中的资本增值，反映了企业的资本积累情况，也是企业扩大生产经营规模的一个重要条件。将资本积累与投入资本相比，能够反映企业的资本增值能力以及发展后劲。此外，不同所有者的投资比例还是决定企业利润分配或风险分担的依据。

（二）能够反映利润分配政策上的影响因素

所有者投资的主要目的之一是获得理想的投资收益，因此，他们必然非常关心企业利润分配政策的制定。企业在制定利润分配政策时，既要考虑对投资人的回报，又不能放弃企业持续经营的长远利益。这种近期利益和长远利益的兼顾，就形成了企业利润分配政策的指导思想：企业用于分配的只能是来自本期和前期的累计利润，而不应是所有者的投入资本；企业可供分配的利润，既不能"分光吃净"，导致企业无力扩大再生产，也不能过分地压缩应分配的数额，导致投资者对企业投资丧失信心。要想妥善地处理好利润分配过程中的复杂关系，就需要对所有者权益按照其构成，分层次地确定利润分配涉及的范围。也就是说，所有者权益中什么项目可以用于分配、什么项目不能用于分配，以及可用于分配的项目能够分配到什么程度等问题，都可以通过对所有者权益的合理分类来加以界定。

第二节 实收资本

12.2 实收资本

我国有关法律规定，投资者设立企业首先必须投入资本。《企业法人登记管理条例》规定，企业申请开业，必须具备国家规定的与其生产经营和服务规模相适应的资金。为了反映和监督投资者投入资本的增减变动情况，企业必须按照国家统一的会计制度的规定对实收资本进行核算，以真实地反映所有者投入企业资本的状况，维护所有者各方面在企业中的权益。该账户属于所有者权益类账户，贷方反映企业所有者投入企业的各种资产的价值，借方反映按照法定程序减少注册资本的数额，期末余额在贷方，表示投资者实际投入的资本。

除股份有限公司以外，其他各类企业应通过"实收资本"账户核算，股份有限公司应通过"股本"账户核算。企业收到所有者投入企业的资本后，应根据有关原始凭证（如投资清单、银行通知单等）分别采用不同的出资方式进行会计处理。

一、接受现金资产投资

（一）股份有限公司以外的企业接受现金资产投资

企业收到投资者以现金资产投入的资本时，应当以实际收到或存入企业开户银行的金额作为实收资本入账，借记"库存现金""银行存款"账户，贷记"实收资本"账户。对于实际收到或者存入企业开户银行的金额超过投资者在企业注册资本中所占份额的部分，应当计入资本公积，同时，可以根据投资者的不同而设立明细账户。

【例12-1】甲、乙、丙共同投资设立东方公司，注册资本为2 000 000元，甲、乙、丙的持股比例分别为60%、25%和15%。按照章程规定，甲、乙、丙投入的资本分别为1 200 000元、500 000元和300 000元。东方公司已如期收到各投资者一次缴足的款项。收到投资款时，东方公司编制如下会计分录：

借：银行存款　　　　　　　　　　　　　　　　　2 000 000
　　贷：实收资本——甲　　　　　　　　　　　　1 200 000
　　　　　　　　——乙　　　　　　　　　　　　　500 000
　　　　　　　　——丙　　　　　　　　　　　　　300 000

实收资本的构成比例即投资者的出资比例或股东的股份比例，是确定所有者在企业所有者权益中所占的份额和参与企业财务经营决策的基础，也是企业进行利润分配或股利分配的依据，同时还是企业清算时确定所有者对净资产的要求权的依据。

（二）股份有限公司接受现金资产投资

股份有限公司发行股票时，既可以按面值发行股票，也可以溢价发行（我国目前不准许折价发行）。股份有限公司在核定的股本总额及核定的股份总额的范围内发行股票时，应在实际收到现金资产时进行会计处理。企业发行股票成功后，应将相当于股票面值的部分记入"股本"账户，其余部分在扣除发行手续费、佣金等费用后记入"资本公积"账户。

【例12-2】东方有限公司发行普通股10 000 000股,每股面值为1元,每股发行价格为5元。假定股票发行成功,股款50 000 000元已全部收到,不考虑发行过程中的税费等因素。

根据上述资料,东方有限公司应作如下账务处理:

应记入"资本公积"科目的金额 = 50 000 000 - 10 000 000 = 40 000 000(元)

编制会计分录如下:

借:银行存款　　　　　　　　　　　　　　　　　　　　　50 000 000
　　贷:股本　　　　　　　　　　　　　　　　　　　　　　10 000 000
　　　　资本公积——股本溢价　　　　　　　　　　　　　　40 000 000

本例中,东方公司发行股票实际收到的款项为50 000 000元,应借记"银行存款"账户;实际发行的股票面值为10 000 000元,应贷记"股本"账户;按其差额,贷记"资本公积——股本溢价"账户。

二、接受非现金资产投资

我国《公司法》规定,股东既可以用货币出资,也可以用实物、知识产权、土地使用权等能用货币估价并能依法转让的非货币财产作价出资;但是,法律、行政法规规定不得作为出资的财产除外。对作为出资的非货币财产应当评估作价,核实财产,不得高估或者低估作价。法律、行政法规对评估作价有规定的,从其规定。全体股东的货币出资金额不得低于有限责任公司注册资本的30%。不论以何种方式出资,投资者如果在投资过程中违反投资合同,不按规定如期缴足出资额,则企业可以依法追究投资者的违约责任。

企业接受非现金资产投资时,应按投资合同或协议约定价值确定非现金资产价值(但投资合同或协议约定价值不公允的除外)和在注册资本中应享有的份额。

(一)接受投入固定资产

企业接受投资者作价投入的房屋、建筑物、机器设备等固定资产,应按投资合同或协议约定价值确定固定资产价值(但投资合同或协议约定价值不公允的除外)和在注册资本中应享有的份额。

【例12-3】东方公司于设立时收到乙公司作为资本投入的不需要安装的机器设备一台,合同约定该机器设备的价值为2 000 000元,增值税进项税额为340 000元(假设不允许抵扣),合同约定的固定资产价值与公允价值相符,不考虑其他因素。

东方公司编制如下会计分录:

借:固定资产　　　　　　　　　　　　　　　　　　　　　2 000 000
　　应交税费——应交增值税(进项税额)　　　　　　　　　340 000
　　贷:实收资本——乙公司　　　　　　　　　　　　　　　2 340 000

（二）接受投入材料物资

企业接受投资者作价投入的材料物资，应按投资合同或协议约定价值确定材料物资价值（但投资合同或协议约定价值不公允的除外）和在注册资本中应享有的份额。

【例 12-4】 诚信公司于设立时收到东方公司作为资本投入的原材料一批，该批原材料投资合同或协议约定的价值（不含可抵扣的增值税进项税额部分）为 100 000 元，增值税进项税额为 13 000 元。东方公司已开具了增值税专用发票。假设合同约定的价值与公允价值相符，该进项税额允许抵扣，不考虑其他因素。

诚信公司编制如下会计分录：

借：原材料　　　　　　　　　　　　　　　　　　　100 000
　　应交税费——应交增值税（进项税额）　　　　　　13 000
　　贷：实收资本——东方公司　　　　　　　　　　　　113 000

本例中，原材料的合同约定价值与公允价值相符，因此，可按照 100 000 元的金额借记"原材料"账户；同时，该进项税额允许抵扣，因此，增值税专用发票上注明的增值税税额 13 000 元，应借记"应交税费——应交增值税（进项税额）"账户。诚信公司接受东方公司投入原材料按合同约定金额作为实收资本，因此可按 113 000 元的金额贷记"实收资本"账户。

（三）接受投入无形资产

企业收到以无形资产方式投入的资本，应按投资合同或协议约定价值确定无形资产价值（但投资合同或协议约定价值不公允的除外）和在注册资本中应享有的份额。

【例 12-5】 诚信公司于设立时收到 A 公司作为资本投入的非专利技术一项，该非专利技术投资合同约定价值为 60 000 元，同时收到 B 公司作为资本投入的土地使用权一项，投资合同约定价值为 80 000 元。假设诚信公司接受该非专利技术和土地使用权符合国家注册资本管理的有关规定，可按合同约定作实收资本入账，合同约定的价值与公允价值相符，不考虑其他因素。

诚信公司编制如下会计分录：

借：无形资产——非专利技术　　　　　　　　　　　60 000
　　　　　　——土地使用权　　　　　　　　　　　　80 000
　　贷：实收资本——A 公司　　　　　　　　　　　　　60 000
　　　　　　　　——B 公司　　　　　　　　　　　　　80 000

本例中，非专利技术与土地使用权的合同约定价值与公允价值相符，因此，可分别按照 60 000 元和 80 000 元的金额借记"无形资产"账户。A、B 公司投入的非专利技术和土地使用权按合同约定金额作为实收资本，因此可分别按 60 000 元和 80 000 元的金额贷记"实收资本"账户。

第三节 资本公积

12.3 资本公积

一、资本公积的含义及用途

（一）资本公积的含义

资本公积是企业收到投资者的超出其在企业注册资本（或股本）中所占份额的投资，以及直接计入所有者权益的利得和损失等。资本公积包括资本溢价（或股本溢价）和直接计入所有者权益的利得和损失等。

资本溢价（或股本溢价），是企业收到投资者的超出其在企业注册资本（或股本）中所占份额的投资。形成资本溢价（或股本溢价）的原因有溢价发行股票、投资者超额缴入资本等。

直接计入所有者权益的利得和损失是指不应计入当期损益、会导致所有者权益发生增减变动的、与所有者投入资本或者向所有者分配利润无关的利得或者损失。

（二）资本公积的用途

公司在经营过程中出于种种考虑，例如，增加投资者持有的股份，从而增加公司股票的流通量，激活股价，提高股票的交易量和资本的流动性，改变公司投入资本的结构，体现公司稳定、持续发展的潜力等，对于形成的资本公积可以按照规定的用途使用。资本公积的主要用途就在于转增资本，即在办理增资手续后用资本公积增资，按股东原有持股比例发给新股或增加每股面值。

二、资本公积的核算

资本公积的核算包括资本溢价（或股本溢价）的核算和资本公积转增资本的核算等内容。企业为反映资本公积增减变动情况，应设置"资本公积"账户。该账户属于所有者权益类账户，贷方反映资本公积的增加数，借方反映资本公积的减少数，期末余额在贷方，表示资本公积的结余数。

"资本公积"账户根据资本公积形成的来源，设置"资本溢价""其他资本公积"等明细账户，分别进行明细核算。

（一）资本（股本）溢价的核算

除股份有限公司外的其他类型的企业，在企业创立时，投资者认缴的出资额与注册资本一致，一般不会产生资本溢价。但在企业重组或有新的投资者加入时，常常会出现资本溢价。因为在企业进行正常的生产经营后，其资本利润率通常要高于企业初创阶段,另外,企业有内部积累,新投资者加入企业后,对这些积累也要分享,所以新加入的投资者往往要付出大于原投资者的出资额,才能取得与原投资者相同的出资比例。投资者多缴的部分就形成了资本溢价。

【例12-6】东方公司由两位投资者投资200 000元设立,每人各出资100 000元。一年后,为了扩大经营规模,经批准,东方公司注册资本增加到300 000元,并引入第三位投资者加入。按照投资协议,新投资者需缴入现金110 000元,同时享有该公司1/3的股份。东方公司已收到该现金投资,假定不考虑其他因素。

东方公司编制如下会计分录:

借:银行存款　　　　　　　　　　　　　　　　　110 000
　　贷:实收资本　　　　　　　　　　　　　　　　　100 000
　　　　资本公积——资本溢价　　　　　　　　　　　 10 000

本例中,东方公司收到第三位投资者的现金投资110 000元中,100 000元属于第三位投资者在注册资本中所享有的份额,应记入"实收资本"账户;10 000元属于资本溢价,应记入"资本公积——资本溢价"账户。

股份有限公司是以发行股票的方式筹集股本的,股票可按面值发行,也可按溢价发行,我国目前不准折价发行。与其他类型的企业不同,股份有限公司在成立时可能会溢价发行股票,因而在成立之初,就可能会产生股本溢价。股本溢价的数额等于股份有限公司发行股票时实际收到的金额超过股票面值总额的部分。

在按面值发行股票的情况下,企业发行股票取得的收入,应全部作为股本处理;在溢价发行股票的情况下,企业发行股票取得的收入等于股票面值部分作为股本处理,超出股票面值的溢价收入应作为股本溢价处理。发行股票相关的手续费、佣金等交易费用,如果是溢价发行股票的,应从溢价中抵扣,冲减资本公积(股本溢价);无溢价发行股票或溢价金额不足以抵扣的,应将不足抵扣的部分冲减盈余公积和未分配利润。

【例12-7】东方公司首次公开发行了普通股50 000 000股,每股面值为1元,每股发行价格为4元,东方公司以银行存款支付发行手续费、咨询费等共计6 000 000元。假定发行收入已全部收到,发行费用已全部支付,不考虑其他因素。

东方公司编制如下会计分录:

(1) 收到发行收入时:

借:银行存款　　　　　　　　　　　　　　　　　200 000 000
　　贷:股本　　　　　　　　　　　　　　　　　　 50 000 000
　　　　资本公积——股本溢价　　　　　　　　　　150 000 000

应增加的资本公积 = 50 000 000 × (4 - 1) = 150 000 000(元)

本例中,东方公司溢价发行普通股,发行收入中等于股票面值的部分50 000 000元应记入"股本"科目,发行收入超出股票面值的部分150 000 000元记入"资本公积——股本溢价"科目。

（2）支付发行费用时：

借：资本公积——股本溢价　　　　　　　　　　　6 000 000
　　贷：银行存款　　　　　　　　　　　　　　　　　　6 000 000

本例中，东方公司的股本溢价 150 000 000 元高于发行中发生的交易费用 6 000 000 元，因此，交易费用可从股本溢价中扣除，作为冲减资本公积处理。

（二）资本公积转增资本的核算

经股东大会或类似机构决议，用资本公积转增资本时，应冲减资本公积，借记"资本公积"账户，同时按照转增前的实收资本（或股本）的结构或比例将转增的金额贷记"实收资本"或"股本"账户。

【例 12 – 8】经股东大会批准，东方公司以 300 000 元资本公积转增资本。

东方公司编制如下会计分录：

借：资本公积　　　　　　　　　　　　　　　　　　300 000
　　贷：实收资本　　　　　　　　　　　　　　　　　　300 000

第四节　留存收益

留存收益是指企业从历年实现的利润中提取或形成的、留存于企业内部的积累，是企业内部形成的资本。留存收益来源于企业在生产经营活动中所实现的净利润，在性质上与投资者投入的资本一样属于所有者权益。

一、留存收益的内容

企业存在的目的就是生产经营，获取利润，并发展壮大。而企业所有者权益的增加，可以通过两个途径：一是由投资者投资和其他资本性交易；二是由经营活动赚取利润。投资者投入企业的资本作为投入资本，通过企业的生产经营活动，不仅要保持原有投资的完整，而且要求原投资增值，即实现利润。企业利润总额扣除按国家上缴的所得税后，一般称为净利润。净利润可以按照法规、协议、合同、公司章程等有关规定进行分配。在分配时，一方面应按照国家的规定提取盈余公积（包括法定盈余公积和任意盈余公积），将当年实现的利润留存于企业，形成内部积累，成为留存收益的组成部分；另一方面向投资者分配利润或股利，分配利润或股利后的剩余部分作为未分配利润。未分配利润同样成为企业的留存收益的组成部分。

留存收益与实收资本和资本公积的区别在于，实收资本和资本公积主要来源于企业的资本投入或其他非经营性因素，而留存收益则来源于企业经营活动形成的资本增值。

（一）盈余公积

1. 盈余公积的形成来源

盈余公积是指企业按规定从净利润中提取的企业积累资金。公司制企业的盈余公积包括法定盈余公积和任意盈余公积。

按照《公司法》有关规定，公司制企业应当按照净利润（减弥补以前年度亏损，下同）的10%提取法定盈余公积。非公司制企业法定盈余公积的提取比例可超过净利润的10%。法定盈余公积累计额已达注册资本的50%时可以不再提取。值得注意的是，在计算提取法定盈余公积的基数时，不应包括企业年初未分配利润。

公司制企业可根据股东大会的决议提取任意盈余公积。非公司制企业经类似权力机构批准，也可提取任意盈余公积。法定盈余公积和任意盈余公积的区别在于，其各自计提的依据不同，前者以国家的法律法规为依据，后者由企业的权力机构自行决定。企业提取的盈余公积经批准可用于弥补亏损、转增资本、发放现金股利或利润等。

12.4 盈余公积

2. 盈余公积的用途

盈余公积是企业专门用于维持和发展生产经营的准备金，其主要用途有：

（1）弥补亏损。按照现行的税法规定，企业某年度发生的亏损，在其后5年内可以用实现的税前利润来弥补，从第6年开始，只能用税后利润弥补。如果企业发生的亏损用税后利润仍不足弥补的，则可以用发生亏损以前所提取的盈余公积来弥补。用盈余公积弥补亏损时，应当由董事会提议，并经股东大会批准，或者由类似的机构批准方可进行。

（2）转增资本。当企业提取的盈余公积积累额较大时，可以将盈余公积转增资本，但是，转增时必须经投资人同意或股东大会决议批准并办理相应的增加手续，按照投资人原持股比例予以转增。用盈余公积转增资本后，留存的盈余公积不得少于转增前公司注册资本的25%。

（3）分派现金股利。企业如果在当年没有实现利润，原则上不得分配股利。但在特殊情况下，当企业积累的盈余公积比较多而未分配利润比较少时，为了维护企业形象，给予投资者比较均衡的投资回报，对于符合规定条件的企业，经过股东大会作出特别决议，也可以用盈余公积分配现金股利。

用盈余公积分配现金股利需要符合以下条件：

①若企业有未弥补的亏损，用盈余公积弥补亏损后仍有结余的，方可分配股利；

②用盈余公积分配股利的股利率不得超过股票面值的6%；

③分配股利后盈余公积不得低于注册资本金的25%；

④企业可供分配的、不足以按照不超过股票面值的6%分配股利的，可以用盈余公积补到6%，但分配股利后盈余公积不得低于注册资本金的25%。

（二）未分配利润

未分配利润是公司留待分配或留待以后年度再进行分配的结存利润，从数量

12.5 未分配利润

上来说,未分配利润是期初未分配利润,加上本期实现的净利润,减去提取的盈余公积和分出的利润后的余额,即历年累计的净利润。未分配利润有两层含义:一是这部分税后利润没有分给投资者,留待以后年度处理;二是这部分税后利润未指定特殊用途。这部分留待以后分配的利润,可以用于企业扩大生产经营活动的资金需要,也可以用于弥补以后年度的亏损,还可以留待以后年度向投资者分配利润。相对于所有者权益的其他部分而言,企业对未分配利润的使用有较大的自主权。

二、留存收益的核算

(一)盈余公积的核算

为了反映盈余公积的增减变动情况,企业应设置"盈余公积"账户,该账户是所有者权益类账户,贷方登记企业按照规定从净利润中提取而形成的盈余公积,借方登记企业将盈余公积用于弥补亏损、转增资本以及分配现金股利或利润而减少的数额,期末余额在贷方,反映企业提取尚未使用的盈余公积结存额。

本账户下应设置"法定盈余公积"和"任意盈余公积"明细账户。

1. 提取盈余公积

企业按照税后利润的一定比例提取盈余公积时,借记"利润分配"账户,贷记"盈余公积——法定盈余公积""盈余公积——任意盈余公积"账户。

【例12-9】东方公司本年实现净利润为 5 000 000 元,年初未分配利润为 0。经股东大会批准,东方公司按当年净利润的 10% 提取法定盈余公积,假定不考虑其他因素。

东方公司编制如下会计分录:

借:利润分配——提取法定盈余公积　　　　　　　　　　　500 000
　　贷:盈余公积——法定盈余公积　　　　　　　　　　　　500 000

本年提取盈余公积金额 = 5 000 000 × 10% = 500 000(元)

2. 盈余公积补亏

企业按照规定用途用盈余公积弥补亏损时,应借记"盈余公积"账户,贷记"利润分配——盈余公积补亏"账户。

【例12-10】经股东大会批准,东方公司用以前年度提取的盈余公积弥补当年亏损,当年弥补亏损的数额为 600 000 元,假定不考虑其他因素。

东方公司编制如下会计分录:

借:盈余公积　　　　　　　　　　　　　　　　　　　　　600 000
　　贷:利润分配——盈余公积补亏　　　　　　　　　　　　600 000

3. 盈余公积转增资本

企业用盈余公积转增资本时,应借记"盈余公积"账户,贷记"实收资本"或"股本"账户。

【例 12-11】 因扩大经营规模需要，经股东大会批准，东方公司将盈余公积 400 000 元转增资本，假定不考虑其他因素。

东方公司编制如下会计分录：

借：盈余公积　　　　　　　　　　　　　　　　　　　　　400 000
　　贷：实收资本　　　　　　　　　　　　　　　　　　　　　400 000

（二）未分配利润的核算

未分配利润是企业留待以后年度分配的结存利润，也是所有者权益的一个组成部分，企业对于未分配利润的使用有较大的自主权。在会计核算上，未分配利润是通过"利润分配"账户下的"未分配利润"明细账户进行核算的。在会计期末，企业将本期实现的各项收入和费用全部记入"本年利润"账户，从而计算出本期的经营成果，然后转让"利润分配——未分配利润"账户进行分配，结存于该账户的贷方余额即为未分配利润，如果出现借方余额，则为未弥补亏损。

在对未分配利润进行核算时，应注意"利润分配——未分配利润"账户的余额反映的是企业历年累积未分配利润或累积未弥补亏损额，而不仅仅是一个会计年度的结果。另外，企业用实现的利润弥补亏损不必专门做会计分录，只需在年末结账时，将实现的利润结转至"利润分配"账户的贷方，结转后自然抵减了借方的未弥补的亏损。利润弥补亏损，无论是税前利润补亏，还是税后利润补亏，会计处理方法相同，区别在于纳税申报时，税法规定准予用税前利润补亏的，可以作为应税利润减少的调整数；而税法规定准予用税后利润补亏的，不能调整减少的应税利润。

【例 12-12】 东方公司年初未分配利润为 0，本年实现净利润为 2 000 000 元，本年提取法定盈余公积 200 000 元，宣告发放现金股利 800 000 元，假定不考虑其他因素。

东方公司编制如下会计分录：

（1）结转本年利润时：

借：本年利润　　　　　　　　　　　　　　　　　　　　　2 000 000
　　贷：利润分配——未分配利润　　　　　　　　　　　　　2 000 000

如企业当年发生亏损，则应借记"利润分配——未分配利润"账户，贷记"本年利润"账户。

（2）提取法定盈余公积，宣告发放现金股利时：

借：利润分配——提取法定盈余公积　　　　　　　　　　　　200 000
　　　　　　——应付现金股利　　　　　　　　　　　　　　800 000
　　贷：盈余公积　　　　　　　　　　　　　　　　　　　　200 000
　　　　应付股利　　　　　　　　　　　　　　　　　　　　800 000

（3）派发现金股利时：

借：应付股利　　　　　　　　　　　　　　　　　　　　　　800 000

　　　　贷：银行存款　　　　　　　　　　　　　　　　　　　　800 000
（4）结转未分配利润时：
借：利润分配——未分配利润　　　　　　　　　　　　　1 000 000
　　　　贷：利润分配——提取法定盈余公积　　　　　　　　　200 000
　　　　　　　　　　——应付现金股利　　　　　　　　　　　800 000

结转后，如果"未分配利润"明细账户的余额在贷方，表示累计未分配的利润；如果余额在借方，则表示累积未弥补的亏损。本例中，"利润分配——未分配利润"明细账户的余额在贷方，此贷方余额为 1 000 000 元（本年利润 2 000 000 - 提取法定盈余公积 200 000 - 支付现金股利 800 000），即为东方公司本年年末的累计未分配利润。

思政课堂

　　某知名有限公司是生产汽车零部件产品特色优势的钢铁联合企业。该企业 2019 年因 3.21 亿现金墙在网上火了一把，成为"别人家的公司"。2018 年度不仅给员工举办了一场发奖仪式，符合条件的员工每人 6 万元，符合条件的退休员工每人 5 000 的红包，还将 2018 年度盈利的 84% 作为股息分配给股东。该公司如此"豪气"的原因，第一，有足够的业绩支撑，2018 年该公司实现归属于上市公司股东的净利润 29.27 亿元，加权净资产收益率高达 57.67%，虽然该公司经营业绩具有周期性，但与那些另类高分红的公司相比，其盈利能力强大且稳定。第二，公司的财务安全有保障。2018 年末，该公司的资产负债率只有 29.96%。假设公司 2018 年度 24.65 亿元的股息已于那时派发，其资产负债率也不过 40.28%。考虑到公司盈利能力支持，除非未来有大的资本支出而大举借贷，否则很难陷入财务困境。第三，给未来发展留下了足够的资金，2018 年中国粗钢产量仍然高达 9.28 亿吨，名列全球第一，是第二名（印度）产量的 8.72 倍。这样的产能水平应该足够支撑未来发展。

　　公司绩效直接影响所有者权益，并且与所有者权益项目有密切关联，股利决策的合理与否直接影响公司净资产规模，也影响公司未来的价值创造。

思考题

1. 什么是权益？会计上的权益构成是怎样的？
2. 所有者权益包括哪些内容？
3. 所有者权益与负债有什么不同？
4. 什么是实收资本？
5. 留存收益包括哪些内容？

第十三章 收入、费用和利润

> **学习目标**

通过本章的学习，要求掌握一般销售商品收入的核算、在某一时段内完成的销售商品收入的核算、合同取得成本与合同履约成本的核算、期间费用的核算、利润的核算；熟悉收入确认与计量的步骤、费用的内容及其分类、利润的构成内容；了解收入确认的可变对价、结转本年利润的方法。

第一节 收 入

一、收入的概念与特征

（一）收入的概念

收入是指企业在日常活动中形成的、会导致所有者权益增加的、与所有者投入资本无关的经济利益的总流入，日常活动是指企业为完成其经营目标所从事的经常性活动以及与之相关的其他活动，企业为获得市场地位、竞争优势都有其所从事的主要业务、主要产品和相应的经营模式，为如实反映企业的业绩驱动因素、业绩变化是否符合行业发展状况等情况，按照企业主要经营业务活动实现的收入，通常将收入分为主营业务收入和其他业务收入，例如，制造业企业的产品销售收入是其主营业务收入，生产产品用的材料销售收入或出租包装物等收入则属于其他业务收入；又如，商业银行的利息收入是其主营业务收入。

（二）收入的特征

（1）收入是企业日常活动形成的经济利益流入。日常活动，是指企业为完成其经营目标所从事的经常性活动以及与之相关的其他活动。企业的有些活动属于为完成其经营目标所从事的经常性活动，如工业企业制造并销售产品、商业企业购进和销售商品、租赁企业出租资产、商业银行对外贷款、保险公司签发保单、咨询公司提供咨询服务、软件企业为客户开发软件、安装公司提供安装服务、建筑企业提供建造服务、广告商提供广告策划服务等，由此产生的经济利益的总流入构成收入;企业还有一些活动属于与经常性活动相关的活动,如工业企业出售不需用的原材料、出售或出租固定资产及无形资产、利用闲置资金对外投资等,由此产生的经济利益的总流入也构成收入。除了日常活动以外,企业的有些活动不是为完成其经营目标所从事的经常性活动,也不属于与经常性活动相关的其他活动,如企业处置报废或毁损的固定资产和无形资产、进行债务重组、接受捐赠等活动,由此产生的经济利益的总流入不构成收入,应当确认为营业外收入。

(2) 收入必然导致所有者权益的增加。收入无论表现为资产的增加还是负债的减少,根据"资产=负债+所有者权益"的会计恒等式,最终必然导致所有者权益的增加。不符合这一特征的经济利益流入,不属于企业的收入。例如,企业代税务机关收取的税款,旅行社代客户购买门票、飞机票等收取的票款等,性质上属于代收款项,应作为暂收应付款记入相关的负债类科目,而不能作为收入处理。

(3) 收入不包括所有者向企业投入资本导致的经济利益流入。收入只包括企业自身活动获得的经济利益流入,而不包括企业的所有者向企业投入资本导致的经济利益流入。所有者向企业投入的资本,在增加资产的同时,直接增加所有者权益,不能作为企业的收入。

(三) 收入的管理

企业加强收入核算与监督的目标是保证收入的真实、完整,保证销售折让、折扣等可变对价的正确合理,保证客户信用管理和货款的及时足额收回,反映企业向客户转让商品的模式及其相应的销售政策和策略等销售决策的科学性、合理性。收入核算和监督的基本要求是:确认收入的方式应当反映其向客户转让商品或提供服务的模式,收入的金额应当反映企业因转让商品或提供服务而预期有权收取的对价金额通过收入确认和计量能进一步如实地反映企业的生产经营成果,准确核算企业实现的损益。

(四) 收入的分类

1. 收入按交易性质分类

收入按交易性质可以分为销售商品收入、提供劳务收入和让渡资产使用权收入。

(1) 销售商品收入,是指企业提供销售产品或商品而取得的收入。例如,工业企业销售产品或半成品取得的收入、商业企业销售商品取得的收入等。企业销售不需要的原材料、包装物等存货取得的收入,也视同销售商品收入。

(2) 提供劳务收入,是指企业通过提供劳务作业而取得的收入。例如,工业企业提供工业性劳务作业取得的收入、商业企业提供代购代销劳务取得的收入、软件开发企业为客户开发软件取得的收入等。

(3) 让渡资产使用权收入,是指企业通过让渡资产使用权而取得的收入。

例如，企业对外出租无形资产取得的使用费收入、租赁公司出租资产取得的租金收入、商业银行发放贷款取得的利息收入等。

2. 收入按在经营业务中所占的比重分类

收入按在经营业务中所占的比重可以分为主营业务收入和其他业务收入。

（1）主营业务收入，是指企业为了完成其经营目标所从事的主要经营活动取得的收入。不同行业的企业，具有不同的主要业务。例如，工业企业的主营业务包括销售商品、自制半成品、代制品、代修品、提供工业性作业等，商品流通企业的主营业务主要包括销售商品，旅游企业的主营业务包括客房、餐饮等。主营业务收入经常发生，并在收入中占有较大比重。

（2）其他业务收入，是指企业除主要经营业务以外的其他经营活动实现的收入。例如，工业企业出租固定资产、出租无形资产、出租包装物、销售材料等取得的收入。其他业务收入不经常发生，金额一般较小，在收入中所占的比重较低。

二、收入的确认与计量

（一）收入确认的原则

企业应当在履行了合同中的履约义务，即在客户取得相关商品控制权时确认收入。取得相关商品控制权，是指客户能够主导该商品的使用并从中获得几乎全部经济利益，也包括有能力阻止其他方主导该商品的使用并从中获得经济利益。取得商品控制权包括三个要素：一是客户必须拥有现时权利，能够主导该商品的使用并从中获得几乎全部经济利益。如果客户只能在未来的某一期间主导该商品的使用并从中获益，则表明其尚未取得该商品的控制权。二是客户有能力主导该商品的使用，即客户在其活动中有权使用该商品，或者能够允许或阻止其他方使用该商品。三是客户能够获得商品几乎全部的经济利益。商品的经济利益是指商品的潜在现金流量，既包括现金流入的增加，也包括现金流出的减少。客户可以通过使用、消耗、出售、处置、交换、抵押或持有等多种方式直接或间接地获得商品的经济利益。

需要说明的是，本章所称的客户是指与企业订立合同以向该企业购买其日常活动产出的商品并支付对价的一方；所称的商品包括商品和服务。本章的收入不涉及企业对外出租资产收取的租金、进行债权投资收取的利息、进行股权投资取得的现金股利以及保费收入等。

13.1 收入的确认计量及其会计科目

（二）收入确认的前提条件

企业与客户之间的合同同时满足下列五项条件的，企业应当在客户取得相关商品控制权时确认收入：

（1）合同各方已批准该合同并承诺将履行各自义务；

（2）该合同明确了合同各方与所转让商品相关的权利和义务；
（3）该合同有明确的与所转让商品相关的支付条款；
（4）该合同具有商业实质，即履行该合同将改变企业未来现金流量的风险、时间分布或金额；
（5）企业因向客户转让商品而有权取得的对价很可能收回。

（三）收入确认和计量的步骤

按照《企业会计准则第14号——收入》（2017）的相关规定，企业确认收入的方式应当反映其向客户转让商品或提供服务（以下简称转让商品）的模式，收入的金额应当反映企业因转让这些商品或服务（以下简称商品）而预期有权收取的对价金额。具体来说，收入的确认与计量应当采用五步法模型，即识别与客户订立的合同、识别合同中的单项履约义务、确定交易价格、将交易价格分摊至各单项履约义务、履行每一单项履约义务时确认收入。其中，识别与客户订立的合同、识别合同中的单项履约义务、履行每一单项履约义务时确认收入，基本属于收入的确认；确定交易价格、将交易价格分摊至各单项履约义务，基本属于收入的计量。

1. 识别与客户订立的合同

合同是指双方或多方之间订立有法律约束力的权利义务的协议。合同有书面形式、口头形式以及其他形式。合同的存在是企业确认客户合同收入的前提，企业与客户之间的合同一经签订，企业即享有从客户取得与转移商品和服务对价的权利，同时负有向客户转移商品和服务的履约义务。

2. 识别合同中的单项履约义务

履约义务，是指合同中企业向客户转让可明确区分商品的承诺。履约义务既包括合同中明确的承诺，也包括由于企业已公开宣布的政策、特定声明或以往的习惯做法等导致合同订立时客户合理预期企业将履行的承诺。企业为履行合同而应开展的初始活动，通常不构成履约义务，除非该活动向客户转让了承诺的商品。合同开始日，企业应当对合同进行评估，识别该合同所包含的各单项履约义务。企业应当将下列向客户转让商品的承诺作为单项履约义务：

（1）企业向客户转让可明确区分商品（或商品组合）的承诺。可明确区分商品，是指企业向客户承诺的商品同时满足下列条件：客户能够从该商品本身或从该商品与其他易于获得资源一起使用中受益；企业向客户转让该商品的承诺与合同中其他承诺可单独区分。

（2）企业向客户转让一系列实质相同且转让模式相同的、可明确区分商品的承诺。转让模式相同，是指每一项可明确区分商品均满足在某一时段内履行履约义务的条件，且采用相同方法确定其履约进度。

企业在判断所转让的一系列商品是否实质上相同时，应当考虑合同中承诺的性质：如果企业承诺的是提供确定数量的商品，需要考虑这些商品本身是否实质相同；如果企业承诺的是在某一期间内随时向客户提供某项服务，则需要考虑企业在该期间内各个时间段的服务承诺是否相同,而不是具体的服务行为是否相同。

3. 确定交易价格

交易价格,是指企业因向客户转让商品而预期有权收取的对价金额。企业代第三方收取的款项以及企业预期将退还给客户的款项,应当作为负债进行会计处理,不计入交易价格。合同标价并不一定代表交易价格,企业应当根据合同条款,并结合其以往的习惯做法确定交易价格。在确定交易价格时,企业应当考虑可变对价、合同中存在的重大融资成分、非现金对价、应付客户对价等因素的影响。

(1) 可变对价。企业与客户在合同中约定的对价金额可能会因折扣、价格折让、返利、退款、奖励积分、激励措施、业绩奖金、索赔等因素而发生变化。此外,根据某些或有事项的发生或不发生而收取不同对价金额的合同,也属于可变对价的情形。

(2) 合同中存在的重大融资成分。合同中存在重大融资成分的,企业应当按照假定客户在取得商品控制权时即以现金支付的应付金额确定交易价格。该交易价格与合同对价之间的差额,应当在合同期间内采用实际利率法摊销。合同开始日,企业预计客户取得商品控制权与客户支付价款间隔不超过1年的,可以不考虑合同中存在的重大融资成分。

(3) 非现金对价。非现金对价包括客户以存货、固定资产、无形资产、股权投资、客户提供的广告服务等方式支付的对价。客户支付非现金对价的,企业应当按照非现金对价的公允价值确定交易价格。非现金对价的公允价值不能合理估计的,企业应当参照其承诺向客户转让商品的单独售价间接确定交易价格。

(4) 应付客户对价。企业应付客户对价的,应当将该应付对价冲减交易价格,并在确认相关收入与支付(或承诺支付)客户对价二者孰晚的时点冲减当期收入,但应付客户对价是为了向客户取得其他可明确区分商品的除外。

4. 将交易价格分摊至各单项履约义务

合同中包含两项或多项履约义务的,企业应当在合同开始日,按照各单项履约义务所承诺商品的单独售价的相对比例,将交易价格分摊至各单项履约义务,并按照分摊至各单项履约义务的交易价格计量收入。企业不得因合同开始日之后单独售价的变动而重新分摊交易价格。

(1) 确定单独售价。企业在类似环境下向类似客户单独销售商品的价格,应作为确定该商品单独售价的最佳证据。单独售价无法直接观察的,企业应当综合考虑其能够合理取得的全部相关信息,采用市场调整法、成本加成法、余值法等方法合理估计单独售价。在估计单独售价时,企业应当最大限度地采用可观察的输入值,并对类似的情况采用一致的估计方法。

(2) 分摊合同折扣。合同折扣,是指合同中各单项履约义务所承诺商品的单独售价之和高于合同交易价格的金额。合同折扣的分摊,需要区分以下三种情况。

①通常情况下，企业应当在各单项履约义务之间按比例分摊合同折扣。

②有确凿证据表明合同折扣仅与合同中一项或多项（而非全部）履约义务相关的，企业应当将该合同折扣分摊至相关一项或多项履约义务。

③合同折扣仅与合同中一项或多项（而非全部）履约义务相关，且企业采用余值法估计单独售价的，应当首先在该一项或多项（而非全部）履约义务之间分摊合同折扣，然后采用余值法估计单独售价。

(3) 分摊可变对价。对于可变对价及可变对价的后续变动额，企业应当按照与分摊合同折扣相同的方法，将其分摊至与之相关的一项或多项履约义务，或者分摊至构成单项履约义务的一系列可明确区分商品中的一项或多项商品。对于已履行的履约义务，其分摊的可变对价后续变动额应当调整变动当期的收入。

5. 履行每一单项履约义务时确认收入

合同开始日，企业应当在对合同进行评估并识别该合同所包含的各单项履约义务的基础上，确定各单项履约义务是在某一时段内履行，还是在某一时点履行，然后，在履行了各单项履约义务即客户取得相关商品控制权时分别确认收入。企业应当首先判断履约义务是否满足属于在某一时段内履行履约义务的条件。如果不能满足，则属于在某一时点履行履约义务。满足下列条件之一的，属于在某一时段内履行履约义务。

13.2 某一时点履行履约义务确认收入的账务处理

(1) 客户在企业履约的同时即取得并消耗企业履约所带来的经济利益。企业向客户提供的服务，大多属于在履约过程中持续向客户提供服务，而客户在企业提供服务的同时持续取得并消耗该服务所带来的经济利益。

(2) 客户能够控制企业履约过程中在建的商品。企业在履约过程中在建的商品包括在产品、在建工程、尚未完成的研发项目、正在进行的服务等。如果客户能够控制企业在履约过程中形成的这些在建商品，则表明该合同义务属于在某一时段内履行的履约义务。

(3) 企业履约过程中所产出的商品具有不可替代用途，且该企业在整个合同期间内有权就累计至今已完成的履约部分收取款项。具有不可替代用途，是指因合同限制或实际可行性限制，企业不能轻易地将商品用于其他用途；有权就累计至今已完成的履约部分收取款项，是指在由于客户或其他方原因终止合同的情况下，企业有权就累计至今已完成的履约部分收取能够补偿其已发生成本和合理利润的款项，并且该权利具有法律约束力。

思政课堂

A 股第一财务造假案

2018 年 10 月，媒体质疑某知名企业存在业务造假，同年 12 月 28 日，证监会对其正式立案调查。2019 年 4 月，某知名企业发布"关于前期会计差错更正的公告"，近 300 亿元货币资金"不翼而飞"。这一消息在资本市场引起轩然大波。它是如何操纵如此巨大的财务造假的呢？

(1) 虚增营业收入，虚构企业经营业绩。

2016~2018年三年时间内，其通过伪造、变造增值税发票，伪造银行定期存单，伪造银行汇款凭证等手段虚构经营业绩，累计虚增营业收入291.28亿元，虚增营业利润41.01亿元。然而，某知名企业的造假早有迹可循。在营业收入不断增加的同时，净利润也在增加，但是，经营活动现金流量净额占比不仅没有增加反而下降。这不禁令人怀疑其营业收入与净利润的真实性。

(2) 大量虚增货币资金，配合相关项目造假。

为配合虚增营业收入，其通过财务不记账，虚假记账，伪造、变造大额定期存单或银行对账单，虚增大量货币资金。2010~2017年，其货币资金占资产总额比重巨大，可以看出，其货币资金一直处于增加态势，且从2015年开始，年增长幅度均在40%以上，到2017年年末，货币资金占资产总额比重达到49.71%。而与此同时，该企业却又继续借入大量负债，负债总额不断增加，资产负债率逐年上升，根据年报信息增加的负债以短期借款为主。

2021年11月，法院作出宣判：相关责任人被分别判处有期徒刑并处罚金，其赔偿证券投资者损失24.59亿元。至此，前后历时近三年，震惊市场的"A股第一财务造假案"正式结案。

通过以上的分析可以发现，企业提供的利润表信息有时并不能真实反映企业的经营状况和成果。企业可能利用一些财务造假手段"粉饰"利润表，形成营业收入、营业利润等逐年增长的假象；也可能提供操纵资产负债表进而影响利润表。

三、会计科目设置

企业为了核算与客户之间的合同产生的收入及相关的成本费用，一般需要设置"主营业务收入""其他业务收入""主营业务成本""其他业务成本""合同取得成本""合同履约成本""合同资产""合同负债"等科目。

(一) 主营业务收入

为了核算和监督企业销售商品实现的收入，企业应设置"主营业务收入"账户。该账户属于损益中的收入类账户，贷方登记企业因销售商品、提供劳务等而实现的收入，借方登记销售商品收入的冲减额以及期末结转入"本年利润"账户的数额，期末结转后应无余额。该账户可按主营业务的种类设置明细账户，进行明细核算。

(二) 其他业务收入

为了核算和监督除主营业务活动以外的其他经营活动实现的收入，企业应设置"其他业务收入"账户。该账户属于损益中的收入类账户，贷方登记企业实现的各项其他业务收入，借方登记期末结转入"本年利润"账户的数额，结转后应无余额。

（三）主营业务成本

为了核算和监督企业已销售产品的实际生产成本，企业应设置"主营业务成本"账户。该账户属于损益中的费用类账户，借方登记已销售产品的实际生产成本，贷方登记主营业务成本的冲减额以及期末结转入"本年利润"账户的数额，期末结转后应无余额。该账户可按主营业务的种类设置明细账户，进行明细核算。

（四）其他业务成本

为了核算和监督除主营业务活动以外的其他经营活动所发生的成本，企业应设置"其他业务成本"账户。该账户属于损益中的费用类账户，借方登记企业结转或发生的其他业务成本，贷方登记期末结转入"本年利润"账户的数额，结转后应无余额。

（五）合同取得成本

"合同取得成本"科目核算企业取得合同发生的、预计能够收回的增量成本。该科目借方登记发生的合同取得成本，贷方登记摊销的合同取得成本，期末借方余额，反映企业尚未结转的合同取得成本。该科目可按合同进行明细核算。

（六）合同履约成本

"合同履约成本"科目核算企业为履行当前或预期取得的合同所发生的、不属于其他企业会计准则规范范围且按照收入准则应当确认为一项资产的成本，该科目借方登记发生的合同履约成本，贷方登记摊销的合同履约成本，期末借方余额，反映企业尚未结转的合同履约成本。该科目可按合同分别设置"服务成本""工程施工"等明细科目进行明细核算。

（七）合同资产

"合同资产"科目核算企业已向客户转让商品而有权收取对价的权利，且该权利取决于时间流逝之外的其他因素（如履行合同中的其他履约义务）。该科目借方登记因已转让商品而有权收取的对价金额，贷方登记取得无条件收款权的金额，期末借方余额，反映企业已向客户转让商品而有权收取的对价金额。该科目按合同进行明细核算。

（八）合同负债

"合同负债"科目核算企业已收或应收客户对价而应向客户转让商品的义务，该科目贷方登记企业在向客户转让商品之前，已经收到或已经取得无条件收取合同对价权利的金额;借方登记企业向客户转让商品时冲销的金额;期末贷方余额,反映企业在向客户转让商品之前,已经收到的合同对价或已经取得的无条件收取合同对价权利的金额,该科目按合同进行明细核算。

四、一般商品销售收入的账务处理

(一) 一般商品销售收入的确认

企业一般商品销售属于在某一时点履行的履约义务。对于在某一时点履行的履约义务,企业应当在客户取得相关商品控制权时点确认收入,在判断控制权是否转移时企业应当综合考虑下列迹象。

(1) 企业就该商品享有现时收款权利,即客户就该商品负有现时付款义务,例如,甲企业与客户签订销售商品合同,约定客户有权定价且在收到商品无误后10日内付款。在客户收到甲企业开具的发票、商品验收入库后,客户能够自主确定商品的销售价格或商品的使用情况,此时甲企业享有收款权利,客户负有现时付款义务。

(2) 企业已将该商品的法定所有权转移给客户,即客户已拥有该商品的法定所有权,例如,房地产企业向客户销售商品房,在客户付款后取得房屋产权证时,表明企业已将该商品房的法定所有权转移给客户。

(3) 企业已将该商品实物转移给客户,即客户已占有该商品实物。例如,企业与客户签订交款提货合同,在企业销售商品并送货到客户指定地点,客户验收合格并付款,表明企业已将该商品实物转移给客户,即客户已占有该商品实物。

(4) 企业已将该商品所有权上的主要风险和报酬转移给客户,即客户已取得该商品所有权上的主要风险和报酬。例如,甲房地产公司向客户销售商品房办理产权转移手续后,该商品房价格上涨或下跌带来的利益或损失全部属于客户,表明客户已取得该商品房所有权上的主要风险和报酬。

(5) 客户已接受该商品。例如,企业向客户销售为其定制生产的节能设备,客户收到并验收合格后办理入库手续,表明客户已接受该商品。

(6) 其他表明客户已取得商品控制权的迹象。

(二) 现金结算方式销售业务的账务处理

企业以现金结算方式对外销售商品,在客户取得相关商品控制权时点确认收入,按实际收到的款项,借记"银行存款""库存现金"等科目,按实现的收入贷记"主营业务收入"科目,按应交的增值税,贷记"应交税费——应交增值税(销项税额)"科目。

【例13-1】2×24年1月8日,东方公司向诚信公司销售产品一批,价款为100 000元,增值税税额为13 000元,产品已发出,全部款项已收到并存入银行。

这笔业务,东方公司已经收到诚信公司支付的货款,客户诚信公司收到商品并验收入库,因此,该项业务为单项履约义务且属于在某一时点履行的履约义务。一方面使诚信公司的银行存款增加 113 000 元,属于资产的增加,应记入"银行存款"账户的借方;另一方面,使东方公司实现的产品销售收入增加 100 000 元,属于收入的增加,应记入"主营业务收入"账户的贷方,同时使应交增值税销项税额增加 13 000 元,属于负债的增加,应记入"应交税费——应交增值税(销项税额)"账户的贷方。东方公司编制如下会计分录:

借:银行存款　　　　　　　　　　　　　　　　　　　113 000
　　贷:主营业务收入　　　　　　　　　　　　　　　　　100 000
　　　　应交税费——应交增值税(销项税额)　　　　　　 13 000

【例13-2】承〖例13-1〗,东方公司向诚信公司销售产品的实际成本为 30 000 元,结转其销售成本。

这笔业务,一方面使东方公司库存产品减少 30 000 元,属于资产的减少,应记入"库存商品"账户的贷方;另一方面使东方公司已销售产品的成本增加 30 000 元,属于费用的增加,应记入"主营业务成本"账户的借方。东方公司编制如下会计分录:

借:主营业务成本　　　　　　　　　　　　　　　　　 30 000
　　贷:库存商品　　　　　　　　　　　　　　　　　　　 30 000

(三)委托收款结算方式销售业务的账务处理

企业以委托收款结算方式对外销售商品,在其办妥委托收款手续且客户取得相关商品控制权时点确认收入,按应收的款项,借记"应收账款"科目,按实现的收入贷记"主营业务收入"科目,按应交的增值税,贷记"应交税费——应交增值税(销项税额)"科目;在实际收到款项时,借记"银行存款"科目,贷记"应收账款"科目。

【例13-3】2×24 年 1 月 20 日,东方公司向诚信公司销售产品一批,价款为 100 000 元,增值税税额为 13 000 元,产品已发出,东方公司以银行存款 1 000 元代诚信公司垫付运费,当日诚信公司收到商品并验收入库,分公司将委托收款凭证和债务证明提交开户银行,办妥托收手续行。

这笔业务,东方公司已向银行办妥委托收款手续,客户诚信公司收到商品并验收入库,因此,该项业务为单项履约义务且属于在某一时点履行的履约义务。一方面使东方公司的应收账款增加 114 000 元,属于资产的增加,应记入"应收账款"账户的借方;另一方面,使东方公司实现的产品销售收入增加 100 000 元,属于收入的增加,应记入"主营业务收入"账户的贷方,同时使应交增值税销项税额增加 13 000 元,属于负债的增加,应记入"应交税费——应交增值税(销项税额)"账户的贷方,同时代垫运费用 1 000 元银行存款支付,属于资产的减少,应记入"银行存款"账户的贷方。东方公司编制如下会计分录:

借:应收账款　　　　　　　　　　　　　　　　　　　114 000
　　贷:主营业务收入　　　　　　　　　　　　　　　　　100 000

    银行存款   1 000
        应交税费——应交增值税（销项税额）   13 000

【例13-4】承〖例13-3〗，东方公司向诚信公司销售产品的实际成本为40 000元，结转其销售成本。

这笔业务，一方面使东方公司库存产品减少30 000元，属于资产的减少，应记入"库存商品"账户的贷方；另一方面使东方公司已销售产品的成本增加30 000元，属于费用的增加，应记入"主营业务成本"账户的借方。东方公司编制如下会计分录：

    借：主营业务成本   40 000
        贷：库存商品   40 000

【例13-5】2×24年1月23日东方公司收到诚信公司全部款项共计114 000元。

这笔业务，一方面使东方公司银行存款增多114 000元，属于资产的增多，应记入"银行存款"账户的借方；另一方面使东方公司的债权应收账款减少114 000元，属于资产的减少，应记入"应收账款"账户的贷方。东方公司编制如下会计分录：

    借：银行存款   114 000
        贷：应收账款   114 000

（四）商业汇票结算方式销售业务的账务处理

企业以商业汇票结算方式对外销售商品，在收到商业汇票且客户取得相关商品控制权时点确认收入，按收到商业汇票的票面金额，借记"应收票据"科目，按实现的收入贷记"主营业务收入"科目，按应交的增值税，贷记"应交税费——应交增值税（销项税额）"科目。

【例13-6】2×24年2月1日，东方公司向诚信公司销售产品一批，价款为200 000元，增值税税额为26 000元，产品已发出，东方公司收到诚信公司开出的不带息银行承兑汇票一张，票面金额为226 000元，期限为3个月，诚信公司收到商品并验收入库。

这笔业务，东方公司已经收到诚信公司开出的不带息银行承兑汇票，客户东方公司收到商品并验收入库，因此，该项业务为单项履约义务且属于在某一时点履行的履约义务。一方面使东方公司的应收票据增加226 000元，属于资产的增加，应记入"应收票据"账户的借方；另一方面，使东方公司实现的产品销售收入增加200 000元，属于收入的增加，应记入"主营业务收入"账户的贷方，同时使应交增值税销项税额增加13 000元，属于负债的增加，应记入"应交税费——应交增值税（销项税额）"账户的贷方。东方公司编制如下会计分录：

    借：应收票据   226 000
        贷：主营业务收入   200 000
            应交税费——应交增值税（销项税额）   26 000

【例13-7】承〖例13-6〗，东方公司向诚信公司销售产品的实际成本为

80 000 元，结转其销售成本。

这笔业务，一方面使东方公司库存产品减少 80 000 元，属于资产的减少，应记入"库存商品"账户的贷方；另一方面使东方公司已销售产品的成本增加 80 000 元，属于费用的增加，应记入"主营业务成本"账户的借方。东方公司编制如下会计分录：

借：主营业务成本　　　　　　　　　　　　　　　　　　　　80 000
　　贷：库存商品　　　　　　　　　　　　　　　　　　　　　　80 000

【例 13-8】2×24 年 5 月 1 日，票据到期，东方公司收到诚信公司全部款项共计 226 000 元。

这笔业务，一方面使东方公司银行存款增多 226 000 元，属于资产的增多，应记入"银行存款"账户的借方；另一方面使东方公司的债权应收票据减少 226 000 元，属于资产的减少，应记入"应收票据"账户的贷方。东方公司编制如下会计分录：

借：银行存款　　　　　　　　　　　　　　　　　　　　　　226 000
　　贷：应收票据　　　　　　　　　　　　　　　　　　　　　　226 000

(五) 赊销方式销售业务的账务处理

企业以赊销方式对外销售商品，在客户取得相关商品控制权时点确认收入，按应收的款项，借记"应收账款"科目，按实现的收入贷记"主营业务收入"科目，按应交的增值税，贷记"应交税费——应交增值税（销项税额）"科目；在实际收到款项时，借记"银行存款"科目，贷记"应收账款"科目。

【例 13-9】2×24 年 2 月 10 日，东方公司向诚信公司销售产品一批，价款为 300 000 元，增值税税额为 39 000 元，产品已发出，双方约定两个月内支付货款。当日诚信公司收到商品并验收入库。

这笔业务，东方公司与诚信公司约定两个月内付款，客户诚信公司收到商品并验收入库，因此，该项业务为单项履约义务且属于在某一时点履行的履约义务。一方面使东方公司的应收账款增加 339 000 元，属于资产的增加，应记入"应收账款"账户的借方；另一方面，使东方公司实现的产品销售收入增加 300 000 元，属于收入的增加，应记入"主营业务收入"账户的贷方，同时使应交增值税销项税额增加 39 000 元，属于负债的增加，应记入"应交税费——应交增值税（销项税额）"账户的贷方。东方公司编制如下会计分录：

借：应收账款　　　　　　　　　　　　　　　　　　　　　　339 000
　　贷：主营业务收入　　　　　　　　　　　　　　　　　　　300 000
　　　　应交税费——应交增值税（销项税额）　　　　　　　　 39 000

【例 13-10】承〖例 13-9〗，东方公司向诚信公司销售产品的实际成本为 180 000 元，结转其销售成本。

这笔业务，一方面使东方公司库存产品减少 180 000 元，属于资产的减少，应记入"库存商品"账户的贷方；另一方面使东方公司已销售产品的成本增加

180 000元，属于费用的增加，应记入"主营业务成本"账户的借方。东方公司编制如下会计分录：

　　借：主营业务成本　　　　　　　　　　　　　　　　　180 000
　　　　贷：库存商品　　　　　　　　　　　　　　　　　　　　180 000

【例13-11】2×24年4月10日，东方公司收到诚信公司全部款项共计339 000元。

这笔业务，一方面使东方公司银行存款增多339 000元，属于资产的增多，应记入"银行存款"账户的借方；另一方面使东方公司的债权应收账款减少339 000元，属于资产的减少，应记入"应收账款"账户的贷方。东方公司编制如下会计分录：

　　借：银行存款　　　　　　　　　　　　　　　　　　　339 000
　　　　贷：应收账款　　　　　　　　　　　　　　　　　　　　339 000

【例13-12】2×24年3月10日，东方公司与诚信公司签订合同，向其销售甲、乙两种商品，甲商品的单独售价为100 000元，乙商品的单独售价为250 000元，合同价款为300 000元。合同约定，甲商品于合同开始日交付，乙商品在一个月之后交付，当两项商品全部交付之后，东方公司才有权收取250 000元的合同对价。上述价格均不包含增值税。甲、乙商品的实际成本分别为40 000元和100 000元。假定甲商品和乙商品分别构成单项履约义务，其控制权在交付时转移给客户，2×24年4月10日，东方公司交付乙商品，开具的增值税专用发票上注明售价为300 000元，增值税税额为39 000元。2×24年5月10日，东方公司收到客户支付的货款存入银行。

东方公司应先将交易价格300 000元分摊至甲、乙商品两项履约义务：

$$\text{分摊至甲商品的合同价款} = [100\,000 \div (100\,000 + 250\,000)] \times 300\,000 = 85\,714 \text{（元）}$$

$$\text{分摊至乙商品的合同价款} = [250\,000 \div (100\,000 + 250\,000)] \times 300\,000 = 214\,286 \text{（元）}$$

这笔业务，东方公司将甲商品交付给诚信公司之后，与该商品相关的履约义务已经履行，但需要等到后续交付乙商品时，才具有无条件收取合同对价的权利，因此，3月10日东方公司应当将因交付甲商品而有权收取的对价确认为合同资产，而不是应收账款。一方面使东方公司合同资产增加85 714元，属于资产的增多，应记入"合同资产"账户的借方；另一方面使东方公司销售产品的收入增加85 714元，属于收入的增加，应记入"主营业务收入"账户的贷方。另外，与此同时结转产品成本，一方面使东方公司库存产品减少40 000元，属于资产的减少，应记入"库存商品"账户的贷方；另一方面使东方公司已销售产品的成本增加40 000元，属于费用的增加，应记入"主营业务成本"账户的借方。东方公司编制如下会计分录：

　　借：合同资产　　　　　　　　　　　　　　　　　　　85 714
　　　　贷：主营业务收入　　　　　　　　　　　　　　　　　　85 714

借：主营业务成本 40 000
　　贷：库存商品 40 000

此外这笔业务在 4 月 10 日交付乙产品时，一方面使东方公司的应收账款增加 339 000 元，属于资产的增加，应记入"应收账款"账户的借方；另一方面使东方公司实现的产品销售收入增加 214 286 元，属于收入的增加，应记入"主营业务收入"账户的贷方，同时使应交增值税销项税额增加 39 000 元，属于负债的增加，应记入"应交税费——应交增值税（销项税额）"账户的贷方，并同时冲减甲产品的合同资产，属于资产的减少，应记入"合同资产"账户的贷方 85 714 元。东方公司编制如下会计分录：

借：应收账款 339 000
　　贷：主营业务收入 214 286
　　　　合同资产 85 714
　　　　应交税费——应交增值税（销项税额） 39 000

最后这笔业务在 5 月 10 日收到货款时，一方面使东方公司银行存款增多 339 000 元，属于资产的增多，应记入"银行存款"账户的借方；另一方面使东方公司的债权应收账款减少 339 000 元，属于资产的减少，应记入"应收账款"账户的贷方。东方公司编制如下会计分录：

借：银行存款 339 000
　　贷：应收账款 339 000

（六）发出商品业务的账务处理

企业按合同发出商品，合同约定客户只有在商品售出取得价款后才支付货款、企业向客户转让商品的对价未达到"很可能收回"收入确认条件。在发出商品时，企业不应确认收入，将发出商品的成本记入"发出商品"科目，借记"发出商品"科目，贷记"库存商品"科目。如已发出的商品被客户退回，应编制相反的会计分录。"发出商品"科目核算企业商品已发出但客户没有取得商品控制权的商品成本。当收到货款或取得收取货款权利时，确认收入，借记"银行存款""应收账款"科目，贷记"主营业务收入"科目，贷记"应交税费——应交增值税（销项税额）"科目；同时结转已销商品成本，借记"主营业务成本"科目，贷记"发出商品"科目。

【例 13-13】2×24 年 3 月 25 日，东方公司向诚信公司销售一批商品，开出的增值税专用发票上注明的销售价款为 100 000 元，增值税税额为 13 000 元，款项尚未收到；该批商品成本为 40 000 元。东方公司在销售时已知诚信公司资金周转发生困难，但为了减少存货积压，同时也为了维持与诚信公司长期建立的商业合作关系，东方公司仍将商品发往诚信公司且办妥托收手续。假定东方公司发出该批商品时其增值税纳税义务尚未发生。

这笔业务，由于诚信公司资金周转存在困难，因而东方公司在货款回收方面存在较大的不确定性，与该批商品所有权有关的风险和报酬没有转移给诚信公司。根据在某一时点履行的履约义务的收入确认条件,东方公司在发出商品且办妥托收手续时不能确认收入。一方面使东方公司库存产品减少 40 000 元,属于资产的减少,应记入"库存商品"账户的贷方;另一方面使东方公司发出商品增加 40 000 元,属于资产的增加,应记入"发出商品"账户的借方。东方公司编制如下会计分录:

借:发出商品   40 000
　　贷:库存商品   40 000

(七) 材料销售业务的账务处理

企业在日常活动中发生对外销售不需用的原材料、随同商品对外销售单独计价的包装物等业务。企业销售原材料、包装物等存货取得收入的确认和计量原则比照商品销售。企业销售原材料、包装物等存货确认的收入作为其他业务收入处理,结转的相关成本作为其他业务成本处理。

【例 13 – 14】2×24 年 4 月 10 日,东方公司销售一批原材料,价款为 50 000 元,增值税税额为 6 500 元,款项尚未收到。

这笔业务,一方面使东方公司因销售取得的应收账款增加 56 500 元,属于资产的增加,应记入"应收账款"账户的借方;另一方面,使东方公司实现的其他业务收入增加 50 000 元,属于收入的增加,应记入"其他业务收入"账户的贷方,同时使东方公司应交增值税的销项税额增加 6 500 元,属于负债的增加,应记入"应交税费——应交增值税 (销项税额)"账户的贷方。东方公司编制如下会计分录:

借:应收账款   56 500
　　贷:其他业务收入   50 000
　　　　应交税费——应交增值税 (销项税额)   6 500

【例 13 – 15】承〖例 13 – 14〗,东方公司销售的该批原材料的成本为 20 000 元,结转其销售成本。

这笔业务,一方面使东方公司库存原材料减少 20 000 元,属于资产的减少,应记入"原材料"账户的贷方;另一方面使东方公司已销售材料的成本增加 20 000 元,属于费用的增加,应记入"其他业务成本"账户的借方。东方公司编制如下会计分录:

借:其他业务成本   20 000
　　贷:原材料   20 000

(八) 销售退回业务的账务处理

销售退回是指企业因售出商品在质量、规格等方面不符合销售合同规定条款的要求,客户要求企业予以退货,企业销售商品发生退货,表明企业履约义务的减少和客户商品控制权及其相关经济利益的丧失。已确认销售商品收入的售出商品发生销售退回的,除属于资产负债表日后事项的外,企业收到退回的商品时,应退回货款或冲减应收账款,并冲减主营业务收入和增值税销项税额,借记"主营业务收入""应交税费——应交增值税(销项税额)"等科目,贷记"银行存款""应收票据""应收账款"等科目。收到退回商品验收入库,按照商品成本,借记"库存商品"科目,贷记"主营业务成本"科目。

【例13-16】2×24年4月20日,东方公司向诚信公司销售一批商品,开出的增值税专用发票上注明的销售价格为200 000元,增值税税额为26 000元,该批商品成本为80 000元。该项业务属于在某一时点履行的履约义务并确认销售收入。诚信公司在4月21日支付货款,4月25日,该批商品因质量问题被东方公司退回,东方公司当日支付有关款项。假定东方公司已取得税务机关开具的红字增值税专用发票。

这笔业务,一方面使东方公司的应收账款增加226 000元,属于资产的增加,应记入"应收账款"账户的借方;另一方面,使东方公司实现的产品销售收入增加200 000元,属于收入的增加,应记入"主营业务收入"账户的贷方,同时使应交增值税销项税额增加26 000元,属于负债的增加,应记入"应交税费——应交增值税(销项税额)"账户的贷方;与此同时结转产品成本,一方面使东方公司库存产品减少80 000元,属于资产的减少,应记入"库存商品"账户的贷方;另一方面使东方公司已销售产品的成本增加80 000元,属于费用的增加,应记入"主营业务成本"账户的借方。东方公司编制如下会计分录:

4月20日销售实现时,按销售总价确认收入:

```
借:应收账款                                    226 000
    贷:主营业务收入                             200 000
        应交税费——应交增值税(销项税额)          26 000
借:主营业务成本                                 80 000
    贷:库存商品                                 80 000
```

此外这笔业务,4月25日发生销售退回,一方面使东方公司的应收账款减少226 000元,属于资产的减少,应记入"应收账款"账户的贷方;另一方面,使东方公司实现的产品销售收入减少200 000元,属于收入的减少,应记入"主营业务收入"账户的借方,同时冲回应交增值税销项税额26 000元,应记入"应交税费——应交增值税(销项税额)"账户的借方;与此同时冲减已结转产品成本,一方面使东方公司库存产品增加80 000元,属于资产的增加,应记入"库存商品"账户的借方;另一方面使东方公司已销售产品的成本冲回80 000元,属于费用的冲减,应记入"主营业务成本"账户的贷方。东方公司编制如下会计分录:

```
借:主营业务收入                                 200 000
    应交税费——应交增值税(销项税额)              26 000
    贷:应收账款                                 226 000
借:库存商品                                     80 000
    贷:主营业务成本                             80 000
```

五、可变对价的账务处理

企业与客户的合同中约定的对价金额可能是固定的,也可能会因折扣、价格折让、返利、退款、奖励积分、激励措施、业绩奖金、索赔等因素而变化。此外,根据一项或多项或有事项的发生而收取不同对价金额的合同,也属于可变对价的情形。若合同中存在可变对价,企业应当对计入交易价格的可变对价进行估计。企业应当按照期望值或最可能发生金额确定可变对价的最佳估计数。但是,企业不能在两种方法之间随意进行选择。期望值是按照各种可能发生的对价金额及相关概率计算确定的金额;最可能发生金额是一系列可能发生的对价金额中最可能发生的单一金额,即合同最可能产生的单一结果。此外,需要注意的是,企业确定可变对价金额之后,计入交易价格的可变对价金额还应满足限制条件,即包含可变对价的交易价格,应当不超过在相关不确定性消除时,累计已确认的收入极可能不会发生重大转回的金额。

【例13-17】2×24年5月10日,东方公司向诚信公司销售一批商品,增值税专用发票上注明售价为100 000元,增值税税额为13 000元,款项尚未收到;该批商品成本为40 000元,该项业务属于在某一时点履行的履约义务。2×24年5月25日,诚信公司在验收过程中发现商品外观上存在瑕疵,但基本上不影响使用,要求东方公司在价格上(不含增值税税额)给予5%的减让。假定东方公司已确认收入,同意价格折让,并按规定向东方公司开具了增值税专用发票(红字)。2×24年5月28日,东方公司收到诚信公司支付的货款存入银行。

这笔业务,一方面使东方公司的应收账款增加113 000元,属于资产的增加,应记入"应收账款"账户的借方;另一方面,使东方公司实现的产品销售收入增加100 000元,属于收入的增加,应记入"主营业务收入"账户的贷方,同时使应交增值税销项税额增加13 000元,属于负债的增加,应记入"应交税费——应交增值税(销项税额)"账户的贷方;与此同时结转产品成本,一方面使东方公司库存产品减少40 000元,属于资产的减少,应记入"库存商品"账户的贷方;另一方面使东方公司已销售产品的成本增加40 000元,属于费用的增加,应记入"主营业务成本"账户的借方。东方公司编制如下会计分录:

5月20日,确认收入时:

借:应收账款 113 000
  贷:主营业务收入 100 000
    应交税费——应交增值税(销项税额) 13 000

同时,结转销售商品成本:

借:主营业务成本 40 000
  贷:库存商品 40 000

此外这笔业务,5月25日发生销售折让,一方面使东方公司的应收账款减少5 650元,属于资产的减少,应记入"应收账款"账户的贷方;另一方面,使东方公司实现的产品销售收入减少 5 000 元（100 000×5%），属于收入的减少，应记"主营业务收入"账户的借方，同时冲回应交增值税销项税额 650 元，应记入"应交税费——应交增值税（销项税额）"账户的借方。东方公司编制如下会计分录：

　　借：主营业务收入　　　　　　　　　　　　　　　　　　5 000
　　　　应交税费——应交增值税（销项税额）　　　　　　　　650
　　　　贷：应收账款　　　　　　　　　　　　　　　　　　　　5 650

最后这笔业务在 5 月 28 日收到货款时，一方面使东方公司银行存款增多 107 350 元，属于资产的增多，应记入"银行存款"账户的借方；另一方面使东方公司的债权应收账款减少 107 350 元，属于资产的减少，应记入"应收账款"账户的贷方。东方公司编制如下会计分录：

　　借：银行存款　　　　　　　　　　　　　　　　　　　　107 350
　　　　贷：应收账款　　　　　　　　　　　　　　　　　　　　107 350

六、在某一时段内完成的商品销售收入的账务处理

13.3 某一时段内
履行履约义务
确认收入

对于在某一时段内履行的履约义务，企业应当在该段时间内按照履约进度确认收入，履约进度不能合理确定的除外。满足下列条件之一的，属于在某一时段内履行的履约义务：

（1）客户在企业履约的同时即取得并消耗企业履约所带来的经济利益。

（2）客户能够控制企业履约过程中在建的商品。

（3）企业履约过程中所产出的商品具有不可替代用途，且该企业在整个合同期间内有权就累计至今已完成的履约部分收取款项。具有不可替代用途，是指因合同限制或实际可行性限制，企业不能轻易地将商品用于其他用途。有权就累计至今已完成的履约部分收取款项，是指在由于客户或其他方原因终止合同的情况下，企业有权就累计至今已完成的履约部分收取能够补偿其已发生成本和合理利润的款项，并且该权利具有法律约束力。

企业应当考虑商品的性质，采用实际测量的完工进度、评估已实现的结果、时间进度、已完工或交付的产品等产出指标，或采用投入的材料数量、花费的人工工时、机器工时、发生的成本和时间进度等投入指标确定恰当的履约进度，并且在确定履约进度时，应当扣除那些控制权尚未转移给客户的商品和服务。通常，企业按照累计实际发生的成本占预计总成本的比例（即成本法）确定履约进度。累计实际发生的成本包括企业向客户转移商品过程中所发生的直接成本和间接成本，如直接人工、直接材料、分包成本以及其他与合同相关的成本。

对于每一项履约义务，企业只能采用一种方法来确定其履约进度，并加以一贯运用。对于类似情况下的类似履约义务，企业应当采用相同的方法确定履约进度。资产负债表日，企业按照合同的交易价格总额乘以履约进度扣除以前会计期

间累计已确认的收入后的金额,确认当期收入,当履约进度不能合理确定时,企业已经发生的成本预计能够得到补偿的,应当按照已经发生的成本金额确认收入,直到履约进度能够合理确定为止。

(一) 合同成本与合同负债

1. 合同取得成本

企业为取得合同发生的增量成本预期能够收回的,应作为合同取得成本确认为一项资产。增量成本是指企业不取得合同就不会发生的成本,也就是企业发生的与合同直接相关,但又不是所签订合同的对象或内容(如建造商品或提供服务)本身所直接发生的费用:如销售佣金,若预期可通过未来的相关服务收入予以补偿,该销售金额(即增量成本)应在发生时确认为一项资产,即合同取得成本。企业为取得合同发生的、除预期能够收回的增量成本之外的其他支出,如无论是否取得合同均会发生的差旅费、投标费、为准备投标资料发生的相关费用等,应当在发生时计入当期损益,除非这些支出明确由客户承担。

13.4 合同成本的账务处理

2. 合同履约成本

企业为履行合同可能会发生各种成本,企业在确认收入的同时应当对这些成本进行分析,若不属于存货、固定资产、无形资产等规范范围且同时满足下列条件的,应当作为合同履约成本确认为一项资产:

(1) 该成本与一份当前或预期取得的合同直接相关。

与合同直接相关的成本:直接人工(如支付给直接为客户提供所承诺服务的人员的工资、奖金等);直接材料(如为履行合同耗用的原材料、辅助材料、构配件、零件、半成品的成本和周转材料的摊销及租赁费用等);制造费用或类似费用(如组织和管理相关生产、施工、服务等活动发生的费用,包括车间管理人员的职工薪酬、劳动保护费、固定资产折旧费及修理费、物料消耗、取暖费、水电费、办公费、差旅费、财产保险费、工程保修费、临时设施摊销费等),明确由客户承担的成本以及仅因该合同而发生的其他成本(如支付给分包商的成本、机械使用费、设计和技术援助费用、施工现场二次搬运费、生产工具和用具使用费、检验试验费、工程定位复测费、工程点交费用、场地清理费等)。

(2) 该成本增加了企业未来用于履行(包括持续履行)履约义务的资源。

(3) 该成本预期能够收回。

企业应当在下列支出发生时,将其计入当期损益:一是管理费用,除非这些费用明确由客户承担。二是非正常消耗的直接材料、直接人工和制造费用(或类似费用),这些支出为履行合同发生,但未反映在合同价格中。三是与履约义务中已履行(包括已全部履行或部分履行)部分相关的支出,即该支出与企业过去的履约活动相关。四是无法在尚未履行的与已履行(或已部分履行)的履约义务之间区分的相关支出。

3. 合同负债

合同负债是指企业已收或应收客户对价而应向客户转让商品的义务。需要说明的是,对于尚未向客户履行转让商品的义务而已收或应收客户对价中的增值税部分,因不符合合同负债的定义,不应确认为合同负债。

(二)合同取得成本及销售收入的账务处理

企业对已确认为资产的合同取得成本,应当采用与该资产相关的商品收入确认相同的基础进行摊销,计入当期损益为简化实务操作,该资产摊销期限不超过1年的,可以在发生时计入当期损益。

企业发生合同取得成本时,借记"合同取得成本"科目,贷记"银行存款""应付职工薪酬"等科目;对合同取得成本进行摊销时,借记"销售费用"等科目,贷记"合同取得成本"科目。

【例13-18】东方公司是一家咨询公司,通过竞标赢得一个服务期为5年的客户,该客户每年末支付含税咨询费127 200元(增值税税率6%),为取得与该客户的合同,东方公司聘请外部律师进行尽职调查支付相关费用10 000元,为投标而发生的差旅费12 000元,支付销售人员佣金30 000元。东方公司预期这些支付未来均能够收回。此外,东方公司根据其年度销售目标、整体盈利情况及个人业绩等,向销售部经理支付年度奖金5 000元。

这笔业务,东方公司因签订该客户合同而向销售人员支付的佣金属于取得合同发生的增量成本,应当将其作为合同取得成本确认为一项资产;东方公司聘请外部律师进行尽职调查发生的支出、为投标发生的差旅费以及向销售部门经理支付的年度奖金(不能直接归属于可识别的合同)不属于增量成本,应当于发生时直接计入当期损益。东方公司应编制如下会计分录:

(1)支付与取得合同相关费用:

借:合同取得成本　　　　　　　　　　　　　　　　30 000
　　管理费用　　　　　　　　　　　　　　　　　　22 000
　　　贷:银行存款　　　　　　　　　　　　　　　　　52 000

(2)每月确认服务收入,摊销销售佣金:

服务收入 = 127 200 ÷ (1 + 6%) ÷ 12 = 10 000(元)

销售佣金摊销额 = 30 000 ÷ 5 ÷ 12 = 500(元)

借:应收账款　　　　　　　　　　　　　　　　　　10 600
　　贷:主营业务收入　　　　　　　　　　　　　　　10 000
　　　　应交税费——应交增值税(销项税额)　　　　　　600

借:销售费用　　　　　　　　　　　　　　　　　　　500
　　贷:合同取得成本　　　　　　　　　　　　　　　　500

(3)确认销售部门经理奖金时:

借:销售费用　　　　　　　　　　　　　　　　　　5 000
　　贷:应付职工薪酬　　　　　　　　　　　　　　　5 000

(4)发放销售部门经理奖金时:

借:应付职工薪酬　　　　　　　　　　　　　　　　5 000

貸：银行存款 5 000

（三）合同履约成本及销售收入的账务处理

企业对已确认为资产的合同履约成本，应当采用与该资产相关的商品收入确认相同的基础进行摊销，计入当期损益。企业发生合同履约成本时，借记"合同履约成本"科目，贷记"银行存款""应付职工薪酬""原材料"等科目；对合同履约成本进行摊销时，借记"主营业务成本""其他业务成本"等科目，贷记"合同履约成本"科目。涉及增值税的，还应进行相应的处理。

【例13-19】东方公司为增值税一般纳税人，经营一家酒店，适用的增值税税率为6%，该酒店是东方公司的自有资产。2×23年12月东方公司计提与酒店经营直接相关的酒店、客房以及客房内的设备家具等折旧80 000元、酒店土地使用权摊销费用20 000元。经计算，当月确认房费、餐饮等服务含税收入212 000元，全部存入银行。

这笔业务，东方公司经营酒店主要是通过提供客房服务赚取收入，而客房服务的提供直接依赖于酒店物业（包含土地）以及家具等相关资产，这些资产折旧和摊销属于东方公司为履行与客户的合同而发生的合同履约成本。已确认的合同履约成本在收入确认时予以摊销，计入营业成本。东方公司应编制如下会计分录：

（1）确认资产的折旧费、摊销费：

借：合同履约成本 100 000
　　贷：累计折旧 80 000
　　　　累计摊销 20 000

（2）12月确认酒店服务收入并摊销合同履约成本：

借：银行存款 212 000
　　贷：主营业务收入 200 000
　　　　应交税费——应交增值税（销项税额） 12 000
借：主营业务成本 100 000
　　贷：合同履约成本 100 000

【例13-20】东方公司为增值税一般纳税人，经营一家健身俱乐部。2×24年6月5日，某客户与东方公司签订合同，成为东方公司的会员，并向东方公司支付会员费12 720元，可在未来的12个月内在该俱乐部健身，且没有次数的限制。该业务适用的增值税税率为6%。

这笔业务，客户在会籍期间可随时来俱乐部健身，且没有次数限制，客户已使用俱乐部健身的次数不会影响其未来继续使用的次数，东方公司在该合同下的履约义务是承诺随时准备在客户需要时为其提供健身服务，因此，该履约义务属于在某一时段内履行的履约义务，并且该履约义务在会员的会籍期间内随时间的流逝而被履行，东方公司应按照直线法确认收入，每月应当确认的收入＝[12 720÷(1+6%)]÷12＝2 000（元）

甲公司应编制如下会计分录：
（1）6月5日，收到会员费时：

借：银行存款　　　　　　　　　　　　　　　　　　　　　　　12 720
　　贷：合同负债　　　　　　　　　　　　　　　　　　　　　　12 000
　　　　应交税费——待转销项税　　　　　　　　　　　　　　　　720

（2）6月30日，确认收入，同时将对应的待转销项税额确认为销项税额：

借：合同负债　　　　　　　　　　　　　　　　　　　　　　　　 300
　　应交税费——待转销项税额　　　　　　　　　　　　　　　　　 60
　　贷：主营业务收入　　　　　　　　　　　　　　　　　　　　　300
　　　　应交税费——应交增值税（销项税额）　　　　　　　　　　 60

以后11个月内每月确认收入会计分录同上。

【例13-21】东方公司为增值税一般纳税人，装修服务适用增值税税率为9%，2×23年12月1日，东方公司与诚信公司签订一项为期3个月的装修合同，合同约定装修价款为500 000元，增值税税额为45 000元，装修费用每月末按完工进度支付。2×23年12月31日，经专业测量师测量后，确定该项劳务的完工程度为25%；诚信公司按完工进度支付价款及相应的增值税款。截至2×23年12月31日，东方公司为完成该合同累计发生劳务成本100 000元（假定均为装修人员薪酬），估计还将发生劳务成本300 000元。假定该业务属于东方公司的主营业务，全部由其自行完成；该装修服务构成单项履约义务，并属于在某一时段内履行的履约义务。东方公司按照实际测量的完工进度确定履约进度。东方公司应编制如下会计分录：

（1）实际发生劳务成本：

借：合同履约成本　　　　　　　　　　　　　　　　　　　　100 000
　　贷：应付职工薪酬　　　　　　　　　　　　　　　　　　　100 000

（2）12月31日确认劳务收入并结转劳务成本：

劳务收入＝500 000×25%＝125 000（元）

借：银行存款　　　　　　　　　　　　　　　　　　　　　　136 250
　　贷：主营业务收入　　　　　　　　　　　　　　　　　　　125 000
　　　　应交税费——应交增值税（销项税额）　　　　　　　　 11 250

借：主营业务成本　　　　　　　　　　　　　　　　　　　　100 000
　　贷：合同履约成本　　　　　　　　　　　　　　　　　　　100 000

【例13-22】承接【例13-21】，次年1月31日，经专业测量师测量后，确定该项劳务的完工程度为70%；诚信公司按完工进度支付价款同时支付对应的增值税款。次年1月，为完成该合同发生劳务成本180 000元（假定均为装修人员薪酬），为完成该合同估计还将发生劳务成本120 000元。

（1）实际发生劳务成本180 000元：

借：合同履约成本　　　　　　　　　　　　　　　　　　　　180 000
　　贷：应付职工薪酬　　　　　　　　　　　　　　　　　　　180 000

(2) 次年1月31日确认劳务收入并结转劳务成本：

劳务收入 = 500 000 × 70% − 125 000 = 225 000（元）

借：银行存款	245 250
贷：主营业务收入	225 000
应交税费——应交增值税（销项税额）	20 250
借：主营业务成本	180 000
贷：合同履约成本	180 000

【例13-23】承接〖例13-22〗，2月28日，装修完工；诚信公司验收合格，按完工进度支付价款同时支付对应的增值税款。2月，为完成该合同发生劳务成本120 000元（假定均为装修人员薪酬）。

(1) 实际发生劳务成本120 000元：

借：合同履约成本	120 000
贷：应付职工薪酬	120 000

(2) 2月28日确认劳务收入并结转劳务成本：

劳务收入 = 500 000 − 125 000 − 225 000 = 150 000（元）

借：银行存款	163 500
贷：主营业务收入	150 000
应交税费——应交增值税（销项税额）	13 500
借：主营业务成本	120 000
贷：合同履约成本	120 000

第二节 费 用

一、费用的定义及分类

（一）费用的定义

费用是指企业在日常活动中发生的、会导致所有者权益减少的、与向所有者分配利润无关的经济利益的总流出。费用只有在经济利益很可能流出，从而导致企业资产减少或者负债增加，且经济利益的流出额能够可靠计量时才能予以确认。

（二）费用的特征

按照我国《企业会计准则》对费用的定义，费用应具有以下三种基本特征。

1. 费用是企业在日常活动中形成的

企业的日常活动是指企业为完成其经营目标所从事的经常性活动以及与之相关的活动。在不同的企业，其日常活动的内容是有较大差别的。例如，工业企业制造并销售产品、商业企业销售商品、安装公司提供安装服务，以及租赁公司出租资产等，均属于企业的日常活动。企业因日常活动所产生的费用通常包括营业成本（如销售成本）和期间费用等。日常活动是确认费用的重要判断标准，将费用界定为日常活动而形成的，目的是将其与企业非日常活动所形成的经济利益的流出相区分。非日常活动所形成的经济利益的流出不能确认为费用，而应当计入损失。例如，企业因违反合同规定未及时支付货款而交纳的罚款，或因自然灾害等原因造成的设备和材料的损失等，都不是企业日常活动所发生的事项，由此而产生的损失就不作为费用认定，而应确认为企业的损失（营业外支出）。

2. 费用会导致所有者权益的减少

与费用相关的经济利益的流出应当会导致所有者权益的减少，不会导致所有者权益减少的经济利益的流出不符合费用的定义，不应确认为费用。对于费用的发生最终会使企业的所有者权益减少并不难理解，因为一般说来，费用的增加往往是对企业实现收入的一种抵销，会减少企业的利润，而企业实现利润的所有权是属于所有者的，因而，费用的增加最终会减少企业的所有者权益。根据"资产＝负债＋所有者权益"这一会计等式的平衡关系，如果费用的增加，即资产的减少与负债无关，那么必然会减少企业的所有者权益。当然，有时费用的发生与负债的增加也是有密切关系的。

需要注意的是，企业在生产经营过程中发生的资产的减少并非都会引起企业所有者权益的减少。例如，企业以银行存款偿付一项债务本金，只是一项资产和一项负债的等额减少，不会对企业的所有者权益产生影响，因此，不应确认为企业的费用。

3. 费用导致的经济利益总流出与向所有者分配利润无关

费用的发生应当会导致经济利益的流出，从而导致资产的减少或者负债的增加（最终也会导致资产的减少）。其表现形式包括现金或者现金等价物的流出，存货、固定资产和无形资产等的流出或者消耗等。企业向所有者分配利润也会导致经济利益的流出，但该经济利益的流出属于投资者投资回报的分配，是所有者权益的直接抵减项目，不应确认为费用，应当将其排除在费用的定义之外。

（三）费用的组成内容

费用有广义和狭义之分。我国《企业会计准则》中所界定的费用可理解为狭义的费用。根据准则定义，费用仅包括企业在日常活动中所产生的经济利益的总流出。这些费用主要是指企业为取得营业收入进行产品销售等营业活动所发生的企业现金和现金等价物的流出，具体包括营业成本和其他营业费用。其中，营业成本是指企业在营业活动中发生的主营业务成本和其他业务成本；其他营业费用是指企业在营业活动中发生的税金及附加、销售费用、管理费用、财务费用和资产减值损失等。有对外投资活动的企业所发生的投资损失也属于这种费用。这些费用的发生与企业日常活动的开展有着密切关系，是与企业一定会计期间经营成果的确定有着直接关系的经济利益的流出，这些费用的发生最终都会导致企业的所有者权益减少。

从广义的角度来看,企业的费用还应包括企业在材料采购、固定资产购建,以及产品在生产过程中发生的各种支出。例如,企业已经制造完毕的产品虽然暂时并没有被销售,但已经产生了材料、人工和设备等方面的消耗,这些耗费也属于企业在日常活动中发生的,理所当然地应被视为企业的一种费用。在实务中,这些费用一般被称为采购费用和生产费用。这些费用与企业在一定会计期间经营成果的确定没有直接关系,由此而形成的经济利益(储备的材料、产成品)也尚未流出企业,更未引起企业所有者权益的减少,因而属于一般意义上的费用。

另外,按照我国《企业会计准则》的规定,企业在非日常活动中发生的损失(营业外支出)可以直接计入当期利润,虽然这种损失不作为费用的内容加以界定,但不能否认其与上述费用具有一定的相同特征,即损失的产生也会引起经济利益从企业流出,也会减少企业当期的利润,并最终导致企业所有者权益的减少。很明显,在前述"收入－费用＋利得(营业外收入)－损失(营业外支出)＝利润"这个计算公式中,损失是作为一个减项而存在的,这种安排与费用作为利润的减项的效果是相同的,即都是减少当期的营业收入,因而,在一定意义上也可将其视为具有费用性质的一种要素(在有些国家的会计准则中,就是将"损失"作为会计要素之一而加以规定的)。基于以上理由,故将其也归入广义的费用。

（四）费用的分类

费用是在生产过程中发生的各种耗费。根据费用的性质和特征,可以按照不同的标准进行分类。

1. 按经济内容分类

企业发生的各种费用都是对企业资产的耗费,并形成不同的费用支出。按照这种分类方法,费用一般可分为如下八类:

（1）外购材料费用,是指企业为进行生产经营管理而耗用的、从外部购入材料物资所发生的费用,包括购买原材料、半成品、辅助材料、包装物、修理用备件和低值易耗品等发生的支出。

（2）外购燃料费用,是指企业为进行生产经营管理而耗用的、从外部购入燃料所发生的费用,如购买煤炭、油料等发生的支出。

（3）外购动力费用,是指企业为进行生产经营管理而耗用的、从外部购入动力所发生的费用,如购入电力等发生的支出。

（4）薪酬费用,是指企业按照一定的标准支付给职工的、应计入成本和费用的薪酬费用,主要包括按职工为企业提供服务的数量和质量发放给职工的工资和奖金等,以及按照工资总额的一定比例计提的职工福利费等。

（5）折旧费用,是指企业按照选用的折旧方法和确定的折旧率计算提取并计入成本和费用的固定资产折旧额。

（6）利息费用,是指企业应计入成本费用的利息支出减去利息收入后的净额,包括短期借款利息费用、发行企业债券应付利息费用,以及利用借款进行项目建设所发生的借款费用等。

(7)税费,是指企业应计入成本和费用的各种税金及有关费用,包括税金及附加和所得税费用等。

(8)其他费用,是指除以上费用内容以外的其他各种费用支出,包括销售费用和财务费用等。

2. 按与企业经营成果的关系分类

企业经营成果是指企业在一定会计期间实现的利润或发生的亏损。费用是影响企业经营成果计算的一个主要因素,但有些费用是企业确定经营成果不可缺少的要素,有些费用则与企业经营成果的确定没有关系。按照这种方法,可以将费用分为如下两类。

(1)与企业经营成果的确定密切相关的费用。企业一定会计期间经营成果的确定主要取决于当期实现的营业收入和当期发生的相关成本和费用。与企业经营成果的确定密切相关的费用主要包括主营业务成本和其他业务成本、税金及附加、销售费用、管理费用、财务费用、投资损失和资产减值损失等。这些成本或费用是利润计算的主要项目,有些项目与相关的收入之间还存在着严密的配比关系。在不存在利得和损失的情况下,企业的经营成果可根据"收入－费用=利润"这一公式直接计算,其中的费用就是指上述所有费用的总和。此外,与企业经营成果的确定密切相关的费用还应包括企业在非日常活动中发生的损失,在存在损失的情况下,它是作为一个减项直接列入以上利润的计算公式的。

(2)与企业经营成果的确定无关的费用。从以上的分析中可见,在企业一定会计期间经营成果的计算与确定中,从当期的营业收入中所减除的费用是与营业收入有着密切关系的费用,而不是企业所发生的全部费用。这些费用主要包括企业进行材料、设备等采购或购置而发生的费用,以及在产品生产过程中所发生的生产费用。之所以没有包括这些费用,主要是因为这些费用与当期实现的营业收入没有直接联系。这些费用发生的结果是形成了企业新的资产,如原材料、机器设备和产成品等。其中,原材料和机器设备等固定资产即使被消耗,其消耗的价值也计入了所生产出来的产品成本中,与企业当期实现的营业收入没有关系。而生产出来的产成品属于库存商品,在没有被销售前属于企业的存货,与企业当期实现的营业收入之间也没有关系。因此,这些费用在企业经营成果的计算过程中不应予以考虑。

(五)成本与费用的关系

1. 成本与费用的联系

从以上分析可见,成本与费用之间存在着密切联系。这种密切联系主要体现在以下两个方面。

(1)成本是以费用为基础而确定的。一般说来,虽然费用和成本都是企业在生产经营过程中耗费的经济资源的存在形式,但从两者产生的时间顺序上看,费用往往发生在先，而成本发生在后，费用是成本计算的前提与基础，而成本是已经对象化了的费用，即这部分费用在发生以后已经采取一定的方法归集计入了某一种资产的价值。例如，产品生产企业在生产准备过程中进行材料采购所产生的采购费用支出，经过归集以后会形成材料的采购成本；进行设备采购所产生的购置费用支出，经过归集以后会形成设备的购置成本等。

（2）成本与费用之间可以相互转化。如上所述，企业在生产准备过程中进行材料和设备采购所产生的费用支出会形成材料和设备的采购、购置成本；而在产品的生产过程中，企业将购入的材料和设备等用于产品生产，上述采购、购置成本即转化为生产费用；当产品生产完工以后，经过一定的归集，生产费用又构成了产品的生产成本；当生产完工的产品验收入库后，生产成本进而又构成了库存商品的成本；在产品的销售过程中，库存商品成本又会转化为产品销售成本（即主营业务成本）。通过实现的销售收入与产品销售成本的相互配比，可以确定当期销售商品的经营成果（盈利或亏损）。从这个角度来看，主营业务成本又是由企业的产品生产成本转化而来的一种费用。

2. 成本与费用的区别

虽然成本与费用有着密切关系，但二者之间的区别也是很明显的。

（1）两者在考察过程中所联系的对象不同。对费用的考察一般与一定的会计期间相联系，体现为在某一特定会计期间内企业的经营活动对资产价值消耗的总额；而对成本的考察则是与一定的成本核算对象相联系，成本是已经计入了一定核算对象的那部分费用，体现为企业资产价值的增加。例如，企业某一会计期间为生产多种产品而发生的生产费用，在没有分配计入一定的产品成本之前，只是表明企业为进行产品生产发生了多少费用，而不能称之为成本。只有采用规定的方法计入一定产品之后，才被称为生产成本。

（2）一定会计期间的成本与当期的费用并不完全相等。一种情况是成本小于费用。例如，企业一定会计期间的营业成本仅包括主营业务成本和其他业务成本两项，而当期所确认的费用除以上两项外，还应包括可以直接计入当期损益的管理费用和销售费用等，二者之间并不完全相等。另一种情况是费用小于成本。例如，企业的库存商品是一种资产，其成本即为产品的生产成本。假定某一会计期间只有部分库存商品被销售，那么这部分库存商品成本就可以确认为当期的主营业务成本，即与当期实现的销售收入产生配比关系的费用，而没有被销售的那部分商品的成本则不能确认为当期的主营业务成本。在这种情况下，所确认的主营业务成本明显会小于库存商品成本。

二、费用的确认与计量

（一）费用的确认

费用的确认除了应当符合定义外，还应当满足严格的确认条件，即费用只有

13.5 费用的核算

在经济利益很可能流出从而导致企业资产减少或者负债增加、经济利益的流出额能够可靠计量时才能予以确认。费用的确认至少应当符合以下三个条件。

1. 与费用相关的经济利益应当很可能流出企业

从费用的定义来看,费用会导致经济利益流出企业,但所需流出的经济利益带有一定的不确定性,尤其是与预计负债相关的经济利益流出通常需要依赖于大量的经验估计。因此,费用的确认应当与经济利益流出的不确定性程度的判断结合起来。如果有确凿证据表明,有关的经济利益很可能流出企业,就应当将其作为费用予以确认;反之,导致经济利益流出企业的可能性若已不复存在,就不符合费用的确认条件,不应将其作为费用予以确认。

2. 经济利益流出企业的结果会导致资产的减少或者负债的增加

对经济利益流出企业的结果会导致资产的减少这一点不难理解,因为一般说来,费用的增加往往是对企业资产的消耗,会引起企业资产的减少。这种减少可具体表现为企业现实的现金支出或非现金支出,也可以是过去的或预期的现金支出或非现金支出。例如,企业在产品销售中用现金或银行存款支付应由企业负担的运输费、装卸费、广告费等销售费用,就属于现金支出,会导致企业资产的直接减少。而企业将库存商品销售给顾客,则属于企业库存商品这种资产的直接减少。经济利益流出企业的结果有时也会导致费用和负债的同时增加。例如,企业在一定会计期末计算确定的当期应当负担但无须当期实际付款支付的短期借款利息,一方面应计入当期的财务费用,反映当期费用的增加,另一方面应确认为企业的负债,反映当期负债的增加。

3. 经济利益的流出额能够可靠计量

费用的确认在考虑经济利益流出企业可能性的同时,对未来流出的经济利益的金额应当能够可靠计量。与费用有关的经济利益流出金额,通常可以根据合同或者法律规定的金额予以确定。

(二) 费用的计量

费用的计量是指对费用发生额的确认。从理论上讲,费用的计量通常取决于资产的计量。如前所述,费用的发生往往是对企业资产的消耗,根据发生费用所消耗的资产价值,可以较为容易地确定费用的金额。但企业的资产价值是采用不同的计量属性进行计量的。因此,对于由资产的消耗转化而来的费用金额的确定又取决于资产计量的属性。与资产的一般计量方法相一致,费用也通常采用实际成本计量。这是因为在大多数情况下,费用的发生所消耗的资产的价值一般都有一个确切的金额,这个金额就是在交易或事项发生时由企业实际支出的金额,可以直接作为费用计量的依据。例如,企业已经用现金或银行存款实际支付了办公用房屋的租金,或支付了与产品销售直接有关的广告费,以及利用材料用于办公用房屋和成品储存仓库的日常修缮等,都可依据有关凭据直接确认为当期的费用。

以企业实际发生的资金耗费的价值作为费用的计量标准是可行的,也是合理的。当然，企业的资产成本是采用多种计量属性计量的，当资产的计量属性发生变化以后，费用的计量方法也要随之改变。例如，按照我国《企业会计准则》的规定，存货的期末计量应根据成本和市价孰低原则来确定，如果与费用有关的耗用材料的价格已经低于了其历史成本，那么，由于材料耗用而产生的费用就应按新确定的成本加以计量了。

三、生产费用

（一）生产成本的概念

生产成本是指企业在一定会计期间生产某种产品所发生的直接费用和间接费用的总和。从生产成本与生产费用的联系可知，生产成本是对象化了的生产费用，只有当生产费用实际计入了某种产品的成本时才被称为生产成本，或者说，成本是相对于一定的产品而言所发生的费用，它是按照产品品种等成本核算对象对当期发生的费用进行归集所形成的。由此可见，生产费用的发生过程同时也就是产品成本的形成过程，成本就是由生产费用转化而来的。由于产品的生产成本是在产品的制造过程中发生的，并且与产品价值的形成有着直接关系的成本，因而也被称为制造成本。

（二）生产成本项目的组成内容

生产费用在计入产品成本时，不仅要按照一定的产品品种等核算对象归集，而且要按照一定的成本组成项目进行归集，这些项目在会计上称为成本项目。企业的产品成本的形成基础是生产费用，因而可以根据生产费用的组成内容确定产品生产成本的项目。生产成本一般包括直接材料、直接人工和制造费用三个组成部分。

1. 直接材料

直接材料是指企业在产品生产中消耗并构成产品实体的原料、主要材料以及有助于产品形成的辅助材料、设备配件和外购的半成品等。

2. 直接人工

直接人工是指企业支付给直接参加产品生产的工人的工资，以及按生产工人工资总额的一定比例计算提取并计入产品生产成本的职工福利费等。

3. 制造费用

制造费用是指直接用于产品生产，但不便于直接计入产品成本的费用，以及间接用于产品生产的各项费用。如生产部门管理人员的工资及职工福利费、生产单位固定资产的折旧费和修理费、物料消耗、办公费、水电费、保险费、劳动保护费等。以上第1~2项生产费用（直接材料、直接人工）是为生产哪一种产品而发生的，一般易于辨别，因而在发生时就可以按照成本核算对象进行归集，直接计入所生产产品的成本。由于这两项生产费用是可以直接计入产品生产成本的，因而，也被称为直接费用。第3项费用（制造费用）包含的内容比较复杂，发生的频率也比较高，如生产车间为产品生产发生的机器设备使用费，车间管理人员的工资和办公费等。这些费用虽然也与产品生产有关，最终也要计入产品的生产成本，但每发生一笔就计入一笔显得比较麻烦，特别是在生产多个品种产品的情况下，还涉及这些费用在各个产品之间进行分配的问题，核算的过程就显得更为复杂，会计人员需要付出的劳动也就更多，不符合成本效益原则。因此，企业对发生的制造费用一般是先在"制造费用"账户中归集其在当期发生的数额，待期末（一般为月末）时再采用一定的分配方法计入有关产品的成本，制造费用正是以这种间接方式而计入产品生产成本的。因此，制造费用也被称为间接费用。

（三）生产费用的核算

生产费用是生产成本形成的基础。构成产品生产成本的各种费用主要包括直接材料、直接人工和制造费用。进行这些费用的核算，主要应设置"生产成本"和"制造费用"两个账户。

"生产成本"账户用来归集和分配产品生产过程中所发生的各项生产费用。该账户属于成本类账户，借方登记应计入产品生产成本的各项费用，包括直接计入产品生产成本的直接材料费、直接人工费和其他直接支出，以及期末按照一定的方法分配计入产品生产成本的制造费用；贷方登记结转完工入库产成品的生产成本。期末如有余额在借方，表示企业尚未加工完成的在产品的成本。"生产成本"账户应按基本生产成本和辅助生产成本设置明细账，进行明细分类核算。

"制造费用"账户用来归集和分配企业生产车间（基本生产车间和辅助生产车间）范围内为组织和管理生产活动而发生的各项间接生产费用，包括车间范围内发生的间接工资，例如，车间管理人员的工资及福利费、折旧费、修理费、办公费、水电费、机物料消耗等。该账户属于成本类账户，借方登记实际发生的各项制造费用；贷方登记期末经过分配转入"生产成本"账户借方应计入产品成本的制造费用。期末结转后，该账户一般没有余额。"制造费用"账户应按不同生产车间设置明细账，按照费用项目设置专栏进行明细分类核算。

1. 直接材料的核算

在生产过程中，进行产品的生产所消耗的各种材料的货币表现被称为直接材料或直接材料费用。在一般情况下，直接材料包括产品在生产过程中消耗的原料、主要材料、辅助材料和外购半成品等。材料费用的归集和分配是会计核算的主要内容，一般是由财务部门在月份终了时，根据当月产品生产领用材料的领料单、限额领料单和退料单等各种原始凭证，按产品的品种和用途等进行完整归集，并编制"发出材料汇总表"。对于直接用于产品生产的材料费用，能够直接计入成本核算对象的，直接记入"生产成本"账户中的"直接材料"项下。在几种产品合用一种材料且在使用中难以分清成本核算对象时，可采用适当的方法分配计入各种产品成本。对于产品生产车间由于进行设备维修所利用的材料，通常被称为一般性材料消耗,这些材料消耗不是直接发生在产品生产上的,因而不能直接记入"生产成本"账户,而应记入"制造费用"账户。

【例13-24】东方公司从仓库领用A、B两种材料,价值为380 000元,用以生产甲、乙两种产品和其他一般耗用,如表13-1所示。

表13-1 各部门材料领用表

用途	A材料	B材料	合计
生产甲产品	300千克,90 000元	350千克,88 000元	178 000元
生产乙产品	200千克,58 000元	400千克,104 000元	162 000元
车间一般耗用		100千克,26 000元	26 000元
管理部门耗用	50千克,14 000元		14 000元
合计	550千克,162 000元	850千克,218 000元	380 000元

该业务发生后,引起资产要素和费用要素发生变化。一方面,制造产品耗用的材料属于直接材料,应通过"生产成本"账户核算,车间一般耗用的材料应通过"制造费用"账户核算,行政管理部门耗用的材料应通过"管理费用"账户核算,费用要素中生产成本、制造费用、管理费用项目分别增加了340 000元、26 000元和14 000元,应分别借记"生产成本""制造费用"和"管理费用"账户。另一方面,资产要素中原材料项目减少了380 000元,应贷记"原材料"账户。因此东方公司编制如下会计分录:

借:生产成本——甲产品　　　　　　　　　　　　　　　178 000
　　　　　　——乙产品　　　　　　　　　　　　　　　162 000
　　制造费用　　　　　　　　　　　　　　　　　　　　 26 000
　　管理费用　　　　　　　　　　　　　　　　　　　　 14 000
　　贷:原材料　　　　　　　　　　　　　　　　　　　　　　380 000

2. 直接人工的核算

直接人工主要由职工的工资和福利两个部分组成。企业的各类职工根据其不同的职责分工为企业进行产品生产和经营管理提供不同性质的劳动,企业应根据国家政策以及员工的劳动数量和质量向员工支付劳动报酬,企业发放给员工的劳动报酬称为工资,其中,企业应付给直接从事产品生产活动职工的劳动报酬是生产费用的重要组成部分。其他类别的职工的工资应根据其所从事业务活动的不同性质,构成企业的其他成本费用。例如,从事企业管理工作的人员的工资应计入管理费用,从事车间产品生产管理的人员的工资应计入制造费用等。企业职工除可根据其对企业的贡献获得劳动报酬外,还可以按照国家的有关规定享受一定的福利待遇。企业用于职工福利方面的资金,一般是来自按工资总额的一定比例计算提取的福利费等。企业计提的福利费可以计入产品生产成本和有关费用,其中计入产品生产成本部分的福利费通过产品的销售收回以后,专门用于职工福利方面的开支。企业的福利费不同于工资,一般不直接发放给职工,而是由企业按照规定的管理办法,主要用于职工的集体福利事业。例如,可以用来建造俱乐部、活动室等，为职工提供娱乐、文化和身体锻炼等场所。但在向家庭困难或伤病职工支付补助等的情况下，应用现金或银行存款支付给职工本人或其家属。

企业应设置"应付职工薪酬"账户，用来核算企业根据有关规定应付给职工的各种薪酬。该账户是负债类账户，贷方登记应付职工薪酬（即按职工提供服务的受益对象归集），借方登记实际支付的职工薪酬，期末贷方余额，反映企业应付而未付的薪酬。"应付职工薪酬"账户应当按照"工资""职工福利""社会保险""住房公积金""工会经费""职工教育经费"等设置明细账，进行明细分类核算。

【例13-25】东方公司结算本月应付职工工资140 000元，其中：制造甲产品的生产工人工资75 000元，制造乙产品的生产工人工资55 000元，小计130 000元；车间行政管理人员工资3 000元，厂部行政管理人员工资7 000元，合计140 000元。

工资应按企业职工所在的工作岗位进行分配结转。按照有关规定，制造产品工人的工资属于直接人工，应通过"生产成本"账户核算；车间管理人员的工资，一般属于间接人工，应先通过"制造费用"账户归集，再分配到有关产品的生产成本中；厂部行政管理人员的工资则属于期间费用，不计入产品成本，应通过"管理费用"账户核算。因此，该笔经济业务发生后，引起企业费用要素和负债要素发生变化。一方面，费用要素中的生产成本、制造费用和管理费用项目分别增加了130 000元、3 000元和7 000元，应分别借记"生产成本""制造费用""管理费用"账户。另一方面，负债要素中的应付工资项目增加了140 000元，应贷记"应付职工薪酬"账户。因此东方公司编制如下会计分录：

借：生产成本——甲产品　　　　　　　　　　　　　　　75 000
　　　　　　——乙产品　　　　　　　　　　　　　　　55 000
　　制造费用　　　　　　　　　　　　　　　　　　　　3 000
　　管理费用　　　　　　　　　　　　　　　　　　　　7 000
　　贷：应付职工薪酬——工资　　　　　　　　　　　　140 000

【例13-26】东方公司从银行提取现金140 000元，准备发放工资。

该笔业务发生后，引起资产要素内部项目发生变化。一方面，使资产要素中现金项目增加了140 000元，应借记"库存现金"账户；另一方面，使资产要素中银行存款项目减少了140 000元，应贷记"银行存款"账户。因此，东方公司编制如下会计分录：

借：库存现金　　　　　　　　　　　　　　　　　　　140 000
　　贷：银行存款　　　　　　　　　　　　　　　　　　140 000

【例13-27】东方公司以现金140 000元发放本月职工工资。

该笔业务发生后，引起资产要素和负债要素项目发生变化。一方面，引起负债要素中的应付工资项目减少了140 000元，应借记"应付职工薪酬"账户；另一方面，使资产要素中的现金项目减少了140 000元，应贷记"库存现金"账户。因此，东方公司编制如下会计分录：

借：应付职工薪酬——工资　　　　　　　　　　　140 000
　　贷：库存现金　　　　　　　　　　　　　　　　　　　140 000

【例13-28】东方公司月末按职工工资总额的14%计提职工福利费。

职工福利费按照职工工资总额的14%提取，用于职工医药卫生、集体福利、生活困难补助等方面的支出。该笔经济业务发生后，引起企业费用要素和负债要素发生变化。一方面，使费用要素中的生产成本、制造费用和管理费用项目分别增加了10 500元、7 700元和420元，应分别借记"生产成本""制造费用""管理费用"账户；另一方面，负债要素中的应付福利费项目增加了19 600元，应贷记"应付职工薪酬"账户。本月应计提的职工福利费如下：

甲产品生产工人工资计提数 = 75 000 × 14% = 10 500（元）
乙产品生产工人工资计提数 = 55 000 × 14% = 7 700（元）
车间管理人员工资计提数 = 3 000 × 14% = 420（元）
厂部管理人员工资计提数 = 7 000 × 14% = 980（元）

因此，诚信公司编制如下会计分录：

借：生产成本——甲产品　　　　　　　　　　　　10 500
　　　　　　——乙产品　　　　　　　　　　　　 7 700
　　制造费用　　　　　　　　　　　　　　　　　　 420
　　管理费用　　　　　　　　　　　　　　　　　　 980
　　贷：应付职工薪酬——职工福利　　　　　　　　　　19 600

3. 制造费用的核算

从以上举例中可以看出，制造费用也与产品生产的管理有着密切关系，但由于制造费用的发生往往与多个受益对象有关，如在举例中，制造费用中的材料一般消耗和车间管理人员的薪酬就是为管理A、B两种产品的生产而共同发生的，因而在发生后不能直接计入产品生产成本，只有按照一定的方法进行分配以后才能计入产品生产成本。另外，产品在生产过程中应当负担的制造费用除上述直接消耗的材料和人工费用外，还包括企业当期用货币资金支付车间用水用电费用，以及车间管理人员的办公费、差旅费等。

【例13-29】东方公司按规定计提本月固定资产折旧13 200元。其中，生产车间负担10 200元，行政管理部门负担3 000元。

固定资产折旧是指由于不断使用、自然作用以及技术进步等，逐渐损耗而转移到产品成本或当期费用中的那部分价值。计提固定资产折旧费，引起资产要素和费用要素之间发生变化。一方面，引起费用要素中的项目增加13 200元，按固定资产的用途不同，应分别借记"制造费用"和"管理费用"账户；另一方面，计提折旧费引起资产要素中固定资产价值的减少，对于因计提折旧而减少固定资产的价值，不直接记入"固定资产"账户，而记入其备抵账户"累计折旧"的贷方。累计折旧的增加，就意味着固定资产价值的减少，所以，对因计提折旧而减少固定资产的价值，应贷记"累计折旧"账户。因此，东方公司编制如下会计分录：

  借：制造费用   10 200
    管理费用   3 000
    贷：累计折旧   13 200

【例13-30】东方公司本月共发生制造费用39 620元，其中，甲产品应负担22 640元，乙产品应负担16 980元，结转制造费用。

  制造费用是产品生产成本的组成部分，平时发生的各种间接费用因无法分清应该由哪一种产品负担，因此直接归集在"制造费用"账户的借方，期末按一定标准分配后，转入生产成本。

  该笔经济业务发生后，引起成本和费用两个要素项目发生变化。一方面，引起了本期成本要素中生产成本项目增加了39 620元，应借记"生产成本"账户；另一方面，使费用要素中制造费用项目减少了39 620元，应贷记"制造费用"账户。因此，东方公司编制如下会计分录：

  借：生产成本——甲产品   22 640
       ——乙产品   16 980
    贷：制造费用   39 620

【例13-31】东方公司本月生产的甲、乙两种产品全部完工，并已验收入库，其中，甲产品成本为286 140元，乙产品成本为241 680元。

  该笔经济业务发生后，引起资产和费用两个要素项目发生变化。一方面，引起了资产要素中库存商品项目增加了527 820元，应借记"库存商品"账户；另一方面，使费用要素中生产成本项目减少了527 820元，应贷记"生产成本"账户。因此，东方公司编制如下会计分录：

  借：库存商品——甲产品   286 140
       ——乙产品   241 680
    贷：生产成本   527 820

（四）生产成本的报告

  如前所述，企业发生的生产成本表现为企业的在产品形态在产品属于企业资产中的存货的组成部分。因而，在"资产负债表"上，生产成本包含在"存货"项目中。在该项目中，既要反映生产成本的年末余额，也要反映生产成本的年初余额。在"资产负债表"附注的"在产品"项下，按年初账面余额、年末账面余额、本期增加数和本期减少数四个方面披露。

四、期间费用

  期间费用是指不直接归属于某个特定产品成本的管理费用、财务费用和销售费用。一般而言，期间费用容易确定其发生的期间，而难以判别其所归属的产品，因而在发生的当期从损益中扣除。

(一) 销售费用

1. 销售费用的内容

销售费用是指企业在销售商品和材料、提供劳务过程中发生的各项费用,包括企业在销售商品过程中发生的包装费、保险费、展览费和广告费、商品维修费、预计产品质量保证损失、运输费、装卸费等,以及企业发生的为销售本企业商品而专设的销售机构的职工薪酬、业务费、折旧费、固定资产修理费等。

2. 销售费用的核算

为了反映和监督销售费用的发生和结转情况,企业应设置"销售费用"账户。该账户的借方登记企业所发生的各项销售费用,贷方登记冲减的销售费用以及企业月终结转当期损益的销售费用,月终结转后该账户应无余额。该账户可按费用项目设置明细账户,进行明细核算。

企业发生各项销售费用,借记"销售费用"账户,贷记"库存现金""银行存款""应付职工薪酬"等账户。月终,将借方归集的销售费用全部由"销售费用"账户的贷方转入当期损益,借记"本年利润"账户,贷记"销售费用"账户。

【例13-32】东方公司某月计提企业销售部门固定资产折旧10 000元。

这笔业务,一方面使东方公司发生的销售费用增加10 000元,属于费用的增加,应记入"销售费用"账户的借方;另一方面,使东方公司计提的固定资产累计折旧额增加10 000元,应记入"累计折旧"账户的贷方。东方公司编制如下会计分录:

借:销售费用　　　　　　　　　　　　　　　　　　　10 000
　　贷:累计折旧　　　　　　　　　　　　　　　　　　10 000

【例13-33】东方公司为宣传新产品发生广告费10 000元,用银行存款支付。东方公司编制如下会计分录:

借:销售费用　　　　　　　　　　　　　　　　　　　10 000
　　贷:银行存款　　　　　　　　　　　　　　　　　　10 000

【例13-34】东方公司销售一批产品,销售过程中发生运输费500元、装卸费200元,均用银行存款支付。东方公司编制如下会计分录:

借:销售费用　　　　　　　　　　　　　　　　　　　　　700
　　贷:银行存款　　　　　　　　　　　　　　　　　　　　700

(二) 管理费用

1. 管理费用的内容

管理费用是指企业为组织和管理生产经营活动而发生的各种管理费用,包括企业在筹建期间发生的开办费、董事会和行政管理部门在企业的经营管理中发生的或者应由企业统一负担的公司经费(包括行政管理部门的职工薪酬、物料消耗、低值易耗品摊销、办公费和差旅费等)、董事会费(包括董事会成员津贴、会议费和差旅费等)、聘请中介机构费、咨询费(含顾问费)、诉讼费、业务招待费、技术转让费、矿产资源补偿费、研究费用、排污费以及企业行政管理部门发生的固定资产修理费等。

2. 管理费用的核算

为了核算和监督管理费用的发生和结转情况,企业应设置"管理费用"科目。该科目的借方登记企业发生的各项管理费用,贷方登记冲减的管理费用以及月末转入当期损益的管理费用,月末结转后该科目一般应无余额。该科目应按管理费用的项目设置明细账,或按费用项目设置专栏,进行明细核算。

为了核算和监督企业为组织和管理生产经营所发生的管理费用,企业应设置"管理费用"账户。该账户属于损益中的费用类账户,借方登记发生的各项管理费用,贷方登记期末结转入"本年利润"账户的数额,结转后应无余额。该账户可按费用项目设置明细账户,进行明细核算。

企业发生各项管理费用时,借记"管理费用"账户,贷记"库存现金""银行存款""原材料""应付职工薪酬""无形资产""累计折旧""应交税费""应付职工薪酬"等账户。月终,将本账户借方归集的管理费用全部转入"本年利润"账户,借记"本年利润"账户,贷记"管理费用"账户。

【例13-35】东方公司某月发生业务招待费10 000元,以银行存款支付。

这笔业务,一方面使东方公司发生的行政管理费用增加10 000元,属于费用的增加,应记入"管理费用"账户的借方;另一方面,使东方公司的银行存款减少10 000元,属于资产的减少,应记入"银行存款"账户的贷方。东方公司编制如下会计分录:

借:管理费用　　　　　　　　　　　　　　　　　　　　　　10 000
　　贷:银行存款　　　　　　　　　　　　　　　　　　　　　　10 000

【例13-36】东方公司某月计提固定资产折旧10 000元,其中,企业行政管理部门固定资产应计提折旧7 000元,企业销售部门固定资产应计提折旧3 000元。

这笔业务,一方面使东方公司发生的管理费用和销售费用分别增加7 000元和3 000元,属于费用的增加,应记入"管理费用"和"销售费用"账户的借方;另一方面,使东方公司计提的固定资产累计折旧额增加10 000元,应记入"累计折旧"账户的贷方。东方公司编制如下会计分录:

借:管理费用　　　　　　　　　　　　　　　　　　　　　　7 000
　　销售费用　　　　　　　　　　　　　　　　　　　　　　3 000
　　贷:累计折旧　　　　　　　　　　　　　　　　　　　　　10 000

(三) 财务费用

1. 财务费用的内容

财务费用是指企业为筹集生产经营所需资金等而发生的费用,包括利息支出(减利息收入)、汇兑损益以及相关的手续费等。

2. 财务费用的核算

为核算和监督企业为筹集生产经营所需资金而发生的费用，企业应设置"财务费用"账户。该账户属于损益中的费用类账户，借方登记发生的各项财务费用，贷方登记期末结转入"本年利润"账户的数额，结转后应无余额。该账户可按财务费用的项目设置明细账户，进行明细核算。

企业发生财务费用时，借记"财务费用"账户，贷记"银行存款"等账户；企业发生利息收入、汇兑收益时，借记"银行存款"等账户，贷记"财务费用"账户。月终，将归集的财务费用全部转入"本年利润"账户，借记"本年利润"账户，贷记"财务费用"账户（"财务费用"科目如为贷方余额，应作相反的会计分录）。

【例13-37】东方公司计提当月短期借款利息1 000元。

这笔业务，一方面使东方公司发生的财务费用增加1 000元，属于费用的增加，应记入"财务费用"账户的借方；另一方面，使东方公司的应付利息增加1 000元，属于负债的增加，应记入"应付利息"账户的贷方。东方公司编制如下会计分录：

借：财务费用　　　　　　　　　　　　　　　　　　　1 000
　　贷：应付利息　　　　　　　　　　　　　　　　　　　　1 000

【例13-38】东方公司向外地汇款，支付汇款手续费500元。

这笔业务，一方面使东方公司发生的财务费用增加500元，属于费用的增加，应记入"财务费用"账户的借方；另一方面，使东方公司的银行存款减少500元，属于资产的减少，应记入"银行存款"账户的贷方。东方公司编制如下会计分录：

借：财务费用　　　　　　　　　　　　　　　　　　　　500
　　贷：银行存款　　　　　　　　　　　　　　　　　　　　　500

（四）期间费用的报告

企业的期间费用属于应计入当期损益的费用，符合《企业会计准则》中关于费用的定义及其确认条件，应当列入当期的利润表。在利润表中，销售费用、管理费用和财务费用作为减项列在"营业收入"的处理项目下，既要反映本期金额，也要反映上期金额。

五、税金及附加

（一）税金及附加的内容

税金及附加是指企业经营活动应负担的相关税费，包括消费税、城市维护建设税、教育费附加、资源税、土地增值税、房产税、环境保护税、城镇土地使用税、车船税、印花税等。

(二) 税金及附加的核算

企业应当设置"税金及附加"科目,核算企业经营活动发生的消费税、城市维护建设税、教育费附加、资源税、房产税、环境保护税、城镇土地使用税、车船税、印花税等相关税费。企业按规定计算确定的与经营活动相关的消费税、城市维护建设税、资源税、教育费附加、房产税、环境保护税、城镇土地使用税、车船税等税费,应借记"税金及附加"科目,贷记"应交税费"科目。期末,应将"税金及附加"科目余额转入"本年利润"科目,结转后,"税金及附加"科目无余额。

企业交纳的印花税,不会发生应付未付税款的情况,不需要预计应纳税金额,同时也不存在与税务机关结算或者清算的问题。因此,企业交纳的印花税不通过"应交税费"科目核算,于购买印花税票时,直接借记"税金及附加"科目,贷记"银行存款"科目。

【例13-39】2×23年5月31日,东方公司取得应纳消费税的销售商品收入1 000 000元,该商品适用的消费税税率为25%。东方公司应编制如下会计分录:

(1) 计算确认应交消费税税额:

消费税税额 = 1 000 000 × 25% = 250 000(元)

借:税金及附加	250 000
贷:应交税费——应交消费税	250 000

(2) 实际交纳消费税时:

借:应交税费——应交消费税	250 000
贷:银行存款	250 000

【例13-40】2×23年6月,东方公司当月实际缴纳的增值税100 000元、消费税200 000元,适用的城市维护建设税税率为7%,教育费附加征收比率为3%。东方公司应编制与城市维护建设税、教育费附加有关的会计分录如下:

(1) 计算确认应交城市维护建设税和教育费附加时:

城市维护建设税税额 = (100 000 + 200 000) × 7% = 21 000(元)

教育费附加 = (100 000 + 200 000) × 3% = 9 000(元)

借:税金及附加	30 000
贷:应交税费——应交城市维护建设税	21 000
——应交教育费附加	9 000

(2) 实际交纳城市维护建设税和教育费附加时:

借:应交税费——应交城市维护建设税	21 000
——应交教育费附加	9 000
贷:银行存款	30 000

【例13-41】2×23年12月,东方公司一幢房产的原值为1 000 000元,已知房产税税率为1.2%,当地规定的房产税扣除比例为30%。东方公司应编制如下会计分录:

（1）计算确认应交房产税税额：

房产税税额 = 1 000 000 × (1 - 30%) × 1.2% = 8 400（元）

借：税金及附加　　　　　　　　　　　　　　　　　　8 400
　　贷：应交税费——应交房产税　　　　　　　　　　　　　　8 400

（2）实际交纳房产税时：

借：应交税费——应交房产税　　　　　　　　　　　　8 400
　　贷：银行存款　　　　　　　　　　　　　　　　　　　　　8 400

（三）税金及附加的报告

企业的税金及附加属于应计入当期损益的费用，符合《企业会计准则》中关于费用的定义及其确认条件，应当列入当期的利润表。在利润表中，税金及附加作为减项列在"营业收入"的处理项目下，既要反映本期金额，也要反映上期金额。

第三节　利　润

一、利润的概念及构成

（一）利润的概念

企业从事生产经营的目的主要是获得利润。利润作为衡量一个企业经营实力的综合性指标的质量指标，受到企业的投资者、经营者、债权人、国家机关等各方利益关系者的关注。

利润，是指企业在一定会计期间的经营成果，包括收入减去费用后的净额、直接计入当期利润的利得和损失。其中，直接计入当期利润的利得和损失，是指应当计入当期损益、最终会引起所有者权益发生增减变动、与所有者投入资本或者向所有者分配利润无关的利得或损失。

收入减去费用后的净额反映的是企业日常活动的业绩，直接计入当期利润的利得和损失反映的是非日常活动的业绩。企业应当严格划分收入和利得、费用和损失之间的界限，以更加准确地反映企业的经营业绩。

13.6 利润的形成与分配

（二）利润的构成

在利润表中，利润的金额按照营业利润、利润总额和净利润三个层次计算确定。

1. 营业利润

营业利润是指企业在一定会计期间的日常活动中取得的利润。营业利润的具体构成，可以用公式表示：

营业利润 = 营业收入 − 营业成本 − 税金及附加 − 销售费用 − 管理费用
− 财务费用 − 资产减值损失 − 信用减值损失 ± 公允价值变动净损益
± 投资净损益 ± 资产处置净损益

其中，营业收入是指企业经营业务所实现的收入总额，包括主营业务收入和其他业务收入；营业成本是指企业经营业务所发生的实际总成本，包括主营业务成本和其他业务成本；税金及附加是指企业经营业务应负担的税金及附加费，如消费税、城市建设维护税、资源税、土地增值税和教育费附加等。

2. 利润总额

利润总额是指企业一定会计期间的营业利润，加上营业外收入减去营业外支出，即税前利润总额。用公式表示如下：

利润总额 = 营业利润 + 营业外收入 − 营业外支出

其中，营业外收入是指企业取得的与日常活动没有直接关系的各项利得，营业外收入并不是企业经营资金耗费所产生的，不需要企业付出代价，实际上是经济利益的净流入，不可能也不需要与有关的费用进行配比。营业外收入主要包括非流动资产处置利得、盘盈利得、罚没利得、捐赠利得、确实无法支付而按规定程序经批准后转作营业外收入的应付款项等。营业外支出是指企业发生的与其日常活动无直接关系的各项损失，主要包括非流动资产处置损失、盘亏损失、罚款支出、公益性捐赠支出、非常损失等。

3. 净利润

净利润是指企业一定会计期间的利润总额减去所得税费用后的余额，即企业的税后利润。用公式表示如下：

净利润 = 利润总额 − 所得税费用

其中，所得税费用是指企业按照会计准则的规定确认的、应从利润总额中扣除的当期所得税费用和递延所得税费用。

（三）营业外收入

1. 营业外收入核算的内容

营业外收入是指企业确认的与其日常活动无直接关系的各项利得，营业外收入并不是企业经营资金耗费所产生的，实际上是经济利益的净流入，不需要与有关的费用进行配比，营业外收入主要包括作流动资产毁损报废收益、与企业日常活动无关的政府补助、盘盈利得、捐赠利得等。其中：非流动资产毁损报废收益，指因自然灾害等发生毁损、已丧失使用功能而报废的流动资产所产生的清理收益；与企业日常活动无关的政府补助，指企业从政府无偿取得货币性资产或非货币性资产，且与企业日常活动无关的利得；盘盈利得，指企业对现金等资产清查盘点时发生盘盈，报经批准后计入营业外收入的金额；捐赠利得，指企业接受捐赠产生的利得。

2. 营业外收入的核算

企业应设置"营业外收入"科目，核算营业外收入的取得及结转情况。该科目贷方登记企业确认的营业外收入，借方登记期末将"营业外收入"科目余额转入"本年利润"科目的营业外收入，结转后，"营业外收入"科目无余额。"营业外收入"科目可按营业外收入项目进行明细核算。

（1）企业确认处置非流动资产毁损报废收益时，借记"固定资产清理""银行存款""待处理财产损溢"等科目，贷记"营业外收入"科目。

（2）企业确认盘盈利得、捐赠利得计入营业外收入时，借记"库存现金""待处理财产损溢"等科目，贷记"营业外收入"科目。

（3）期末，应将"营业外收入"科目余额转入"本年利润"科目，借记"营业外收入"科目，贷记"本年利润"科目。

【例13-42】东方公司将固定资产报废清理的净收益1 000元转作营业外收入，应编制如下会计分录：

借：固定资产清理　　　　　　　　　　　　　　　　1 000
　　贷：营业外收入　　　　　　　　　　　　　　　　　　1 000

【例13-43】东方公司在现金清查中盘盈100元，按管理权限报经批准后转入营业外收入，应编制如下会计分录：

发现盘盈时：
借：库存现金　　　　　　　　　　　　　　　　　　　100
　　贷：待处理财产损溢　　　　　　　　　　　　　　　　100
经批准转入营业外收入时：
借：待处理财产损溢　　　　　　　　　　　　　　　　100
　　贷：营业外收入　　　　　　　　　　　　　　　　　　100

（四）营业外支出

1. 营业外支出核算的内容

营业外支出是指企业发生的与其日常活动无直接关系的各项损失，主要包括非流动资产毁损报废损失、捐赠支出、盘亏损失、非常损失、罚款支出等。其中：非流动资产毁损报废损失，指因自然灾害等发生毁损、已丧失使用功能而报废非流动资产所产生的清理损失；捐赠支出，指企业对外进行捐赠发生的支出；盘亏损失，主要指对于财产清查盘点中盘亏的资产，查明原因并报经批准计入营业外支出的损失；非常损失，指企业对于因客观因素（如自然灾害等）造成的损失，扣除保险公司赔偿后应计入营业外支出的净损失；罚款支出，指企业支付的行政罚款、税务罚款，以及其他违反法律法规、合同协议等而支付的罚款、违约金、赔偿金等支出。

2. 营业外支出的核算

企业应设置"营业外支出"科目，核算营业外支出的发生及结转情况。该科目借方登记确认的营业外支出，贷方登记期末将"营业外支出"科目余额转入"本年利润"科目的营业外支出，结转后"营业外支出"科目无余额。"营业外支出"科目可按营业外支出项目进行明细核算。

（1）企业确认处置非流动资产毁损报废损失时，借记"营业外支出"科目，贷记"固定资产清理""无形资产"等科目。

（2）确认盘亏、罚款支出记入营业外支出时，借记"营业外支出"科目，贷记"待处理财产损溢""库存现金"等科目。

（3）期末，应将"营业外支出"科目余额转入"本年利润"科目，借记"本年利润"科目，贷记"营业外支出"科目。

【例13-44】2×23年9月2日，东方公司的一项非专利技术因被其他新技术所替代，公司决定将其转入报废处理；该项非专利技术原值为200 000元，已摊销120 000元，未计提减值准备。东方公司应编制如下会计分录：

借：营业外支出　　　　　　　　　　　　　　　　　　80 000
　　累计摊销　　　　　　　　　　　　　　　　　　　120 000
　　贷：无形资产　　　　　　　　　　　　　　　　　　　　200 000

【例13-45】2×23年10月15日，东方公司发生原材料自然灾害损失20 000元；10月20日，经批准全部转作营业外支出。东方公司对原材料采用实际成本进行日常核算，应编制如下会计分录：

（1）10月15日，发生原材料自然损失时：

借：待处理财产损溢　　　　　　　　　　　　　　　　20 000
　　贷：原材料　　　　　　　　　　　　　　　　　　　　　20 000

（2）10月20日经批准转作营业外支出时：

借：营业外支出　　　　　　　　　　　　　　　　　　20 000
　　贷：待处理财产损溢　　　　　　　　　　　　　　　　　20 000

【例13-46】2×23年10月26日，东方公司用银行存款支付税款滞纳金10 000元，应编制如下会计分录：

借：营业外支出　　　　　　　　　　　　　　　　　　10 000
　　贷：银行存款　　　　　　　　　　　　　　　　　　　　10 000

（五）所得税费用

企业的所得税费用包括当期所得税和递延所得税两部分。其中，当期所得税是指当期应交所得税；递延所得税包括递延所得税资产和递延所得税负债。递延所得税资产是指以未来期间很可能取得用来抵扣暂时性差异的应纳税所得额为限确认的一项资产；递延所得税负债是指根据应纳税暂时性差异计算的未来期间应付所得税的金额。

1. 应交所得税

应交所得税是指企业按照企业所得税法规定计算确定的针对当期发生的交易和事项，应交纳给税务部门的所得税金额，即当期应交所得税。应纳税所得额是在企业税前会计利润（即利润总额）的基础上调整确定的，计算公式为：

应纳税所得额 = 税前会计利润 + 纳税调整增加额 – 纳税调整减少额

纳税调整增加额主要包括企业所得税法规定允许扣除项目中，企业已计入当期费用但超过税法规定扣除标准的金额（如超过企业所得税法规定标准的职工福利费、工会经费、职工教育经费、业务招待费、公益性捐赠支出、广告费和业务宣传费等），以及企业已计入当期损失但企业所得税法规定不允许扣除项目的金额（如税收滞纳金、罚金、罚款等）。

纳税调整减少额主要包括按企业所得税法规定允许弥补的亏损和准予免税的项目，如前5年内未弥补亏损、国债利息收入以及符合条件的居民企业之间的股息、红利等权益性投资收益等。

企业当期应交所得税的计算公式为：

$$应交所得税 = 应纳税所得额 \times 适用税率$$

【例13-47】东方公司2×23年度利润总额（税前会计利润）为19 800 000元，适用的所得税税率为25%。东方公司全年实发工资、薪金为2 000 000元，职工福利费300 000元，工会经费50 000元，职工教育经费210 000元；经查，东方公司当年营业外支出中有120 000元为税收滞纳罚金。假定东方公司全年无其他纳税调整因素。

企业所得税法规定，企业发生的合理的工资、薪金支出准予据实扣除；企业发生的职工福利费支出，不超过工资、薪金总额14%的部分准予扣除；企业拨缴的工会经费，不超过工资、薪金总额2%的部分准予扣除；除国务院财政、税务主管部门另有规定外，企业发生的职工教育经费支出，不超过工资、薪金总额8%的部分准予扣除，超过部分准予结转以后纳税年度扣除。

本例中，按企业所得税法规定，企业在计算当期应纳税所得额时，可以扣除工资、薪金支出2 000 000元，扣除职工福利费支出280 000元（2 000 000×14%），工会经费支出40 000元（2 000 000×2%），职工教育经费支出160 000元（2 000 000×8%）。东方公司有两种纳税调整因素：一是已计入当期费用但超过企业所得税法规定标准的费用支出；二是已计入当期营业外支出但按企业所得税法规定不允许扣除的税收滞纳金，这两种因素均应调整增加应纳税所得额。东方公司当期所得税的计算如下：

纳税调整增加额 = (300 000 - 280 000) + (50 000 - 40 000)
      + (210 000 - 160 000) + 120 000 = 200 000（元）

应纳税所得额 = 税前会计利润 + 纳税调整增加额 = 19 800 000 + 200 000
    = 20 000 000（元）

当期应交所得税额 = 20 000 000 × 25% = 5 000 000（元）

【例13-48】2×23年东方公司全年利润总额（即税前会计利润）为10 200 000元，其中包括本年实现的国债利息收入200 000元，所得税税率为25%。假定东方公司全年无其他纳税调整因素。

按照企业所得税法的有关规定，企业购买国债的利息收入免交所得税，即在计算应纳税所得额时可将其扣除。东方公司当期所得税的计算如下：

应纳税所得额 = 税前会计利润 - 纳税调整减少额 = 10 200 000 - 200 000
    = 10 000 000（元）

当期应交所得税额 = 10 000 000 × 25% = 2 500 000（元）

2. 所得税费用的账务处理

根据企业会计准则的规定，企业计算确定的当期所得税和递延所得税之和，即为应从当期利润总额中扣除的所得税费用。即：

$$所得税费用 = 当期所得税 + 递延所得税$$

其中，递延所得税 =（递延所得税负债的期末余额 - 递延所得税负债的期初余额）-（递延所得税资产的期末余额 - 递延所得税资产的期初余额）

企业应设置"所得税费用"科目，核算企业所得税费用的确认及其结转情况：期末，应将"所得税费用"科目的余额转入"本年利润"科目，借记"本年利润"科目，贷记"所得税费用"科目，结转后，"所得税费用"科目应无余额。

二、利润的核算

（一）利润的结转

为了核算和监督企业一定时期实现的净利润（或发生的净亏损），企业应设置"本年利润"账户。该账户属于所有者权益类账户，贷方登记会计期末转入的各项损益中的收入类账户数额，包括主营业务收入、其他业务收入、营业外收入、投资收益（贷方余额）、公允价值变动损益（贷方余额），借方登记会计期末转入的各项损益中的费用类账户数额，包括主营业务成本、税金及附加、其他业务成本、管理费用、财务费用、销售费用、营业外支出、投资收益（借方余额）、公允价值变动损益（借方余额）和所得税费用等。该账户年内期末贷方余额为当期实现的净利润，借方余额为当期发生的净亏损。年度终了，应将"本年利润"账户的余额转入"利润分配"账户，结转后应无余额。

（1）会计期末，企业应将各损益类账户的余额转入"本年利润"账户，结平各损益类账户。期末结转损益类账户后，"本年利润"账户如果为贷方余额，反映年初至本期末累计实现的净利润；如果为借方余额，反映年初至本期末累计实现的净亏损。

（2）年度终了，企业应将收入和支出相抵后结出的本年实现的净利润，转入"利润分配——未分配利润"账户的贷方；如果为亏损，则转入"利润分配——未分配利润"账户的借方。结转后，"本年利润"账户应无余额。

【例13-49】东方公司年末所有损益类账户余额如表13-2所示（该企业年末一次结转损益类账户，所得税税率为25%）。

表13-2　　　　　　　　　　各损益类账户余额

账户名称	结账前余额（元）	
	借方	贷方
主营业务收入		400 000
其他业务收入		100 000

续表

账户名称	结账前余额（元）	
	借方	贷方
主营业务成本	230 000	
其他业务成本	60 000	
税金及附加	3 000	
销售费用	23 700	
管理费用	17 000	
财务费用	1 500	
营业外收入		80 000
营业外支出	51 000	
合计	386 200	580 000

这笔业务，一方面，期末余额在贷方的各损益类账户余额，会增加东方公司当期的利润，属于所有者权益的增加，应转入"本年利润"账户的贷方；另一方面，期末余额在借方的各损益类账户余额，会减少东方公司当期的利润，属于所有者权益的减少，应转入"本年利润"账户的借方。

东方公司编制如下会计分录：

(1) 结转各项期末余额在贷方的损益类账户余额时：

借：主营业务收入　　　　　　　　　　　　　　　　400 000
　　其他业务收入　　　　　　　　　　　　　　　　100 000
　　营业外收入　　　　　　　　　　　　　　　　　 80 000
　　　贷：本年利润　　　　　　　　　　　　　　　580 000

(2) 结转各项期末余额在借方的损益类账户余额时：

借：本年利润　　　　　　　　　　　　　　　　　386 200
　　　贷：主营业务成本　　　　　　　　　　　　230 000
　　　　　其他业务成本　　　　　　　　　　　　 60 000
　　　　　税金及附加　　　　　　　　　　　　　 3 000
　　　　　销售费用　　　　　　　　　　　　　　 23 700
　　　　　管理费用　　　　　　　　　　　　　　 17 000
　　　　　财务费用　　　　　　　　　　　　　　 1 500
　　　　　营业外支出　　　　　　　　　　　　　 51 000

经过上述结转后，"本年利润"账户的余额为 193 800 元（580 000 - 386 200），即为当期的利润总额。

【例 13 - 50】承〖例 13 - 49〗，结转东方公司当期的所得税费用 48 450 元。

这笔业务，一方面，所得税费用会使东方公司的净利润减少，属于所有者权益的减少，应记入"本年利润"账户的借方；另一方面，东方公司结转所得税费用账户，属于费用的减少，应记入"所得税费用"账户的贷方。东方公司编

制如下会计分录:
  借: 本年利润 48 450
   贷: 所得税费用 48 450

  经过上述结转,"本年利润"账户的余额为 145 350 元 (193 800 - 48 450), 即为东方公司当期的净利润。

(二) 利润的分配

  企业取得净利润,应当按《中华人民共和国公司法》等有关法规的规定进行分配。利润分配是指企业根据国家有关规定和企业章程、投资者协议等,对企业当年可供分配的利润所进行的分配。利润的分配过程和结果,不仅关系到所有者的合法权益是否得到保护,而且还关系到企业能否长期、稳定地发展。

  利润分配的顺序依次是:(1) 提取法定盈余公积;(2) 提取任意盈余公积;(3) 向投资者分配利润。

  为了核算和监督企业利润的分配(或亏损的弥补)和历年分配(或弥补)后的余额,企业应设置"利润分配"账户。该账户应分别设置"提取法定盈余公积""提取任意盈余公积""应付现金股利或利润""盈余公积补亏""未分配利润"等进行明细核算。企业未分配利润通过"利润分配——未分配利润"明细账户进行核算。年度终了,企业应将全年实现的净利润或发生的净亏损,自"本年利润"账户转入"利润分配——未分配利润"账户,并将"利润分配"账户所属其他明细账户的余额,转入"未分配利润"明细账户。结转后,"利润分配——未分配利润"账户如为贷方余额,表示累计未分配的利润数额;如为借方余额,则表示累计未弥补的亏损数额。

  【例 13 -51】承〖例 13 -50〗,结转本年利润 145 350 元。

  这笔业务,一方面,结转东方公司"本年利润"账户的期末贷方余额 145 350 元,使"本年利润"减少,应记入"本年利润"账户的借方;另一方面,东方公司本年实现的净利润会增加可供分配的利润 145 350 元,属于所有者权益的增加,应记入"利润分配"账户的贷方。东方公司编制如下会计分录:
  借: 本年利润 145 350
   贷: 利润分配——未分配利润 145 350

  如果发生亏损,则应借记"利润分配——未分配利润"账户,贷记"本年利润"账户。

  【例 13 -52】东方公司年初未分配利润为 0,经股东大会决议,按当期净利润 145 350 元的 10% 提取法定盈余公积金 14 535 元。

  这笔业务,一方面,使东方公司提取的盈余公积增加 14 535 元,属于所有者权益的增加,应记入"盈余公积"账户的贷方;另一方面,使东方公司可供分配的利润减少 14 535 元,属于所有者权益的减少,应记入"利润分配"账户的借方。东方公司编制如下会计分录:
  借: 利润分配——提取法定盈余公积 14 535

贷：盈余公积——法定盈余公积　　　　　　　　　　　　　　　14 535

【例 13-53】 东方公司经股东大会决议，宣告向股东发放现金股利 10 000 元。

这笔业务，一方面，使东方公司应支付的现金股利增加 10 000 元，属于负债的增加，应记入"应付股利"账户的贷方；另一方面，使东方公司可供分配的利润减少 10 000 元，属于所有者权益的减少，应记入"利润分配"账户的借方。东方公司编制如下会计分录：

借：利润分配——应付股利　　　　　　　　　　　　　　　　　10 000
　　贷：应付股利　　　　　　　　　　　　　　　　　　　　　　10 000

【例 13-54】 东方公司将上述有关"利润分配"账户所属其他明细账户余额转入"未分配利润"明细账户。东方公司编制如下会计分录：

借：利润分配——未分配利润　　　　　　　　　　　　　　　　24 535
　　贷：利润分配——提取法定盈余公积　　　　　　　　　　　　14 535
　　　　　　　——应付股利　　　　　　　　　　　　　　　　 10 000

结转后，"利润分配——未分配利润"账户的余额为 120 815 元（0 + 145 350 - 14 535 - 10 000），为东方公司本年末的累计未分配利润。

思考题

1. 商品销售时的收入确认条件是什么？
2. 费用的主要内容包括哪些？如何分别进行核算？
3. 营业外收入和营业外支出分别包括哪些内容？
4. 利润包括哪些内容？

第十四章 财务会计报告

> **学习目标**
>
> 通过本章的学习,要求明确编制会计报表的意义,掌握会计报表的种类及编制要求,掌握资产负债表和利润表的概念、作用和编制方法。

第一节 财务会计报告概述

14.1 财务报表概述

一、会计报表的意义

会计报表是以货币为主要计量单位,根据日常核算资料编制的,用来总括地反映各个单位在一定时期内经济活动和财务收支活动情况的报告文件。

编制会计报表,是会计核算的一种专门方法,也是会计核算程序的最后环节。在会计核算过程中,通过填制和审核会计凭证,可以明确经济业务的发生、执行和完成情况,但会计凭证提供的资料内容分散、庞杂。将会计凭证上记录的经济业务在各种账簿中加以连续、分类地记录之后,通过账簿记录所能得到的会计信息比起会计凭证无疑要集中、系统得多。但是账簿提供的会计信息还是分散在各类账户中,仍然不能系统而概括地反映经济活动的全貌。因此,必须对账簿中的会计信息作进一步加工、整理、综合,并结合其他的核算资料,按一定的指标体系以报告文件的形式集中地反映出来,从而全面、系统、概括地提供一个单位某一特定日期资产、负债和所有者权益情况及一定期间的经营成果和现金流动情况的会计信息。

企业编制财务会计报告的目的,就是为报告使用者进行决策提供相关信息。会计报告使用者通常包括投资人、债权人、政府及相关机构、企业管理人员、职工和社会公众等。不同的报告使用者对其所提供信息的要求各有不同,因此企业应为其提供更多、更有用的会计信息。

二、财务报表的组成和分类

(一)财务报表的组成

财务报表是对企业财务状况、经营成果和现金流量的结构性表述。一套完整的财务报表至少应当包括资产负债表、利润表、现金流量表、所有者权益（或股东权益，下同）变动表以及附注。

资产负债表、利润表和现金流量表分别从不同角度反映企业的财务状况、经营成果和现金流量。资产负债表反映企业在某一特定日期所拥有的资产、需偿还的债务以及股东（投资者）拥有的净资产情况；利润表反映企业在一定会计期间的经营成果，即利润或亏损的情况，表明企业运用所拥有的资产的获利能力；现金流量表反映企业在一定会计期间现金和现金等价物流入和流出的情况。

所有者权益变动表反映构成所有者权益的各组成部分当期的增减变动情况。企业的净利润及其分配情况是所有者权益变动的组成部分，相关信息已经在所有者权益变动表及其附注中反映，企业不需要再单独编制利润分配表。

附注是财务报表不可或缺的组成部分，是对在资产负债表、利润表、现金流量表和所有者权益变动表等报表中列示项目的文字描述或明细资料，以及对未能在这些报表中列示项目的说明等。

（二）财务报表的分类

财务报表可以按照不同的标准进行分类。

（1）按财务报表编报期间的不同，可以分为中期财务报表和年度财务报表。中期财务报表是以短于一个完整会计年度的报告期间为基础编制的财务报表，包括月报、季报和半年报等。中期财务报表至少应当包括资产负债表、利润表、现金流量表和附注，其中，中期资产负债表、利润表和现金流量表应当是完整报表，其格式和内容应当与年度财务报表相一致。与年度财务报表相比，中期财务报表中的附注披露可适当简略。

（2）按财务报表编报主体的不同，可以分为个别财务报表和合并财务报表。个别财务报表是由企业在自身会计核算基础上对账簿记录进行加工而编制的财务报表，它主要用以反映企业自身的财务状况、经营成果和现金流量情况。合并财务报表是以母公司和子公司组成的企业集团为会计主体，根据母公司和所属子公司的财务报表，由母公司编制的综合反映企业集团财务状况、经营成果及现金流量的财务报表。

三、会计报表的编制要求

为了保证会计报表的质量，发挥会计报表的作用，编制会计报表应当遵循以下各项要求。

（一）真实性

为了保证会计报表的真实性，编制会计报表必须以审核无误的会计账簿记录为根据。为此，在编制会计报表前要核对有关账簿记录、清查财产等，做到"三符"，即账证相符、账账相符、账实相符。填列报表的数字必须真实，不能用估计数字、虚假数字，更不能篡改数字。

（二）完整性

为了保证会计报表的完整性，必须按照规定的报表种类、格式和内容编制会计报表。为此，在编制会计报表前必须把本期发生的所有经济事项全部登记入账，必须按照权责发生制原则调整账目，计提应计费用并核实收入；编制会计报表时应将规定的报表项目和表外补充资料填列齐全，不能遗漏；编制会计报表后，应按规定手续办理签章并报送有关部门。

（三）准确性

为了保证会计报表的准确性，编制会计报表时，数字计算必须正确，做到表表相符。为此，应按规定的核算方法计算、填列会计报表数据，编制会计报表后要核对报表资料，使各种报表之间、各期报表之间有联系的项目，其数额相互一致，保持应有的勾稽关系。各个年度会计报表中，同一项目的内容和核算方法如有变动，影响了企业经营成果或财务状况的，要在年度会计报表的附注中加以说明，以保持会计报表资料的连贯性和可比性。

（四）及时性

为了保证会计报表的及时性，必须遵守各种会计报表规定的编报期限。为此，会计部门应合理组织日常会计核算工作，做好结账工作和编表前的准备工作，并加强与有关部门、基层单位之间的协作和配合，保证在会计期间结束后及时编制和按期对外报送会计报表。但是，不允许为了赶编会计报表而提前结账，或是为了提前报送而不顾及报表质量。

第二节　资产负债表

14.2 资产负债表

一、资产负债表概述

资产负债表是反映企业在某一特定日期（如月末、季末、年末）的财务状况的会计报表。它反映的是资产、负债、所有者权益的总体规模和结构。即资产中，流动资产、长期股权投资、固定资产、无形资产等各有多少；流动资产中，货币资金、应收账款、存货各有多少，等等。负债中，流动负债、长期负债各有多少，等等。所有者权益中，实收资本、资本公积、盈余公积、未分配利润各有多少，等等。

（一）资产负债表的内容

在资产负债表中，企业通常按资产、负债、所有者权益分类分项目反映。其中，资产按流动性大小进行列示，具体分为流动资产和非流动资产；负债也按流动性大小进行列示，具体分为流动负债和非流动负债；所有者权益按实收资本、资本公积、盈余公积、未分配利润等项目分项列示。

1. 资产

资产是企业拥有或控制的能以货币计量的经济资源，包括企业的各种财产、债权和其他权利。资产应当按照流动资产和非流动资产两大类别在资产负债表中列示，在流动资产和非流动资产类别下进一步按性质分项列示。

流动资产是指预计在一个正常营业周期中变现、出售或耗用，或者主要为交易目的而持有，或者预计在资产负债表日起1年内（含1年）变现的资产，或者自资产负债表日起1年内交换其他资产或清偿负债的能力不受限制的现金或现金等价物。

资产负债表中列示的流动资产项目通常包括货币资金、交易性金融资产、应收票据、应收账款、预付款项、应收利息、应收股利、其他应收款、存货和一年内到期的非流动资产等。

非流动资产是指流动资产以外的资产。资产负债表中列示的非流动资产项目通常包括长期股权投资、固定资产、在建工程、工程物资、固定资产清理、无形资产、开发支出、长期待摊费用以及其他非流动资产等。

2. 负债

负债是企业所承担的能以货币计量、将以资产或劳务偿付的债务。它是企业资金来源的重要组成部分。负债应当按照流动负债和非流动负债在资产负债表中进行列示，在流动负债和非流动负债类别下再进一步按性质分项列示。

流动负债是指预计在一个正常营业周期中清偿，或者主要为交易目的而持有，或者自资产负债表日起1年内（含1年）到期应予以清偿，或者企业无权自主地将清偿推迟至资产负债表日后一年以上的负债。资产负债表中列示的流动负债项目通常包括短期借款、应付票据、应付账款、预收款项、应付职工薪酬、应交税费、应付利息、应付股利、其他应付款、一年内到期的非流动负债等。

非流动负债是指流动负债以外的负债。非流动负债项目通常包括长期借款、应付债券和其他非流动负债等。

3. 所有者权益

所有者权益是指企业投资者对企业净资产的所有权，它是企业资金来源的主要部分。所有者权益一般按照实收资本（或股本，下同）、资本公积、盈余公积和未分配利润分项列示。

（二）资产负债表的作用

资产负债表所提供的资料，既为企业管理决策所必需，又对与企业有利益关系的集团和个人极为重要。其重要性在于，它表明了企业资产、负债、所有者权益的实力状况，反映了企业经营活动的规模和企业的发展潜力。具体来讲，主要有以下几个方面的作用。

1. 反映了企业拥有和控制的经济资源及其构成情况

资产负债表把企业的资产按经济性质、用途分成流动资产、长期投资、固定资产、无形资产及其他资产，它们是企业开展生产经营的物质条件，代表企业未来的经济利益，这些信息对报表使用者分析偿债能力和营运能力有重要作用。

2. 反映了企业权益资本的构成情况

权益资本即负债与所有者权益的总和。负债是某一特定日期所承担的债务，按不同的性质分为流动负债和长期负债两大类，它们代表了未来经济利益的流出，这些信息对于分析企业的偿债能力和预测未来的现金流动有重要的参考价值。所有者权益是某一特定日期投资人对企业净资产的所有权，它包括实收资本（或股本）、资本公积、盈余公积和未分配利润，这些信息有助于分析企业的筹资能力、资本的保值与增值情况。

3. 反映企业财务结构的优劣和负债经营的合理程度

财务结构是资产负债表右边所有内容的组合结构，最基本的为流动负债与长期负债和所有者权益的比例结构，即短期资金与长期资金的构成情况。短期资金即流动负债由于偿还时间短，不能偿还的风险大，但流动负债的筹资成本低；相反，长期负债和所有者权益偿还期限长（所有者权益是永久性使用的资金），不能偿还的风险小。但是它们的筹资成本较高。因此，报表使用者应在盈利能力和风险之间作出选择。关于负债经营的合理程度，主要用资产负债率（即负债总额/资产总额）、利息保障倍数（即息税前盈利/利息费用）等指标来衡量。

4. 反映企业财务发展状况趋势

资产负债表能够反映企业财务发展状况的趋势。当然，孤立地看一个时点数，也许反映的问题不够明显，但是如果把几个时点数排列在一起，企业财务发展状况的趋势就很明显了。例如，企业的应收账款第 1 年是 10 万元，第 2 年是 20 万元，第 3 年是 30 万元，第 4 年是 40 万元。如果把这 4 年的时点数字排在一起，就很容易发现这家企业的应收账款呈逐年上升的趋势。应收账款逐年上升的趋势表明，或者销售环节没有管好应收款，或者企业做好了，市场扩大了，相应的应收账款也增加了。也就是说，如果一个企业的管理者能够关注每一个时点的状况，就会对企业的财务状况有一个比较全面的了解；反之，不注重捕捉时点数，将会给企业的管理造成比较大的失误。

二、资产负债表的结构

目前，国际上流行的资产负债表格式主要有账户式和报告式两种。根据我国《企业会计制度》的规定，我国企业的资产负债表采用账户式结构。

账户式资产负债表分为左右两方，左方为资产项目，其中资产项目按其流动性排列，流动性强的排在前面，流动性大的资产如"货币资金""交易性金融资产"等排在前面，流动性小的资产如"长期股权投资""固定资产"等排在后面。右方为负债及所有者权益项目。负债项目按偿还期限的长短排列："短期借款""应付票据""应付账款"等需要在 1 年以内或者长于 1 年的一个正常营业周期内偿还的流动负债排在前面,"长期借款"等在 1 年以上才需偿还的非流动负债排在中间,在企业清算之前不需要偿还的所有者权益项目排在后面。所有者权益按其永久性强弱排列,其排列顺序为:实收资本、资本公积、盈余公积和未分配利润。

资产负债表由表头、主表和补充资料三部分组成。表头部分列示报表的名称、编制单位、编制日期和货币计量单位等内容,主表部分以若干个报表项目反映编表日企业的资产、负债和所有者权益的具体组成内容及其总额,补充资料部分列示有关资产等报表项目的必要补充项目。其结构和内容如表 14-1 所示。

表 14-1 资产负债表

会企 01 表

编制单位: 年 月 日 单位:元

资产	期末余额	年初余额	负债和所有者权益（或股东权益）	期末余额	年初余额
流动资产:			流动负债:		
货币资金			短期借款		
交易性金融资产			交易性金融负债		
衍生金融资产			衍生金融负债		
应收票据			应付票据		
应收账款			应付账款		
应收账款融资			预收账款		
预付账款			合同负债		
其他应收款			应付职工薪酬		
存货			应交税费		
合同资产			其他应付款		
持有待售资产			持有待售负债		
一年内到期的非流动资产			一年内到期的非流动负债		
其他流动资产			其他流动负债		
流动资产合计			流动负债合计		
非流动资产:			非流动负债:		
债权投资			长期借款		
其他权益投资			应付债券		
长期应收款			其中:优先股		
长期股权投资			永续债		
其他权益工具投资			租赁负债		
其他非流动金融资产			长期应付款		
投资性房地产			长期应付职工薪酬		
固定资产			预计负债		

续表

资产	期末余额	年初余额	负债和所有者权益（或股东权益）	期末余额	年初余额
在建工程			递延收益		
生产性生物资产			递延所得税负债		
油气资产			其他非流动负债		
使用权资产			非流动负债合计		
无形资产			负债合计		
开发支出			所有者权益（或股东权益）：		
商誉			实收资本（或股本）		
长期待摊费用			其他权益工具		
递延所得税资产			其中：优先股		
其他非流动资产			永续债		
			资本公积		
			减：库存股		
			其他综合收益		
			专用储备		
			盈余公积		
			未分配利润		
非流动资产合计			所有者权益（股东权益）合计		
资产总计			负债和所有者权益总计		

三、资产负债表的编制方法

资产负债表是根据"资产=负债+所有者权益"的会计等式，依照一定的分类标准和一定的次序，对企业一定日期的资产、负责和所有者权益项目予以适当安排，按一定的要求编制而成的。资产负债表是一张静态报表，反映企业某一时点的财务状况，因此在编制时应该根据有关账户的余额填列。资产负债表各项目均需填列"年初余额"和"期末余额"栏。其中，"年初余额"栏内各项数字，应根据上年末资产负债表的"期末余额"栏内所列数字填列。资产负债表"期末余额"栏内各项数字，一般应根据资产、负债和所有者权益类科目的期末余额填列。主要包括以下方式。

（一）根据总账科目余额直接填列

例如，"短期借款""资本公积"等项目都是根据其总账科目的期末余额直接填列。资产负债表中的部分项目，都可根据总账科目的期末余额直接填列。

【例 14-1】东方公司 2×23 年 4 月 23 日从银行借入一年期借款 100 000 元，向其他金融机构借入期限为 10 个月的借款 120 000 元，无其他短期借款业务发生。

该企业 2×23 年 12 月 31 日资产负债表中的"短期借款"项目金额为：

100 000 + 120 000 = 220 000（元）

本例中，企业直接以"短期借款"总账科目余额填列在资产负债表中。

（二）根据总账科目的余额计算填列

例如，"货币资金"项目需要根据"库存现金""银行存款""其他货币资金"三个科目的总账科目余额的合计数填列。

【例 14-2】东方公司 2×23 年 12 月 31 日结账后的"库存现金"科目的余额为 30 000 元，"银行存款"科目的余额为 6 000 000 元，"其他货币资金"科目的余额为 1 000 000 元。

该企业 2×23 年 12 月 31 日资产负债表中的"货币资金"项目金额为：

30 000 + 6 000 000 + 1 000 000 = 7 030 000（元）

本例中，企业应当按照"库存现金""银行存款""其他货币资金"三个总账科目余额加总后的金额，作为资产负债表中"货币资金"项目的金额。

（三）根据明细科目余额分析填列

这主要是针对"应付账款""预付账款""应收账款""预收账款"四个项目。因为在企业实际的核算中，当预付与预收业务不多时，可以不设"预付账款"和"预收账款"科目，而将预付和预收的款项分别记入"应付账款"科目的借方和"应收账款"科目的贷方。这时就不能单纯地以"应付账款"和"应收账款"的期末余额直接填列，而应分各个明细科目具体分析填列。例如，"应付账款"项目需要根据"应付账款""预付账款"所属相关明细科目的期末贷方余额计算填列；"预收款项"项目，需要根据"应收账款"科目和"预收账款"科目所属相关明细科目的期末贷方余额计算填列；"开发支出"项目，需要根据"研发支出"科目所属的"资本化支出"明细科目期末余额计算填列；"应付职工薪酬"项目，需要根据"应付职工薪酬"科目的明细科目期末余额计算填列；"其他应付款"项目，应根据"应付利息""应付股利"和"其他应付款"科目的期末余额合计数填列；"一年内到期的非流动资产""一年内到期的非流动负债"项目，需要根据相关非流动资产和非流动负债项目的明细科目余额计算填列；"长期借款""应付债券"项目，应分别根据"长期借款""应付债券"科目的明细科目余额分析填列；"未分配利润"项目，应根据"利润分配"科目中所属的"未分配利润"明细科目期末余额填列。

【例 14-3】东方公司 2×23 年 12 月 31 日结账后有关科目余额如表 14-2 所示。

表 14-2　　　　　　　　　　　　　　　　　　　　　　　　　　　　　单位：元

科目名称	借方余额	贷方余额
应收账款	2 000 000	500 000
预付账款	400 000	300 000
应付账款	300 000	100 000
预收账款	500 000	500 000

该企业 2×23 年 12 月 31 日资产负债表相关项目的金额为：

"应收账款"项目的金额为：2 000 000 + 500 000 = 2 500 000（元）

"预付账款"项目的金额为：400 000 + 300 000 = 700 000（元）

"应付账款"项目的金额为：300 000 + 100 000 = 400 000（元）

"预收账款"项目的金额为：500 000 + 500 000 = 1 000 000（元）

本例中，应收账款项目，应根据"应收账款"科目所属明细科目借方余额 2 000 000 元和"预收账款"科目所属明细科目借方余额 500 000 元加总，作为资产负债表中"应收账款"项目金额，即 2 500 000 元。

预付账款项目，应根据"预付账款"科目所属明细科目借方余额 400 000 元和"应付账款"科目所属明细科目借方余额 300 000 元加总，作为资产负债表中"预付账款"项目金额，即 700 000 元。

应付账款项目，应根据"应付账款"科目所属明细科目贷方余额 100 000 元和"预付账款"科目所属明细科目贷方余额 300 000 元加总，作为资产负债表中"应付账款"项目金额，即 400 000 元。

预收账款项目，应根据"预收账款"科目所属明细科目贷方余额 500 000 元和"应收账款"科目所属明细科目贷方余额 500 000 元加总，作为资产负债表中"预收账款"项目金额，即 1 000 000 元。

（四）根据总账科目和明细科目余额分析填列

有些项目既不能按总账科目余额直接或计算填列，也不能按明细科目余额直接或计算填列，而需要分析总账科目和明细科目余额后再计算填列。例如，"长期借款"项目，应根据"长期借款"总账科目余额扣除"长期借款"科目所属的明细科目中将在资产负债表日起一年内到期且企业不能自主地将清偿义务展期的长期借款后的金额计算填列；"长期待摊费用"项目，应根据"长期待摊费用"科目的期末余额减去将于一年（含一年）内摊销数额后的金额填列。

【例 14-4】东方公司长期借款情况如表 14-3 所示。

表 14-3　　　　　　　　　　　　　　长期借款

借款起止日期	借款期限（年）	金额（元）
2×23 年 1 月 1 日	3	1 300 000
2×22 年 1 月 1 日	5	1 000 000
2×21 年 6 月 1 日	3	2 000 000

该企业 2×23 年 12 月 31 日资产负债表中"长期借款"项目的金额为：
1 300 000 + 1 000 000 = 2 300 000（元）

本例中，企业应根据"长期借款"总账科目余额 4 300 000 元（1 300 000 + 1 000 000 + 2 000 000），减去一年内到期的长期借款 2 000 000 元，作为资产负债表中"长期借款"项目的金额，即 2 300 000 元。将在一年内到期的长期借款 2 000 000 元，应当填列在流动资产下"一年内到期的非流动资产"项目中。

（五）根据有关科目余额减去其备抵科目余额后的净额填列

例如，"应收票据"项目，应根据"应收票据"科目的期末余额，减去"坏账准备"科目中相关坏账准备期末余额后的金额分析填列；"应收账款"项目，应根据"应收账款"和"预收账款"科目所属各明细科目的期末借方余额合计数，减去"坏账准备"科目中有关应收账款计提的坏账准备期末余额后的金额分析填列；"预付款项"项目，应根据"预付账款"和"应付账款"科目所属各明细科目的期末借方余额合计数，减去"坏账准备"科目中有关预付款项计提的坏账准备期末余额后的金额分析填列；"持有至到期投资""长期股权投资""商誉"项目，应根据相关科目的期末余额填列，已计提减值准备的，还应扣减相应的减值准备；"无形资产""投资性房地产""生产性生物资产""油气资产"项目，应根据相关科目的期末余额扣减相关的累计折旧（或累计摊销、折耗）填列，已计提减值准备的，还应扣减相应的减值准备，采用公允价值计量的上述资产，应根据相关科目的期末余额填列；"长期应收款"项目，应根据"长期应收款"科目的期末余额，减去相应的"未实现融资收益"科目和"坏账准备"科目所属相关明细科目的期末余额后的金额填列；"长期应付款"项目，应根据"长期应付款"科目的期末余额，减去相应的"未确认融资费用"科目期末余额后的金额，以及"专项应付款"科目的期末余额填列。

【例 14-5】 东方公司 2×23 年 12 月 31 日结账后，"应收账款"科目所属明细科目的期末借方余额合计 300 000 元，贷方余额合计 100 000 元，对应收账款计提的坏账准备为 10 000 元，假定"预收账款"科目所属明细科目无借方余额。

该企业 2×23 年 12 月 31 日资产负债表中的"应收账款"项目金额为：
300 000 - 10 000 = 290 000（元）

本例中，企业应当以"应收账款"科目所属明细科目借方余额 300 000 元，减去对应收账款计提的坏账准备 10 000 元后的金额，作为资产负债表中"应收账款"项目的金额，即 290 000 元。"应收账款"科目所属明细科目的贷方余额，应与"预收账款"所属明细科目的贷方余额加总，填列为"预收账款"项目。

（六）综合运用上述填列方法分析填列

例如，"其他应收款"项目，应根据"应收利息""应收股利""其他应收款"科目的期末余额合计数，减去"坏账准备"科目中相关坏账准备期末余额后的金额填列；"存货"项目，应根据"材料采购""原材料""发出商品""库存商品""周转材料""委托加工物资""生产成本"等科目的期末余额合计,减去"受托代销商品""存货跌价准备"科目期末余额后的金额填列,材料采用计划成本核算,以及库存商品采用计划成本核算或售价核算的企业,还应按加或减"材料成本差异"和"商品进销差价"后的金额填列;"固定资产"项目,应根据"固定资产"科目的期末余额,减去"累计折旧"和"固定资产减值准备"科目的期末余额后的金额,以及"固定资产清理"科目的期末余额填列;"在建工程"项目,应根据"在建工程"科目的期末余额,减去"在建工程减值准备"科目的期末余额后的金额,以及"工程物资"科目的期末余额,减去"工程物资减值准备"科目的期末余额后的金额填列。

【例14-6】东方公司采用计划成本核算材料,2×23年12月31日结账后有关账户的余额为:"材料采购"科目的余额为50 000元(借方),"原材料"科目的余额为1 000 000元(借方),"周转材料"科目的余额为500 000元(借方),"库存商品"科目的余额为1 000 000元(借方),"生产成本"科目的余额为500 000元(借方),"材料成本差异"科目的余额为10 000元(贷方),"存货跌价准备"科目的余额为50 000元。

则A公司2×23年12月31日资产负债表中的"存货"项目金额为:

50 000 + 1 000 000 + 500 000 + 1 000 000 + 500 000 - 10 000 - 50 000 = 2 990 000(元)

本例中,企业应当以"材料采购""原材料""周转材料""库存商品""生产成本"各总账科目余额加总后,减去"材料成本差异"科目余额(若为借方余额,应加上),再减去"存货跌价准备"科目余额,作为资产负债表中"存货"项目金额。

四、资产负债表的编制举例

【例14-7】东方公司为一般纳税人,假设该公司2×23年12月31日的资产负债表相关项目及数字如表14-4所示。其中,"应收账款"科目的期末余额为100 000元,"坏账准备"科目的期末余额为1 000元。其他诸如存货、长期股权投资、固定资产、无形资产等都没有计提资产减值损失准备。

表14-4　　　　　　　　资产负债表相关项目及数据　　　　　　　　单位:元

项目	金额	项目	金额
货币资金	1 500 000	短期借款	500 000
交易性金融资产	10 000	应付票据	100 000
应收票据	200 000	应付账款	900 000
应收账款	99 000	应付职工薪酬	100 000
其他应收款	5 000	应交税费	20 000
预付账款	100 000	其他应付款	50 000

续表

项目	金额	项目	金额
存货	2 000 000	预收账款	15 000
长期股权投资	300 000	一年内到期的非流动负债	1 000 000
固定资产原价	2 000 000	长期借款	900 000
累计折旧	400 000	股本	4 000 000
在建工程	1 000 000	盈余公积	20 000
无形资产	800 000	未分配利润	9 000

东方公司2×23年12月31日全部总分类账户和有关明细分类账户的余额如表14-5所示。

表14-5 总分类账户和有关明细分类账户余额表

2×23年12月31日 单位：元

总账	明细账	借方余额	贷方余额	总账	明细账	借方余额	贷方余额
库存现金		20 000		短期借款			250 000
银行存款		260 000		应付账款			170 000
应收票据		65 000			甲公司		180 000
应收账款		150 000			乙公司	1 000	
	A企业	170 000		预收账款			100 000
	B企业		20 000		丙公司		150 000
预付账款		50 000			丁公司	50 000	
	D企业	150 000		应付职工薪酬			50 000
	E企业		100 000	应交税费			20 000
其他应收款		95 000					
坏账准备			5 000	应付股利			95 000
原材料		350 000		长期借款			300 000
库存商品		400 000		实收资本			700 000
生产成本		200 000		资本公积			80 000
固定资产		260 000		盈余公积			60 000
累计折旧			60 000	利润分配			41 000
无形资产		100 000					
累计摊销			10 000				
合计		2 270 000	195 000	合计		51 000	2 196 000

另外，长期借款中有一年内到期的长期借款50 000元。坏账准备全部是为应收账款而计提的。

根据以上资料，编制东方公司2×23年12月31日的资产负债表期末数栏，如表14-6所示。

表 14-6　　　　　　　　　　　　　　　　资产负债表

编制单位：东方公司　　　　　　2×23年12月31日　　　　　　　　　　　　　单位：元

资产	期末余额	年初余额	负债和所有者权益（或股东权益）	期末余额	年初余额
流动资产：			流动负债：		
货币资金	280 000	1 500 000	短期借款	250 000	500 000
交易性金融资产		10 000	交易性金融负债		
应收票据	65 000	200 000	应付票据		100 000
应收账款	215 000	99 000	应付账款	280 000	900 000
预付账款	151 000	100 000	预收账款	170 000	15 000
其他应收款	95 000	5 000	应付职工薪酬	50 000	100 000
存货	950 000	2 000 000	应交税费	20 000	20 000
持有待售资产			其他应付款	95 000	50 000
一年内到期的非流动资产			一年内到期的非流动负债	50 000	1 000 000
其他流动资产			其他流动负债		
流动资产合计	1 756 000	3 914 000	流动负债合计	915 000	2 685 000
非流动资产：			非流动负债：		
债权投资			长期借款	250 000	900 000
其他权益投资			应付债券		
长期应收款			长期应付款		
长期股权投资		300 000	专项应付款		
投资性房地产			预计负债		
固定资产	200 000	1 600 000	递延所得税负债		
在建工程		1 000 000	其他非流动负债		
工程物资			非流动负债合计	250 000	900 000
固定资产清理			负债合计	1 165 000	
无形资产	90 000	800 000	所有者权益（或股东权益）：		
开发支出			实收资本（或股本）	700 000	4 000 000
长期待摊费用			资本公积	80 000	
递延所得税资产			盈余公积	60 000	20 000
其他非流动资产			未分配利润	41 000	9 000
非流动资产合计	290 000	3 700 000	所有者权益（股东权益）合计	881 000	4 029 000
资产合计	2 046 000	7 614 000	负债和所有者权益合计	2 046 000	7 614 000

第三节　利润表

一、利润表概述

利润表又称损益表，是反映企业一定会计期间（月度、季度、年度）的经营成果的会计报表。利润表是一张动态报表。通过编制利润表，可以反映企业在一定会计期间的收入、费用、利润（或亏损）的数额、构成情况，帮助财务报表使用者全面了解企业的经营成果，分析企业的获利能力及盈利增长趋势，从而为其作出经济决策提供依据。

（一）利润表的内容

利润表各项目的性质是指各具体项目的经济性质。对企业而言，其活动通常可以划分为生产、销售、管理、融资等环节，每一种活动中发生的费用所发挥的功能并不相同，因此，按照费用功能法将其分开列报，有助于使用者了解费用发生的活动领域。例如，企业为销售产品发生了多少费用、为一般行政管理发生了多少费用、为筹措资金发生了多少费用等。这种方法通常能向报表使用者提供具有结构性的信息，更能清楚地揭示企业经营业绩的主要来源和构成，提供的信息更为相关。如营业利润是指企业一定会计期间通过日常营业活动所实现的利润额，利润总额则是指营业利润和非经常性损益净额（即损失和利得）的总和，净利润是指利润总额减去所得税费用的净额。

（二）利润表的作用

利润表的主要作用是有助于使用者分析判断企业净利润的质量及其风险，评价企业经营管理效率，有助于使用者预测企业净利润的持续性，从而作出正确的决策。通过利润表，可以反映企业在一定会计期间的收入实现情况，如实现的营业收入、取得的投资收益、发生的公允价值变动损益及营业外收入等对利润的贡献大小；可以反映企业一定会计期间的费用耗费情况，如发生的营业成本、税金及附加、销售费用、管理费用、财务费用、营业外支出等对利润的影响程度；可以反映企业一定会计期间的净利润实现情况，分析判断企业受托责任的履行情况，进而还可以反映企业资本的保值增值情况，为企业管理者解脱受托责任提供依据；将利润表资料及信息与资产负债表资料及信息相结合进行综合计算分析，如将营业成本与存货或资产总额的平均余额进行比较，可以反映企业运用其资源的能力和效率，便于分析判断企业资金周转情况及盈利能力和水平，进而判断企业未来的盈利增长和发展趋势，作出相应经济决策。

二、利润表的结构

目前国际上比较普遍的利润表的格式主要有单步式利润表和多步式利润表两种。单步式利润表是将当期所有的收入列在一起，所有的费用列在一起，然后将两者相减得出当期净损益。根据财务报表列报准则规定，我国企业采用多步式利润表格式，即通过对当期的收入、费用，支出项目按性质加以归类，按利润形成的主要环节列示一些中间性利润指标，分步计算当期净损益，以便财务报表使用者理解企业经营成果的不同来源。

14.3 利润表

多步式利润表的编制步骤分以下几个步骤进行：

一是以营业收入为基础，扣除企业或其他经济组织日常主要经营活动中所发生的营业成本、税金及附加、期间费用及资产减值损失，加上公允价值变动收益（减去公允价值变动损失）和投资收益（减去投资损失）等，从而计算出营业利润。

二是在营业利润的基础之上，加减营业外收支项目，从而计算出利润总额。

三是以利润总额扣除所得税后，得出净利润（或净亏损）。

四是其他综合收益各项目分别扣除所得税影响后的净额以及综合收益总额。

五是利润表必须列示每股收益信息，包括基本每股收益和稀释每股收益项目。

利润表主要由表首、表体两部分组成。其中表首部分列示报表名称、编制单位名称、编制日期、报表编号和计量单位等；表体部分是利润表的主体，列示了形成经营成果的各个项目和计算过程。如表 14 – 7 所示。

表 14 – 7　　　　　　　　　　　　　　利润表

编制单位：　　　　　　　　　　　年　月　　　　　　　　　会企 02 表
　　　　　　　　　　　　　　　　　　　　　　　　　　　　　单位：元

项目	本期金额	上期金额
一、营业收入		
减：营业成本		
税金及附加		
销售费用		
管理费用		
研发费用		
财务费用		
其中：利息费用		
利息收入		
加：其他收益		
投资收益（损失以"－"号填列）		
其中：对联营企业和合营企业的投资收益		
净敞口套期收益（损失以"－"号填列）		
公允价值变动收益（损失以"－"号填列）		
信用减值损失（损失以"－"号填列）		
资产减值损失（损失以"－"号填列）		
资产处置收益（损失以"－"号填列）		
二、营业利润（亏损以"－"号填列）		
加：营业外收入		
减：营业外支出		
三、利润总额（亏损总额以"－"号填列）		

续表

项目	本期金额	上期金额
减：所得税费用		
四、净利润（净亏损以"－"号填列）		
（一）持续经营净利润（净亏损以"－"号填列）		
（二）终止经营净利润（净亏损以"－"号填列）		
五、其他综合收益的税后净额		
（一）不能重分类进损益的其他综合收益		
（二）将重分类进损益的其他综合收益		
六、综合收益总额		
七、每股收益		
（一）基本每股收益		
（二）稀释每股收益		

三、利润表的编制方法

利润表是根据"收入－费用＝利润"的基本关系来编制的，其具体内容取决于收入、费用、利润等会计要素及其内容，利润表项目是收入、费用和利润要素内容的具体体现。从反映企业经营资金运动的角度看，它是一种反映企业经营资金动态表现的报表，主要提供有关企业经营成果方面的信息，属于动态会计报表。

为了使财务报表使用者通过比较不同期间利润的实现情况，判断企业经营成果的未来发展趋势，企业需要提供比较利润表。为此，利润表金额栏分为"本期金额"和"上期金额"两栏分别填列。其中"上期金额"栏内各项数字，应根据上年该期利润表的"本期金额"栏内所列数字填列。"本期金额"栏内各期数字，除"基本每股收益"和"稀释每股收益"项目外，应当按照相关科目的发生额分析填列。

（1）"营业收入"项目，反映企业经营活动所取得的收入总额。本项目应根据"主营业务收入""其他业务收入"等科目的贷方发生额合计填列。

【例14－8】东方公司2×23年度"主营业务收入"科目的贷方发生额为30 000 000元，"其他业务收入"科目的贷方发生额为1 000 000元。

东方公司2×23年度利润表中"营业收入"的项目金额为：30 000 000＋1 000 000＝31 000 000（元）。本例中，企业一般应当以"主营业务收入"和"其他业务收入"两个总账科目的贷方发生额之和，作为利润表中"营业收入"项目金额。

（2）"营业成本"项目，反映企业经营活动中发生的实际成本。本项目应根据"主营业务成本""其他业务成本"等科目的借方发生额合计填列。

【例14-9】东方公司2×23年度"主营业务成本"科目的借方发生额为10 000 000元,"其他业务成本"科目的借方发生额为100 000元。

东方公司2×23年度利润表中的"营业成本"的项目金额为:10 000 000 + 100 000 = 10 100 000(元)。本例中,企业一般应当以"主营业务成本"和"其他业务成本"两个总账科目的借方发生额之和,作为利润表中"营业成本"的项目金额。

(3)"税金及附加"项目,反映企业经营业务应负担的消费税、城市维护建设税、资源税、教育费附加及房产税、车船税、城镇土地使用税和印花税等。本项目应根据"税金及附加"账户的发生额分析填列。

(4)"销售费用"项目,反映企业在销售商品和商品流通企业在购入商品过程中发生的费用。本项目应根据"销售费用"科目的借方发生额分析填列。

(5)"管理费用"项目,反映企业为组织和管理生产经营活动而发生的各项费用。本项目应根据"管理费用"科目的发生额分析填列。

(6)"研发费用"项目,反映企业进行研究与开发过程中发生的费用化支出以及计入管理费用的自行开发无形资产的摊销。本项目应根据"管理费用"科目下的"研发费用"明细科目的发生额以及"管理费用"科目下"无形资产摊销"明细科目的发生额分析填列。

(7)"财务费用"项目,反映为筹集生产经营所需资金等而发生的费用。本项目应根据"财务费用"科目的发生额分析填列。其中:"利息费用"项目,反映企业为筹集生产经营所需资金等而发生的予以费用化的利息支出。该项目应根据"财务费用"账户的相关明细账户的发生额分析填列。"利息收入"项目,反映企业确认的利息收入。该项目应根据"财务费用"账户的相关明细账的发生额分析填列。

(8)"其他收益"项目,反映计入其他收益的政府补助等。本项目应根据"其他收益"账户的发生额分析填列。

(9)"投资收益"项目,反映企业以各种方式对外投资所取得的收益。如"投资收益"账户的贷方发生额大于借方发生额,则投资收益项目为正数。如"投资收益"账户的贷方发生额小于借方发生额,则投资收益项目应以"-"号填列。其中,"对联营企业和合营企业的投资收益"项目,反映采用权益法核算的对联营企业和合营企业投资在被投资单位实现的净损益中应享有的份额(不包括处置投资形成的收益)。如为损失,以"-"号填列。

(10)"公允价值变动净收益"项目,反映企业确认的交易性金融资产或交易性金融负债的公允价值变动额。本项目应根据"公允价值变动损益"科目的发生额分析填列。如为损失,以"-"号填列。

(11)"信用减值损失"项目,反映企业按照《企业会计准则第22号——金融工具确认和计量》的要求计提的各项金融工具减值准备所形成的预期信用损失。该项目应根据"信用减值损失"账户发生额分析填列。如为损失,以"-"号填列。

(12)"资产减值损失"项目,反映企业确认的资产减值损失。本项目应根据"资产减值损失"科目的发生额分析填列。如为损失,以"-"号填列。

(13)"资产处置收益"项目,反映企业出售划分为持有待售的非流动资产(金融工具、长期股权投资和投资性房地产除外)或处置时确认的处置利得或损失,以及处置未划分为持有待售的固定资产、在建工程、生产性生物资产及无形资产而产生的利得或损失也包括在本项目内。本项目应根据在损益类账户新设置的"资产处置收益"账户的发生额分析填列。如为损失,以"-"号填列。

(14)"营业利润"项目,反映企业实现的营业利润。如为亏损,本项目以"-"号填列。

(15)"营业外收入"项目,反映企业发生的与其生产经营活动没有直接关系的业务而产生的收入。本项目应根据"营业外收入"科目的发生额分析填列。

(16)"营业外支出"项目,反映企业发生的与其生产经营活动没有直接关系的业务而产生的各项支出。本项目应根据"营业外支出"科目的发生额分析填列。

(17)"利润总额"项目,反映企业实现的利润总额。如为亏损总额,则以"-"号填列。

(18)"所得税费用"项目,反映企业按规定从本期损益中减去的所得税。本项目应根据"所得税"科目的发生额分析填列。

(19)"净利润"项目,反映企业所实现的利润中属于本企业的部分。可以根据公式:"净利润=利润总额-所得税"计算填列,也可以根据"本年利润"账户的借、贷方发生额计算填列。如果出现净亏损,则以"-"号表示。

【例14-10】截至2×23年12月31日,东方公司"主营业务收入"科目的发生额为1 000 000元,"主营业务成本"科目的发生额为600 000元,"其他业务收入"科目的发生额为500 000元,"其他业务成本"科目的发生额为100 000元,"税金及附加"科目的发生额为70 000元,"销售费用"科目的发生额为60 000元,"管理费用"科目的发生额为50 000元,"财务费用"科目的发生额为10 000元,"资产减值损失"科目的借方发生额为50 000元(无贷方发生额),"公允价值变动损益"科目的借方发生额为20 000元(无贷方发生额),"投资收益"科目的贷方发生额为100 000元(无借方发生额),"营业外收入"科目的发生额为100 000元,"营业外支出"科目的发生额为10 000元,"所得税费用"科目的发生额为182 500元。该企业2×23年度利润表中营业利润、利润总额和净利润的计算过程如下:

营业利润=1 000 000+500 000-600 000-100 000-70 000-60 000-50 000-10 000-50 000-20 000+100 000=640 000(元)

利润总额=640 000+100 000-10 000=730 000(元)

所得税费用=730 000×25%=182 500(元)

净利润=730 000-182 500=547 500(元)

本例中,企业应当根据编制利润表的多步式步骤,确定利润表中各主要项目的金额，相关计算公式如下：

营业利润 = 营业收入 − 营业成本 − 税金及附加 − 销售费用 − 管理费用
− 财务费用 − 研发费用 − 资产减值损失 − 信用减值损失
± 公允价值变动净损益 ± 投资净损益 ± 资产处置净损益 + 其他收益

其中：

营业收入 = 主营业务收入 + 其他业务收入

营业成本 = 主营业务成本 + 其他业务成本

利润总额 = 营业利润 + 营业外收入 − 营业外支出

所得税费用 = 利润总额 × 所得税税率（25%）

净利润 = 利润总额 − 所得税费用

四、利润表编制举例

【例 14 − 11】东方公司 2×23 年度的累计发生额如表 14 − 8 所示。

表 14 − 8　　　　　　　　2×23 年度的累计发生额　　　　　　　单位：元

科目名称	借方发生额	贷方发生额
营业收入		15 500 000
营业成本	5 500 000	
税金及附加	50 000	
销售费用	300 000	
管理费用	950 000	
财务费用	300 000	
资产减值损失	300 000	
投资收益		35 000
营业外收入		200 000
营业外支出	220 000	
所得税费用	2 028 750	

根据上述资料编制利润表，如表 14 − 9 所示。

表 14 − 9　　　　　　　　　　　利润表

编制单位：东方公司　　　　　　　2×23 年 12 月　　　　　　　　　　单位：元

项目	本月数	本年累计数
一、营业收入		15 500 000
减：营业成本		5 500 000
税金及附加		50 000
销售费用		300 000
管理费用		950 000

续表

项目	本月数	本年累计数
财务费用		300 000
资产减值损失		300 000
加：公允价值变动净收益（损失以"－"号填列）		
投资收益		35 000
二、营业利润（亏损以"－"号填列）		8 135 000
加：营业外收入		200 000
减：营业外支出		220 000
三、利润总额（亏损总额以"－"号填列）		8 115 000
减：所得税费用		2 028 750
四、净利润（净亏损以"－"号填列）		6 086 250

第四节 现金流量表

一、现金流量表概述

现金流量表是反映企业一定期间内现金流入和现金流出情况的会计报表，是反映企业财务状况变动情况的报表。作为企业对外编制的主要报表之一，现金流量表主要为使用者提供企业一定期间的现金流入和流出信息，以便于报表使用者了解和评价企业获得现金和现金等价物的能力和企业偿债、支付股利的能力，并据以预测企业未来现金流量，分析企业投资和理财活动对经营成果和财务状况的影响。

14.4 现金流量表

（一）现金流量表的内容

现金流量表的基本结构根据"现金流入量－现金流出量＝现金净流量"公式设计。现金流量包括现金流入量、现金流出量、现金净流量。根据企业经济活动的性质和现金流量的功能，主要现金流量可以分为三类并在现金流量表中列示，即经营活动产生的现金流量、投资活动产生的现金流量和筹资活动产生的现金流量，每一项分为流入量、流出量和净流量三部分分项列示。

1. 经营活动产生的现金流量

经营活动是指企业投资活动和筹资活动以外的所有交易和事项。从经营活动的定义可以看出，经营活动的范围很广，它包括除投资活动和筹资活动以外的所有交易和事项。对于工商企业而言，经营活动主要包括销售商品、提供劳务、购买商品、接受劳务、支付税费等。

2. 投资活动产生的现金流量

投资活动是指企业长期资产的购建和不包括在现金等价物范围内的投资及其

处置活动。其中,长期资产是指固定资产、无形资产、在建工程、其他资产等持有期限在一年或一个营业周期以上的资产。

需要注意的是,这里所讲的投资活动,既包括实物资产投资,也包括金融资产投资,还包括购建固定资产等投资活动。这里之所以将"包括在现金等价物范围内的投资"排除在外,是因为已经将包括在现金等价物范围内的投资视同现金。

3. 筹资活动产生的现金流量

筹资活动是指导致企业资本及债务规模和构成发生变化的活动,包括吸收投资、发行股票、分配利润、支付债权人的本金和利息以及融资租入资产所支付的现金。需要注意的是,支付的利息和支付的股利、收到的利息和股利,在会计实务中存在一定的差异,有作为投资活动的现金流量,也有作为筹资活动的现金流量。

(二)现金流量表的作用

通过现金流量表,可以揭示企业在一定时期内,现金从哪里来,用到哪里去了,了解企业现金流入和流出的原因,为正确进行财务决策提供依据。

通过现金流量表,可以揭示企业经营活动、投资活动、筹资活动的现金流量,详细分析企业现金周转及偿还债务的能力。

通过现金流量表,可以了解企业未来生成现金的能力,为分析和判断企业的财务前景提供依据。

现金流量表,为报表使用者提供了按收付实现制,以现金流动为基础的会计报表,有助于分析企业收益的质量,更真实地反映企业的财务状况。

二、现金流量表的编制基础

现金流量表实际上是以现金为基础编制的财务状况变动表。这里的现金是相对广义的现金,不仅包括库存现金,还包括企业随时支用的银行存款和其他货币资金,以及现金等价物。具体包括以下内容。

(1)库存现金,是指企业持有的、可随时用于支付的现款,即与会计核算中"库存现金"账户所核算的内容一致。

(2)银行存款,是指企业存在银行或其他金融机构可随时用于支付的存款,即与会计核算中"银行存款"账户所核算的内容基本一致,但对于不能随时支取的定期存款,不作为现金流量表中的现金。

(3)其他货币资金,是指企业存在银行或其他金融机构有特定用途的资金,包括银行汇票存款、银行本票存款、外埠存款、信用证保证金存款、信用卡存款、存出投资款等。

(4)现金等价物,是指企业持有的期限短、流动性强、易于转换为已知金额的现金、价值变动风险很小的短期投资。现金等价物虽然不是现金,但是其支付能力和现金的差别不大,所以可以视同为现金。典型的现金等价物通常是指自购买日起 3 个月到期的短期债券投资。

三、现金流量表的结构

我国企业现金流量表采用报告式结构,会计准则规定现金流量表主表的编制格式为按经济活动的性质分别归集经营活动、投资活动和筹资活动产生的现金流入量、现金流出量和现金流量净额,最后汇总反映企业某一期间现金及现金等价物的净增加额和余额。其基本原理是以权责发生制为基础提供的会计核算资料为依据,按照收付实现制基础进行调整计算,以反映现金流量增减变动及其结果,即将以权责发生制为基础编制的资产负债表和利润表资料按照收付实现制基础调整计算编制现金流量表。

现金流量表属于年报,其由报表主表和补充资料两部分组成。如表 14 – 10 所示。

表 14 – 10   现金流量表

会企 03 表

编制单位: 年 月   单位:元

项目	本期金额	上期金额
一、经营活动产生的现金流量		
销售商品、提供劳务收到的现金		
收到的税费返还		
收到的其他与经营活动有关的现金		
经营活动现金流入小计		
购买商品、接受劳务支付的现金		
支付给职工以及为职工支付的现金		
支付的各项税费		
支付的其他与经营活动有关的现金		
经营活动现金流出小计		
经营活动产生的现金流量净额		
二、投资活动产生的现金流量		
收回投资所收到的现金		
取得投资收益所收到的现金		
处置固定资产、无形资产和其他长期资产所收回的现金净额		
收到的其他与投资活动有关的现金		
投资活动现金流入小计		
购建固定资产、无形资产和其他长期资产所支付的现金		
投资所支付的现金		
支付的其他与投资活动有关的现金		

续表

项目	本期金额	上期金额
投资活动现金流出小计		
投资活动产生的现金流量净额		
三、筹资活动产生的现金流量		
吸收投资所收到的现金		
取得借款所收到的现金		
收到的其他与筹资活动有关的现金		
筹资活动现金流入小计		
偿还债务所支付的现金		
分配股利、利润和偿付利息所支付的现金		
支付的其他与筹资活动有关的现金		
筹资活动现金流出小计		
筹资活动产生的现金流量净额		
四、汇率变动对现金的影响		
五、现金及现金等价物净增加额		
加：期初现金及现金等价物余额		
六、期末现金及现金等价物余额		

14.5 所有者权益变动表

第五节　所有者权益变动表

所有者权益变动表是反映企业年末所有者权益增减变动情况的报表。通过该表，可以了解企业某一会计年度所有者权益各项目的实收资本、资本公积、盈余公积和未分配利润等的增加、减少及余额情况，分析其变动原因及预测未来的变动趋势。

按照《企业会计准则第 30 号——财务报表列表》的规定，所有者权益变动表至少应当单独列示下列信息的项目：

（1）净利润；

（2）直接计入所有者的利得和损失项目及其总额；

（3）会计政策变更和差错更正的累计影响金额；

（4）所有者投入资本和向所有者分配利润等；

（5）按照规定提取的盈余公积；

（6）实收资本、资本公积、盈余公积和未分配利润的期初和期末余额及调节情况。

我国企业所有者权益变动表的格式如表 14 - 11 所示。

所有者权益变动表

表 14-11

编制单位： 单位：元

项目	本年金额								上年金额							
	实收资本（或股本）	其他权益工具	资本公积	减：库存股	其他综合收益	盈余公积	未分配利润	所有者权益合计	实收资本（或股本）	其他权益工具	资本公积	减：库存股	其他综合收益	盈余公积	未分配利润	所有者权益合计
一、上年年末余额																
加：会计政策变更																
前期差错更正																
二、本年年初余额																
三、本年增减变动金额（减少用"-"号表示）																
（一）综合收益总额																
（二）所有者投入和减少资本																
1. 所有者投入的普通股																
2. 其他权益工具持有者投入资本																
3. 股份支付计入所有者权益的金额																
4. 其他																
（三）利润分配																
1. 提取盈余公积																
2. 对所有者（或股东）的分配																
3. 其他																
（四）所有者权益内部结转																
1. 资本公积转增资本（或股本）																
2. 盈余公积转增资本（或股本）																
3. 盈余公积弥补亏损																
4. 其他																
四、本年年末余额																

第六节 会计报表附注

一、会计报表附注的意义

会计报表附注是为了便于会计报表使用者理解会计报表的内容而对会计报表的编制基础、编制依据、编制原则和方法及主要项目等所作的解释。它是对会计报表的补充说明,是财务会计报告的重要组成部分。编制会计报表附注的意义在于以下方面。

(一) 提高会计信息的可比性

会计报表是依据会计制度编制而成的。由于会计制度对某些经济业务提供了多种可供选择的会计处理方法,企业可以根据具体情况进行选择,由此可能会造成不同行业或同一行业的不同企业因采用不同的会计处理方法而使其提供的会计信息产生差异。另外,如果企业对已采用的会计政策有所变动,这就可能造成企业因所选用的会计政策发生变动,而导致同一行业不同会计期间的会计信息失去可比的基础。通过编制会计报表附注,可以使报表使用者了解会计信息差异存在、产生的原因及其影响的大小,从而提高会计信息的可比性。

(二) 增进会计信息的可理解性

会计报表的附注部分,还会对报表中重要的数据以及未列入报表的重要事项作出解释或说明,将抽象的数据具体化,有助于报表使用者深入理解会计报表,准确利用所需的会计信息。

(三) 促使会计信息充分披露

会计报表附注主要以文字说明或数据表格等方式,充分揭示会计报表内与报表使用者决策相关的重要信息,从而便于广大投资者全面掌握企业财务状况、经营成果和现金流动情况,为投资者正确决策提供信息服务。

二、会计报表附注的内容

企业会计制度规定,会计报表附注至少应当包括以下内容:
(1) 不符合会计核算前提的说明;
(2) 重要会计政策和会计估计的说明;
(3) 重要会计政策和会计估计变更的说明,以及重大会计差错更正的说明;
(4) 或有事项的说明;

(5) 资产负债表日后事项的说明；

(6) 关联方关系及其交易的说明；

(7) 重要资产转让及其出售的说明；

(8) 企业合并、分立的说明；

(9) 会计报表重要项目的说明；

(10) 收入的会计处理方法；

(11) 所得税的会计处理方法；

(12) 合并会计报表的说明；

(13) 有助于理解和分析会计报表需要说明的其他事项。

思政课堂

中国某知名农业大型企业始建于1987年，该企业曾经创造了中国股市长盛不衰的绩优神话。自1996年发行上市以后，该企业在财务数字上一直保持着神奇的增长速度：总资产规模从上市前的2.66亿元发展到2000年末的28.38亿元，增长了9倍，历年年报的业绩都在每股0.60元以上，最高达到1.15元。即使遭遇了1998年特大洪灾以后，每股收益也达到了不可思议的0.81元，5年间股本扩张了360%。2022年，记者发现了该企业的问题，她以一篇写给《金融内参》的短文《应立即停止对某股份发放贷款》对其直接提出了质疑。文章对该企业的资产结构、现金流向情况和偿债能力作了详尽分析后，得出结论是该知名企业业绩有虚假成分，而业绩神话完全依靠银行贷款，20亿元贷款该知名企业根本无力偿还。最终，该企业资金链断裂，最终被强制停牌。

在今后的学习中，同学们要注意培养学生独立思考的能力，对企业的财务数据和经营状况要持审慎态度，不只看外表的光鲜和宣传，不盲目相信表面的成功和数字，勇于对不合理现象提出质疑。

思考题

1. 什么是资产负债表？它能提供哪些信息？
2. 什么是利润表？它能提供哪些信息？
3. 什么是现金流量表？其编制的基础是什么？
4. 编制会计报表有哪些要求？
5. 按照报表编制的时间可以将会计报表分为哪几类？

第十五章 财务报告分析

> 学习目标

通过本章的学习,要求了解财务报告分析的意义,熟悉财务报告分析的步骤和基本方法;掌握偿债能力的分析指标;掌握营运能力的分析指标;掌握盈利能力的分析指标。

第一节 财务报告分析概述

15.1 财务报告分析概述

前已述及,企业的财务报告可以从不同的角度反映企业的财务状况、经营成果和现金流量的变动状况,然而,它们所显示的都只是企业过去的历史资料,而且每一张财务报表只能反映某一部分的事实,不能直接揭示各报表项目之间的内在联系,也很难充分地了解企业的发展趋势及其在同行业中的地位。因此,要运用财务分析方法和相关技术对财务报告进行全面、综合的分析,才能合理、有效地利用财务报告并达到最佳效果。

财务报告分析,就是以财务报表和其他相关资料为依据和起点,采用一系列专门方法和技术,对企业的基本财务状况和企业的偿债能力、盈利能力和营运能力进行分析,为企业的投资者、债权人和管理当局等会计信息使用者了解过去、分析现状、预测未来,作出正确决策而提供准确的会计信息的一种科学方法。

一、财务报告分析的含义

财务报告分析就是要利用财务报告所提供的信息,对企业过去的财务状况和经营成果作出合理评价,并为企业未来前景作出预测,以便为有关决策者提供决策依据。

(一) 有利于企业的投资者作出正确的投资决策

一般来说,投资者对企业关注的情况主要有两个方面:一是预期投资收益率水平;二是投资收益的波动性,即投资的风险程度。投资者既要了解企业的盈利能力，又要考虑企业的长期发展潜力。通过分析财务报告，投资者能了解企业的盈利能力、资本结构和偿债能力，能了解企业的财务风险大小，通过比较不同年份的收益指标的变动趋势来分析投资风险的大小，进而作出投资决策。

（二）有助于债权人作出是否贷出资金的决策

债权人更多地关心企业的偿债能力，关注企业的资本结构、负债比例以及长短期负债比例是否恰当。一般来讲，短期债权人更多地注重企业各项流动比率所反映出来的短期偿债能力。而长期债权人则会更多地考虑企业的经营方针、投资方向及项目性质等所包含的企业潜在财务风险和长期偿债能力，同时，长期债权人也要求了解企业的长期经营方针和发展实力以及是否具有稳定的盈利水平，因为这是企业持续偿债能力的基本保障。例如，供货商通过分析企业资产的流动性来判断是否向其提供商业信用；金融机构通过分析企业的偿债能力来决策是否向企业提供贷款。而这些都需要通过分析财务报告来实现。

（三）为企业经营管理者改善内部经营管理提供决策依据

企业的经营管理者通过分析财务报告资料能了解企业资产的使用效率、盈利情况以及财务结构等方面的信息，通过将有关指标与计划指标、历史水平以及行业水平进行对比，从中发现存在的问题，进而采取措施进行改进。

二、财务报告分析的作用

财务报表分析的主要作用在于充分揭示企业的现有状况，研究企业未来的发展趋势，为财务报表使用者提供评价、预测和决策等相关有用的信息。具体的作用可以表述如下。

（一）评价企业已经发生的经济业务

财务报表分析，主要是通过对企业财务报表等相关资料的分析，能够基本判断企业过去的财务状况和经营成果，即根据相关的法规和企业理财目标，分析企业目前的偿债能力、盈利能力和营运能力是否存在问题，并剖析问题产生的原因，为企业所有者、管理当局，为政府部门、投资者和债权人的考评与决策提供一定的参考。

（二）预测企业的未来前景

财务报表分析不仅可以评价过去，而且可以通过对已经发生的经济业务的分析，预测企业的未来发展状况及趋势。通过财务报表的分析，不仅可以评估企业未来的价值及价值创造，还可以为企业未来的财务预测、财务决策指明方向，并为企业进行财务危机预测提供必要的信息。

三、财务报告分析的主要内容

财务报告分析的内容是由分析主体和分析目的决定的,财务报告分析的主体不同,分析的目的就不同,不同利益主体进行财务分析有各自的侧重点,但就企业总体而言,财务分析的内容可归纳为四个方面。

(一) 偿债能力分析

偿债能力分析主要是分析和评价企业一年内以及一年以上的长短期债务的偿还能力及财务风险。无论是企业的经营管理者、债权人还是投资者都十分关心企业的偿债能力。如果企业的偿债能力较差,则会产生如下不良后果:(1) 企业存在不能如期偿还债务本息的风险,因此银行和其他金融机构不愿意为企业提供贷款,债券投资人不愿意购买企业的债券。企业难以举债融资,即使能够取得贷款或发行债券,其资金成本必然较高。(2) 对上市公司而言,企业面临较高的财务风险,则厌恶风险的投资者就会抛出该企业的股票,从而使股票价格下跌,不仅使公司声誉受损,同时也使股东蒙受损失。(3) 供应商拒绝提供商业信用,致使企业经营困难加剧。可见偿债能力方面的信息对于各方面的利益相关者都是至关重要的。

(二) 营运能力分析

营运能力分析主要是指对企业运用经济资源从事业务经营的能力和经济资源的利用效率进行分析和评价。营运能力的提高意味着在不增加资金投入的情况下,企业能创造更多的利润,资产的流动性更强,进而企业的偿债能力和盈利能力都会有所改善;相反,如果企业的营运能力较差,通常表明企业在管理方面存在诸多问题,如货币资金过分闲置、存货大量积压、赊销信用政策过松、固定资产利用率过低等。因此,营运能力状况是投资者、债权人和管理者都密切关注的信息。

(三) 盈利能力分析

盈利能力分析主要是分析和评价企业获取利润的能力及利润分配情况。盈利是任何企业最重要的目标,一个企业要想持久维持良好的财务状况,必须要靠较强盈利能力的支持。从管理者和投资者的立场来看,保持足够的偿债能力和营运能力的目的在于为企业营造良好的盈利环境,以便企业为投资者创造更多的财富。从债权人的立场看,利润是还本付息资金最可靠的来源。所以,盈利能力也是企业各方面财务信息的使用者普遍关心的问题。

(四) 发展能力分析

企业的投资者、经营管理者和长期债权人不仅关心企业当期的盈利能力,也更加关心企业稳定经营、长远发展的趋势。如果企业经营不利和经济形势不利,可能会出现企业各年发展不稳定、利润忽高忽低的状况,可能会为了达到短期利益最大化的目的而采取掠夺式经营，可能会采取比较短期的经营策略减少对未来发展的投入，从而削弱企业的长远发展能力。经营不稳定、发展能力下降，必然会影响投资者和长期债权人的长远利益。因此，这部分利益关系人，出于对自身经济利益的关注，需要了解企业有关发展能力状况的信息。

在财务报告分析的四个内容中，偿债能力是财务目标实现的稳健保证，营运能力是财务目标实现的物质基础，盈利能力是两者共同作用的结果，同时也对两者的增强起着推动作用。而良好的营运能力和盈利能力也是企业持续稳定发展的有力保障。四者相辅相成，共同构成企业财务分析的基本内容。

四、财务报告分析的步骤

财务报告分析是一个复杂的过程。为了有效地分析会计信息，使分析工作能够有序地顺利进行，并对分析过程进行正确的判断和最终作出恰当的评价，保证分析质量，需要建立规范、合理的分析程序。进行财务报告分析，一般由以下几个相互联系的步骤组成。

（一）确定财务报告分析的目标，制订分析工作计划

财务报告的使用者希望通过分析财务报告为作出科学决策提供依据，所以在进行财务报告分析之前，首要的任务是根据财务报告使用者的需要确定分析目标，并制订分析工作计划，以期提供公允、恰当的会计信息。

（二）收集财务报告分析所必备的信息数据

目标确定之后就应着手收集相关的会计信息资料，以供分析使用。这些信息资料一般包括对外报送的财务会计报表、财务报表附注、财务情况说明书等，以及来自审计人员的查账报告，资信部门、证券管理委员会、行业主管部门的信息数据等。

（三）根据分析目的，运用科学的分析方法进行分析

在分析财务报告时，应首先根据分析内容选择科学的分析方法，对所收集的资料数据进行深入的比较、研究，并用简明的文字加以解释。

（四）作出分析结论，突出分析报告，为信息使用者提供决策参考

在深入比较、研究的基础上，将分析的结果形成书面报告，提供给财务报告的使用者，以满足其决策需要。

五、财务报告分析的基本方法

构成财务报告的核心内容是会计报表。会计报表是会计人员运用专门的会计

方法，根据各项有关会计制度的要求编制出来的，具有较强的专业性和高度的概括性。直接阅读会计报表需要具备较强的会计专业知识，而没有经过加工处理的会计报表数据往往不能直接鲜明地揭示企业的财务状况。因此需要利用专门的技术才能从会计报表中提炼出更多有助于决策的信息。

财务报告分析通常采用结构分析法、比较分析法、趋势分析法、比率分析法、因素分析法等财务报表分析方法进行分析。

（一）结构分析法

结构分析法主要是以企业的资产负债表、利润表、现金流量表等资料为依据，对企业财务状况构成的合理性、利润的构成和现金流量的来源及流向等进行总体的测算与分析，以便从财务的角度发现企业面临的潜在风险。

（二）比较分析法

比较分析法是通过有关财务指标的对比分析来解释企业财务状况和经营成果的一种分析方法。比较分析法可以分为横向比较和纵向比较两类，前者是指将本企业的财务指标与其他企业和同行业水平进行比较，从中发现企业存在的问题和差距；后者是指将本企业前后不同时期的财务指标进行对比，以揭示企业财务状况和经营成果的变动趋势。

比较分析法的主要形式有：

（1）实际指标与计划指标进行对比，以便分析检查计划的完成情况。

（2）本期实际指标与上期实际指标对比，其结果可以提示企业有关指标的变动情况。

（3）本企业实际指标与同行业相应指标的平均水平或先进水平对比，从中可以分析企业的现状，以及其在行业中所处位置，并分析存在的差异及原因，以便采取相应的对策。

比较分析法通常与其他分析方法结合使用才能发挥其应有的作用。在运用比较分析法时，对比的指标可以是绝对数指标，如产品销售收入、利润总额等，也可以是相对数指标，如产品毛利率、资产周转率等。但需要注意的是，无论进行何种指标的对比，其指标的计算口径、计价基础和时间单位都应保持一致，这样才具有可比性，才能保证比较结果的准确性。

（三）趋势分析法

趋势分析法是根据一个企业两期或连续数期的财务报告资料将报表中的相同指标进行对比和分析，确定其增减变动的方向、数额和幅度，以反映企业的财务状况和经营成果的变动趋势，并以此来预测企业未来的发展趋势的一种方法，因而又称动态分析法。

趋势分析法一般采用编制比较财务报表的方法，将两期和两期以上的财务报表所提供的信息并行列示，相互比较，观察其增减变动的情况，揭示发展趋势。

该法的根本目的在于利用过去的信息推断企业未来的发展趋势。具体做法有两种：

（1）编制绝对数比较财务报表，即将一般财务报表的"金额栏"划分为若干期的金额，以便进行比较，作进一步的了解与研究。

（2）编制相对数比较财务报表，即将财务报表上的某一关键项目的金额当作100%，计算出其他项目对关键项目的百分比，以显示出各个项目的相对地位，然后把连续若干按相对数编制的财务报表合并为比较财务报表，以反映各个项目结构上的变化。

（四）比率分析法

比率分析法是把同一时期财务报表中彼此存在关联的几个项目之间进行对比，用比率来反映它们之间的相互关系，据此分析和评价企业财务状况和经营成果的一种分析方法。它用相对数来表示，因而又称为财务比率。这种方法能够把某些条件下的不可比指标变为可以比较的指标，以利于进行分析。

比率分析法是财务报告分析最基本的方法，同时它需要结合比较分析法，因为对各种财务比率的分析和评价必须借助于比较的手段。财务比率的种类较多，概括起来主要有：反映偿债能力的比率、反映营运能力的比率和反映盈利能力的比率。例如，流动比率是一个反映企业偿债能力的财务指标，在进行财务报告分析时，我们不仅要计算本年度的流动比率，还要将它与以前年度的该指标相比，观察其增减变化的情况，分析其变动的原因。

运用比率分析法进行指标对比的结果是相对数，具体对比的方法有以下两种：

（1）结构比率分析，是通过个体指标与总体指标的对比，计算出个体指标占总体指标的比重，分析构成项目的变化，掌握经济活动的特点和变化趋势。

（2）相关比率分析，是将两个性质不同但又相关的指标进行对比，计算出另一经济含义指标的分析方法。分析师应该确定不同指标之间客观存在的相互关系，如将企业的净利润与所有者权益对比，可以计算净资产收益率等。

（五）因素分析法

因素分析法是依据分析指标之间的关系，从数量上确定各因素对分析指标影响程度的一种分析方法。因素分析法的理论依据是现象之间的相关性，即经济变量之间存在某种因果关系。因素分析法是一种深层次的分析方法，运用这种方法可以揭示产生差异的原因及各因素的影响程度。

因素分析法有不同的形式，具体可分为连环替代法、因果分析法和主次因素分析法等。

（1）连环替代法是一种因素分析法，它不仅能定性，而且能定量地测定影响经济指标的各个因素对该指标变动差异的影响程度。其方法是将经济指标分解为两个或两个以上的因素，逐一变动各个因素，从数量上测算每一因素变动对经济指标总体的影响。

（2）因果分析法是将经济指标分解为若干因素，对每个因素再进一步分析，以揭示经济指标变化的原因。

（3）主次因素分析法是将影响经济指标的各因素区分为主要因素、次要因素，然后对主要因素进行深入分析，对其他因素则花费较少时间，以取得事半功倍的效果。

15.2 偿债能力分析

第二节　偿债能力分析

偿债能力是指企业偿还到期债务（包括本息）的能力。通过偿债能力的分析，能揭示一个企业财务风险的大小。企业的负债按偿还期的长短，可分为流动负债和非流动负债两大类。其中，反映企业偿付流动负债能力的是短期偿债能力；反映企业偿付非流动负债能力的是长期偿债能力。

一、短期偿债能力分析

短期偿债能力是指流动资产对流动负债及时、足额偿还的保证程度，它反映企业支付到期短期债务的能力。企业的流动资产与流动负债的关系以及资产的变现速度是影响短期偿债能力的主要因素。短期偿债能力是财务分析中必须重视的一个方面。短期偿债能力不足，企业无法满足债权人的要求，可能会陷入破产和造成生产经营的混乱。反映企业短期偿债能力的指标主要有流动比率、速动比率、现金比率和现金净流量比率等。计算偿债能力比率所运用的资料主要来自资产负债表。

（一）流动比率

流动比率是指企业的流动资产与流动负债的比例关系，它是衡量一个企业以流动资产偿还短期债务的能力，即每一元流动负债有多少流动资产可以作为支付的保障。其计算公式如下：

$$流动比率 = 流动资产 \div 流动负债$$

流动比率说明的是能在短期内转化成现金的资产对需要在短期内偿还的负债的一种保证程度。一般情况下，流动比率越高，反映企业短期偿债能力越强，债权人的权益越有保障；流动比率过低，表明企业难以如期偿还短期债务。但是流动比率也不是越高越好，过高的流动比率表明企业占用的资金过多，企业资产的使用效率较低，会影响企业的筹资成本，进而影响企业的获利能力。究竟应保持多高水平的流动比率，要视企业对待风险与收益的态度予以确定。从理论上讲，流动比率维持在2:1是比较适宜的。但是由于行业性质不同，流动比率的实际标准也不同，因此在具体分析某公司的流动比率时，应将其与同行业的平均流动比率作横向比较，或者与本公司的历史流动比率进行纵向比较，才能得出正确的结论。

【例 15-1】 东方公司 2×23 年的资产负债表和利润表分别如表 15-1 和表 15-2 所示。

表 15-1　　　　　　　　　　　　　资产负债表

编制单位：东方公司　　　　　2×23 年 12 月 31 日　　　　　　　　　会企 01 表
单位：元

资产	年末余额	年初余额	负债和所有者权益（或股东权益）	年末余额	年初余额
流动资产：			流动负债：		
货币资金	14 304 690	14 163 000	短期借款	1 500 000	4 000 000
交易性金融资产	1 050 000	750 000	交易性金融负债		
应收票据	343 000	2 460 000	应付票据	2 000 000	3 000 000
应收账款	6 982 000	3 991 000	应付账款	15 548 000	16 248 000
预付账款	1 000 000	1 000 000	预收账款		
其他应收款	1 050 000	1 050 000	应付职工薪酬	1 600 000	1 100 000
存货	25 827 000	25 800 000	应交税费	907 440	366 000
其他流动资产			其他应付款	500 000	500 000
一年内到期的非流动资产			一年内到期的非流动负债		
流动资产合计	50 556 690	49 214 000	流动负债合计	22 055 440	25 214 000
非流动资产：			非流动负债：		
债权投资			长期借款	8 000 000	4 000 000
其他权益投资			应付债券		
长期应收款			长期应付款		
长期股权投资	2 500 000	2 500 000	专项应付款		
其他权益工具投资	18 864 700	8 000 000	预计负债		
其他非流动金融资产			递延所得税负债		
投资性房地产			其他非流动负债		
固定资产	6 780 000	15 000 000	非流动负债合计	8 000 000	4 000 000
在建工程			负债合计	30 055 440	29 214 000
无形资产	5 400 000	6 000 000	所有者权益（或股东权益）：		
开发支出			实收资本（或股本）	50 000 000	50 000 000
商誉			资本公积		
长期待摊费用			盈余公积	1 262 095	1 000 000
递延所得税资产	75 000		未分配利润	2 858 855	500 000
其他非流动资产			减：库存股		
非流动资产合计	33 619 700	31 500 000	所有者权益（股东权益）合计	54 120 950	51 500 000
资产合计	84 176 390	80 714 000	负债和所有者权益合计	84 176 390	80 714 000

注："应收账款"账户的年末余额为 7 000 000 元，"坏账准备"账户的年末余额为 18 000 元。

表 15-2　　　　　　　　　　　　　利润表

编制单位：东方公司　　　　　　　2×23 年度　　　　　　　　会企 02 表
　　　　　　　　　　　　　　　　　　　　　　　　　　　　　单位：元

项目	本期金额
一、营业收入	12 800 000
减：营业成本	7 600 000
税金及附加	20 000
销售费用	200 000
管理费用	971 000
财务费用	300 000
资产减值损失	309 000
加：公允价值变动净收益（损失以"-"号填列）	
投资收益	15 000
二、营业利润（亏损以"-"号填列）	3 415 000
加：营业外收入	400 000
减：营业外支出	220 400
三、利润总额（亏损总额以"-"号填列）	3 594 600
减：所得税费用	898 650
四、净利润（净亏损以"-"号填列）	2 695 950

根据东方公司 2×23 年末资产负债表（表 15-1），2×22 年末和 2×23 年末的流动资产分别为 49 214 000 元、50 556 690 元，流动负债分别为 25 214 000 元、22 055 440 元，则：

2×22 年末流动比率 = 49 214 000 ÷ 25 214 000 = 1.9519

2×23 年末流动比率 = 50 556 690 ÷ 22 055 440 = 2.2923

通过计算可以看出，东方公司这两年的流动比率都接近于一般公认标准，说明东方公司的短期偿债能力较强，而 2×23 年末比 2×22 年末的流动比率有较大幅度的提高，这意味着东方公司的短期偿债能力进一步增强。

（二）速动比率

速动比率是速动资产与流动负债的比率。速动资产是指能迅速转化为现金的资产，一般包括货币资金、交易性金融资产、应收票据、应收账款、合同资产、其他应收款，也就是流动资产减去变现能力较差且不稳定的存货、预付账款、一年内到期的非流动资产和其他流动资产等之后的余额。由于剔除了存货等变现能力较弱且不稳定的资产，因此，速动比率较之流动比率能够更加准确、可靠地评价企业资产的流动性及其偿还短期负债的能力。其计算公式如下：

速动比率 = 速动资产 ÷ 流动负债

一般情况下，速动比率越高，说明企业偿还流动负债的能力越强。传统经验认为，速动比率维持在 1∶1 是比较适宜的。它表明企业的每 1 元流动负债就有 1

元易于变现的速动资产来抵偿。如果速动比率过低，必然使企业面临较大的偿债风险。企业因为速动比率小于1，所以面临很大的偿债风险；如果速动比率大于1，尽管债务偿还的安全性很高，但会因企业现金及应收账款资金占用过多而大大增加企业的机会成本。当然，由于行业不同，企业的经营特点不同，速动比率也会有较大的差异。

【例15-2】根据东方公司 2×23 年末资产负债表（见表 15-1），2×22 年末和 2×23 年末的流动资产分别为 49 214 000 元和 50 556 690 元，流动负债分别为 25 214 000 元和 22 055 440 元，存货分别为 25 800 000 元和 25 827 000 元，预付账款分别为 1 000 000 元和 1 000 000 元，则：

2×22 年末速动比率 =（49 214 000 - 25 800 000 - 1 000 000）÷ 25 214 000
= 0.8889

2×23 年末速动比率 =（50 556 690 - 25 827 000 - 1 000 000）÷ 22 055 440
= 1.0759

从计算结果来看，东方公司 2×23 年末的速动比率比 2×22 年末有较大提高，而且达到了一般的公认标准，说明东方公司的短期偿债能力有所增强。

（三）现金比率

现金比率是指现金类资产与流动负债的比率。现金类资产主要是库存现金和银行活期存款。如果企业的交易性金融资产变现能力极强，也可以当作是现金类资产。其计算公式如下：

现金比率 = 现金资产 ÷ 流动负债

现金比率是对短期偿债能力要求最高的指标，主要适合于那些应收账款和存货变现能力存在问题的企业。现金比率越高，说明企业的短期偿债能力越强。但是在正常情况下，企业不可能也没有必要始终保持过多的现金类资产，否则可能会丧失某些获利机会和投资机会，所以这一比率通常不会很高。只有当有迹象表明企业资产的变现能力存在较大问题的情况下，计算现金比率反映企业的短期偿债能力才更具有现实意义。

【例15-3】根据东方公司 2×23 年末资产负债表（见表 15-1），2×22 年末和 2×23 年末的货币资金分别为 14 163 000 元和 14 304 690 元，流动负债分别为 25 214 000 元和 22 055 440 元，交易性金融资产分别为 750 000 元和 1 050 000 元，则：

2×22 年末现金比率 =（14 163 000 + 750 000）÷ 25 214 000 = 0.5915

2×23 年末现金比率 =（14 304 690 + 1 050 000）÷ 22 055 440 = 0.6962

从计算结果来看，东方公司 2×23 年的现金比率比 2×22 年有所提高，说明东方公司的短期偿债能力有所增强。

（四）现金净流量比率

现金净流量比率是企业一定时期的经营现金净流量同流动负债的比率，它可以从现金流量角度来反映企业当期偿付短期负债的能力。其计算公式如下：

$$现金净流量比率 = 经营活动现金净流量 \div 期末流动负债$$

上式中，经营现金净流量指一定时期内由企业经营活动所产生的现金及其等价物的流入量与流出量的差额。

该指标是从现金流入和流出的动态角度对企业实际偿债能力进行考察。由于有利润的年份不一定有足够的现金来偿还债务，所以利用以收付实现制为基础的现金净流量比率指标，能充分体现企业经营活动所产生的现金净流量可以在多大程度上偿还当期流动负债，直观地反映企业偿还流动负债的实际能力。该指标评价企业偿债能力更为谨慎。若该指标小于1，表示经营活动产生的现金不足以偿还到期债务，需要采取对外筹资或出售资产等其他方式才能偿还债务。若该指标大于1，表明企业经营活动产生的现金净流量较多，能够保障企业按时偿还到期债务，但也不是越大越好，太大，则表示企业流动资金利用不充分，收益能力不强。

【例15-4】根据东方公司 2×23 年末资产负债表（见表 15-1），东方公司 2×22 年末和 2×23 年末的流动负债分别为 25 214 000 元和 22 055 440 元，假设东方公司 2×22 年末和 2×23 年末的经营活动现金净流量分别为 2 884 000 元和 3 168 420 元，则：

2×22 年末现金流量比率 = 2 884 000 ÷ 25 214 000 = 0.1144

2×23 年末现金净流量比率 = 3 168 420 ÷ 22 055 440 = 0.1437

从计算结果可以看出，东方公司这两年的现金净流量比率都不是很高，说明东方公司用经营活动产生的现金净流量偿还短期债务的能力有待加强。

二、长期偿债能力分析

长期偿债能力是指企业偿还长期负债的能力。它是反映企业财务状况稳定与否及安全程度高低的重要标志。反映企业长期偿债能力的指标主要有资产负债率、产权比率、所有者权益比率和已获利息倍数。

（一）资产负债率

资产负债率又称负债比率，是企业负债总额对资产总额的比率。它表明企业资产总额中，债权人提供资金所占的比重，以及企业资产对债权人权益的保障程度。其计算公式如下：

$$资产负债率 = 负债总额 \div 资产总额 \times 100\%$$

这一比率越小，表明企业的长期偿债能力越强。如果此项比率较大，从企业所有者来说，利用较少量的自有资金投资，形成较多的生产经营用资产，不仅扩大了生产经营规模，而且在经营状况良好的情况下，还可以利用财务杠杆作用，得到较多的投资利润。但是如果这一比率过大，则表明企业的债务负担重，企业资金实力不强，不仅对债权人不利，而且企业有濒临倒闭的危险。一般认为，资产负债率的适宜水平在40%~60%,如果这一比率超过100%表明企业资不抵债达到破产警戒线。但这并不是严格的标准,因为处于不同行业、不同地区的企业以及同一个企业在不同时期,资产负债率是不一样的。

【例15-5】根据东方公司2×23年末资产负债表(见表15-1),东方公司2×22年末和2×23年末的负债总额分别为29 214 000元和30 055 440元,资产总额分别为80 714 000元和84 176 390元,则:

2×22年末资产负债率 = 29 214 000 ÷ 80 714 000 × 100% = 36.19%

2×23年末资产负债率 = 30 055 440 ÷ 84 176 390 × 100% = 35.71%

东方公司这两年的资产负债率水平都不高,而且2×23年的资产负债率比2×22年有所下降,说明东方公司偿还长期债务的能力较强,而且呈增强趋势,这样有助于增强债权人对公司出借资金的信心。

(二) 所有者权益比率

所有者权益比率是企业的所有者权益总额与资产总额之间的比率,该指标表明股东投入资本在全部资产中所占的份额。所有者权益比率与资产负债率从两个不同的侧面反映了企业的资金来源,二者之和应该等于1。其计算公式如下:

所有者权益比率 = 所有者权益总额 ÷ 资产总额 × 100%
= 1 - 资产负债率

所有者权益比率可以表明在企业的全部资金来源中,有多少是由股东提供的,揭示了股东对企业资产的净权益,能够明确反映企业对债权人的保护程度。所有者权益比率越大,资产负债率就越小,企业的财务风险就越小,说明企业资产中由所有者投资所形成的资产越多,偿还债务保证程度越大。所有者权益比率越低,说明公司用于支付其资产的债务就越多。

【例15-6】根据东方公司2×23年末资产负债表(见表15-1),东方公司2×22年末和2×23年末的资产总额分别为80 714 000元和84 176 390元,所有者权益总额分别为51 500 000元和54 120 950元,则:

2×22年末所有者权益比率 = 51 500 000 ÷ 80 714 000 × 100% = 63.81%

2×23年末所有者权益比率 = 54 120 950 ÷ 84 176 390 × 100% = 64.29%

东方公司2×22年和2×23年的所有者权益比率均高于50%,说明东方公司的全部资产中来自投资者的部分高于来自债权人的部分,企业的财务风险较小,债权人的资金相对较为安全。

(三) 产权比率

产权比率是指负债总额与所有者权益的比率,是反映企业财务结构稳健与否的重要标志,也称资本负债率。其计算公式如下:

产权比率 = 负债总额 ÷ 所有者权益总额 × 100%

产权比率能够反映企业所有者权益对债权人权益的保障程度。该指标越低,表明企业的长期偿债能力越强,债权人权益的保障程度越高,承担的风险越小,但企业不能充分发挥负债的财务杠杆效应。该指标越高,说明股东投入的资本在资产中所占比重越小,企业对负债经营利用得越充分,企业负债程度越高,财务杠杆越大,财务风险也就越大。所以,企业在评价产权比率适度与否时,应从提高获利能力与增强偿债能力两个方面综合进行,即在保障债务偿还安全的前提下,应尽可能提高产权比率。

产权比率与资产负债率对评价偿债能力的作用基本相同,主要区别在于,资产负债率侧重于分析债务偿付安全性的物质保障程度,产权比率则侧重于揭示财务结构的稳健程度以及自有资金对偿债风险的承受能力。

【例15-7】根据东方公司2×23年末资产负债表(见表15-1),东方公司2×22年末和2×23年末的负债总额分别为29 214 000元和30 055 440元,所有者权益总额分别为51 500 000元和54 120 950元,则:

2×22年末产权比率 = 29 214 000 ÷ 51 500 000 × 100% = 56.73%

2×23年末产权比率 = 30 055 440 ÷ 54 120 950 × 100% = 55.53%

计算结果表明,东方公司2×22年和2×23年的产权比率均不高,和资产负债率的计算结果可以相互印证,说明东方公司的长期偿债能力较强,债权人的保障程度较高。

(四) 已获利息倍数

已获利息倍数又称为利息保障倍数,是指企业的息税前利润与利息费用的比率,它是用来衡量企业偿付债务利息能力的指标。其计算公式如下:

已获利息倍数 = 息税前利润 ÷ 利息费用

息税前利润 = 利润总额 + 利息支出

= 净利润 + 所得税 + 财务费用

公式中的息税前利润通俗地说就是不扣除利息也不扣除所得税的利润,是指支付利息和所得税之前的利润;利息费用是指本期发生的全部利息,包括应当由本期负担且在本期支付的利息费用和应当由本期负担但本期尚未支付的应计利息费用,而且包括已经资本化的利息费用。由于企业从外部分析很难获得利息费用的准确数额,往往只能以利润表中的"财务费用"项目数额来代替。

任何企业为了保证再生产的顺利进行,在取得营业收入后,都需要首先补偿企业在产经营中的耗费。所以,利息费用的真正资金来源应该是营业收入补偿生产经营耗费之后的余额。因此,该指标不仅反映企业获利能力的大小,而且反映获利能力对偿还到期债务的保证程度,它既是企业举债经营的前提和依据,也是衡量企业长期偿债能力大小的重要标志。该指标越高,说明企业支付利息费用的能力越强;该指标越低,说明企业难以保证用经营所得及时、足额地支付债务利息。由此可以得出,若要维持正常的偿债能力,从长期看,已获利息倍数至少应该大于1,且比值越高,企业长期偿债能力一般也就越强。如果已获利息倍数过小,企业将面临发生亏损、偿债的安全性与稳定性下降的风险。究竟企业已获利息倍数应是利息的多少倍,才算偿付能力强,这要根据往年经验并结合行业特点来判断。

【例 15-8】根据东方公司 2×23 年利润表（见表 15-2），东方公司 2×23 年的财务费用和息税前利润分别为 300 000 元和 3 894 600 元，则：

2×23 年的已获利息倍数 = (3 894 600 + 300 000) ÷ 300 000 = 13.982

东方公司 2×23 年的已获利息倍数大于 1，说明东方公司支付利息费用的能力较强。

第三节　营运能力分析

15.3 营运能力分析

营运能力是指企业运用现有资源从事生产经营活动的能力，反映资产的使用效率。营运能力通常使用资产周转速度指标来衡量，是对企业管理水平和资产运用能力的分析。资产周转速度指标包括资产周转率（次数）和资产周转期（天数）。

一般来说，周转速度越快，资产的使用效率越高，则资产的营运能力越强；反之，营运能力就越差。营运能力大小是影响企业偿债能力和盈利能力的主要因素之一，营运能力越强，资金周转速度越快，企业就有足够的资金来偿还短期债务；另外，营运能力强，企业就能创造更多的利润，并有足够的资金来偿还长期债务。

分析营运能力时通常用周转率指标来反映资产的周转速度。资产周转率即企业在一定时期内资产的周转额与平均余额的比率，它反映企业资产在一定时期的周转次数。周转次数越多，周转速度越快，表明营运能力越强。这一指标的反指标是资产周转期，是用周转额的计算期除以计算期内资产周转次数，或者周转次数的倒数与计算期天数的乘积，反映资产周转一次所需要的天数。周转期越短，表明周转速度越快，资产营运能力越强。

反映企业营业能力的指标主要有总资产周转率、流动资产周转率、应收账款周转率、存货周转率、固定资产周转率等。周转率的计算公式如下：

周转率（周转次数）= 周转额 ÷ 资产平均余额

周转期（周转天数）= 计算期天数 ÷ 周转率（周转次数）

= 资产平均余额 × 计算期天数 ÷ 周转额

一、流动资产周转情况分析

反映流动资产周转情况的指标主要有应收账款周转率、存货周转率和流动资产周转率。

（一）应收账款周转率

应收账款周转率是一定时期赊销收入净额与平均应收账款余额的比率，是反映应收账款周转速度的一项指标。该指标有两种表现形式,即周转次数和周转天数。

其计算公式有理论公式和运用公式之分,两者的区别仅在于销售收入是否包括现销收入。

其计算公式如下:

1. 理论公式

赊销收入净额 = 销售收入 − 销售退回 − 现销收入

应收账款周转率(周转次数)= 赊销收入净额 ÷ 应收账款平均余额

应收账款平均余额 =(期初应收账款余额 + 期末应收账款余额)÷ 2

应收账款周转期(周转天数)= 应收账款平均余额 × 计算期天数 ÷ 赊销收入净额

其中,赊销收入净额是指销售收入中扣除了现销及销售退回、销售折让后的余额。赊销收入净额不能从财务报告中直接获得,如果企业基本上采用赊销而很少采用现销,而且很少发生销售退回,则可用利润表中的营业收入(或主营业务收入)。如果现销在销售中所占的比重较为显著,则应按照赊销和现销的比例计算确定赊销收入净额。

2. 运用公式

销售净收入 = 销售收入 − 销售退回

应收账款周转率(周转次数)= 销售净收入 ÷ 应收账款平均余额

应收账款周转期(周转天数)= 应收账款平均余额 × 360 ÷ 营业收入

= 360 ÷ 应收账款周转率

应收账款周转率反映了企业应收账款变现速度的快慢及管理效率的高低,该比率主要用于分析企业信用政策和应收账款收账效率。应收账款周转率越高,说明应收账款收账迅速,账龄较短,发生坏账的可能性就越小,资产的流动性强,企业的短期偿债能力强;应收账款周转率低,通常表明企业信用政策过松,或应收账款收账效率过低,说明营运资金过多呆滞在应收账款上,影响正常资金周转及偿债能力。企业的标准值一般设置为3。但并不是说应收账款周转率越高越好,过高说明企业信用政策过严,只对少数信誉较好的客户赊销,或者给予客户的赊销期限过短。其结果必然会削弱企业的市场竞争力,使销售量下降,利润减少。

【例15−9】根据东方公司 2×23 年末资产负债表(见表 15−1)和利润表(见表 15−2)的资料,假设东方公司 2×23 年的赊销收入净额为 12 800 000 元(假设与营业收入相同),东方公司应收账款的年初余额是 3 991 000 元,年末余额是 6 982 000 元。

由此可以计算 2×23 年东方公司应收账款的周转率和周转天数分别为:

应收账款周转次数 = 12 800 000 ÷ [(3 991 000 + 6 982 000) ÷ 2] = 2.333(次)

应收账款周转天数 = 360 ÷ 2.333 = 154.31(天)

以上结果表明,东方公司 2×23 年的应收账款周转率比较低,需要和以往年度以及同行业平均水平进行对比,分析原因,提高应收账款的周转效率。

(二) 存货周转率

存货周转率是企业在一定时期内的营业成本与存货平均余额的比率,它是反映企业的存货周转速度和销货能力的一项指标,也是衡量企业生产经营各环节中存货运营效率的一个综合性指标。该指标有两种表现形式,即周转次数和周转天数。其计算公式如下:

$$存货周转率(周转次数) = 营业成本 \div 存货平均余额$$
$$存货平均余额 = (期初存货余额 + 期末存货余额) \div 2$$
$$存货周转期(周转天数) = 存货平均余额 \times 360 \div 营业成本$$
$$= 360 \div 存货周转率$$

存货周转率表明一定时期内企业存货的周转次数,可以用于分析企业存货的变现速度和管理效率。因为存货周转速度的快慢,不仅能反映企业采购、储存、生产、销售各环节管理工作状况的好坏,而且对企业的偿债能力及获利能力产生决定性的影响。一般来讲,存货周转率越高越好,存货周转率越高,表明存货变现的速度越快,存货的资金占用水平越低;存货周转率过低,通常表明原材料、在产品或产成品积压严重,表明企业对存货缺乏有效的管理,或产品在市场竞争中处于不利地位。但并不是说,存货周转率高就一定表明管理当局对存货进行了有效的管理。如果企业一味追求较低的原材料库存量有可能导致频繁采购,使采购批量明显低于经济订货批量,造成采购成本较高,也可能会导致停工待料,造成生产中断或销售紧张;而产成品库存量过低,也可能是由于销售人员过于追求销售量而采取过于宽松的信用政策,这样会导致平均收账期较长,坏账损失率过高。可见,存货周转率的高低能综合反映企业供、产、销各环节的管理水平。通过存货周转率分析,能发现各个环节在存货管理中存在的问题。此外,存货是流动资产的重要组成部分,其质量和流动性对企业的流动比率具有举足轻重的影响,并进而影响企业的短期偿债能力。因此一定要加强存货管理,以提高其变现能力和盈利能力。

【例 15 – 10】 根据东方公司 2×23 年末资产负债表(见表 15 – 1)和利润表(见表 15 – 2)的资料,东方公司 2×23 年的营业成本为 7 600 000 元,东方公司存货的年初余额是 25 800 000 元,年末余额是 25 827 000 元。

由此可以计算 20×2 年东方公司存货的周转率和周转天数分别为:

存货周转次数 = 7 600 000 ÷ [(25 800 000 + 25 827 000) ÷ 2] = 0.2944(次)
存货周转天数 = 360 ÷ 0.2944 = 1 222.826(天)

计算结果表明,该企业的存货周转率非常低,反映存货管理效率比较低。

(三) 流动资产周转率

流动资产周转率是指营业收入与流动资产平均占用额之间的比率,它是反映企业流动资产周转速度和综合使用效率的指标。该指标有周转次数和周转天数两种表现形式,其计算公式如下:

流动资产周转率（周转次数）＝营业收入÷流动资产平均余额
流动资产平均余额＝（期初流动资产余额＋期末流动资产余额）÷2
流动资产周转期（周转天数）＝流动资产平均余额×360÷营业收入
＝360÷流动资产周转率

流动资产平均余额应按分析期的不同分别加以确定，应保持分子的营业收入金额与分母的流动资产平均余额在时间上的一致性。

流动资产周转率表明企业的流动资产从货币资金开始，经过供、产、销各环节又重新转化成货币资金的速度。在一定时期内，流动资产周转率高，表明以相同的流动资产完成的周转额越多，流动资产利用效果越好，企业的盈利能力也就越强；反之，流动资产周转率低，说明需要补充流动资金参加周转，会形成资金浪费，降低企业盈利能力。通过对该指标的对比分析，可以促进企业加强内部管理，充分利用流动资产，如调动暂时闲置的货币资金用于短期的投资创造收益等。还可以促进企业采取措施扩大销售，提高流动资产的综合使用率。

按天数表示的流动资产周转率能更直接地反映生产经营状况的改善，便于比较不同时期的流动资产周转率，应用较为普遍。用周转天数表示时，周转一次所需要的天数越少，表明流动资产在经历生产和销售各阶段时所占用的时间越短。生产经营任何一个环节上的工作改善，都会影响周转天数。

【例15-11】根据东方公司2×23年末资产负债表（见表15-1）和利润表（见表15-2）的资料，东方公司2×23年的营业收入为12 800 000元，东方公司流动资产的年初余额是49 214 000元，年末余额是50 556 690元。

由此可以计算东方公司2×23年的流动资产周转率和周转天数分别为：
流动资产周转次数＝12 800 000÷[（49 214 000＋50 556 690）÷2]＝0.2566（次）
流动资产周转天数＝360÷0.2566＝1 402.96（天）

该计算结果显示，东方公司的流动资产周转率非常低，周转速度很慢，也反映东方公司的流动资产管理效率低下。

二、固定资产周转率

固定资产周转率是指企业的营业收入与固定资产平均净值的比率。它是反映企业固定资产的周转情况，从而衡量固定资产利用效率的一项指标。其计算公式如下：

固定资产周转率（周转次数）＝营业收入÷固定资产平均净值
固定资产平均净值＝（期初固定资产净值＋期末固定资产净值）÷2
固定资产周转期（周转天数）＝固定资产平均净值×360÷营业收入
＝360÷固定资产周转率

固定资产周转率表示在一个会计年度内，固定资产周转的次数，或表示每1元固定资产支持的销售收入，反映了企业资产的利用程度。固定资产周转率主要用于分析对厂房、设备等固定资产的利用效率。固定资产周转率高，表明企业固定资产利用充分，管理水平越好，同时也能表明企业固定资产投资得当，固定资产结构合理，能够充分发挥效率；反之，如果固定资产周转率不高，则表明固定资产使用效率不高，企业对固定资产的利用率较低，可能会影响企业的获利能力，企业的营运能力不强。如果固定资产周转率与同行业平均水平相比偏低，则说明企业对固定资产的利用率较低，可能会影响企业的获利能力。

【例15-12】根据东方公司2×23年末资产负债表（见表15-1）和利润表（见表15-2）的资料，东方公司2×23年的营业收入为12 800 000元，东方公司固定资产的年初余额是8 000 000元，年末余额是18 864 700元。

由此可以计算东方公司2×23年的流动资产周转率和周转天数分别为：

固定资产周转次数 = 12 800 000 ÷ [(8 000 000 + 18 864 700) ÷ 2] = 0.9529（次）

固定资产周转天数 = 360 ÷ 0.9529 = 377.79（天）

该计算结果显示，东方公司的固定资产周转率比较低，周转速度较慢，公司应该加强管理，提高固定资产的运营效率。

三、总资产周转率

总资产周转率是企业营业收入与平均资产总额的比率，它反映的是企业全部资产的周转速度和利用效率，也可以用周转天数和周转次数两个指标来衡量。其计算公式如下：

总资产周转率（周转次数）= 营业收入 ÷ 平均资产总额

平均资产总额 = （期初资产总额 + 期末资产总额）÷ 2

总资产周转期（周转天数）= 平均资产总额 × 360 ÷ 营业收入

= 360 ÷ 总资产周转率

企业的总资产周转率反映总资产的周转速度。总资产周转率越高，表明企业总资产的周转速度越快，企业的销售能力越强，企业利用全部资产进行经营的效率越高，进而使企业的偿债能力和盈利能力得到增强；反之，则表明企业利用全部资产进行经营活动的能力差，效率低，最终影响企业的盈利能力。企业应采取各项措施来提高企业的资产利用程度，如提高销售收入或处理多余的资产。

【例15-13】根据东方公司2×23年末资产负债表（见表15-1）和利润表（见表15-2）的资料，东方公司2×23年的营业收入为12 800 000元，东方公司资产总额的年初余额是80 714 000元，年末余额是84 176 390元。

由此可以计算东方公司2×23年的流动资产周转率和周转天数分别为：

总资产周转次数 = 12 800 000 ÷ [(80 714 000 + 84 176 390) ÷ 2] = 0.1553（次）

总资产周转天数 = 360 ÷ 0.1553 = 2 318.09（天）

该计算结果显示，东方公司的总资产周转率也比较低，周转速度较慢，公司应该加强管理，提高总资产运营效率。

15.4 盈利能力分析

第四节 盈利能力分析

盈利能力是指一定时期企业赚取利润的能力,也可以说是企业资金增值的能力,通常表现为企业一定期间内收益额的大小、比例及收益数额的构成。投资者更关注企业的盈利能力,盈利能力越强,投资者的投资报酬也就越高;债权人也应该关注企业的盈利能力,因为企业正常生产经营产生的利润是偿还债务的前提条件,盈利能力越强,偿还债务的能力相对就越有保障,债权人的风险就越小。根据盈利产生的动因不同,可以将反映盈利能力的财务比率分为两类,即反映经营业务盈利能力的财务比率和反映资源使用效益的财务比率。

一、反映经营业务盈利能力的财务比率

经营业务盈利能力是指企业从事的生产经营活动为企业创造利润的能力。它与企业生产经营的产品直接相关。反映经营业务盈利能力的财务比率主要有销售毛利率、边际贡献率、销售利润率和成本费用利润率等指标,这些财务比率的计算主要利用利润表的数据。

(一) 销售毛利率

销售毛利率简称毛利率,反映企业经营的产品或业务的直接盈利水平,即每1元销售收入能带来多少销售毛利。其计算公式如下:

$$销售毛利 = 营业收入 - 营业成本$$
$$销售毛利率 = 销售毛利 \div 营业收入 \times 100\%$$

销售毛利也称毛利,反映的是一个商品经过生产转换内部系统以后增值的那一部分,是销售收入扣除主营业务的直接成本(即主营业务成本或营业成本)后的利润部分。其中的直接成本不包括企业的管理费用、财务费用、销售费用、税收等。

销售毛利率越高,表明同样的营业收入的获利能力越强。

【例15-14】根据东方公司2×23年利润表(见表15-2),东方公司2×23年的营业收入为12 800 000元,营业成本为7 600 000元,则东方公司的销售毛利率为:

$$销售毛利率 = (12\ 800\ 000 - 7\ 600\ 000) \div 12\ 800\ 000 \times 100\% = 40.63\%$$

计算结果显示,东方公司的销售毛利率水平较高,说明企业的获利能力比较强。

(二) 销售利润率

销售利润率是企业一定期间利润与销售额之间的比率。反映企业全部销售收

入的盈利能力，即每 1 元销售收入能带来多少利润。其计算公式如下：

$$营业利润率 = 营业利润 \div 营业收入 \times 100\%$$
$$销售利润率 = 利润总额 \div 营业收入 \times 100\%$$
$$销售净利率 = 净利润 \div 营业收入 \times 100\%$$

根据利润的来源构成，企业利润包括营业利润、利润总额和净利润。所以，销售利润率指标的计算一般包括营业利润率、销售利润率和销售净利率等。

【例 15 – 15】根据东方公司 2×23 年利润表（见表 15 – 2），东方公司 2×23 年的营业收入为 12 800 000 元，东方公司 2×23 年的营业利润为 3 415 000 元，利润总额为 3 594 600 元，净利润为 2 695 950 元，则东方公司 2×23 年的营业利润率、税前利润率和销售净利率分别为：

营业利润率 = 3 415 000 ÷ 12 800 000 × 100% = 26.68%
销售利润率 = 3 594 600 ÷ 12 800 000 × 100% = 28.08%
销售净利率 = 2 695 950 ÷ 12 800 000 × 100% = 21.06%

这些指标应该与东方公司以前年度的同类指标进行横向比较，分析其获利能力的变动趋势，并与同行业的平均水平进行对比，寻找差距，以进一步提高企业的获利能力。

（三）成本费用利润率

成本费用利润率是指企业一定期间的利润与成本费用的比率，其计算公式如下：

$$成本费用利润率 = 利润总额 \div 成本费用总额 \times 100\%$$

与利润指标一样，成本费用也可以分为主营业务成本、营业成本等。其中，营业成本包括主营业务成本、其他业务成本、税金及附加、销售费用、管理费用、财务费用等。主营业务成本利润率与营业成本利润率反映了企业主要成本费用的利用效果，是企业加强成本管理的着眼点。

【例 15 – 16】根据东方公司 2×23 年利润表（见表 15 – 2），东方公司 2×23 年的营业利润为 3 415 000 元，东方公司 2×23 年的成本费用为 9 400 000 元，其中，营业成本为 7 600 000 元，税金及附加为 20 000 元，销售费用为 200 000 元，管理费用为 971 000 元，财务费用为 300 000 元，资产减值损失为 309 000 元，东方公司 2×23 年的利润总额为 3 594 600 元，则东方公司 2×23 年的成本费用利润率为：

成本费用利润率 = 3 594 600 ÷ 9 400 000 × 100% = 38.24%

（四）每股收益

每股收益，又称每股利润或每股盈余，是指普通股每股所获得的净收益额。它直观地反映了企业经营活动成果中投资者所可能取得的份额，对于上市公司而言，每股收益是评价其获利能力的一个重要指标。其计算公式如下：

$$每股收益 = (净利润 - 优先股股利) \div 年末发行在外的普通股股数$$

在其他条件不变的前提下,该比率越大,表明企业的获利能力越强,股票的市价从理论上来说应该越高,但是每股收益不能反映股票的风险大小。

二、反映资源使用效益的财务比率

资源使用效益是指企业使用其拥有的经济资源而产生的财务成果。企业的经济资源是指企业的资产,它有两种口径:一是总资产;二是净资产。因此反映资源使用效果的财务比率主要有总资产报酬率和净资产收益率两项。

(一) 总资产报酬率

总资产报酬率又称总资产收益率,是企业一定时期内获得的报酬总额与企业平均资产总额的比率。它是反映企业全部资产获取收益的能力,是反映盈利能力的指标中综合性最强的指标。其计算公式如下:

$$总资产报酬率 = 息税前利润 \div 平均资产总额$$
$$= (利润总额 + 利息支出) \div 平均资产总额$$
$$平均资产总额 = (期初资产总额 + 期末资产总额) \div 2$$

平均资产总额为年初资产总额与年末资产总额的平均数。总资产报酬率越高,表明企业资产的利用效率越好,企业的盈利能力越强,经营管理水平越高。在进行财务报告分析时,通常将某一企业的总资产报酬率与该企业所在行业该项指标的平均水平加以比较,也可以将总资产报酬率与本企业债务的利率进行对比,如果资产报酬率大于债务利率,则表明企业举债经营是有利的,企业可以适度负债,以获取更多的收益。

【例 15-17】根据东方公司 2×23 年末资产负债表(见表 15-1)和利润表(见表 15-2)的资料,东方公司 2×23 年的利润总额是 3 594 600 元,财务费用是 300 000 元,2×23 年初的资产总额是 80 714 000 元,年末资产总额是 84 176 390 元,则东方公司 2×23 年的总资产报酬率为:

$$总资产报酬率 = (3\,594\,600 + 300\,000) \div [(80\,714\,000 + 84\,176\,390) \div 2] \times 100\%$$
$$= 4.72\%$$

(二) 净资产收益率

净资产收益率又称权益净利率,是反映企业的投资者投入企业的自有资本获取收益的能力,即企业一定时期内的净利润与平均净资产的比率。净资产收益率是从企业所有者的角度分析企业的盈利水平,分析投资与报酬的关系,因而是评价企业资本经营效益的核心指标。其计算公式如下:

$$净资产收益率 = 净利润 \div 平均净资产$$

其中,净利润是指企业的税后利润,是未作任何分配的数额,受各种政策等其他人为因素的影响较少,能够比较客观、综合地反映企业的经济效益,准确地体现投资者投入资本的获利能力。平均净资产是企业年初所有者权益同年末所有者权益的平均数。其计算公式如下：

平均净资产 =（所有者权益年初数 + 所有者权益年末数）÷2

净资产收益率是反映企业盈利能力以及整个财务指标体系的核心指标，也是评价企业自有资本及其积累获取报酬水平的最具综合性与代表性的指标，反映企业资本运营的综合效益。该指标通用性强，应用范围广，不受行业局限。在我国上市公司业绩的综合排序中，该指标居于首位。通过对该指标的综合对比和分析，可以看出企业获利能力在同行业中所处的地位，以及与同类企业的差异水平。一般认为，企业净资产收益率越高，企业自有资本获取收益的能力越强，运营效益越好，对企业投资人和债权人的保证程度越高。

【例15 – 18】根据东方公司2×23年末资产负债表（见表15 – 1）和利润表（见表15 – 2）的资料，东方公司2×23年的净利润是2 695 950元，2×23年年初所有者权益总额是51 500 000元，年末所有者权益总额是54 120 950元，则东方公司2×23年的净资产收益率为：

净资产收益率 = 2 695 950 ÷ [（51 500 000 + 54 120 950）÷ 2] × 100% = 5.1049%

第五节 发展能力分析

15.5 综合分析

发展能力是企业在生存的基础上扩大规模，壮大实力的潜在能力。在分析企业发展能力时，主要考察以下四项指标：总资产增长率、营业收入增长率、营业利润增长率和资本保值增值率。

一、总资产增长率

总资产增长率是企业报告期总资产增长额与基期资产总额的比率，资产是用于获取利润的资源，也是偿还债务的保障。资产增长是企业发展的一个重要方面，发展性高的企业一般能保持资产的稳定增长。其计算公式如下：

总资产增长率 = 本年资产增长额 ÷ 年初资产总额

总资产增长率是从企业资产总量扩张方面衡量企业的发展能力的指标，它表明企业规模增长水平对企业发展的影响。该指标越高，表明企业一个经营期内资产经营规模扩张的速度越快。但是应该注意资产规模扩张的质与量之间的关系及企业的后续发展能力，避免盲目扩张。

【例15 – 19】根据东方公司2×23年末的资产负债表（见表15 – 1），东方公司2×23年初资产总额为80 714 000元，年末资产总额为84 176 390元，则东方公司2×23年的总资产增长率为：

总资产增长率 =（84 176 390 – 80 714 000）÷ 80 714 000 × 100% = 4.2897%

计算结果显示，东方公司2×23年的总资产增长率是4.2897%，资产总额呈现增长趋势，说明公司发展势头较好。

二、营业收入增长率

营业收入增长率是指企业本年营业收入增长额同上年营业收入总额的比率。它用相对数反映企业营业收入的增减变动情况,与绝对量的营业收入增长额相比,消除了企业规模的影响,更能反映企业的发展情况。其计算公式如下:

营业收入增长率 = 本年营业收入增长额 ÷ 上年营业收入总额

营业收入增长率是衡量企业经营状况和市场占有能力、预测企业经营业务拓展趋势的重要指标,也是企业扩张增量和存量资本的重要前提。不断增加的营业收入,是企业生存的基础和发展的条件,该指标若大于零,则表示企业本年的营业收入有所增长,指标值越高,表明增长速度越快,企业市场前景越好;若该指标小于零,则说明企业或者产品不适销对路、质次价高,或者在售后服务等方面存在问题,产品销售不出去,市场份额萎缩。在对该指标进行分析时,应结合企业历年的营业水平、企业市场占有情况、行业未来发展及其他影响企业发展的潜在因素进行前瞻性预测,或者结合企业前3年的营业收入增长率作出趋势性分析和判断。

【例15-20】根据东方公司2×23年利润表(见表15-2),东方公司2×23年的营业收入是12 800 000元,并假定东方公司2×22年的营业收入为10 530 000元,可计算该企业2×23年度的营业收入增长率为:

营业收入增长率 = (12 800 000 - 10 530 000) ÷ 10 530 000 × 100% = 21.56%

三、营业利润增长率

营业利润增长率又称销售利润增长率,是企业本年营业利润增长额与上年营业利润总额的比率,反映企业营业利润的增减变动情况。其计算公式如下:

营业利润增长率(销售利润增长率)= 本年营业利润增长额 ÷ 上年营业利润总额 × 100%

其中

本年营业利润增长额 = 本年营业利润总额 - 上年营业利润总额

营业利润是企业积累、发展和给投资者回报的主要来源,营业利润率越高,说明提供的营业利润越多,企业的盈利能力越强;反之,此比率越低,说明企业盈利能力越弱。而营业利润增长率则反映企业盈利能力的变动趋势,反映企业的发展趋势,该指标大于零,说明企业的获利能力增强;该指标小于零,说明企业的获利能力有所下降。

【例15-21】根据东方公司2×23年的利润表(见表15-2),东方公司2×23年的营业利润是3 415 000元,并假定东方公司2×22年的营业利润为2 951 000元,可计算该企业2×23年度的营业利润增长率为:

营业利润增长率 = (3 415 000 - 2 951 000) ÷ 2 951 000 × 100% = 15.72%

计算结果表明，东方公司的营业利润增长率幅度比较大，但是没有和营业收入增长率同步增长，说明成本费用增长的幅度也较大。

四、资本保值增值率

资本保值增值率是指企业本年末所有者权益扣除客观增减因素后同年初所有者权益的比率。资本保值增值率表示企业当年资本在企业自身努力下的实际增减变动情况。其计算公式如下：

资本保值增值率 = 扣除客观因素后的年末所有者权益 ÷ 年初所有者权益

资本保值增值率是根据"资本保全"原则设计的指标，更加谨慎、稳健地反映了企业资本保全和增值状况。它充分体现了对所有者权益的保护，能够及时、有效地发现侵蚀所有者权益的现象。该指标反映了投资者投入企业资本的保全性和增长性，该指标越高，表明企业的资本保全状况越好，所有者的权益增长越快，债权人的债务越有保障，企业发展后劲越强。该指标如为负值，表明企业资本受到侵蚀，没有实现资本保全，损害了所有者的权益，也妨碍了企业进一步发展和壮大，应予以充分重视。

【例15-22】根据东方公司 2×23 年末资产负债表（见表 15-1），东方公司 2×23 年初的所有者权益总额是 51 500 000 元，2×23 年末的所有者权益总额是 54 120 950 元，所有者权益净增加 2 620 950 元，从表 15-1 可以看出，所有者权益增加主要来自留存收益，其中盈余公积增加 262 095 元（1 262 095 - 1 000 000），未分配利润增加 2 358 855 元（2 858 855 - 500 000），则东方公司 2×23 年的资本保值增值率为：

资本保值增值率 = 2 620 950 ÷ 51 500 000 × 100% = 5.0892%

该结果表明东方公司的资本保全状况良好，企业的发展能力较强。

思政课堂

某知名企业于 2001 年 8 月成立，是深圳中小板上市公司，全年营业收入从 2007 年的 1.64 亿元攀升到 2010 年的 5.24 亿元，4 年间涨幅近 219.51%，显示出良好的发展态势。自 2011 年上市后，股价不断攀升，2017 年在蓝筹牛市中创下历史新高，涨幅达 27 倍。然而，一切终止于 2019 年 1 月 15 日，其手握"巨额现金"却无法足额偿付 10 亿元短期融资券本息。随后，其股票因银行账号被冻结而触发深交所规定中的其他风险警示情形，被纳入"退市风险警示股票"名单，直到中国证监会向某知名企业下发《中国证券监督管理委员会行政处罚及市场禁入事先告知书》，一场精心策划的百亿元级财务造假大案引起了全社会的广泛关注。其造假手法主要有四个方面：（1）虚构收入；（2）虚增预付账款；（3）虚构货币资金；（4）隐瞒募集资金使用。根据当事人违法行为的事实、性质、情节与社会危害程度，依据《证券法》规定对某知名企业复合材料集团股份有限公司责令改正，给予警告，并处 60 万元罚款，同时，给予钟王瑜、肖鹏等警告、罚款等处罚，并拟决定对钟某、王某、张某采取终身证券市场禁入等处罚。

在今后的学习中，同学们要具备独立思考能力，要保持审慎态度，不能盲目相信表面的成功和华丽的数字，注重企业内在实力，并坚守诚信原则，不得以欺诈手段获取成功。

思考题

1. 财务报告分析的方法有哪些？
2. 反映短期偿债能力的指标有哪些？
3. 反映长期偿债能力的指标有哪些？
4. 反映营运能力的指标有哪些？

第十六章 会计法律制度

▶ **学习目标**

通过本章的学习，要求了解和掌握会计法律、法规和会计制度等，从而更好地进行会计工作。

第一节 会计规范

一、会计规范的意义

会计规范是管理会计活动及规范会计行为的法律、法令、条例、规章、制度和道德守则等的总和。它是以一定的会计理论为基础，根据国家的有关方针和政策，对会计工作所作出的一系列约束，是会计行为的标准和评价会计工作质量的客观依据。构成会计行为的规范应当具备两个条件：第一，它需要说明会计行为怎样是对的，怎样是错的，即给出一个判断的标准；第二，它有自身引导或制约的方式，促使会计行为规范化。制定会计规范对于会计工作贯彻和落实党和国家的有关方针、政策，执行国家的财经纪律，确保会计信息的质量，实现会计的目标，圆满地完成会计工作任务具有非常重要的意义。我国的会计规范包括会计法律规范和会计道德规范。

二、会计法律规范

会计法律规范是指国家立法机构为管理会计工作而按立法程序制定和颁布的规范性文件的总称。会计法律规范体现了统治阶级的意志，并以国家强制力保证实施，它在所有会计规范中约束力最强，也最稳定、最具普遍适用性。我国现行的会计法律规范体系包括以下层次和内容。

（一）会计法律

会计法律是指调整我国经济生活中会计关系的法律总规范。例如，由国家最高权力机关——全国人民代表大会及其常务委员会制定的《会计法》，它主要对会计核算、会计监督、会计机构和会计人员、法律责任等作出了规定,是会计法规体系中权威性最高、最具法律效力的法律规范,它是制定其他各层次会计法规的依据,是会计工作的基本法。

(二) 会计行政法规

会计行政法规是指由国家最高行政机关——国务院制定的会计法律规范,它是根据《会计法》制定的,是对会计法律的具体化或某个方面的补充,如《企业财务会计报告条例》《总会计师条例》等。《企业财务会计报告条例》是国务院于2000年6月21日发布的,主要是对企业财务会计报告的构成、编制、对外提供和法律责任等作出了规定。《总会计师条例》是国务院于1990年12月31日发布的,主要对总会计师的职责、权限、任免与奖惩作出了规定。

(三) 会计部门规章

会计部门规章是指国家主管会计工作的行政部门——财政部以及其他相关部委制定的会计方面的法律规范。制定会计部门规章必须依据会计法律和会计行政法规的规定,如《企业会计准则》《企业会计制度》《会计基础工作规范》《会计档案管理办法》等。我国现行的《会计法》中将国务院财政部门制定的会计部门规章称为"国家统一的会计制度"。它包括国家统一的会计核算制度、会计监督制度、会计机构和会计人员制度以及会计工作的其他管理制度等。国家统一的会计核算制度主要包括会计准则和会计制度。

1. 会计准则

企业会计准则是规范企业会计确认、计量、报告的会计准则。它包括企业基本会计准则和具体会计准则两个层次。基本会计准则是进行会计核算工作中必须共同遵守的基本要求,体现了会计核算的基本规律。基本会计准则一般有会计核算的前提条件、一般原则、会计要素准则和会计报表准则等,它是对会计核算要求所作的原则性规定,具有覆盖面广、概括性高等特点。2006年2月,财政部公布了修订后的《企业会计准则——基本准则》,共十一章五十条,于2007年1月1日开始实施。

(1) 第一章,总则部分阐明了会计准则的性质、制定的依据、适用范围,规定了会计工作的前提条件——会计主体、持续经营、会计分期和货币计量,以及记账基础、记账方法和会计记录文字等。

(2) 第二章,会计信息质量要求部分规定了会计信息应客观、可靠、相关、可比、及时、明晰,会计信息的提供应遵循重要性原则、稳健性原则和实质重于形式原则。

(3) 第三章至第八章,会计要素部分规定了资产、负债、所有者权益、收入、费用和利润六个会计要素的概念、内容和确认的条件,以及列入财务报表应符合的条件。

(4) 第九章,会计计量部分说明了会计计量的概念,介绍了多种会计计量属性，以及企业如何选择计量属性。

（5）第十章，财务会计报告部分简要说明了财务会计报告的定义和组成，以及资产负债表、利润表、现金流量表和会计报表附注的含义。

（6）第十一章，附则。

具体会计准则又称应用性准则，是按照基本会计准则的要求，针对各项经济业务的确认、计量和相关信息的披露等作出的具体规定的准则。其特点是操作性强，可根据它直接组织该项经济业务的核算。它包括基本业务会计准则、会计报表准则、特殊行业会计准则和特殊业务会计准则等。

2. 会计制度

所谓会计制度有两层含义：一是具体企业或部门所应用的会计制度，它只是具体规范某一个企业的会计行为；二是指由国家统一制定、颁布实施，规范会计核算及会计工作的具体规范，称为宏观范围内的会计制度。具体会计准则和会计制度都是规范企业会计核算的行为，都是为了确保企业据此进行会计核算，提供真实、完整的会计信息，都属于会计部门规章，对企业的会计核算具有约束作用。但两者在适用范围及规范范围等方面又有所不同。

会计准则和会计制度并存，这是目前我国会计核算的客观要求。为了彻底改革我国传统的会计制度，建立新的会计核算和会计报告体系，财政部在现有具体会计准则的基础上会必然陆续颁布一系列新的具体会计准则，这些具体会计准则将取代行业会计制度，使我国的会计管理工作进一步与国际惯例趋同。

（四）单位内部会计制度

目前，单位内部会计制度实际上是根据有关会计法律规范，为强化本单位内部监督和内部控制而制定的内部会计监督制度。具体指单位内部采取的一系列相互联系、相互制约的制度和方法，从这点上看，单位内部的会计制度本质上是一种内部控制制度。组织规划、授权批准、预算和实物控制等方面，都是内部会计制度的主要内容，做到职责分明、相互制约、严格程序、如实记录、定期检查等。单位内部会计制度的目标是：

（1）保证单位经营管理目标的实现；
（2）保护单位资产的安全和完整；
（3）保证会计记录可靠、及时，提供真实的会计信息；
（4）保证单位各项经营活动符合效益原则；
（5）保证单位各项经济活动在法定范围内进行。

三、会计道德规范

会计道德规范是指会计人员的职业道德规范，它是一般社会公德在会计工作中的具体体现，是制约、引导会计人员行为，调整会计人员与社会、相关利益集团以及会计人员之间的社会规范。会计职业道德贯穿于会计工作的所有领域和整个过程,它体现了社会要求与个性发展的统一,着眼于人际关系的调整,以是否合情合理、善与恶为评价标准,并以社会舆论(荣誉)和个人评价(良心)为制约手段,是一种通过将外在要求转化为内在的即精神上的动力要求来起作用的非强制性规范。

第二节 会计机构和会计人员

一、会计机构

会计机构是各单位办理会计事务的职能机构。建立、健全会计机构,配备与工作要求相适应的、具有一定素质和数量的会计人员,是做好会计工作、充分发挥会计职能作用的重要保证。

(一)会计机构的设置

1. 会计机构的设置形式

会计机构的设置包括国家会计管理部门、行政事业单位、企业会计机构的设置。我国会计事务管理的最高机构是财政部会计司,它是财政部的一个职能部门,主要任务是制定、修订与解释会计准则和会计制度等;地方各级财政部门相应设置会计处(科)等。下面重点介绍行政事业单位和企业会计机构的具体设置。

我国《会计法》第三十六条规定:"各单位应当根据会计业务的需要,设置会计机构,或者在有关机构中设置会计人员并指定会计主管人员;不具备设置条件的,应当委托经批准设立从事会计代理记账业务的中介机构代理记账。"可见,为了科学、合理地组织会计工作,原则上各单位都需要设置专门从事会计工作的职能部门——会计机构。由此会计机构的设置形式有:

(1)设置单独会计机构。设置单独会计机构的意义在于:一是可以保证会计机构和会计人员依法行使职权,减少不必要的行政干预或外部干预;二是可以减少中间环节,便于会计机构和会计人员直接与单位负责人沟通,预防或减少违法会计事项的发生;三是有利于会计信息和会计资料的真实、完整、合法。这类会计机构的设置形式,《会计法》并没有作出明确的要求,允许各单位根据自身的需要加以决定。

(2)不设置单独的会计机构,而在有关机构中设置专门的会计岗位,配备专门的会计人员,并指定会计主管人员,负责办理具体会计事务。这种形式一般在行政事业单位和中小企业中比较多见。其意义在于:一是有利于减少单位内部的工作机构,压缩人员编制,提高工作效率,防止人浮于事;二是有利于提高会计工作人员的事业心和责任心,保证会计信息和会计资料的质量;三是有利于不同工作岗位间的相互监督,防止违法乱纪甚至腐败现象的发生。

(3) 可以实行代理记账。除以上两种形式外,一些规模较小的企业、事业单位、个体工商户等,不具备设置专门的会计机构或配备专职的会计人员条件的,其经济业务的会计处理可委托专门的中介机构代理进行。

2. 设置会计机构应考虑的因素

由于各单位的经营规模、会计业务的繁简等情况不同,各单位可以而且有权根据业务需要决定是否设置专门的会计机构。一般而言,一个单位是否单独设置会计机构,往往取决于以下因素:

(1) 单位规模的大小。一个单位规模的大小,往往决定了这个单位内部职能部门的设置,也决定了会计机构的设置与否。一般来说,大中型企业和具有一定规模的行政、事业单位,以及财务收支数额较大、会计业务较多的社会团体和其他经济组织,都应单独设置会计机构。

(2) 经济业务和财务收支的繁简。经济业务多、财务收支大的单位,有必要单独设置会计机构,以保证会计工作的效率和会计信息的质量;相反,则可以不设置专门的会计机构。

(3) 经营管理的要求。有效的经营管理是以信息的及时、准确和全面为前提的。一个单位在经营管理上的要求越高,对会计信息的需求也会相应增加,对会计信息系统的要求也越高,从而决定了该单位设置会计机构的必要性。

(二) 会计工作岗位责任制

会计工作岗位责任制是指会计机构内部,按照会计工作的内容和业务量以及会计人员的配备情况,将会计工作划分为若干相对独立的工作岗位,并规定每个岗位的职责与权限,建立相应的责任制度。建立、健全岗位责任制,可以加强会计人员的责任感,提高会计人员的工作能力和效率,加强协作和监督,最终保证和提高会计工作的质量。

我国《会计基础工作规范》规定,各单位应当根据会计业务的需要设置会计工作岗位。由于每个企业所从事的业务、经营规模和配备的会计人员都不同,会计工作岗位和每个人所承担的具体工作也有所差异。一般来讲,会计工作岗位可分为:会计机构负责人或会计主管、出纳、财产物资核算、工资核算、成本费用核算、财务成果核算、资金核算、往来核算、总账报表、稽核、档案管理等,具体由企业根据自身的特点进行分工,建立相应的责任制。

二、会计职业与会计人员

(一) 对会计人员的基本要求

1. 会计职业的特征

(1) 会计职业的社会属性。会计职业是社会的一种分工,履行会计职能,为社会提供会计服务，维护生产关系和经济社会秩序，正确处理企业利益相关者和社会公众的经济权益及其关系。

（2）会计职业的规范性。会计职业具有系统性的专业规范操作要求，具有严格职业道德的规范性要求。

（3）会计职业的经济性。会计职业是会计人员赖以谋生的劳动过程，具有获取合理报酬的特性。

（4）会计职业的技术性。会计职业采用各种专门方法和程序履行其职能。

（5）会计职业的时代性。会计职业应适应经济社会生产经营方式、发挥市场在经济资源配置中决定作用和更好发挥政府作用以及文化、社会组织等多种因素的变化要求，切实贯彻创新、协调、绿色、开放、共享的新发展理念，与时俱进。

2. 会计人员应符合道德规范的要求

关于企业会计人员的道德要求，狭义地看，它只是若干条道德品质方面的要求。但是，对于一个具备良好的道德品质的会计人员来讲，如果没有较高的业务素质和较强的工作能力，就不能胜任该项工作，也很难做到对管理当局和外部信息使用者负责。因此，企业会计人员必须符合道德规范的要求，即应具备较高的业务素质、能力素质和道德品质。

（1）业务素质。为了认真履行职责，提高工作质量和效率，会计人员应当具备必要的专业知识和专业技能，熟悉国家有关的法律、法规、规章和统一的会计制度。同时，会计人员要注意更新知识，不断提高业务素质，增强法治观念，为此必须进行相应的培训和教育。

（2）能力素质。会计人员的主要任务是对企业发生的经济业务进行会计核算，应用会计知识解决现实问题，向信息使用者提供有用的会计信息。所以会计人员应具备完成其工作任务的能力，这是对每个会计人员的最基本要求。除此之外，会计人员还应具备良好的人际交流技能，特别是会计主管人员更应如此，这样有助于会计人员推行正确、合理的会计方法。

（3）道德品质。道德品质事关个人的道德修养，因此，任何与个人修养有关的品质要求，会计人员都应具备。从企业会计人员所处的特定地位考虑，以下两条品质应特别强调：一是诚实；二是正直。这两条品质将约束会计人员不隐瞒任何事实，以及不从事任何欺骗管理当局和股东的不道德行为。

（二）会计人员的职权

1. 会计人员的职责

会计人员的主要职责是按照《会计法》的规定，对本会计主体的经济业务进行会计核算和会计监督。

（1）会计核算。概括地讲，会计核算这一职责，就是要按照国家统一的会计制度的规定认真办理会计核算工作，及时、准确、完整地记录、计算、反映财务收支和经济活动，为国家和本单位提供真实、可靠的经济信息。主要内容包括：

第一，对于会计制度规定需要进行会计核算的所有事项，如款项和有价证券的收付；财产物资的收发、增减和使用；债权债务的发生和结算；资本和资金的增减；收入、支出、费用、成本的计算；财务成果的计算和处理以及其他经济活动等，都必须完整无缺地办理规定的会计手续，进行会计核算。

第二，按照会计制度规定的方法和程序，取得、填制和审核会计凭证，设置会计科目和会计账簿，及时、准确地记账和算账，按期编制会计报表。

第三，建立财产清查制度，保证账簿记录与实物、款项相符。

第四，保证会计凭证、会计账簿、会计报表及其他会计资料的记录真实、准确、完整，并符合会计制度的规定。

第五，建立会计档案，妥善保管各种会计凭证、会计账簿、会计报表及其他会计资料。

（2）会计监督。概括地讲，这一职责是通过会计工作对财务收支和经济活动的合法性、合理性、有效性进行监督。其主要内容包括：

第一，审核原始凭证，对于不真实、不合法的原始凭证，有权不予受理，并向单位负责人报告；对记载不准确、不完整的原始凭证予以退回，并要求按照国家统一的会计制度的规定更正、补充。会计人员通过审核原始凭证，制止各种不法行为，严肃遵守国家的财经纪律，增强经办人员的责任感，保证会计核算建立在真实的经济业务基础上。

第二，通过对财产的清查，保护国家财产的安全与完整，发现账簿记录与实物、款项不符的，应按规定作出处理或报请领导处理。

第三，通过办理财务收支事项，制止或揭发违反法律、法规和规章制度的行为。

我国《会计法》第四条还规定了单位负责人的基本职责，单位负责人要对本单位的会计工作和会计资料的真实性、完整性负责。单位负责人是指单位法定代表或者法律、行政法规规定代表单位行使职权的主要负责人。其基本职责包括：一是应根据本单位会计业务的需要，依法设置会计机构和配备会计人员。二是依法从事会计行为，即单位负责人必须依法设置会计账簿；建立、健全本单位的内部会计监督制度；保证会计机构、会计人员依法履行职责，不得授意、指使、强令会计机构、会计人员违法办理会计事项，伪造、变造或者隐匿、故意销毁会计凭证、会计账簿，编制、提供虚假的财务会计报告；不得对依法履行职责、抵制违反会计法规行为的会计人员实行打击报复。三是单位负责人对单位发生的会计违法行为，除非能证明其表示反对或不知情，否则应当对会计的违法行为承担责任。

2. 会计人员的权限

为了保证会计人员切实履行其职责，《会计人员职权条例》同时规定了会计人员有以下工作权限：

（1）有权要求本单位有关部门、人员认真遵守国家的财经纪律和财务会计制度。如有违反情况,会计人员有权拒绝付款、拒绝报销或拒绝执行,并向单位负责人报告。对于弄虚作假、营私舞弊、欺骗上级等违法乱纪行为,会计人员必须坚决拒绝执行,并向单位负责人或上级机关、财政部门报告。

(2) 有权参与本单位编制计划、制定定额、签订经济合同等工作,并参加有关生产经营管理的会议,有权提出有关财务收支和经济效益方面的问题和意见。

(3) 有权监督、检查本单位有关部门的财务收支、资金使用和财产保管、收发、计量、检查等情况。

《会计人员职权条例》中还明确规定,各级领导和有关人员要支持会计人员行使工作权限。如果有人对会计人员坚持原则、反映情况进行刁难、阻挠或打击报复,上级机关要查明情况,严肃处理,情节严重的,还应给予一定的制裁。

(三) 会计职业道德的内容

为贯彻落实党中央、国务院关于加强社会信用体系建设的决策部署,推进会计诚信体系建设,提高会计人员职业道德水平,根据《会计法》《会计基础工作规范》,财政部研究制定了《会计人员职业道德规范》,提出"三坚三守",强调会计人员"坚"和"守"的职业特性和价值追求,是对会计人员职业道德要求的集中表达,具体内容如下:

(1) 坚持诚信,守法奉公。牢固树立诚信理念,以诚立身、以信立业,严于律己、心存敬畏。学法知法守法,公私分明、克己奉公,树立良好职业形象,维护会计行业声誉。

(2) 坚持准则,守责敬业。严格执行准则制度,保证会计信息真实完整。勤勉尽责、爱岗敬业,忠于职守、敢于斗争,自觉抵制会计造假行为,维护国家财经纪律和经济秩序。

(3) 坚持学习,守正创新。始终秉持专业精神,勤于学习、锐意进取,持续提升会计专业能力。不断适应新形势新要求,与时俱进、开拓创新,努力推动会计事业高质量发展。

思政课堂

违反《会计法》案例

某股份有限公司在生成和提供会计资料时未按照国家统一的会计制度进行核算,为了保持盈利粉饰报表,提供虚假会计资料、涉及财务造假。某股份有限公司是一家综合性海洋食品企业,公司的虾夷扇贝十分畅销,公司曾经以业绩连年高增长而备受推崇,巅峰时期的企业市值近246亿元。然而在2014年、2015年已连续亏损情况下,不以实际采捕海域为依据进行成本结转,导致财务报告严重失真,2016年通过虚减营业成本、营业外支出的方法将利润由亏损披露为盈利。证监会决定依法对某股份有限公司作出行政处罚及市场禁入决定,源于其公司信息披露违法违规案,对某股份有限公司给予警告,并处以 60 万元罚款,对 15 名责任人员处以 3 万元至 30 万元不等罚款,对 4 名主要责任人采取 5 年至终身市场禁入。

某股份有限公司会计资料造假违反国家统一的会计制度规定,违反了会计法。当今,我国大力加强社会主义法治建设,全面依法治国,培育社会主义法治观念和法治思维。法律成为最高准绳,无论是个人还是组织,都要遵守法律。只有依法治国,社会主义市场经济才能有序进行。

思考题

1. 会计工作组织的意义有哪些?
2. 会计工作组织的要求有哪些?
3. 会计人员的基本要求有哪些?
4. 会计规范的意义有哪些?
5. 会计道德规范的意义有哪些?